课程与教学：新手教师的视角

袁德润　编著

ZHEJIANG UNIVERSITY PRESS
浙江大学出版社

图书在版编目(CIP)数据

课程与教学：新手教师的视角 / 袁德润编著.—杭州：浙江大学出版社，2018.5（2022.1重印）

ISBN 978-7-308-15553-3

Ⅰ.①课… Ⅱ.①袁… Ⅲ.①课程—教学研究—小学

Ⅳ.①G622.3

中国版本图书馆 CIP 数据核字（2016）第 016087 号

课程与教学：新手教师的视角

袁德润　编著

责任编辑	武晓华
责任校对	陈　杨
封面设计	杭州林智广告有限公司
出版发行	浙江大学出版社
	（杭州市天目山路 148 号　邮政编码 310007）
	（网址：http://www.zjupress.com）
排　　版	杭州林智广告有限公司
印　　刷	嘉兴华源印刷厂
开　　本	710mm×1000mm　1/16
印　　张	22.25
字　　数	412 千
版 印 次	2018 年 5 月第 1 版　2022 年 1 月第 2 次印刷
书　　号	ISBN 978-7-308-15553-3
定　　价	56.00 元

前　　言

　　这是一本写给本科师范生和新手教师的有关课程与教学的专业参考书,同时也是为本科师范生编写的一本课程与教学论教科书。本书在编写过程中,更多地把注意力聚焦于为即将成为和刚刚成为一线教师的专业工作者提供帮助,这一努力主要体现在本书尝试从一线新手教师的实践出发,为新手教师提供思考和解决专业问题的背景、相关的理论认识和把理论与实践粘合起来的基本方法与策略。为达成这一目标,本书在以下方面做了尝试:

　　第一,简化传统课程与教学论教科书的理论陈述方式,择要介绍对一线教师有较大影响或者编写者认为应该有较大影响的理论。从编写体例及内容上看,在师范院校广泛采用的课程与教学论教材中,比较关注理论的系统性,一般尽可能全面地介绍当今国内外课程与教学的相关理论,以及当代国际、国内课程改革与教学改革的发展现状与趋势。总体来说,此类教材偏重于呈现全面、系统的知识体系,且要兼顾当前课程与教学领域的新的发展趋势,容量偏大,很多问题都点到为止,无法透彻论述,导致在使用过程中学习者雾里看花,难以对相关问题形成比较深入的了解。之所以如此,是因为常见的师范院校课程与教学论教材,多以"课程与教学论"或"教育学"为专业的学习者或研究者为基本读者对象,以理论性、系统性的知识体系为编写的目标;在编写过程中,为了保持理论的完整性和系统性,往往会有意无意地选择牺牲其可读性与可接受性,因而使教材显得高深、玄奥,让初学者望而却步。在教育系普遍不再招收本科生的情况下,虽然部分编写者对原来的教材进行了改版,但主体的结构和指导思想并没有太大变化,对于以教育为主要属性的小教本科专业学生来说,这类教材在适应性方面也已经暴露出比较大的问题,学生反映这样的教材内容非常全面,但他们在学习过程中却有迷失感;与他们付出的努力相比,收获相对有限,也间接导致师范生专业学习过程中的"理论无用论"。

　　择要介绍的优势,是增加了教材内容的针对性和条理性,但缺点也很明显:缺失了理论呈现的全面性和整体性,同时,有可能因编写者的主观偏见而导致某些重要理论认识的遗漏。为解决这一问题,本书在编写过程中尽量在脚注和参考书目所呈现的信息上做到具体、详细，给感兴趣的读者和学有余力的学生提供拓展性阅读和资料搜索的便利。

第二，简化理论陈述方式的同时，尽可能丰富理论认识的发展基础和发展历程。在介绍相关理论认识时，不再以平面展开的方式呈现不同的观点，而尽可能阐述某一具体的观点是什么，产生这一观点的社会历史背景是什么，针对的现实问题是什么，该观点与同时代不同文化背景下其他研究者的观点是什么关系，或者在该认识所处的文化背景下，该理论与其前后相关研究者理论的承接与开创关系如何等，即力图把所择之"要"阐述得相对丰富、具体，希望既要说明白认识本身是什么，还能说明白为什么会产生这样的认识，帮助读者了解相关理论背后的历史脉络和文化背景，使读者有可能更为具体地认识和理解相关理论，并对照自己的国情、文化、现实问题等对相关理论形成基于现实的自我判断，尽可能减少读者在理论学习过程中因文化和问题差异而造成的迷失感，或者盲目搬用、生吞活剥来自不同文化背景的理论。

在编写过程中发现，这个听起来合理、看起来容易的目标，实现起来其实并不容易。教育的问题并不孤立于社会问题之外，教育问题往往是社会问题或社会冲突的集中式反映，教育认识或教育理论背后的"冰山"复杂而庞大，要想理清楚困难相当大。本书编写者为此进行了艰苦努力，但未必能够达成真正"说清楚"的目标；即使没有达成这个目标，至少已经做过最大的努力了，以后还会努力，也期待有更多的人不断地做得更好。而且，在编写者看来，最为重要的是读者能够形成一种理论学习的习惯，即不仅仅关注是什么，更要关注为什么会是这样、相关认识背后的问题针对性等，以便对具体理论做出基于历史和事实的评判，在理论使用的过程中多一份专业自觉和独立思考专业问题的能力。

第三，以新手教师专业实践工作中的"任务"为载体介绍相关的理论认识，把理论认识的目的定位于"为实践思考"。常见的课程与教学论理论阐述方式，一般采用平面组合、分析式论述的方式，把与课程与教学相关的各个部分的理论认识各自独立地进行介绍，给学习者提供丰富的认识和思考专业问题的待组装的"零部件"。比如，传统的小学课程与教学论一般分为课程论、教学论两部分，每一部分内容分别罗列，比如教学论部分就包括教学的一般理论、教学目的、教学方法、教学设计、教学评价、教学模式、教学组织形式等内容，各部分内容独立成章，其优点在于能够把每一个问题集中地讲清楚、说透彻，但它的缺点也比较明显：知识点比较零散，知识的横向联结较弱，不利于学生把相关内容整合到具体的专业思考中。对于一门理论性较强且其价值主要体现在实践透视能力的学科来说，整合教学内容、提高课堂教学效益的一种可能,就是以学生未来工作中的专业实务(比如教学设计、教学实施等)为"锚",把相关的知识点勾连起来,使之形成围绕核心技能的知识群落,帮助学生在知识学习的过程中形成实践视野,这一点对于新手教师来说尤为重要。因此,本书在编写过程中力图实现由传统的自下而上的"零部件"组合式内容安排,转变为自上而下的"大任务"统领式内容安排。

　　具体来说,本书在编写结构上尝试以未来教师专业工作实务为核心,把课程内容组合为不同的模块:课程及其开发、教材、教学一般理论、教学设计、教学实施,五个模块之间的关系为:课程及其开发理论为教师提供理解教学材料的专业基础;教师对教材的认知以及对教材的解读,是进行教学设计的基础;对教学价值、性质、特征的认识,决定了教师教学设计、教学实施、教学管理的方式、方法、态度和策略,决定着教师教学行为对学生的发展价值。从内容构成上看,每个模块由不同层次的相关内容组成,涵盖"课程与教学"的知识体系:课程模块包括课程的概念与发展史、课程关涉的基本问题、课程开发与校本课程等;教材模块单独一章,包括新手教师应该如何看待和使用教材,世界各国不同的教科书制度、教师应该如何用教材等内容,目的在于形成由课程到教材的更为具体的认识,帮助学习者形成相对清晰的看待教材和使用教材的基本理念;教学一般理论单独一章,包括教学功能与任务、教学性质及其价值等;教学设计主要涉及教学目标设计、教学方法的确定与选择、教学过程设计等问题;教学实施包括课堂教学的一般行为、课堂教学的一般过程、课堂教学管理等。下图以"教学设计"模块为例呈现模块内容的结构、层次关系,其中的"设计实务"并没有专题论及,而是渗透在教学设计中。

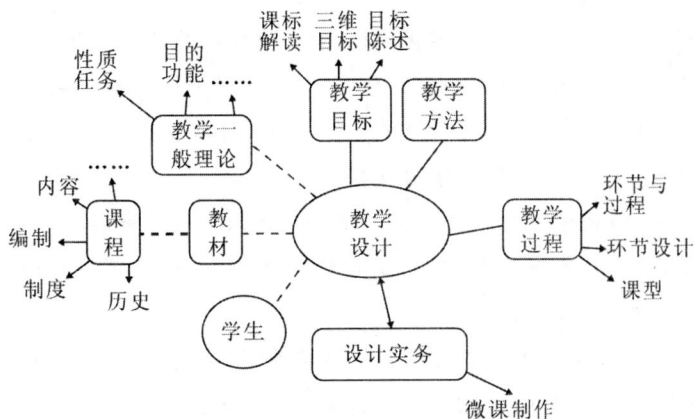

　　对教材进行模块化重组的目的,在于搭建知识点之间的关联,帮助学生形成整体、层次化地思考专业知识与专业能力的思维方式。依据这一模块划分,本书

的内容就可以大致分为五个部分：第一部分"课程"包括第1—3章；第二部分"教材"以"教材与教师"为标题列在第4章；第5章是本书的第三部分，内容为"教学的一般理论"；第四部分"教学设计"包括第6—9章，第五部分"教学实施"包括第10章和第11章，涉及教学课堂中的一般教学行为、课程推进的一般程序、课堂教学管理。

第四，提高理论认识的实践指导意义。与一般的课程与教学论相比，把相关的内容整合进教师日常的专业工作中，不但关注相关的专业问题"是什么"，而且还力图在"如何做"上着笔墨。现有教材大多以理论阐释为主，其内蕴的逻辑主线基于"理论指导实践"的思维取向，对于缺乏教育教学经验的职前学习者（包括新手教师）来讲，理论与实践的关系无疑是错位的。职前教育的本科学生来自普通高中，对"课程与教学"领域缺乏必要的认知和了解，也缺乏理解这些理论问题的实践经验和专业体验。他们在完成简单的心理学、教育学理论学习之后，即接触系统性、相对抽象的课程论与教学论，往往难以把握理论的脉络，更重要的是难以理解理论与他们未来实践之间应该存在的和实际存在的关系，一定程度上造成理论学习的盲目性。

如何尽量化解教材编写过程中"理论指导实践"假设所造成的负面影响，结合职前教育以及新手教师的发展需求，提高理论认知对实践工作的针对性，让学习者有可能在理论与实践相结合的过程中认识与理解课程与教学问题，以便为他们继续进行系统理论学习提供前提条件，是本书编写过程中一直在思考并努力想要解决的问题。比如在教学目标方面，不但较为详细地论及教学目标的概念、类型、功能、陈述方式等，还具体地阐述选择与确定教学目标的依据、针对"三维目标"在实践教学中的应用误区进行辨析和建构等；在有关教学实施的内容中，一方面介绍一般教学行为及其特征、好的教学行为的判断原则等，另一方面以完整的一节课为视点，分析教学过程的一般程序、互动方式及其依据，希望能给新手教师提供一个完整的课的结构模型和动态推进的原则性程序，等等。

除此之外，本书还尝试在相关理论的论述中融入中国本土经验和理论，这些经验和理论主要来自"新基础教育"二十多年的一线学校实践变革经验，和"生命·实践"教育学的理论认识成果。

感谢我的导师叶澜教授！追随老师十多年的"新基础教育"实践研究和理论学习，使我对教育、基础教育有了相对具体的理解和认识；

感谢"新基础教育"研究的同行者！与大家一次次共同探讨、磋商、研究、重建的过程，使课程与教学问题于我而言逐渐清晰、系统、结构化。"新基础教育"及"生

命·实践"教育学的理论、经验、对教育教学的理解等,是我思考课程与教学问题的
基本底色;

　　感谢徐丽华教授、杭州师范大学教育学院的同仁和小学教育本科专业08—14
级的学生们,大家在上课过程中的困惑、问题、体会、感受,不断促使我进一步思考
新手教师的专业发展问题,与大家的良性互动进一步增强了我编写本书的信心和
责任感;

　　感谢所有为本书付梓提供支持和帮助的人!

袁德润

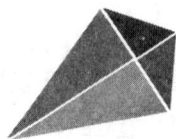

目　录

绪　　论

内容提要

　　在小学教师培养中,课程与教学论是教育类课程系列中的一门基础课程。掌握课程与教学的基础知识是新手教师专业发展的起点,也是新手教师专业成长与发展的基础。学习课程与教学论课程可以帮助新手教师了解课程与教学问题的历史与现在,从宏观、整体上把握课程与教学的基本问题,建立良好的教育教学理论知识结构,为新手教师理解学校教育领域内的各类问题提供基本框架,促进新手教师快速进入职业成熟期。本章将简述课程与教学论的基本概念、学科性质与任务、课程与教学论与学科教学法的关系、课程与教学论对新手教师的专业发展价值等内容。

第一节　课程与教学论概述

一、课程与教学论的学科内涵

　　学习本门课程,首先要弄清楚两对相互关联但内涵不同的概念:课程与教学、课程论与教学论。

　　课程与教学是学校教育中经常使用的两个概念,课程与教学内容相关,它关注教学的内容及其在实践中的具体安排;教学是把教学内容转化成学生真实发展的实践过程,与课程相关,但又不仅仅是把课程由文本转化成实践的过程。因此可以说,课程与教学这两个概念既相互关联,又互相区分。

　　自从人类社会出现了专门化的教育,就有了关于教学内容与教学方法的探索和思考。课程与教学有着悠久的历史,尽管它们作为专门概念的出现要晚得多①。课程论与教学论作为教育学的分支学科，是两门随着中国全面引进西方现代教育制度而引进的学科，中国古代有关于课程与教学的相关论述，但并没有形成专门的课程与教学理论知识体系。

顾名思义，课程论与教学论即"论"课程与教学，它是对课程与教学问题进行专门研究而形成的有系统、有结构、有层次的知识体系，反映不同时代、不同文化、不同教育传统背景下的研究者对教学与课程问题的观点、看法、理解和实践经验。课程论主要涉及学校课程设计、编制、实施和评价等方面的理论与实践；教学论则研究教学在整个教育活动中的地位与作用、目的和任务、过程、原则、手段、方法、组织形式、效果或学习成绩的检查与评定等。课程与教学论为学习者提供在课程与教学领域内曾经或者被认为有效的原则、方法、规范、操作方案等方面的认识成果。

关于课程与教学论的关系，中外学者存在着不同的观点。苏联学者并不把课程论作为一门独立的分支学科来研究，而把课程作为教学研究的一个组成部分，反映在知识体系中就是教学论中的"教学内容"部分。20世纪80年代以前，中国的教育理论以引进苏联为主，所以我们也重视教学论而忽视课程论。80年代以后，中国开始实施第八次课程改革，改变了之前全国教材统一编制的局面，实行课程标准要求指导下的教材多样化政策，实行教材编写核准、审查制度，鼓励相关机构、出版部门等依据国家课程标准组织编写中小学教材；教材编写者根据教育部《关于中小学教材编写审定管理暂行办法》，向教育部申报，经资格核准通过后，即可按照国家课程标准编写教材；教材经教育部或教育部授权的省级教材审查委员会审查通过后，即可公开发行使用。在此背景下，课程论逐渐为中国广大教师和师范学生所熟知，并且得到越来越多的重视和关注。

事实上，课程论和教学论所研究的对象——课程与教学，在实际的教育教学活动中不可分割，只是由于教育传统和历史文化传统等因素，才使得中外学者在课程论与教学论的关系问题上看法不一。从历史的角度看，无论中外，在相当长的时期内，只有教学论而没有课程论，课程问题是放在教学问题中来进行讨论和研究的。20世纪之后，课程论才从教学论中独立出来，与教学论并行发展。

在不同国家，由于课程与教学管理体制的差异，课程论与教学论的地位也有差异。一般来说，在课程主要由国家制定和控制的国家，教学论的地位要高于课程

---

① 在中国，早在殷商时期的甲骨文中已经出现了"教"与"学"两个独立的单字，有人考证《书·商书·兑命》中最早将"教学"二字连为一词使用；而现代意义上的课程最早出现在宋代朱熹的《朱子全书·论学》中，指课业及其进程。

论,而在课程主要由地区或者学校决定的国家,比如美国,课程论的地位就明显高于教学论。综合起来看,关于两者的关系,主要存在三种不同的观点:第一,"大教学(论)、小课程(论)",即通常所说的"大教学论"模式。这种观点认为,课程是教学内容,课程论是教学论的一个组成部分,这一观点主要反映在苏联的教学论研究体系中。第二,"大课程(论)、小教学(论)",即"大课程论"模式。该观点认为,课程的范围大于教学,课程的重要性也高于教学;课程是母系统,教学是子系统,教学即课程的实施,因此课程论包含教学论。持这种观点的主要是欧美的教育研究者。第三,二元独立模式,即把课程与教学看作两个同等重要但却不完全相同的领域,尽管二者之间存在着不可分割的密切联系,但它们仍保持着各自固有的特点和独立性;课程与教学是教育实践的两个领域,是教育学研究领域内的两个并列的、独立的学科,课程论与教学论是现代教育学的两个分支。整体来看,西方学者持"大课程观"者居多,即普遍认为课程论是教学论的上位概念,课程论包含着教学论[①]。

尽管中西方学者对课程与教学、课程论与教学论关系的认识存在分歧,但也达成了一些基本的共识[②]:第一,课程与教学虽然有关联,但是各不相同的两个研究领域。课程强调每一个学生及其学习的范围(知识、活动、经验),教学强调教师的行为(教授、对话或指导)。第二,课程与教学肯定存在着相互依存的交叉关系,而且这种交叉不仅仅是平面的、单向的。第三,课程与教学虽是可以进行分开研究与分析的领域,但是不可能在相互独立的情况下各自运作。第四,鉴于课程与教学有着"胎联式"的关系,"课程—教学"一词也已经被人们广泛接受。

概括起来说,在课程论与教学论的关系问题上,完全的各自独立论已经没有市场,大多数研究者都主张相对独立地开展课程与教学问题的研究,同时注意两者之间的交叉与相互影响,使这两个在教育学学科体系中因研究对象、内容、方法、结论等既独立又具有联系的学科相互促进、相得益彰。作为教师教育的一门专业基础课,《课程与教学论:新手教师的视角》把课程论与教学论看作两个互相独立又相互联系的知识体系,并尝试从新手教师专业知识水平和专业发展需求的角度出发,把两门学科的基础知识合并在一起,简要阐述课程与教学论的相关认识成果,目的在于给新手教师提供一个了解和认识课程理论和教学理论的基本框架。

---

① 田慧生,李如密.教学论[M].石家庄:河北教育出版社,1996:16-17.
② 施良方,崔允漷.教学理论:课堂教学的原理、策略与研究[M].上海:华东师范大学出版社,1999:24.

二、课程与教学论的研究对象与任务

课程论与教学论在研究对象与任务方面存在着一定程度的共性,但两者的研究对象和任务具有更多的个性差异。

就共性来说,课程与教学论的研究对象都指向教育领域内的问题。作为人类社会生活中的一个重要领域,教育以培养适应和促进人类社会存在与发展的个体为主要任务,是人类社会存在与发展的基础之一。随着科学技术与人类生存质量的不断提升,教育在社会发展中的作用越来越重要,人们对教育现象的关注也越来越强。课程与教学是教育中最为重要的组成部分,是实现教育目的、培养高质量人才最直接的途径,因此,对课程与教学问题的研究是教育研究领域中的两个重要方面。

教育的门类和职能随着人类终身发展的需要而不断拓展,儿童、青年人和成年人、有职者和无业者接受着不同层次、不同形式的有组织的教育:从学段上分,有学前教育、中小学教育、高等教育;从培养目标上分,有普通教育、职业教育;从组织形式上分有学校教育、非学校教育等。凡是有组织的教育领域,都有课程与教学问题,其问题域极为广大。本书所指的课程与教学问题,主要指现代学制下基础教育中的课程与教学问题。

课程与教学领域中存在着诸多的可供研究的问题,比如在课程领域,就有课程概念、课程目标、课程内容、课程开发、课程实施、课程评价等问题;在教学领域有教学概念、教学本质、教学功能、教学目标、教学设计、教学方法、教学手段、教学评价、教学管理、教学组织形式等问题。一般来说,课程论和教学论主要研究课程与教学领域中有价值的、需要探究的、有可能解决的课程问题和教学问题,这些问题在时间和空间上延伸,构成了课程与教学论研究的主要对象。

课程与教学研究的问题,大致可以分成三类类型:事实问题、价值问题和技术问题[①],通俗地说就是:是什么？为什么？怎么样？"是什么"属于事实问题,主要涉及课程与教学论的性质、状态、关系等,如课程与教学的起源与发展、概念变迁、基本特征、构成要素等;"为什么"属于价值问题,主要涉及课程与教学的目的、价值、意义等,比如中小学应该开设什么样的课程？课程开设的主要目的是促进学生个体的发展还是服务于社会发展？什么样的知识是有价值的教学内容？教学改革应该遵循什么样的基本原则？等等。"如何做"则属于技术、策略性问题。

---

① 王本陆.课程与教学论[M].北京:高等教育出版社,2009:4-5.

课程论要回答这样的问题：第一，教什么？即根据社会发展和人的发展的要求，选择适当的教学内容，以满足社会与人的发展需求。第二，如何安排这些教学内容？即课程的设计原则与组织顺序，它受人的发展阶段性的制约，以学习者学习与发展的规律为依据。如何确定教学内容的安排次序以及确定教学内容次序的内在依据，也是课程论要解决的问题。第三，如何判断课程安排的适切性？即课程的实施与评价问题，对课程实施过程及其结果的评价，是不断改善课程内容选择与安排的主要依据。

教学论研究关注教学目的、教学过程、教学方法、教学设计与实施、教学评价、教学手段、教学载体、教学组织形式等，它要解决的是有关教学的价值、目的、过程、方法、评价、手段等方面的问题，既关注教学的技术问题，更关注教学行为背后的理论问题。

三、课程与教学论的历史演进

课程论与教学论的历史演进显示，课程论和教学论源于不同的学校课程设置方式和课程与教学的实践传统。以下按两门不同学科产生与成熟的时间顺序，简要介绍两门学科的发展路线以及两门学科在中国的发展状况。

（一）教学论的历史演进

教学论的学科发展经历了前学科时期、学科形成时期和学科分化与多样化三个阶段。在前学科时期，有关教学的理论在形式上相对零散，在方法上多以个体经验或体验性认识为主，其认识成果散见于前人的相关著作中，比如中国古代的《论语》《大学》《学记》等。这一时期从人类社会有专门的教育教学行为开始一直延续到夸美纽斯的《大教学论》形成；赫尔巴特《普通教育学》的出版标志着教学论成为一门独立的学科，他的系统理论奠定了教学论学科发展的基础和基本框架；杜威在批判赫尔巴特"传统教学论"基础上形成"现代教学论"，两大教学理论体系的对峙与竞争，左右着教学论学科发展的大格局。

1. 前学科时期

人类社会自从有了教学这一独立的社会行为，就有了对教学问题的有意识或无意识的思考和研究，但真正把教学作为一个专门的领域进行研究，并且形成系统的知识体系，是近代以后的事情。

中国有着悠久的文明史，也有着悠久的教育教学历史，形成了独特的教育教学思想和认识。但由于中国传统教育以个体教学为主要形式，中国古代的教师大多并非专门从事教育工作的专业从业者，他们对教育教学的理解偏重于个人体悟与个体经验，因此，他们所记录下来的关于"怎样教学"的经验，往往只是关于教学的点滴、片断的经验或体验性认识，缺乏系统性，更缺乏对自己教学经验的合理性论证，很难算得上"教学论"，即使被称为"人类有史以来第一部比较系统完备的以教学论为主的教育专著"[①]的《学记》，也仅仅是系统的教育经验与阶段性教育认识的总结，谈不上是有关教学的专门论著。

在教育史上第一个倡导教学论的是德国人拉特克。[②] 他在1612年给德意志帝国议会呈交的关于学校改革的奏书《改革学校和社会的建议书》中，自称是"教学论者"，称自己的新的教学技术为教学论。他把受教育看作是人与生俱来的权利，认为一切国民都应该获得一定程度的教养，并致力于探求"教授之术"，开拓教学理论的领域。他的教学论是以教学的方法和技术问题为中心的，不涉及教学的具体内容，重点探讨如何使所有的人最容易、最有效地获得知识和教养的方法问题。

进一步发展了拉特克的观点、对教学论的确立做出独特贡献的是捷克教育家夸美纽斯（J. A. Comenius）。他在1632年出版的著作《大教学论》中，把写作这本书的目的定位于"寻求并找出一种教学的方法，使教员因此可以少教，但学生可以多学；使学校少些喧嚣、厌恶和无益的劳苦，多具闲暇、快乐和坚实的进步。"[③]在这本书的《致意读者》中，夸美纽斯把教学论称为"教学的艺术"，希望发展起一种"教起来准有把握，因而准有结果"、"教起来使人感到愉快"、"教得彻底、不肤浅、不铺张，却能使人获得真实的知识、高尚的行谊和最深刻的虔信"的艺术。夸美纽斯所看重的是"教的方法"，希望能够通过教学方法的改革实现"把一切事物教给一切人类"的教育追求。《大教学论》的内容包括人生与教育、学校教育的价值与组织形式、学校改良、教与学的原则、学科教学法（科学、艺术、语文、道德、宗教）、学校纪律、学校系统等，实际上是一本具有普通教育学学科性质的著作，但它对教学原则、学科教学方法、教学组织形式等的系统论述，标志着理论化、系统化的教学理论的确立。《大教学论》也因此在教育史上被认为是教学论作为一门独立学科诞生的标志。

夸美纽斯把教学论看作"把一切知识教给一切人的艺术"，适应了当时社会生产发展对接受过一定教育、掌握一定生产技术的年轻工人的需求。为了实现"提高教学效率、让尽可能多的学生接受教育"这一目标，他在教育史上首次提出了班级

① 毛礼锐，沈灌群. 中国教育通史. 第1卷[M]. 济南：山东教育出版社，1985：408.

② 佐藤正夫. 教学论原理[M]. 钟启泉，译. 北京：人民教育出版社，1996：3.

③ 夸美纽斯. 大教学论[M]. 傅任敢，译. 北京：教育科学出版社，1999：2.

授课制的学校组织形式;同时,夸美纽斯根据自己的教学经验以及对儿童发展规律的认识,提出了系统的教学原则,包括(1)直观性原则,即在可能的范围内,一切事物都应该尽量地放到感官跟前;(2)活动性原则,即要通过实际参与各种类型的活动进行学习;(3)兴趣与自发原则,即从儿童天生的求知欲出发,根据儿童的年龄特点与理解力的发展阶段,按照知识的逻辑顺序进行教学,采取一切可能的方法来激发儿童对知识和学习的强烈愿望,使教学成为一种轻松的事情。

《大教学论》系统论述了教学问题和教学现象,其思想体系深刻地影响了18、19世纪欧洲乃至全世界的教育、教学思想和实践。从教学论学科发展的角度来看,拉特克和夸美纽斯的教学理论都属于教学论学科发展的启蒙期,他们的理论主要基于个体经验和理性思辨,以知识授受和品德、宗教情感的培养为主要目标,内容集中在"应该怎样教学"的方法层面,对教学方法与原则的依据、合理性与有效性,还没有系统的思考。到这一阶段为止,教学论的发展属于前学科时期。

2. 学科成熟时期

德国教育学家赫尔巴特(J. F. Herbart)是使教学论真正成为一门系统学问的代表人物。1806年,他出版了代表作《普通教育学》,在该书中他以统觉心理学为理论基础,系统地探讨了教学的形式阶段和教学的教育性原则,努力把教学论构建成一门独立的科学。赫尔巴特的《普通教育学》涉及的主要问题集中在教学方法和学生管理两个方面,其"教学"不仅仅指知识与技能的传递,还包括道德的养成。如果说夸美纽斯把教学看作是"艺术"的话,赫尔巴特试图把教学理论建构成"科学"。一般认为,赫尔巴特的《普通教育学》标志着独立的教学论的形成,在此之前的有关教学的观点与思考成果,都属于前教学论时期,赫尔巴特之后教学论的发展逐步走向丰富与成熟。

教学是赫尔巴特教育学体系的核心,他在教育史上第一个明确提出"教育性教学"概念,把道德教育与学科知识教学统一在教学过程之中。他认为不存在"无教育的教学",同样也不存在"无教学的教育",只有学生对知识发生强烈的兴趣,且这种兴趣还必须是多方面的和平衡的,知识学习才能对学生道德品质的培养产生作用。他摒弃以往教学中仅仅以学生知识学习与技能提升为主要目的的做法,主张改变使儿童处于被动状态的以死记硬背为主要形式的学习,给予学生自己活动的自由,让他们充分发挥自己的创造性。

赫尔巴特提出了教学过程的四个阶段,通常被称作"教学四阶段论"。他认为观念是人们认识世界的最基本、最简单的要素,它是通过"统觉"——旧观念对新观念的同化作用而获得的,因此教学过程就是观念被统觉的过程,这个过程包括四个阶段：清楚明确地感知新观念→新观念与旧观念建立联系→观念的扩大→观念的应用，即清晰、联想、系统和方法四个阶段。每一阶段既明确地提出教师"教"的具体任务和活动方式，也清楚地规定学生"学"的具体要求和范围。赫尔巴特第一次在班级授课制的背景下对教师的教学行为进行了规范，大大提高了教学效率。

赫尔巴特的教学论一般被称为"传统教学论"，其特点主要表现为在教学中强调"教师中心""书本中心""课堂中心"。美国教育家杜威(J. Dewey)在对赫尔巴特传统教学论进行批判的基础上，建构出自成体系的"现代教学论"，认为"教育即生活，学校即社会，教育即经验的持续不断的改造"，主张儿童的需要为基础设置课程，倡导活动课程和"做中学"的教学方法，让儿童通过与自己生活经验紧密相关的制作、社交、艺术、探究等动手操作活动实现个体经验的不断改组，形成了"儿童中心""经验中心""活动中心"的"现代教学论三中心"教学主张。"传统教学论"和"现代教学论"分别指赫尔巴特和杜威的教学理论，是教育史上依据理论的发展顺序和核心主张而进行的区分，并非对两种理论的简单的价值评判，两种理论各有其独特贡献和历史价值，在今天依然影响着不同国度、不同文化背景下的教育教学实践。

3. **学科分化与多样化——当代教学论流派**[①]

赫尔巴特之后，教学理论的发展主要沿着哲学和心理学两种取向发展。哲学取向的教学理论主要关注教学的目的与手段问题，即教育要培养什么样的人、以什么方式呈现内容才能实现这一目的等问题；心理学取向的研究则随着心理学的发展而产生不同的对于教学问题的基本认识。在当代世界教育领域内，影响比较大的教育理论主要有哲学取向、行为主义心理学取向、认知主义心理学取向和情感心理学取向教学论等流派。

（1）哲学取向教学论

哲学取向的教学论以哲学思辨和理论体系建构为主要方法，苏联和我国的教学论发展大致可以归入这一类，这种理论的基本主张主要包括：

第一，教学目的强调以知识—道德为本位。这种教学目的观继承了"知识即美德"的古希腊传统，沿着赫尔巴特的"教育性教学"思维路径发展，主张教学就是通过知识的学习过程发展能力、培养品行的过程，王策三先生在他的《教学论稿》中把这种取向的教学论的"教学目的与任务"概括为三句话："第一，传授和学习系统的科学基础知识和基本技能；第二，在这个基础上发展学生的智力和体力；第三，在这

---

① 施良方，崔允漷.教学理论：课堂教学的原理、策略与研究[M].上海：华东师范大学出版社，1999：48-71.

个活动过程中培养学生共产主义世界观和道德品质。"①

第二,教学过程以知识授受为本质。在知识授受的过程中,强调教师要启发学生的积极性,给学生提供必要的感性认识,帮助学生形成概念、掌握规律,巩固知识、形成技能技巧并在实践中应用知识。

第三,教学内容以分科课程为主。哲学取向的教学论主张以书本知识的教学为主,以讲授间接经验为主;在知识学习中,分科课程占主导地位;按学科逻辑组织教材,强调教材的系统性,以知识点的相互关联,重视教学的知识目标;教学内容指向学生的过去世界,对学生生活着的现实世界和未来世界的关注不够。

第四,教学方法以语言呈示为主。教学方法以教师通过口头语言向学生系统地传授知识为主,这种教学方法有利于教师由易到难、由浅入深地在短时间内传递大量具有系统性的信息,充分发挥教师的主导作用,提高教学效益;但却容易使学生在学习过程中形成以被动接受现成结论为主的学习方式,不利于学生发挥个体的积极性、主动性、创造性;教学内容局限于书本知识,实用知识和技能的教学被削弱;过于强调学科知识的结构性和系统性,导致教学过程中过度追求"标准答案",压缩学生独立思考和批判性思维的发展空间;课堂活动以师—生的单向交流为主,沟通方式单一;学生动手、动口、动脑的机会少,难以顾及学生的个别差异。

(2) 行为主义取向教学论

行为主义心理学取向的教学论以行为主义心理学理论所强调的"学习即刺激—反应之间的联结的加强"为认识基础来看待教学问题,把行为主义的理论应用到教学过程中,先后发展出程序教学、计算机辅助教学、自我教学单元、个别学习法和视听教学法等多种教学模式,其中以斯金纳(B. F. Skinner)的程序教学理论最具代表性。

行为主义教学理论认为教学目标应该是学生的可预期的行为结果,教学的目的就是提供特定的刺激,以便引起学生特定的反应,所以教学目标越具体、越精确越好。布卢姆的教学目标分类即基于行为主义的基本假设,他的目标分类有两个特征:第一,用学生外显的行为来陈述目标;第二,目标是有层次结构的,按照由简单到复杂的顺序排列,前一目标是实现后一目标的基础,因此目标具有连续性、累积性,易于操作。

在教学方法上,行为主义教学论强调充分利用强化,即利用行为的结果来增加同样的行为重复发生的可能性。斯金纳认为,学生是受行为结果影响的,若要学生

---

① 王策三.教学论稿[M].北京:人民教育出版社,1985:101.

做出合乎需要的行为反应，必须在行为后安排一种强化性的后果，如果得不到强化，这种行为将会消失。根据这一理论，行为主义教学在学习环境设置、课程材料设计和学生行为管理等方面进行了系统安排，形成了教学过程的五个阶段：第一，确定并明确通过学习要产生的目标行为，具体说明想要得到的行为结果，并制定测量和记录行为的计划；第二，观察并记录行为出现的频率，如有必要，记录行为的性质和当时的情景；第三，选择强化物和强化方式，确定最后的塑造行为计划；第四，安排环境并告知学生具体要求，实施强化和塑造行为的安排方式；第五，测量所想得到的行为反应。重现原来的条件，测量行为，然后再回到强化行为的安排中。

行为主义教学论把教学的重点放在个体差异化学习方面，因此主张按照教材内部的逻辑顺序进行重组，合理设计教材的梯度和顺序，保证学生在学习过程中把错误减少到最低限度，同时强调让学生在获得及时反馈的基础上，自己确定学习的步子。这一主张在斯金纳的程序教学中表现最为典型，他的程序教学包括四个因素：小步骤行进，即给学习者少量的有梯度的信息，每位学生均按照相同的顺序学习；呈现明显的反应，即学生的反应应该能够观察到，正确的反应得到强化，不正确的反应则给予纠正；及时反馈，即学生反应之后立即告知其反应是否正确，如果答案正确，反馈就是一种强化物，如果错误，反馈就是一种更正方法；学生按自己定的步子进行程序学习。

（3）认知主义取向教学论

与行为主义认为学习是"刺激—反应"联结加强的观点不同，认知主义心理学认为，学习是学习者内部心理结构的形成和改组，教学就是促进学习者内部心理结构的形成和改组。认知主义教学主张的代表人物是心理学家布鲁纳（J. S. Brunner）和奥苏贝尔（D. P. Ausubel）。

认知主义教学理论把发展学生的智力作为教学的主要目标，教育不仅要培养成绩优异的学生，还要帮助每个学生获得最好的理智的发展，培养学生运用自己的心智解决问题的意识和能力。在布鲁纳看来，要实现这一教学目标，最有效的途径就是让学生掌握具体学科的知识结构，包括学科的基本概念和基本原理，以及这些概念和原理之间的逻辑关系。他认为掌握了一门学科的知识结构或者它的逻辑组织，有利于帮助学生理解知识和促进迁移。在教学方法上，认知主义教学理论强调发现法，即通过教师提供的相关材料，让学生自己思考、探究，参与知识的获得过程，培养学生独立解决问题的能力。

（4）情感心理学取向教学论

人本主义心理学兴起于20世纪60年代之后，主张心理学应该探讨完整的人，而不仅仅是从行为或认知方面研究人的发展。人本主义者认为,真正的学习涉及整个人,而不仅仅是为学习者提供事实;真正的学习经验能够使学习者发现他自己独特的品质,发现自己作为一个人的特征。从这个意义上讲,人本主义者认为教学即是促进,促进学生成为一个完善的人。美国人本主义心理学家罗杰斯(C. R. Rogers)的非指导性教学是这一流派的代表。

罗杰斯认为,最好的教育的目标应该是培养"充分发挥作用的人",这样的人应该是所有潜能都能得到充分开发,是对变化开放的、灵活的和接受的人,是学会怎样学习并因而能不断学习的人,他们能够在不断地成长发展的过程中发现并实现新的自我。罗杰斯把心理咨询的方法移植到教学中,构建了非指导性教学模式。在非指导性教学模式的教学过程中,教师以一个促进者的角色,通过与学生建立融洽的个人关系,以解决学生的情感问题为目标。这一过程通常包括五个阶段:第一,教师帮助学生自由地表达自己的情感;第二,鼓励学生自己尝试确定自己所面临的问题,在这个过程中教师不要帮助学生判断对错,而要接受学生对问题的自我认知,并在必要时帮助学生澄清他们的问题;第三,让学生讨论问题,自由地发表看法,教师给学生提供必要的帮助;第四,由学生计划初步的决定,教师帮助学生澄清这些决定;第五,学生对相关问题获得较深刻的认识,并做出较为积极的行动,教师对此要予以支持。

非指导性教学非常强调师生在教学过程中的互相信任和安全感,认为课堂中的氛围必须是融洽的、真诚的、开放的、互相支持的,以便使学生能够自由地表达自己的想法,在个体陈述的过程中自然地显示症结所在的情绪因素,并自己调整这种情绪的变化和决定变化方向,从而改变相应的态度和行为;在教学过程中,教师并非指导者,而是促进者,他的作用表现在四个方面:帮助学生澄清自己想要学习什么;帮助学生安排适宜的学习活动与材料;帮助学生发现他们所学的东西的个人意义;维持某种促进学习过程的心理氛围。

4. 教学论在中国的发展

20世纪初,随着现代学校教育制度传入中国,赫尔巴特的教育学说即通过日本传入中国。当时中国刚刚在全国大范围采用班级授课制,迫切需要对课堂教学的规范化操作要求,而日本文字因为与汉字同源而成为中国人学习西方教育教学理论的首选之地。当时日本的教育著作以宣扬赫尔巴特学派的教育思想和教学方法为主流,中国留日学生即通过译介文章、书刊、著作等,把赫尔巴特的教学论思想引入中国。新中国成立后我国全面引进苏联教育学,凯洛夫的教育学因与中国的教育传统、赫尔巴特教育教学主张在中国形成的基础以及中国当时的政治、经济、文化环境的契合而深刻地影响了中国的教育实践。改革开放之后，发达国家的教学理论更快、更广泛地被引入中国，丰富了中国教学论发展的学习资源。

在借鉴外国教学理论的同时，我国的教学论工作者结合本土教育教学实践，进行了不少积极的独立探索。影响较大的主要有三个时期：[①]一是20世纪20、30年代的教学实验研究，在注意学习和改造西方教学理论的基础上，进行了有本国特色的教学理论创新，陶行知的"教学做合一"理论是其中有代表性的探索之一；二是20世纪50年代后期和60年代初期，在批判外国教学理论的同时，继承和发展我国传统的教学思想，形成了中国独特的教学理论探索，如"双基教学"等；三是改革开放以来教学论的大发展，教学论自身获得了长足发展，形成了教学论学科群，出版了大批教学论专著，对教学本质、师生关系、发展性教学等进行了深入探讨，确立一些重要的教学思想，如个性全面发展、智力与非智力因素相统一、教学模式多样综合等，使教学论日益走出简单移植的发展模式，逐步走向关注本国实践和文化传统的相对独立的发展时期。

（二）课程论的历史演进

1. 课程论学科的形成和发展

与教学论的发展和成熟相比，课程论的发展要远远滞后。把课程作为一个独立的领域进行系统研究并形成系统理论，是20世纪以后的事。一般认为美国课程专家博比特（F. Bobbit）1918年出版的专著《课程》，标志着课程作为一个专门研究领域的诞生，这也是教育史上第一本课程理论专著，为课程理论的发展奠定了基础。随后，查斯特（W. Charters）、泰勒、布鲁纳、麦克唐纳德等西方学者对推进课程论研究做出了突出的贡献。

现代课程论研究的领域和研究取向，最早由博比特确定。博比特深受20世纪初美国工业界盛行的"科学管理"思想的影响，把工业科学管理的原则应用于学校教育，再把它推衍到课程领域。这样，美国的课程理论从一开始就依据这样的基本假设：学生是原料，是学校这台机器加工的对象。鉴于教育是要使学生为成人生活做好准备，那么在课程设置中就需要关注以下几个方面的问题：第一，课程的本质是儿童及青年为准备完美的成人生活而从事的一系列活动及由此取得的相应的经验；第二，学校教育的课程应着眼于社会生活中无法自然获得、必须由学校教育才能获得的经验，需要对这两种经验进行比较分析，获得课程目标；第三，通过对人类社会活动进行分析，发现社会所需要的知识、技能、能力和态度等，以此作为课程

---

① 王本陆.课程与教学论[M].北京：高等教育出版社，2009：14.

的基础。这种把人类活动分析成具体的、特定行为单位的方法,即"活动分析法";第四,根据对社会需要的研究来确定课程目标,而且课程目标必须具体化,以适应科学时代对精确性和具体性的要求。

现代课程论发展里程碑式的人物是美国课程论专家、教育评价专家拉尔夫·泰勒(R. W. Tyler),他于1949年出版的《课程与教学的基本原理》被称为现代课程理论的奠基石。泰勒认为教育目标、课程设计与课程评价之间存在着密切联系,并以此为依据提出了课程编制的基本领域和程序,把现代课程理论的研究推向了新的水平。《课程与教学的基本原理》被西方学者看作是课程开发的典范,泰勒也因此被誉为"现代课程理论之父",他在该书中提出的课程开发的原理被称为"泰勒原理"。

泰勒课程理论产生与当时美国流行的科学管理理论密切相关,也与美国当时的社会发展问题及教育问题密切相关。

1929—1933年,席卷美国、波及全球的经济大萧条导致失业率剧增,大多数中学毕业生无法找到工作,只能重新回到学校,而他们中的绝大多数并不打算进入大学,这对以升学为主要目的的学校课程提出了挑战。为了帮助学校走出困境,缓和日趋激化的社会矛盾,1934—1942年美国进步教育协会发起了著名的"八年研究"。这是一项综合性的课程改革实验计划,参与这项实验研究的除了专业研究人员之外,还有横贯美国的300所大学、学院和精选出来的30所实验中学。泰勒在这一计划中担任课程评价的主持人。在对"八年研究"经验进行总结的基础上,他提出了课程开发的基本程序和方法,其主要思想集中于《课程与教学的基本原理》一书中,该书被公认为课程开发目标模式形成的标志。

泰勒认为,开发学校课程必须首先回答四个问题:学校应该达到哪些教育目标? 提供哪些教育经验才能实现这些目标? 怎样才能有效地组织这些教育经验? 怎样才能确定这些目标正在得到实现? 泰勒并未直接回答这四个问题,因为具体的答案因学校的性质、教育阶段不同而有差异,他只是想提出研究这些问题的方法和程序。在他看来,回答这四个问题的基本程序和方法本身即构成了考察课程与教学问题的基本原理。

泰勒所提出的课程编制的四个问题构成课程编制过程中的四个步骤或阶段:确定目标;选择经验;组织经验;评价结果。其中确定目标最为关键,因为其他步骤都是围绕目标展开的,因此泰勒所提出的课程编制方法与程序,又被称为"目标模式"。"目标模式"从确立教育目标、选择学习经验、组织学习经验到评价学习效果,构成了一个完整的课程开发过程。

泰勒之后的许多课程理论研究者沿着泰勒的课程开发导向，把泰勒原理演绎为具体的课程开发操作模式，或者对他的理论进行进一步的阐发。到目前为止，泰勒的课程开发模式仍然在课程领域中占据主导地位，不管人们是否赞同他的主张，不管人们持有什么样的哲学观点，在全面探讨课程问题的时候，都无法绕过泰勒提出的四个基本问题。

2．现代课程理论流派①

20 世纪中期以后，课程改革在世界范围内成为潮流，课程理论研究领域也发生了很大变化，课程设计模式和课程理论不断出新。归纳起来看，现代课程理论主要包括强调以学术为中心的学科结构课程论、强调以社会问题为中心的社会改革课程论和强调以学生发展为中心的学生中心课程论。

（1）学科结构课程论

学科结构课程论认为，系统知识是课程中不可或缺的因素，强调要把人类文化遗产中最具学术性的知识作为课程内容，重视知识体系本身的逻辑程序和结构，主张以学科的知识结构作为课程设计的基础。美国学者布鲁纳认为，传授学科结构有四点好处：第一，掌握结构有助于解释具体的现象，使学科知识更容易理解；第二，有助于更好地记忆学科知识；第三，有助于促进知识技能的迁移；第四，有助于缩小高级知识和初级知识之间的差距。掌握学科结构的目的，就是要学生学会如何学习。

学科结构课程论在 20 世纪 60 年代曾风靡一时，学科结构课程理论的主张被广泛地应用于课程设计，并把这种课程作为培养未来科学家的主要手段，但在实践中，因所编制的课程内容难度过大，导致了部分学生难以适应的问题。

（2）社会改造课程论

社会改造课程论把重心放在当代社会的问题、社会的主要功能、学生关心的社会现象，以及社会改造和社会活动计划等方面。该理论认为，课程不应该帮助学生去适应现在的社会现状，而是要建立一种新的社会秩序和社会文化。因此，这种理论不关注学科的知识体系，认为应该围绕当代重大社会问题来组织课程，帮助学生在社会方面得到发展，即学会如何参与制定社会规划并把它们付诸社会行动。

社会改造课程论的代表人物是巴西学者弗莱雷（P. Freire）。他认为资本主义学校的课程已经成为一种维护社会不平等现状的工具，主张课程应该帮助学生摆脱对社会制度的盲目顺从。在实践中，社会改革课程论者特别关注学生对学校课程(尤其是隐性课程)的种种抵抗现象,以此表明社会改造的可能性。社会改造课程理论的观点具有现实意义,但作为一种课程理论,要转化为课程实践,在当今社会条件下仍然是一个具有较大挑战的问题。

（3）学生中心课程论

学生中心课程论主张以学生的兴趣和爱好、动机和需要、能力和态度等为基础来编制课程。学生中心课程有两个基本特征:第一,课程的内容不是学科内容,也不是社会问题,而是学生的发展;第二,课程内容不是既定不变的,而是随着教学过程中学生的变化而变化。学生中心课程论起源于18世纪的欧洲,在20世纪20、30年代经美国教育家杜威的发展而形成。杜威对传统教育不顾学生的特点把外部事物强加给他们的做法极为不满,提出课程与教学必须考虑到学生的思维方式、兴趣和需要。

学生中心课程论考虑到要把课程与学生所关心的事情联系起来,而不仅仅把学生作为课程传递的对象,这无疑是个进步,但如何为每个学生编制或者由他们参与编制最适合他们个人自由发展的课程,不仅在理论上而且在实践上都是一个难题。

在课程理论多元发展的今天,某一个课程流派的理论独步天下的局面已不复存在,人们往往倾向于关注各种课程思想的融合与互补。然而,整合不同的课程思想,并非不同课程理论的简单相加或调和。如何在全面了解不同流派课程理论的理论基础、课程编制过程、课程理论与研究方式等问题的基础上,对课程问题做出明智的决策,是当今课程开发者必须面对的一个挑战。

3. 课程论在中国的发展

中国现代的课程论学科主要是借鉴西方近代的课程论体系和方法建立起来的。20世纪20、30年代,我国的课程理论研究取得了突出的成就,几乎达到了与美国等西方发达国家课程论同步发展的水平。[①] 20世纪50年代,我国全面引进苏联的教育教学理论,课程论作为一个独立学科的地位被取消,成为教学论研究中的一个组成部分;20世纪80年代中期开始,课程论研究开始恢复,以译介国外课程论著作为起点,逐渐走向独立研究和发展阶段。如今,课程论作为教育学的一个分支学科独立出来,取得了与教学论同等重要的地位,在师范院校中普遍开设《课程论》课程,并且在部分师范院校还设置了独立的课程论或课程与教学论专业,公开出版发行课程论专业杂志。总体来说,课程论在中国的发展正在由对西方理论的高度依附,慢慢走向理论与实践的独立研究阶段。

---

① 张传燧.课程与教学论[M].北京:人民教育出版社,2008:13.

第二节　新手教师专业发展和课程与教学论学习

新手教师学习课程与教学论这门课程的目的可以这样表述：学习课程论的主要目的在于了解课程是什么？课程包括哪些内容？课程设计主要关注哪些问题？等，以便从宏观的学校课程设计上理解学校生活，也为了更好地理解每位教师日常教学生活中承载课堂教学内容的教科书的内容、结构、特点，为恰当合理地理解和使用教材提供基础；学习教学论的目的则在于了解和形成对教学目的、性质、价值、方法、过程等的系统认识，为我们所观察或学习到的教学行为提供"合理性"解释的依据。

具体地说，新手教师学习课程论的重点，在于了解相关专家对课程问题的思考和实践，主要目的在理解而不在编制课程；新手教师学习教学论的重点，在于学习并尝试把理论与我们的受教育经历和有限的教学实践行为相联系，以理解、判断、解释教学行为的合理性，理解并解释专业行为中的问题，为建构合理的教学专业行为服务。

一、课程与教学论对新手教师专业发展的价值

在新手教师培养中，课程与教学论是教育类课程系列中的一门基础课程，学好这一门课程是成为一名教师的先决条件。对于新手教师来说，学好这门课程对未来的工作具有以下方面的价值：

第一，为新手教师理解学校教育领域内的各类问题提供基本框架。教师的主要工作是教书育人，其作为专业工作者的基本素养，既包括对未来所承担学科的本体性知识的掌握，也包括对教育教学相关理论的掌握。在我国基础教育课程改革不断推进的情况下，教师不但要面对和解决教学问题，他们在课程问题上的参与空间也不断加大。课程与教学论是专门研究课程与教学问题的学科，包括了关于课程与教学问题的概念、原理、价值观和方法等与教师专业生活密切相关的问题的认识成果。理解和把握这些基本认识，有助于新手教师形成正确的课程观和教学观，形成理解和处理教育教学工作领域内各类问题的认识框架。

第二，促进新手教师快速进入职业成熟期。在新手教师培养中，学习者一般会比较钟情于学习和掌握课堂教学过程中可操作的方法、措施，掌握这些课堂教学的操作技能，可以使新手教师在进入工作岗位后快速适应教学工作，成为一名合格的

教师。但这种倾向也会产生一个问题,就是新手教师往往会走向对具体操作方法的简单依赖和固守,最终导致教师专业发展的瓶颈。在课堂教学中,不存在可以应用于所有情境的普适的方法,任何方法都只有在针对特定的内容或目标时才是有效的。在新手教师能够"站稳"课堂之后,就需要把专业发展的重心放在理解和阐释自己的教学行为、提升自己对课程与教学问题及经验的认识水平,提高教育教学智慧。这是一个教师由新手走向成熟的必经之路,在这个过程中,只有运用相关的课程与教学理论透视与诊断自己的教育教学行为,才能使自己的教育教学行为由模仿走向自觉,由跟着感觉走、跟着经验走,走向"知其然知其所以然"。

第三,给教师的专业发展提供理性基础。一切行为的背后都有理论,这些理论有些是可以明确表述的,有些是行为者自己都讲不清楚的。作为专业工作者,教师的专业发展需要不断反思和发现问题,以拓展自己的专业发展空间。反思不是冥想,它需要面对自己的专业行为和专业问题,更需要相关理论为反思提供背景和视角。课程与教学论的相关理论,能够为未来教师在工作中增加反思与实践的理性基础:课程与教学论可以给教师提供分析问题的基本思路、判断问题的价值取向、重建方案的理论启示、实践路径的原则指导。

掌握课程与教学的基本知识是新手教师专业发展的起点,也是新手教师专业成长与发展的基础。课程与教学论可以帮助新手教师了解课程与教学问题的历史与现在,从宏观、整体上把握课程与教学的基本问题,建立良好的教育教学理论知识结构,为新手教师形成自己独立的对课程与教学问题得当的分析和判断能力打下基础。

二、新手教师应该如何学习课程与教学论

那么,新手教师应该如何学习这门课程呢?从内容构成上说,课程与教学论这门课程有自己的知识体系,我们需要从整体上把握,了解它的基本概念、原理、方法、原则,以及这些内容之间的层次和关系;从学科性质上看,课程与教学论是一门实践指向很强的课程,对这门课程知识系统的理解离不开学习者的学习经验、对教育教学行为的观察体验等实践支撑,同时也需要学习者在理论学习的过程中思考如何在实践中运用的问题。

(一) 系统学习,掌握学科基本结构

课程与教学论是专门研究课程问题与教学问题的学科,其学科知识体系当中的原则、原理与技术之间存在着逻辑上的关联,构成了一个具有内在因果关系的整体,需要整体、系统地把握才能较好地发挥这一学科对于教师专业发展的指导价

值，这也正是在教师培养中需要专门开设一门课程的重要原因。

在接触一线教师的过程中，我们也会发现，有的教师并没有受过专门的师范教育，没有系统地学习过课程与教学论，但他们对于课程与教学的认识也非常深刻和到位。事实确实如此。掌握课程与教学的相关理论有多种途径，学校里的系统学习、工作中及时"总结经验—发展问题—寻找解释"、在实践基础上的自学提升等等，都是提高和丰富自己对课程与教学论问题的认识、获得有关课程与教学论知识与加深理解的有效途径。然而，经验摸索和自学提高受制于个体的阅历、精力和视野限制，在掌握知识的系统性以及理解知识的关系方面存在无法克服的局限性。因此，它是一条无法系统学习时可以行得通的路径，但绝不是学习课程与教学论的最佳途径。系统学习并整体把握学科知识体系，便于学习者在学科知识之间建立起联系，形成课程与教学论知识体系的整体图景，有助于形成运用知识的意识和能力。师范院校开设的专业教育基础课程，充分考虑了学科知识与技术之间的逻辑关系，在教材内容选择和教师教学环节上强化学科内在的整体联系，而且有专门的指导教师、有专门安排的针对性教学实践活动，可以保证学习者少走弯路，也可以保证学生能够获得较系统的专业理论知识。所以充分利用师范院校的专业资源，系统学习和掌握课程与教学论知识体系，是新手教师专业发展过程中的捷径。

学科的基本结构指一个学科的基本概念、原理、方法和价值观。① 课程与教学论课程中的核心概念、原理、方法、价值观构成了本门课程的基本结构，在学习过程中首先要整体把握这些基本结构。掌握概念不能简单地记住其定义，同时还要了解概念的变迁历史、概念背后的追求和价值判断、概念之间的关系等等，把概念放在社会、教育及其历史的整体背景下来理解和把握，这是从概念本身的意义上需要关注的学习内容。从概念与概念的关系上，则需要联系全书各章节不同概念的学习来展开和丰富概念的内涵，使概念与概念之间的层次、关系不断清晰化，概念与概念之间的联系逐渐结构化，形成课程与教学论学科的概念地图。

在课程与教学论中还存在一些基本的原理和价值观念，比如社会、文化、儿童之间的关系。在课程论中，传承人类文化精华、促进儿童健康发展、体现教育社会价值是课程论基本的价值主张，这些主张之间的关系会因不同的历史条件、不同的文化与教育传统而呈现差异，了解差异是理解和运用的前提；在教学论中，教学与发展的关系、教师与学生的关系等，是核心的原理问题，通过教学促进发展是教学论最基本的价值追求。学习课程与教学论，要注意把握这些核心原理和价值观念，

---

① 王本陆.课程与教学论[M].北京：高等教育出版社，2004：20.

并把这些原理、价值观念作为理解其他内容的基础,以保证学习者在知识、方法、思考方面的统一与综合。

学习课程与教学论,还需要掌握课程与教学的专业技能,比如课程领域中课程目标的设置、课程内容的组织、课程的评价等,教学领域中教学设计、教学实施、教学管理等专业技能,都是新手教师从事专业工作必须具备的基本能力要求。明确处理这些技术问题的原则和方法,并尝试把这些原则与方法应用于具体学科的教学实践中,是成为合格教师的基础。

掌握学科基本结构是学习课程与教学论的基础性目标,在掌握学科基本结构的基础上,才有可能运用相关的概念、原理、原则、方法去判断和分析课程与教学问题,形成恰当的解决课程与教学问题的方法和路径。

(二) 联系实际,学思结合

课程与教学论是一门指向教学实践的课程,在课程与教学论学习中,通过阅读和课堂学习获得系统的关于课程与教学的理论知识,可以达成本门课程的基本教学要求;而要想对该门课程形成深度理解,真正学懂吃透,则需要把理论与实践结合起来,把学习与思考融为一体。

首先,实践经验是阐释和理解理论的基础。课程与教学论是一门指向实践的理论课程,它主要涉及的是关于课程与教学问题的一般理论,作为其主要构成的基本概念、原理、价值观、方法等,抽象和概括程度都比较高,理解难度较大,需要借助实践经验来完成。实践经验包括学习者的个人受教育经验和体验、典型案例、对其他教师的观察、在大学其他课程上所学习的具体方法与经验等。个体的经验体验是现实,课程与教学的理论更侧重于理想形态,现实和理想之间总是存在着反差,脱离现实学习理论,往往会使学习者形成"理想状态很好,但无法实现"的感叹,导致"理论无用"的认识;如果能够在理论学习的过程中不断结合现实的实践进行思考,在理想与现实的反差中往复,则有可能更好地理解理想的价值所在,发现可以拉近理想与现实之间距离的路径,哪怕是拉近一点点,也是理论学习的价值体现。

其次,理论学习的目的在于理解和改善实践,关注实践中的问题,把理论学习与对实践问题的思考结合起来,努力运用所学知识去分析和解决现实问题,是学习课程与教学论这门学科的最终目的。比如,正在进行的新课程改革,它的追求、方法、路径、走向等,是否符合课程的目的追求和实现路径?日益普及和高科技化的信息技术手段在教学中的普遍应用,从"教学与发展"的意义上看是否具有局限性和边界?"翻转课堂""全课程""微课"等在中国的基础教育中是否具有普适意义?等等,我们都可以运用课程与教学的基本原理来判断和分析;除此之外,我们在日常学习和教学见习、实习过程中遇到的问题、困惑以及感受，也构成我们运用理论进行分析、解读与改进的对象。感性和理性结合，是我们认识事物的普遍规律，用经验支持理论学习，用理论分析现实问题，在学习过程中有意识地进行实践和认识的互动，是促进理论"有用"的可行之道。

因此，课程与教学论的学习要走出传统"把理论应用于实践"的"理论＋实践"模式，要把实践作为理论学习的中介，以实践（包括个体经验）为基础学习理论，把理论学习的目标始终指向实践。理论与实践本是一个整体，理论源自实践，实践浸润着理论，二者之间本来不存在鸿沟。教师培养不等同于纯粹的职业训练，它从一开始就需要学生接受系统的理论、观念，教师培养需要以现代教育思想作支撑来提升实践水平，这些现代教育思想以理论的方式存在，但只有当它们体现在具体领域的实践中时，才能转化为指导学生未来工作实践的教育观念。

"学而不思则罔，思而不学则殆"。在课程与教学论的学习过程中，首先要接受课程与教学已有的思考和认识成果，在接受专业知识的过程中思考和探索现实中的经验和问题，尝试把所学的认识成果应用到解决自己面对的或感兴趣的实践问题中。

（三）专题阅读，拓展视野

在课程与教学论的学习过程中，教学参考书给我们提供了一个了解课程与教学论相关知识的基本框架，相当于一个简略的课程与教学论问题的知识地图，它只是一个进入本门知识体系的入门路径。通过阅读教材、听课学习，是学习《课程与教学论》的基础，理论联系实际、学思结合是深入理解、把握理论的关键，而根据教材线索进行专题阅读，则可以拓展视野、丰富和扩展认识，并最终形成有见地的对课程与教学问题的自己的认识。这才是学习本门课程的最终目的。

在大学学习中，教材和课堂提供的仅是学习某一门知识的学科基本结构，在学科基本结构背后，都有大量的理论背景性知识，这些内容是理解学科基本结构的基础，需要学习者通过广泛的阅读来获得。通过大量课外阅读来丰富和扩展学识，是大学学习的重要特点。具体到课程与教学论这门课程，在拓展阅读中我们可以关注以下方面的内容：第一，课程与教学论名著。课程与教学论教材中提到的大多数观点，都来自相关的名著，但教材只是摘录了或者概括性描述了著作的要点，要更为系统和深入地了解具体的内容，需要通过阅读相关名著来实现，比如夸美纽斯《大教学论》的班级授课制设计、赫尔巴特《普通教育学》对教育性教学的阐释、杜威《民主主义与教育》对儿童经验和儿童需要的理解方式、泰勒《课程与教学的基本原理》提出的课程编制的经典问题以及课程编制的一般程序问题等。精读几本名著，你将会发现课程与教学论抽象知识之外的源头活水,你也将会通过名著阅读更好地理解和感受作者思考课程与教学问题的独特思想方法。第二,有关课程与教学的历史知识。教材所呈现的往往是知识的一个截面,尽管编写者会考虑到课程与教材发展的历史脉络,但在有限的教材容量中无法充分展开,学习者可以通过课外阅读来弥补这一不足。学习课程与教材发展的历史,有助于我们理解相关观点和认识的来龙去脉,思考和甄别其合理性与局限性,避免在运用理论解决问题过程中的盲目和无度。另外,用历史的眼光审视现实发展中的诸多问题,你会形成更为理性和更具批判性的看法。第三,相关的参考书籍和专业书籍。即在学习过程中,关注课程与教学论的相关领域的专题著作,比如中外课程与教学论思想、教学目标、教学设计、教材、教学模式、教学评价等等,可广泛涉猎,作为学习本门课程的参考。同时,学习课程与教学论还会涉及心理学、教育学、教育哲学等相关知识,这些也是需要参考相关书籍的。

对于新手教师来说,课程与教学论是一门具有挑战的课程,也是一门对于专业工作和专业发展非常有价值的课程,更是一个与教师职业终身相伴的学科。在学习过程中我们始终要坚持两点基本认识:一方面,不能把掌握抽象的知识当作学习本门课程的最终目的,理解、解释、尝试运用于日常的教育教学实践,既是学习课程与教学论的方法,也是学习课程与教学论的最终目的;另一方面,不能把"学习过"等同于"掌握了",在学校完成的课程与教学论学习,仅仅是开启了课程与教学问题的认识之门,我们还需要结合日常的课程与教学专业工作,不断更新和充实认识,把实践、学习和思考结合起来,使理论真正在自己的实践工作中发挥出创造的潜能。

三、课程与教学论和学科课程与教学法的关系[①]

在了解课程与教学论学科对新手教师专业发展的价值,以及新手教师如何学习本门课程之后,我们还需要讨论一下课程与教学论和学科课程与教学法的关系,这两门学科都是新手教师培养中的基础理论学科,两者既有关联又有区别,处理好两者的关系可能相得益彰,处理不好两者关系则有可能造成知识内容的简单重复,导致教学资源浪费,挫伤师范生对基础理论学科学习的兴趣和积极性。

在师范院校的培养方案中,学科教学法和课程与教学论往往并行开设,而且在

---

① 　徐丽华,袁德润.小教本科"课程与教学"课程群建设构想[J].湖南第一师范学报,2011(4):11-15.

内容安排上也会有一些重复之处，因此大家在学习过程中会产生疑惑：这两门学科到底是什么关系？有了学科教学法，课程与教学论是不是可以取消？部分非本专业教师也会存在这样的疑问。那么，学科教学法与教学论之间到底是什么关系？两门学科在未来教师的专业培养和专业发展中各有什么样的价值？既然并行开设，那么在教学中应该如何处理两门学科之间的关系？等等。这些都是我们学习本门课程时必须思考并加以澄清的问题。

师范院校的教学论（法）类教材经历了由教学法、教材教法、教学论、学科教学论、学科教育学等几个阶段。[①] 作为一门学科，教学法经由陶行知先生倡导，于20世纪20年代左右出现，具体研究各门课程共同的教学任务、内容、过程、原则、方法和组织形式；教材教法稍晚于教学法，两者虽然名称有别，但内容并无悬殊。20世纪70年代，教学论从教育学中分离出来，研究教学活动的一般规律，又称教学原理，对应于教育原理，其学科定位为教育学的分支学科、分科教学法的基础理论，显而易见，它以系统的教学理论为旨归。以上所说的教学法、教材教法、教学论大致可以归到广义的教学论范畴中，这些学科都追求对于课堂教学具有普适意义的理论体系的构建。

20世纪80年代末，以培养学科教学技能为使命的教材教法更名学科教学论，目的在于强化教学法类学科中的教育学属性，是教学法课程的拓宽、深化与提高，具有较强的理论性；而学科教育学则被定位于教育学的分支学科，以学科教育、教学与发展的规律为主要内容，不仅要研究学科的教学、教育理论问题，而且要从教育学的基本原理出发，从培养人、发展人的高度来探讨学科的教学、教育问题；它不仅要揭示学科教学、教育的规律，还要揭示教学、教育培养人、发展人的规律，"兼具理论学科的性质和应用技术学科的性质"。这样的探索和学科追求是值得肯定的，但是作为师范院校一门课程的学科，要在有限的教学时间内既完成理论任务、又完成"应用技术学科性质"的任务，似乎又勉为其难，结果是什么都想做，什么也做不到位，理论实践难以兼顾。

在小学教师由中等师范院校培养时期，由于教育类的课程比较少，当时的培养方案中一般没有教学论只有教学法或学科教学法，教学法课程追求综合化发展有它自身的合理性；但随着小学教师培养由中等师范升格到本科，教学论、教学法、教育学课程同时开设，教学法、论重叠的现象，已经在师范生培养实践中造成了一定程度的资源浪费，具体表现为：第一，内容上交叉、重复。一方面，教学法与教学论

---

① 江平.试析小学语文学科教育学的三个层次[J].课程·教材·教法，2002(12)：54-57.

都强调理论,而两类理论又没有实质上的差异;另一方面,不同学科教学法教材内容重复,[①]语文、数学、外语、自然、社会等等学科,分别有自己的相关教学法(论)教材,由于缺乏沟通,教材内容大量重复,容易造成教学中人力、物力、资源的浪费。第二,教材容量大,教学时间有限,导致教学过程走马观花,没有时间对关键问题或者学生感兴趣、有困难的问题进行深入讨论。这样的学习现状,导致课堂教学效率相对较低。

在目前情况下,有必要在使教学论与教学法两类课程在相互区分的前提下加强联系。

首先,在师范生的培养中,应该有教学法、教学论两类课程,两类课程应该是互相区分、互相补充的。从字面上看,教学法更强调具体的方法,它的内容应该侧重于某一具体学科的知识价值、教材特点、不同内容的教学方法、技巧等,给师范生提供课堂上可以应用的操作指导,属于技能培训型的应用课程,学习重点应该是遵循教学共同理论前提下追求学科的独特性;教学论更侧重于教学的一般规律和原则、法则,在功能上适用于中小学所有学科的教学问题,在理论抽象、概括程度上高于学科教学法。两类学科的共同点都指向教学,在师范生的专业培养中,学科教学法更关注学生能够在短期内解决"能上课"的问题,教学论着眼于作为专业工作者的教师未来专业发展的长远需求,为教师"上好课"服务。

对于新手教师及师范生来讲,由于比较缺乏实际教学经验和体验,学科教学法课程一般安排在教学论课程之前,因为学科教学法课程实践性较强,具体针对中小学的不同科目,主要培养师范生在中小学语文、数学以及其他科目课堂教学中的实践操作技能,解决的是"如何做"的问题,一定程度上可以给学生提供比较具体的感性经验;教学论则属于理论性比较强的学科,主要培养未来小学教师的专业思考、评价和判断能力,即判断自己及他人的教学行为是否合理、合理与否的依据以及如何改进等,解决的是教师专业行为背后的"为什么"的问题,需要一定的经验作为理解理论的前提。结合具体的实践行为理解相关理论,可以降低理论学习的难度,避免理论过于抽象空洞。

在新手教师培养中,学科教学法与教学论两类课程的关系可以类比为树干与树根的关系,教学论是隐藏在地下的基础,它是支持具体学科教学方法的理论依据;学科教学法则与具体的学科相结合,把学科特点和理论认识转化成学习者更容

---

① 蒋蓉.小学语文教学法教学中存在的问题及改进措施[J].湖南第一师范学报,2002(4):45-47.

易把握、更容易操作的方法和手段；如果简单地用理论和实践来区分的话，教学论侧重于理论，学科教学法侧重于实践，理论和实践不是截然分开而是相互渗透的。既有经验基础、又有理论思考的实践才有可能是高质量的实践；面对教育实践问题、实践经验、以实践品质提升为追求的理论，也才会在实践中焕发出较大的理论生命力。

就教学论这一部分内容来说，我们在学习过程中要有以下前提性认识：

第一，教学论学科在性质上侧重于理论，它是一种实践性比较强的理论，这种理论始于教育教学可能的状态"应该是什么"的价值判断，并确定在既定的环境中实现这个目标或目的的最佳手段，它包括一套建议，以及支持这些建议的理由，即教学论至少要包括这样几个部分：怎样的教育教学追求是好的？如何达成教育教学的这一理想状态？为什么这样做是合理的？因此，教学论要回答教学应该是什么、为什么，还要建议和解释怎样教学是合理、有效和高质量的。

第二，对于新手教师来说，学习教学论的主要目的不在于快速掌握教学的技术，而在于培养师范生的课堂教学能力和专业发展潜能，使新手教师可以比较顺利地由课堂教学的简单模仿者转化成教育教学的专业工作者。因此，在学习这门课程时，不要期待教学论给你的未来工作提供现成的、可以机械套用的一种"处方"或一套"处方"，尽管它包含数量不少的"处方"，比如怎样备课、怎样上课、如何处理课堂教学中出现的各种问题等等，但它更重要的价值在于提供一种判断与分析问题的思维方式、处理教育教学问题的基本原则，以及反思和判断教育教学问题的眼光与理论背景。与"处方"相比，教学论更侧重于对于教学问题的"病理分析"，它可以提高教师对教学问题的解释、诊断与预测能力，从而使教师有可能更灵活地处理教学问题，提升教师在教育教学工作中的创造力和教育智慧。

？ 思考与练习

1. 课程与教学论的学科性质、研究对象与任务是什么？
2. 课程与教学论在中、西方分别经历了怎样的发展历程？
3. 学习课程与教学论应关注哪些问题？

第一章　课程的概念与发展史

🔍 内容提要

　　课程关涉教学的内容,是教育教学活动的基础和核心,它影响甚至决定着教育教学活动的其他方面。现代学校制度确立以后,教学内容以课程的形式成为教育研究与实践中一个系统的、独立的领域。课程基本理论问题涵盖课程的概念与课程发展史,以及课程领域内的价值、目标、内容等基本问题,还涉及影响课程发展的因素。了解课程基本理论,可以使我们形成对课程问题的宏观认识,以利于更深刻地理解课程问题。

第一节　课程的概念

一、课程的词源

　　教学内容是教育教学活动的基础和核心,它影响甚至决定着教育教学活动的其他方面。现代学校制度确立以后,教学内容以课程的形式成为教育研究与实践中一个系统的、独立的领域,进而发展出完整的学科知识体系——课程论。因此,要研究有关课程的理论,首要的问题就是要清晰地界定课程概念。

　　尽管课程已经是教育教学领域内大家耳熟能详、甚至使用频率最高的词汇,而且还衍生出很多新的概念,比如课程领导、课程领导力、课程管理、课程模式等等,但课程概念本身却还缺少明确的定义,于是就造成了这样一种结果:一提到课程,大家似乎都明白它所指为何,但如果要求给出一个明确的定义,似乎又都说不太清楚。之所以如此,是因为课程不是纯粹的客观存在,也不纯粹是一种认识对象,它是客观存在的以及人们基于存在而产生的认识,这种认识受历史、文化、社会、政治背景以及人们对教育教学本质的看法影响。因此不存在一个精确的、得到大家普遍认同的课程定义也就是情理之中的事情。但我们从不同的课程概念中，也可以大致地看出人们在课程认识方面所关注的主要问题。

"课程"一词在中国始见于唐宋年间。唐朝孔颖达在为《诗经·小雅·小弁》中"奕奕寝庙，君子作之"所做的解释中这样说："维护课程，必君子监之，乃依法制"，据考这是"课程"一词在汉语文献中第一次出现，不过孔颖达所说的"课程"指"寝庙"及其喻义的"伟业"，远远超出了学校教育的范围，与我们今天所用的"课程"的意思差别很远。宋朝朱熹在《朱子全书·论学》中频频提及"课程"，如："宽着期限，紧着课程""小立课程，大作功夫"等，朱熹的"课程"主要指功课及其进程安排，这与今天日常语言中"课程"的意义已比较接近。

有学者认为，我国古代的课程实际上是学程，只有教学内容的规范，没有教学方法的规定；而近代课程则与教程相近，注重的是教学的范围与进程，而且这种范围与进程的规定，又是按照学科的逻辑体系展开的。此外，任何一门学科都从属于学科系列，而这种学科系列又是由学校教育的性质决定的，在这种情况下，学校课程只能是"教程"。[①]在中国，由于受凯洛夫教育学的影响，到 80 年代中期以前，"课程"一词很少出现。

在英语中，课程一词最早出现在英国教育家斯宾塞（H. Spencer）的《什么知识最有价值》（1859 年）一文中，它是一个从拉丁语"currere"（意为"跑道"）派生出来的单词，根据这个词源，最常见的课程定义是"学习的进程"（course of study），简称"学程"，既可以指一门学科，又可以指学校提供的所有学程。然而，这个定义在当代的课程领域中受到了越来越多的挑战。

二、课程的定义

《国际课程百科全书》列举了九种最具代表性的课程定义：[②]①课程是学校为了训练团体中儿童和青年思维及行动方式而组织的一系列可能的经验（Smith, et. al., 1957）；②课程是在学校指导下学习者获得的所有经验（Foshay, 1969）；③课程是为了使学生获得毕业资格、获取证书及进入职业领域，学校应提供给学生的教学内容及特定材料的总体计划（Good, 1959）；④课程是一种方法论的探究（Westbury and Steimer, 1971）；⑤课程是学校的生活和计划……一种有指导的生活事业；课程

---

① 陈桂生."课程"辨[J].课程·教材·教法，1994(11)：1-5.

② ARIEH LEWY. The International Encyclopedia of Curriculum[M]. Oxford：Pergaman Press，1991：15.

成为构成人类生活能动活动的长河(Rugg,1947);⑥课程是一种学习计划(Taba,1962);⑦课程是在学校指导下,为了使学习者在个人的、社会的能力方面获得不断的、有意识的发展,通过对知识和经验的系统改造而形成的有计划和有指导的学习经验及预期的学习结果(Tanner,1975);⑧课程基本上包括五大领域的训练学习:掌握母语并系统地学习语法、文学和写作、数学、科学、历史、外国语(Bestor,1955);⑨课程是关于人类经验的范围不断发展的、可能的思维方式——它不是结论,而是结论产生的方式,以及那些所谓真理的结论产生和被证实的背景(Belth,1965)。

这九种课程定义代表了关于课程认识的三种典型的观点:第一,课程即经验。经验既可以指人类历史中形成的认识,也可以指个体经由实践和思考而形成的对世界的认识。在这里,经验具有两种意义:①由教育机构依据对受教育者成长和发展需求的认识而组织的可能的经验,决定这种经验的内容和结构的主体是教育者,它是在某一教育机构中影响所有受教育者的外在经验系统;换句话说,第一种意义上的经验,指教育者依据受教育者的发展需求而选择的人类认识的已有成果,这种认识在我国所产生的影响非常广泛,其表现形式即以知识为中心的学科课程。②受教育者在学校指导下获得的经验,决定这种经验内容和结构的主体是受教育者,因受教育者个体能力差异、背景差异、学习过程中的实践差异而不同。这种认识在英语国家的影响比较深远。对经验的两种不同认识,包含了对教育的两种不同认识:经验本位和学习者本位。

第二,课程即过程。课程即经验的观点关注教育教学中预期的或者实际的结果,课程即过程则关注由预期的结果到实际的结果之间所采取的手段与措施,这种对课程的认识把课程看作有计划的教学活动,它"把教学的范围、序列和进程安排,甚至教学方法和技术设计都组合在一起"[①]这种观点扩大了课程概念的内涵,使之更加全面,但也容易使人把课程混同为教学活动本身,从而在认识上造成误区。

第三,课程即计划。这是最早出现的课程观点,目前仍然有很多人坚持这种观点。它可以是一种学习计划,也可以是指导性计划。如美国课程论专家塔巴(H. Taba)认为"课程是一种学习计划";奥利瓦(P. F. Oliva)则认为"课程是学生在学校指导下经历的所有经验的一种计划"。把课程看作指导性计划的观点,在东方学者中尤其突出。学者李子建等认为:"'课程'是一个有意图而可修订的计划,

---

① 施良方.课程理论:课程的基础、理论与问题[M].北京:教育科学出版社,1996:4.

它亦是学习活动的计划或蓝图,包含正规及非正规的内容和过程,课程并且是有组织的意图,课程的要素诸如目标、内容、评鉴等彼此是关联的,且为一致连贯的整体。"张廷凯在考察了我国课程理论发展过程之后,认为"对课程的本质含义,研究者们越来越倾向于把它看成是旨在使学生获得的教育性经验的计划。"[①]

目前在我国课程领域中常见的课程定义主要有以下六种类型：

第一种：课程即教学科目。把课程等同于教学科目古已有之,我国古代课程有礼、乐、射、御、书、数六艺,欧洲中世纪初的课程有文法、修辞、辩证法、算术、几何、音乐、天文学七艺。事实上,西方现代课程体系是在七艺的基础上不断丰富,逐渐建立起来的现代学校课程体系。最早采用英文"课程"一词的斯宾塞,也是从指导人类活动的各门学科的角度,来探讨其知识的价值和训练的价值问题的。目前在我国,这种看法也占有比较大的优势,"课程是教学内容和进程的总和"[②]"课程是为实现学校教育目标而选择的教学内容的总和,包括学校所设各门学科和有目的、有计划、有组织的活动"[③]等观点被广为接受,《辞海》《中国大百科全书》也认为,课程即学科,有广义和狭义之分,广义的课程指学生学习的全部学科,狭义的课程指某一门学科。

这种定义的实质,是强调学校向学生传授学科的知识体系,在实践中往往会因为过度关注教学科目而忽视学生的心智、情感和个性发展。目前正在进行的课程改革,在很大程度上要解决的也正是把课程等同于学科这一认识所导致的问题。

第二种：课程即有计划的教学活动。这一定义把教学的范围、序列和进程、教学方法等所有有计划的教学活动组合在一起,试图对课程有一个较全面的认识。例如我国有学者把课程定义为："课程是指一定学科有目的、有计划的教学过程。这个进程有量、质方面的要求,它也泛指各级各类学校某级学生所应学习的学科总和及其进程和安排。"[④]这一定义考虑得比较周全,但把所有有计划的教学活动都纳入课程的概念范畴,但却导致课程概念泛化,且把有计划的教学活动作为课程的主要特征,会把重点放在可观察的教学活动而不是参与教学活动的学生的实际体验,导致把活动本身当作目的,忽视教学活动对学生学习过程和个性品质的影响。

① 张廷凯.我国课程理论研究的历史回顾：1922—1997(下)[J].课程·教材·教法,1998(2)：10-16.
② 王策三.教学论稿[M].2版.北京：人民教育出版社,2005：196.
③ 张廷凯.试论课程、教材与教学方法改革的关系[J].课程·教材·教法,1995(2)：12-16.
④ 吴杰.教学论[M].长春：吉林教育出版社,1986：10-11.

第三种：课程即预期的学习结果。这是一种在北美课程领域中较为常见的定义，持这种观点的学者认为，课程不应该指向活动，而应该直接关注预期的学习结果或者学习目标，这就要求课程事先要制定一套有结构、有序列的学习目标，所有教学活动都为达成教学目标服务。在西方课程理论中盛行的课程行为目标，即是一个典型的例子。

把课程定位于预期的学习结果有一定道理，但预期会发生的事情与实际发展的事情之间存在着距离，而课程实践充满着不确定因素，预期的课程目标由课程决策者制定，教师只能根据自己的理解来组织教学活动，两者不可能完全一致。把焦点放在预期的学习结果上，容易忽略非预期的学习结果。研究表明，师生互动的状态、学校文化等隐性课程，对学生的成长都有极大影响，但这些都被排除在这一概念的内涵之外。

第四种：课程即学习经验。这一定义中的课程指的是学生在所从事的学习活动中所体验到的意义，而不是要学生再现的事实或要学生演示的行为，因为经验是在对所从事的学习活动的思考中形成的，经验要通过学习活动才能获得，但活动本身并不是经验的关键所在，每个学生都是独特的学习者，他们从同一活动中获得的经验因各自的基础和投入状态不同而各不相同，因此学生的学习取决于他自己做了什么，而不是教师做了些什么。换句话说，唯有学习经验，才是学生实际认识到的或学习到的课程。这种课程定义的核心，是把课程的重心从学习者外在的事物转向学习者自身。

从理论上说，把课程定义为学生个体的经验可以在一定程度上纠正教学实践中过于重视教材、重视教法的偏颇，但在实践中也存在着较大的实践可行性问题：在实际教学情境中，一个教师如何满足四、五十名学生不同的个人发展需求？如何为每一个学生制定合适的课程计划？各级各类学校是否还需要制定相对统一的课程标准？这种定义完全把课程与教学等同起来，容易造成认识和理解上的困惑。

第五种：课程即社会文化的再生产。任何课程都处于一定的社会文化之中，学校教育的职责是再生产对下一代有用的知识和技能，因此课程被认为是政府有关部门根据国家需要而规定的、由专业教育工作者转化而成的、可以传递给学生的社会文化内容，服务于为社会再生产合格的成员。这种定义所依据的基本假设是：个体是社会的产物，教育的目的就是要使个体社会化；社会现状已经达到完满状态，不再需要变革和完善；课程应该反映各种社会需要，以便使学生能够适应现存社会。这种课程定义的实质在于使学生顺应现在的社会结构，从而把课程的重点从教材、学生转向社会；它所存在的可能问题在于忽视了社会中存在的大量偏见、不公正现象，并且会通过教育过程使现存的社会偏见和不公正永久化。

第六种：课程即社会改造。一些激进的教育家认为，课程不是要使学生适应或顺从现存的社会文化，而是要帮助学生摆脱现存社会制度的束缚。有人提出"学校要敢于建立一种新的社会秩序"的口号，主张课程的重点应该放在当代社会的问题、弊端、学生关心的社会现象等方面，让学生通过社会参与，形成从事社会规划和社会行动的能力；学校课程应该帮助学生摆脱对外部强加给他们的世界的盲目依从，形成对社会生活的批判意识。

上述不同的关于课程的定义各有其合理性，也都从不同的角度涉及课程的本质问题，可以预料这样的争论还会继续存在。对于我们来说，重要的不是判断孰优孰劣，而是理解其概念本身的含义及其所针对的现象或问题，以及不同概念所内含的认识基础，为形成自己的课程定义服务。在我国被广泛接受的课程概念既包括教学科目（学科），又包括这些科目的教学顺序和时间，把各级各类学校的教学科目及其教学顺序、教学时数等的规定，称为某级学校的课程，如小学课程、中学课程等。

三、理解课程定义应该注意的几个问题

不同的课程定义反映了人们对于课程价值、目的、功能等的认识，在理解课程概念的时候，我们要注意以下几个方面的问题：

第一，每一种课程定义都有其社会背景、认识论基础和方法论依据，是在特定历史时期、特定社会条件下出现的。澳大利亚课程专家史密斯（D. L. Smith）与洛瓦特（T. J. Lovat）在考察西方国家百年来一些有影响的课程改革和课程定义后发现，当经济比较繁荣时，政府和公众往往很少关注学校课程，这时课程专家有可能把重点放在学生个人的经验上，并编制各种可供选择的课程计划；而当经济不景气时，许多人都会指责学校课程，把年轻人找不到工作归咎于学校课程内容不符合社会需求，这时国家往往会注重课程目标的具体性。[①] 同样，教学秩序恢复正常之时，把课程定义为教学科目不会引起什么疑义。但随着我国改革开放政策的深入，政局稳定，原来的课程就不再适应社会需要了，课程的定义也发生相应的变化。[②]

第二，每一种课程定义都涉及定义者对知识或认识性质的基本观点。有些课

---

① 施良方.课程理论：课程的基础、理论与问题[M].北京：教育科学出版社,1996：7-8.
② 同①8.

程定义基于客观知识论的立场,认为"知识在任何地方都是同样的东西,人们不可能以任何方式去改变它",因此会把课程看作是必须按照规定的方式向学生传递的知识体系,课程的定义会注重具体目标、内容体系以及标准测验等;相反,有的课程定义则隐含对知识性质认识的建构主义立场,认为"知识是个人主动构建的东西,是不断变化的",因此会把课程看作是促进和帮助学生探究、体验他们周围世界的手段,在课程目标上强调灵活性,关注不同学生的需求,课程的重点不在学科内容而在引导学生独立学习的程序上。

第三,不同课程定义的侧重点,还表现在有些把重点放在结果或产品上,有些把重点放在过程或程序上,或者放在把过程与结果相结合上。例如,把课程定义为教学科目,很容易关注应该教些什么内容以及学生是否掌握了这些内容,从而会把重点放在目标或结果上;若把课程定义为学生学习的经验,就不会太强调事先规定的具体内容,而会重视根据学生的实际情况做出灵活处理的过程。

第四,课程的定义存在着层次上的差异,有些课程定义关注课程的某一层次,有些则把焦点放在另外的层次上,不同的课程定义,往往指在不同层次上起作用的课程。美国学者古德莱德(J. I. Goodlad)对课程的层次作过具体的阐释。他认为存在五种不同的课程,因此,人们在谈论课程时,往往谈的不是同样意义的课程:①理想的课程,即指由一些研究机构、学校团体和课程专家提出的应该开设的课程,例如现在有人提倡在中学开设性教育或生理健康教育的课程,并从理论和现实的角度论证其必要性和可行性,就属于理想的课程。这种课程的影响取决于是否被官方采纳。②正式的课程,即指由教育行政部门规定的课程计划、课程标准和教材,也就是列入学校课程表中的课程。这也是我们大多数人理解的课程。③领悟的课程,即任课教师所领会的课程。由于不同教师对正式课程会有不同的理解和解释方式,因此教师对课程实际上是什么或应该是什么的理解,与正式的课程之间会有一定的距离,这也从一定程度上削弱了正式课程的某些预期的影响。④运作的课程,即在课堂上实际实施的课程。观察和研究表明,教师领会的课程与他们实际实施的课程之间,会有一定的差距,因为教师在课程实施的过程中,需要根据学生的反应和课堂具体问题进行调整。⑤经验的课程,即学生实际体验到的东西。每个学生都有自己特定的生活经验和认识基础,因此他们对事物都有自己的特定理解,不同学生听同一门课,会有不同的体验或者学习经验。①

我们在谈论或理解课程定义的时候,一定要注意其定义背后所隐含的社会历

---

① 施良方.课程理论:课程的基础、理论与问题[M].北京:教育科学出版社,1996:8-9.

史、文化背景、认识论基础以及定义所聚焦的课程层次，切忌以偏概全。也正由于课程这一概念的定义存在诸多的背景差异，任何一种课程定义，都在不同程度上得到了一些学者的肯定或批判。对于学习者来说，我们需要的不是找到一个得到所有人认同的概念并作为确定的知识来记忆，而是需要在理解课程概念不同意义的基础上，形成自己的对课程概念的定义。要给课程下一个合理的定义，需要有一定的逻辑学基础，更需要形成自己对于课程的批判性认识能力，这些能力的获得需要系统学习、熟谙课程领域的各种事实与理论。

四、课程的表现形式

课程对教学内容及其进程的安排需要从观念转化为实践，具体表现为由宏观到微观的文本形式：课程计划、课程标准、教科书和其他教学材料。

1. 课程计划

课程计划是关于学校课程的宏观规划，它规定学校课程的门类、各类课程的学习时数以及在各年级的学习顺序、教学时间的整体规划等。课程计划是教学的依据，也是制定课程标准、编撰教学书和其他教学材料的依据。在我国，从建国开始到第八次新课程改革之前，"课程计划"被称为"教学计划"，这是模仿苏联的叫法。课程计划一般是由国家教育行政部门负责制定，个别国家由地方教育行政部门制定，比如美国。

2. 课程标准

在我国，课程标准即指学科课程标准，它具体规定某门课程的性质与地位、基本理念、课程目标、内容标准、课程实施建议等，是编写教科书的直接依据，也是检查教学质量、评估学生学习情况和进行课程评价的直接尺度。我国目前正在实施的各科课程标准基本由以下几个部分构成：

前言：阐述课程的性质与定位、基本理念、课程标准的设计思路。

课程目标：分总体目标和学段目标或分类目标，目标内容包括知识与能力、过程与方法、情感态度与价值观三个维度。

内容标准：根据课程目标阐述课程的具体内容，阐述的方式有如下四种：第一，学习领域＋学段，这样的陈述方式有语文、数学、音乐、美术、艺术等；第二，学习领域＋水平，如体育和健康课程；第三，目标领域＋等级，一般用于外语课程；第四，主题分级，比如化学、生物、地理、历史等。

实施建议：主要包括教学建议、评价建议、课程资源的开发与利用、教材编写建议等等。

术语解释：有的课程标准还对标准中出现的一些重要概念进行解释和说明，以帮助使用者更好地理解和实施。

3. 教科书和其他教学材料

教科书是教师和学生用来进行教和学的主要材料，除了教科书之外，还有辅助性的教学材料，比如练习册、教学参考书、推荐的课外读物、多媒体学习材料等。

课程计划、课程标准、教科书和其他教学材料，是课程的主要表现形式。

五、课程的分类

根据不同的分类标准，可以把课程分为不同的类型，比如选修课程与必修课程、学科课程与活动课程、分科课程与综合课程等。下面简单地介绍几种常见的课程类型。

1. 学科课程与活动课程

学科课程相对于活动课程而言。学科课程指分别地从各门科学中选择部分内容，组成各种不同的学科，并从课程体系出发，整体安排它们的顺序、授课时数及期限。学科课程的特点是课程内容按学科知识的逻辑结构来选择和安排，相同或相近学科领域的基础知识互相关联，形成逐步递进、内容连续的逻辑系列，有利于人类文化的传递。学科课程重视学科内容的内在联系，有利于教师系统讲授，学生获得的知识、技能等具有完整性、系统性和严密性，但学科课程更看重人类积累的知识体系，课程内容往往与学生的生活实际相脱离，在教学中容易造成忽视学生的兴趣及学生全面发展的问题，可能会压抑学生在教学过程中的主动性和积极性。

活动课程又称经验课程、儿童中心课程，是以学生的活动为中心设计和组织的课程，课程从儿童的兴趣和需要出发，以儿童的经验为基础，由各种不同形式的系列活动组成。活动课程强调学生的自主性和主动性，强调通过学生自己的实践活动获得直接经验，强调学生的综合能力培养及个性和独特性的养成，但课程内容及安排往往缺乏严格的计划，不容易使学生获得系统、全面的科学知识和技能。

2. 分科课程和综合课程

分科课程和综合课程属于学科课程，两者的区分在于组成课程的内容是单学科的还是多学科的。分科课程亦称科目课程，是根据各级各类学校培养目标和科学发展水平，从各门科学中选择出适合一定年龄阶段学生发展水平的知识，组成各种不同的教学科目。从学校产生与发展的历史来看，分科课程在所有课程的类型中,历史最为悠久。分科课程中的每一门课程内容体现一个学科的知识体系,知识体系相对独立。综合课程是指打破传统分科课程的知识领域,组合两个或两个以上的学科领域的内容而构成的课程。综合课程是一种整合若干相关联的学科而成为一门更广泛的共同领域的课程。

课程整合的常用方法有开发关联课程和跨学科课程两种。其中,开发关联课程是要在课程设计时就科目间的相关问题进行协调,往往体现的是两门左右学科间相对狭窄的联系。比如,语文和历史关联课程就是意味着语文和历史专题应该是综合的,可以在历史的学习中学习语文知识,也可以在语文学习中举历史的例子。跨学科课程是指把不同的学科作为一门课程来学习。例如,20世纪80年代,科学、技术与社会(STS)在国外成为一门被广泛采用的学校课程,就是课程整合的产物。

综合课程有利于增强学科间的横向联系,避免完整的知识被人为地割裂,符合学生认识世界的特点,有利于学生整体把握客观世界,有利于学生综合地、整体地发现问题、分析问题和解决问题,提升学生综合利用知识解决实践问题的能力。我国《基础教育课程改革纲要(试行)》明确规定,"整体设置九年一贯的义务教育课程。小学阶段以综合课程为主""初中阶段设置分科与综合相结合的课程""高中以分科课程为主"。

3. 显性课程和隐性课程

显性课程也叫显在课程、正规课程,指正式列入学校教学计划的各门学科以及有目的、有组织的课外活动。显性课程的特征之一是计划性,计划性是区分显性课程与隐性课程的主要标志。

隐性课程也称潜在课程,相对于显性课程而言,指学生在学校正式课程以外无意识地获得的经验、价值观、思想等意识形态内容和文化影响,是学校情境中以间接的、内隐的方式呈现的课程,学校的校园环境、学校传统、规章制度、人际关系等都是构成对学生产生潜移默化教育影响的因素。隐性课程具有非预期性、潜在性、多样性和不易觉察性。

显性课程与隐性课程相伴而生,正是在实施显性课程的过程中,才会有隐性课程呈现影响,了解隐性课程可以更好地让我们了解教育影响的复杂性和教育现象的多元性。同时我们还需要了解,隐性课程不一定发挥出对显性课程的积极促进作用,有时候反而会抵消显性课程的教育效力。作为专业教育工作者,我们需要对隐性课程保持敏感,以形成自觉开发隐性课程正向功能的意识,使之成为促进显性课程发挥教育作用的积极力量。

4. 必修课程和选修课程

必修课程相对于选修课程而言,指学生必须修习的课程,设置必修课的目的主要在于保证一个国家基础教育或某所学校教育的基础性质量;选修课程则主要是为了适应学生兴趣爱好和劳动就业的需要而开设的、供学生在一定程度上自由选择修习的课程。一般来说,选修课的内容可以是知识方面的,也可以是有关技艺或职业技术方面的。选修的方式有两种:一种是指定选修课,即把有关选修课分组,规定学生必须选修其中一组或者在各组中选修一、二门课程;另一种是任意选修课,可以让学生自由选择,甚至允许学生跨年级选修。

目前世界各国的学校都规定必修课,但必修课的比例却大不相同。美国部分州规定选修课可以达到学校课程的 50% 或更高,如此一来,必修课的比重就不足50%,有人认为这是造成学生质量降低的重要原因之一,因此建议加大必修课的比例;为了培养学生的创造力,适应学生的不同爱好和特长,日本高中从 1982 年起开始减少必修课的学分,增加选修课学分;我国学校长期以来一直重视单一的必修课类型,增加选修课的类型和比例,成为我国学校课程改革的一个重要方面。

5. 国家课程、地方课程和校本课程

国家课程是国家教育行政部门规定的统一课程,它体现国家意志,是为保证未来公民接受基础教育之后所要达到的共同基础性素养而开发的课程。它是一个国家基础教育课程计划框架的主体部分,涵盖的课程门类和所占课时比例与地方课程和校本课程相比是最多的,它在决定一个国家基础教育质量方面起着举足轻重的作用。目前在小学阶段所开设的数学、语文、英语、科学、品德、音乐、美术、体育,初中阶段所开设的数学、语文、英语、历史、地理、音乐、美术、体育、物理、化学都属于国家课程。

地方课程是在国家规定的各个教育阶段的课程计划内,由省一级教育行政部门或其授权的教育部门依据当地的政治、经济、文化、民族等发展需要而开发的课程。地方课程在充分利用地方教育资源、反映基础教育的地域特点、增强课程的地方适应性方面,有着重要价值。

校本课程是以学校教师为主体,在具体实施国家课程和地方课程的前提下,通过对本校学生的需求进行评估,充分利用当地社区和学校的课程资源,根据学校的办学思想而开发的多样性的、体现学校特点的课程,可以是选修课程,也可以是必修课程。

不同类型的课程在学校这一特殊的时空中同时呈现。一般而言,基础教育阶段的学校课程以学科课程为主,其中既包括分科课程也包括综合课程。相对于选修课而言,必修课在中小学占据绝对优势,其目的在于为学生未来的持续发展打下牢固的知识和能力基础,但随着对学生个性发展和创造能力培养的重视,选修课越来越多地受到关注。显性课程体现着社会主流的意识形态和价值观对学校教育的要求,而对学校环境和人际关系形成的隐性课程,以"非计划"的方式对学生产生实实在在的重要影响,这是从事教育工作的人士必须重视的一个方面。在中国,二十世纪八十年代中期开始的新课程改革,改变了原有的一元课程管理体系,把课程管理的部分权利下放到地方,形成了国家、地方和学校三级课程管理制度,也使中小学的课程体系中有了国家课程、地方课程和校本课程之分,使学校课程多元化有了可能,一定程度上保障和促进了课程适应不同地区、学校、学生的需求。了解课程的类型、价值和作用方式,有利于我们根据具体的情况选择恰当的课程方式,最大限度地使课程发挥出对学生的教育价值。

第二节　课程发展简史

有了人类就有了教育实践。最早的教育内容是原始社会人类的生产劳动和社会生活,中、西方皆如此。在原始社会,教育与人类的生产劳动和社会生活紧密地结合在一起,社会生活和生产劳动实践既是教育的内容,也是教育的主要方式;这一教育内容构成了最早意义上的课程,今天也依然影响着学校的教育内容。现代意义上的课程在学校这一专门的教育机构诞生之后产生,且在东方和西方形成了不同的发展路径。

一、中国课程的发展历史

(一) 从"六艺"到"六经"

中国的教育实践有悠久的历史,虽然中国古代没有形成西方现代意义上的系统、独立的课程理论和课程体系,也没有出现专门的课程论研究著作,但课程思想和实践却也非常丰富。

原始社会末期,随着社会经济发展、政治需要、文字的出现和知识的不断积累,专门的学校产生了,教育内容也逐渐从原始的社会生活和生产劳动中分离出来,成为相对独立的教育要素。

夏、商、西周是我国教育真正的开创时期,其标志就是学校教育的产生。[①] 这

---

① 毛礼锐,沈灌群.中国教育通史.第 1 卷[M].济南:山东教育出版社,1985:54.

一时期也是我国古代学校分科课程设置的产生和发展时期,形成的课程主体是"六艺",即礼、乐、射、御、书、数,其中"礼、乐"为"六艺"之首,属于政治宗法与伦理道德课程;"射、御"为射箭和驾驭马拉战车的技术训练,属于军事技能课程;"书、数"为识字和计数课程。这一时期,虽然学校的名称不一,但教育的目标却基本一致,都是为了培养奴隶主的继承人。具体来说,商代学校以祭祀、军事、乐舞和文字为主要教育内容,西周学校则以礼、乐、射、御、书、数为内容,这样的课程体系文武兼备,知能并重,构成了中国古代人文课程体系的源头。

春秋战国时期,教育家孔子为了培养治国安民、文武兼备的"君子",首开私学教育传统,并根据西周重要的课程实践范例"六艺"编写了教材"六经":《诗》《书》《礼》《乐》《易》《春秋》。根据《史记·孔子世家》记载,"孔子以诗、书、礼、乐教,弟子盖三千焉,身通六艺者,七十有二人。""六经"教育开启了中国古代学校教育中的经学教育传统,构成了中国古代课程的主要内容,这一课程内容偏重文史知识教育,注重道德教育和生活感悟。孔子在长达四十余年的教学实践中积累了丰富的教学经验,其教育教学思想集中体现在《论语》中,对中国古代教育的发展发挥了重要作用。

《诗》即《诗经》,是中国最早的诗歌总集,收集了西周初年至春秋中叶(前 11 世纪至前 6 世纪)共 311 篇诗歌,不包括其中六篇只有标题没有内容的"笙诗",作为教材的《诗经》共收入诗歌 305 篇,概称"诗三百",这些诗歌反映了周初至周晚期约五百年间的社会生活面貌。《诗经》内容的特点是思想纯正无邪,合乎周礼。《诗经》中的诗分为风、雅、颂三种类型,分列为三部分:"风"包括 15 国的民歌,反映各地平民及贵族的风尚、习惯,以抒情诗为主;"雅"是西周宫廷的诗歌,内容多反映贵族生活与政治情况;"颂"则是格调庄严肃穆的庙堂诗歌。"风"是《诗经》中最有文学价值的篇章,"雅"则具有较高的史料价值。

《书》又称《尚书》,是古代历史文献。春秋时期有不少历史文献流传,如《夏书》《商书》《周书》等,孔子收集编纂,选取的材料都符合垂世教人、具有警示规范价值的政治标准,目的在于要让后来者学习先王之道,恢复周朝的文武之制。

《礼》又称《士礼》,传于后世称为《仪礼》。孔子认为礼是立国的根本,在社会生活中具有重大的作用,他以周礼为依据,从春秋的社会现实出发加以改良,编成一部士人必须掌握的礼仪规范教材。他说:"夫礼,先王以承天道,以治人情,故失之者死,得之者生。"孔子也把遵循先王之礼看作是一个人"成人"的重要条件,《论语·泰伯》中记载:"子曰:'兴于《诗》,立于礼,成于乐'。"

《乐》是各种美育教育形式的总称,涵盖诗、歌、舞、曲等,在社会生活中,乐与礼经常结合起来发挥作用为政治生活服务，所以常常礼乐并提。孔子之所以强调乐的重要性，主要在于乐的陶冶心性的"治心"价值和移风易俗的道德教化功能。孔子对弟子施以乐教的教材《乐经》因秦焚书而散佚。

《易》又称《周易》，既是一部卜筮之书，也是古代中国人对于世界上事物的生成、演化及其关系的认识成果。《周易》以"－－"象征阴，以"－"象征阳，由阴爻、阳爻两种基本符号配合组成八卦，象征八类事物，再将八卦两两重组形成六十四卦，象征各类事物之间的关系。《周易》每卦有卦辞，每爻有爻辞，这些文字称为《易经》。《周易》早已存在，据说孔子晚年对它进入了深入研究，写成《易传》，并把《周易》作为教材传授给部分弟子。

《春秋》是孔子根据鲁史记、周史记等史料编写而成的，记载了公元前722年到公元前481年共242年的历史，包括当时的政治、经济、军事、天文、地理、灾异等方面的内容，共有1232条。孔子编《春秋》的目的，是为了表达自己的社会政治主张，留供后世效法。《春秋》是一部提纲挈领的历史教材。

"六经"承担着不同的教育任务，对人的道德品性形成具有不同的价值。《礼记·经解》记载孔子的观点："入其国，其教可知也。其为人也温柔敦厚，《诗》教也；疏通知远，《书》教也；广博易良，《乐》教也；洁静精微，《易》教也；恭俭庄敬，《礼》教也；属辞比事，《春秋》教也。故《诗》之失，愚；《书》之失，诬；《乐》之失，奢；《易》之失，贼；《礼》之失，烦；《春秋》之失，乱。其为人也，温柔敦厚而不愚，则深于《诗》者也；疏通知远而不诬，则深于《书》者也；广博易良而不奢，则深于《乐》者也；洁静精微而不贼，则深于《易》者也；恭俭庄敬而不烦，则深于《礼》者也；属辞比事而不乱，则深于《春秋》者也。"就是说，学《诗》可以使人态度温和，性情柔顺，为人敦厚朴实，不至于是非不辨；学《书》可以使人上知自古以来的历史，通晓先王施政之理，不至于乱作评论；学《礼》可以使人恭敬严肃，知道道德规范，不至于做事没有节制；学《乐》可以使人心胸宽畅，品性善良，不至于奢侈无度；学《易》使人知道人事正邪吉凶，了解事物之理的精微，不至于伤人害物；学《春秋》使人知道交往用辞得体，褒贬之事有原则，不至于犯上作乱。

在孔子教学内容的安排中，进行识字、计算教育的"书、数"是作为"小学"教育的内容，而"六经"则是"大学"教育的内容。在"六经"教育中，孔子认为学生的学习顺序应该是先学习《诗》，其次是《礼》，然后是《乐》。"六经"奠定了中国古代封建社会课程的基础。

(二) 从"六经"到"四书五经"

秦统一中国后，"焚书坑儒"的文化专制政策抑制了学校教育的发展。这一时期在课程方面的重要发展,集中体现在对学习进程与次序的认识和实践方面。《礼记·内则》记载了当时的人对学习先后顺序的理解:"六年,教之数与方名","九年,教之数日;十年,出就外傅,居宿于外,学书记;十有三年,学乐,诵诗,舞勺,成音像舞,学射御;二十而冠,始学礼。"《礼记·学记》则记载了对学习结果的评价标准:"比年入学,中年考校;一年视离经辨志;三年视敬业乐群;五年视博习亲师,七年视论学取友,谓之小成。九年知类通达,强立而不返,谓之大成。"

汉武帝为了建立大一统教育,采纳董仲舒"罢黜百家,独尊儒术"的文教政策,主张设置六经课程,通过《诗》《书》《礼》《乐》《易》《春秋》对学生进行儒家思想教育。由于焚书坑儒,儒家的"六经"到汉代时多已佚失,虽后经先秦遗儒背诵成书以及发掘藏书,但《乐》经失传,只剩《礼记》中的《乐记》一篇,其他"五经"也残缺不全。自此,中国古代的经学教育课程只余《诗》《书》《礼》《易》《春秋》五经。

汉武帝"独尊儒术"的文教政策,儒家经学教育与研究获得了大繁荣,出现了众多传授儒家学术的经师。在教育和研究的过程中,不同的编订者形成了不同的儒经传本,反映了经学大师们不同的学术思想和政治主张。随着封建社会的发展,五经的内容已经不能完全满足思想统治的需要,在原有的经学课程框架内,需要而且可能增加新的内容。从东汉开始,五经之外不断增加新的"经":东汉时期在五经之外增加《论语》《孝经》成为"七经";唐初完成并颁布了《五经正义》,为五经制作了标准的注释和解释,作为国家考试和教学的标准本,又把五经中的《礼》和《春秋》各扩充为三,形成了"九经":《易》《书》《诗》《仪礼》《周礼》《礼记》《春秋左传》《春秋公羊传》《春秋谷梁传》;唐朝中期之后,恢复了《孝经》和《论语》的经学地位,同时又增加了读经时必须查阅的辞书《尔雅》,成为"十二经";到宋代,原来的十二经再加上《孟子》,成为流传至今的十三经。[①]

南宋理学大师朱熹取《论语》《孟子》,又取《礼记》中的《大学》《中庸》两篇,合为"四书",与"五经"合称"四书五经",作为士人读书的基础读本,同时,朱熹还为"四书"作了章句注释,作为对"四书"内容的标准解释。"四书五经"以及朱熹为"四书"所作的《四书章句集注》,成为宋明之后读书人参加科举考试的标准教材,一直延续到 1905 年清光绪帝下诏宣布"废科举,兴学校"为止。

经学课程是中国古代成年人的主要学习内容,"读经"作为一种教育和学习方式,在中国历史上延续了两千多年,直到民国时期才逐渐从我国学校课程中消失。经学之所以能够成为中国古代教育的主导教材,一方面因为中国漫长的封建社会

---

① 夏传才.从六经到十三经的发展[J].天津师大学报,1988(5):52-58.

为这些课程的生存提供了相对稳定的空间，另一方面封建社会在政治和文化上的继承性与一贯性，促进了学校课程的相对稳定，同时，这些著作所关注的是普通人的人伦日用，反映的是古人对于他们生活于其中的社会、政治、人生、世界及其关系的思考，凝结了前人的思想精华，堪称经典，值得学习；更为重要的是，延续一千三百年的科举制度的取士标准，使经学作为教科书的地位得到了稳定的制度保障。

在古代儿童的启蒙教育中，教学内容主要以培养良好行为和识字教学为主，经典的教材主要有"三、百、千、千"，即《三字经》《百家姓》《千字文》《千家诗》。

反观中国古代课程，一个明显的特征就是在课程内容安排中人文学科一家独大，其目的主要在于培养品德高尚的政治统治人才，缺失自然科学的内容，也比较忽视对于专门人才的培养。这种现象直到清末才得以改善。

（三）现代课程体系

中国现代课程体系完全从西方引进。鸦片战争之后，教会学校将西方的课程带到中国，之后中国人在"师夷长技以制夷"的强国梦的促动下，不断探寻中国教育的出路，在洋务运动、维新变法、资产阶级革命的过程中，不断探索中国自己的课程体系，直至新中国成立形成相对稳定的课程系统，并在持续的课程改革中不断完善。

1. 教会教育的课程

早在鸦片战争之前就有外国传教士来华传教，但在中国大量创办教会学校则是鸦片战争之后的事情。在教会学校的课程中，宗教课程占有首要地位，其次是中国封建社会的儒家经典，再次是一些自然科学知识。比如美国北长老会传教士狄考文1864年在山东创办的登州文会馆，学制六年，开设包括天道溯源、天路历程、心灵学等宗教课程，诗经、书经、论语、孟子等儒家经典课程，以及代数、物理测算、航海法、化学辨质等自然科学课程。关于西方教会学校及其课程的性质，在中国教育史已达成共识：一方面它的本质是西方帝国主义文化侵略中国的工具，被称为帝国主义侵略中国的桥头堡和西点军校；[①]另一方面，教会学校及其课程的开设，是中国近代课程的一个新起点，西方的自然科学课程通过这种途径进入中国，虽然教会学校课程设置的本意在于通过自然科学、儒家经典来实现宗教的目的，但自然科学课程也确实为当时的中国人打开了一个面向全新世界的窗口，许多睁眼看世界的中国人，许多留学西洋的中国人，都有着在教会学校接受早期教育的经历，后来他们中的许多人都成为中国近代社会卓越的思想家和科学家。

---

① 吕达.中国近代课程史论[M].北京：人民教育出版社，1994：43.

2．洋务运动与维新时期的课程

如果说教会学校的课程输入是中国被动接受西方现代课程的话,那么洋务运动中的课程探索则是当时清政府为了抵御外侮所做的主动选择。洋务运动在课程方面的探索,主要表现在在课程内容上增加了西文和西艺课程。西文就是外语,当时以外语为主要学习内容的学堂,有京师同文馆、上海广方言馆、广州同文馆、湖北自强学堂等;西艺主要指西方科学技术知识,洋务派创办的著名的以学习西方科学技术知识为目的的学校包括电报、铁路、军工和医学类的技术学校。洋务教育在课程设置上除了原有的“四书五经”等儒家经典之外,增加了外国语和西方先进的自然科学知识,形成了“中学为体,西学为用”的课程模式。“中体西用”的课程设置模式,是中国人在现代课程体系探索过程中的一个有重要价值的尝试。

维新派对于课程的思考和实践比洋务派步子要大得多。维新运动的领袖人物高度重视教育,把改良教育作为救亡图强的首要选择,因此他们不但大声疾呼教育与国家兴亡的关系,还提出了一系列关于现代学校系统、课程内容和教育方法等方面的具体主张。康有为十分重视普通教育,要求学生 14 岁进中学,中学分初等科二年、高等科二年,初等科课程除了继续加深学习文史、算数、舆地、物理、歌乐之外,兼授外国语和实用学科;高等科攻读专门学,如农、商、矿、林、机器、工程、驾驶等。维新派创办的万木草堂和时务学堂,在课程设置上呈现出以下特点:第一,已初步具有了分科教学的思想;第二,已有了必修课与选修课的做法,第三,课外活动即“科外学科”也纳入了课程计划之内。①

洋务派、维新派在课程方面的探索,对于中国现代课程体系的形成具有重要意义:西方自然科学知识和外语课程的设置,改变了中国传统的课程结构,分科课程成为课程的主要形式;改变了中国传统的价值观念和学习风气;促成了中国第一批先进的知识分子群体的出现;改变了中国传统的教学方式,新的教学方法也应运而生。洋务派、维新派在课程方面的探索也为中国第一个比较完备的课程体系的建立奠定了基础:1903 年的《奏定学堂章程》规定普通中学的课程包括 12 门:修身、读经讲经、中国文学、外国语(包括日语、英语或德语、法语、俄语)、历史、地理、算学、博物、物理及化学、法制、图画、体操。

辛亥革命胜利后,民国政府在教育方面进行了一系列改革,先后颁布了《普通教育暂行办法》和《普通教育暂行课程标准》,在小学废止了“忠君”“尊孔”的读经课,其他课程变化不大;中学开设课程包括修身、国文、外国语、历史、数学、博物、理

---

① 吕达．中国近代课程史论[M]．北京：人民教育出版社,1994：100-101．

化、图画、手工、法制经济、音乐、体操，女子增加家政、缝纫。1923年新学制实行后，学校课程设有公民、历史、地理、国语、英语、数学、物理、化学、动物、植物、图画、手工、音乐、体育、生理卫生等。采用学分制和选科制，授课时数以学分计算，修满180个学分才能毕业。

3. 新中国成立后的课程

1949年新中国成立后，在解放区教育经验的基础上，结合苏联教育中的课程设置模式，形成了中国社会主义时期的课程体系基础，先后经历了不同时期的八次课程改革，形成目前的课程体系。

第一次课程改革(1949—1952)发生在新中国成立之后，反映的是政权新旧交替时对教育的定位。新中国的教育被界定为民族的、科学的、大众的文化教育，教育改革的基本方针是：以老解放区的新教育经验为基础，吸收旧教育中的有用经验，借助苏联经验，建设新民主主义教育。在这一方针指引下，1950年8月中央人民政府教育部颁发了新中国第一份教学计划《中学暂行教学计划（草案）》；9月，在全国出版会议上提出中小学教材必须全国统一供应的方针，成立人民教育出版社，承担编写国家统一教材的任务，并于1951年出版了第一套中小学全国通用教材；10月，政务院颁发了《关于改革学制的决定》，重新规定了中小学的学制，取消初高两级分段制，规定小学实行五年一贯制；中学修业年限为六年，分初、高两级，各三年。这一时期课程改革的特点是：强调中央集权，全国统一，课程结构单一，只设必修课，不设选修课；注意根据中小学培养目标来考虑学科设置；课程内容方面注意科学性和思想性的结合；模仿苏联的痕迹明显，某些课程在一定程度上脱离了中国实际。

第二次课程改革(1953—1957)是新中国国民经济初步恢复时期针对中小学教育规模大、质量低的问题而进行的，意在整顿、巩固和发展中小学教育。当时的中小学教育实际问题是学校规模扩大，但师资和校舍都跟不上，导致教学质量低下；此次课程改革针对的另外一个在学校教育中出现的问题，是学生不愿意从事农业生产，升学风逐渐强盛。1953年12月，政务院颁布《关于整顿和改进小学教育的指示》提出：小学教育是人民的基础教育，小学毕业后，主要是参加农业生产，升学还只能是一部分。1954年4月，政务院颁布了《关于改进和发展中学教育的指示》，明确指出："为提高教育质量，中央教育部应根据国家过渡时期的总任务和中学教育的目的，……有计划地修订中学教学计划，修订教学大纲和教科书，并为教师编辑一套教学指导用书，这是目前提高学校教育质量的一项最基本的工作。中学毕业生除部分根据国家需要升学外，大部分应积极从事工农业生产劳动和其他建设工作"。在这一基本改革思路指导下，本次课程改革中大幅消减了教学时数，首次在教学计划中设置劳动技术教育课程。1956年国家正式发行新中国成立以来的第二套中小学教科书,这套教材理论性有所加强,特别注意了学生的动手能力培养。这一时期形成了全国统一的教学大纲和教科书,教科书采用国定制和集权管理;首次在中小学阶段课程中提出了基础知识和基本技能的要求,形成了我国课程领域长期的、富有特色的"双基"课程目标,直到进入21世纪新课程改革以后,这一"双基"目标才被"三维"目标所代替。通过新中国第二次课程改革,初步形成了比较全面的中小学课程体系,但模仿苏联的痕迹仍很明显。

第三次课程改革(1958—1965)在我国反思苏联教育经验、试图突破苏联教育经验影响、探索中国自己的教育道路的背景下发生。第三次课程改革期间经历了教育管理权下放、"教育大跃进"和"教育大革命"的政治影响,各地开始不同程度地进行学制试验、课程设置与教材试验,打破了全国大一统课程的苏联模式。第三次课程改革先后实行了以下几个方面的改革措施:①下放课程权力,中小学教科书由各省、市、自治区组织力量编写。②1958年9月起,开展缩短中小学学制实验,1960年,人教社推出第三套全国通用教材,原来12年的内容压缩到10年,年限缩短,内容删减,降低了教材的系统性。③1961年开始,在反思"大跃进"问题的基础上,中央提出以"调整、巩固、充实、提高"方针为指导,对中小学课程进行改革。1963年3月,颁发了《全日制中学暂行工作条例(草案)》《全日制小学暂行工作条例(草案)》,强调中小学必须根据统一的教学计划、教学大纲和教科书进行教学,地方和学校不得任意修改;为发展学生的志趣才能,高中阶段可根据学校条件开设选修课。教科书方面,各地教育行政部门、学术研究机构、学者所编写的教科书,经教育部审定后可推荐全国使用。除此之外,各省市自治区可自编作为补充的乡土教材。

第三次课程改革首次提出设置选修课;重视学科的育人作用;实行了国定制与审定制相结合的教科书制度;重视地方教材、乡土教材的编写,但政治挂帅,教育与生产劳动相结合使教育沦为为阶级斗争服务的对象。

第四次课程改革(1966—1976)教育领域遭遇重大挫折。这次改革为了强调教育公平、提高劳动人民子女受教育机会,采取了改变城乡教育资源分布的格局、缩短学制、开门办学、取消重点校、中小学免试就近入学、取消各级学校的考试制度等措施,但方法简单粗暴,其中影响最大的当属取消学校考试制度(包括取消高考),完全否定统一考试制度,又未能提供更为公平有效的做法,免试推荐制度演变为严重的权力交易,实际上损害了大多数人的教育权力,灾难性后果前所未有。这一时期学校课程体系几乎全部被毁,全国没有统一的教学计划、教学大纲和教科书,有的只是各地自编的生活式教材,生活、社会、革命构成了全部的课程。

第五次课程改革(1977—1985)学校教育工作全面恢复,急需尽快编印全国统一的中小学教科书。教育部决定以十年制为中小学的基本学制,制订教学计划。以人民教育出版社的中小学教材编写人员为基本力量,并从全国抽调了一批专家和教师,组成编写班子,用全国中小学教材编写工作会议的形式,开始编写工作。1978年秋季,中小学各科课本的第一册同时在全国供应。这是人教版第五套全国通用的中小学教材。1978年颁发《全日制十年制中小学教学计划试行草案》,统一规定全日制中小学学制十年,小学、中学各五年;小学设置思想品德、语文、数学、外语(英语或俄语,在有合格师资条件学校的四、五年级开设)、自然、体育、音乐和美术课程;初中设置政治、语文、数学、外语、物理、化学、地理、历史、农业基础、生理卫生、体育、音乐、美术等十四门课程,高中设置十一门课程,除不设地理、音乐、美术外,其他科目与初中相同。1980年出版了新中国成立后全国统编第五套中小学教材。第五次课程改革中形成了我国由统一的教学大纲和统编教材构成的课程设置形式。

第六次课程改革(1986—1991)发生在推行九年义务教育的背景下。1985年,中共中央发布《关于教育体制改革的决定》,提出有步骤地实行九年义务教育。1986年10月,国家教委颁布《义务教育全日制小学、初级中学教学计划(试行草案)》,学制分五四制和六三制两种,课程结构上分学科课程和活动课程两大块;课程管理上,除了国家统编教学计划、大纲和教材外,北京、上海、浙江可以编写地方通用教学计划、大纲、教材。1987年,国家教育委员会公布了义务教育教学计划初稿,适当增加了基础学科的教学时数,在教学计划中给课外活动留出固定的空间。1988年5月,国家教委在山东泰安召开全国义务教育教材规划会议,正式确立"一纲多本"和"多纲多本"的改革方向,同时,国家教委组织力量编写了8套不同特色和风格的教材,并进行试验。在第六次课程改革中,"双基"作为课程目标在相关文件中得到了进一步强化。

第七次课程改革(1992—2000)是第八次课程改革的前奏。1992年8月,颁布《九年义务教育全日制小学、初级中学课程计划(试行)》,第一次将教学计划改为课程计划。1996年国家教委颁布了同义务教育课程计划相衔接的《全日制普通高中课程计划(试验稿)》,规定新的普通高中课程由学科类课程和活动类课程组成,学科类课程又分为必修、限定选修和任意选修三种,并第一次将课程管理作为课程计划中的一部分独立出来,规定普通高中课程由中央、地方和学校三级管理。

第八次课程改革(2001—)即我们通常所称的"新课程改革"。2001年2月,国务院批准《基础教育课程改革纲要(试行)》,标志着我国基础教育第八次课程改革全面启动。遵循"先实践，后推广"的原则，新课程于 2001 年 9 月在全国 38 个国家级实验区进行了实验。2002 年秋季实验进一步扩大到 330 个市、县。2004 年秋季，在对实验区工作进行全面评估和广泛交流的基础上，课程改革进入全面推广阶段。到 2005 年，中小学各起始年级原则上都将启用新课程。2004 年秋，普通高中新课程改革试验在广东、山东、海南、宁夏四省区试点。2007 年秋，全国高中启用新课程。

《基础教育课程改革纲要（试行）》（简称《纲要》）是第八次课程改革的纲领性文件，对基础教育课程文件的制定、课程政策的颁行以及课程的实施有全面的指导作用。《纲要》规定了课程改革的目标、课程结构、课程标准、教学过程、教材开发、学校管理、课程评价、教师培养培训等内容。第八次课程改革的主要内容可以表述为以下几个方面：①改革课程目标定位。改变课程过于注重知识传授的倾向，强调形成积极主动的学习态度，使获得基础知识与基本技能的过程同时成为学会学习和形成正确价值观的过程。②改变课程结构。改变课程结构过于强调学科本位、科目过多和缺乏整合的现状，整体设置九年一贯的课程门类和课时比例，并设置综合课程，以适应不同地区和学生发展的需求，体现课程结构的均衡性、综合性和选择性。③改变课程内容。改变课程内容"难、繁、偏、旧"和过于注重书本知识的现状，加强课程内容与学生生活、现代社会和科技发展的联系，关注学生的学习兴趣和经验，精选终身学习必备的基础知识和技能。④改变课程实施方式。改变课程实施过于强调接受学习、死记硬背、机械训练的现状，倡导学生主动参与、乐于探究、勤于动手，培养学生搜集和处理信息的能力、获取新知识的能力、分析和解决问题的能力以及交流与合作的能力。⑤改变评价方式。改变课程评价过分强调甄别与选拔的功能的现状，发挥评价促进学生发展、教师提高和改进教学实践的功能。⑥改变课程管理体制。改变课程管理过于集中的状况，实行国家、地方、学校三级课程管理，增强课程对地方、学校及学生的适应性。与前七次课程改革相比，第八次课程改革的广度、深度和综合性都大大加强。

总体来说，中国的课程体系可以大致地分为两个阶段：古代和现代。在现代课程体系中又可以分为两个不同的时期，一个是新中国成立之前的探索，第二个就是新中国成立之后社会主义阶段课程体系的探索和建立。中国古代课程中文史类学科占有绝对优势，其目的在于培养道德高尚的政治统治人才。鸦片战争之后，中国在列强的坚船利炮面前，意识到自然科学知识的重要性，在国势颓危的背景下，为救亡图存而开始大规模地引进西方现代科学知识。因此，中国的现代课程走的是一条引进之路，虽然在引进的过程中不断强化建立自己课程体系的意识，但到目前为止，这种"引进"情结依然没有完全消散。

二、西方课程的发展历史

（一）西方古代的学校课程

无论中外，课程的早期发展情况是类似的，即无论是正式的还是非正式的课程，都起源于人们的日常生活。西方最早的课程实践开始于古希腊时期，古希腊文明是西方世界发展的文化之根。古希腊的课程分为雅典课程体系和斯巴达课程体系。雅典因商业需要而强调文法学习，斯巴达因军事需要而强调身体锻炼，反映在课程选择上，雅典学校的课程体现了和谐教育的思想，主要设置文化、艺术、体育等课程；斯巴达教育则为了使公民英勇善战，设置跳跃、跑步、铁饼、投标枪、角力等军事体育课程。通常我们所说的古希腊教育一般指雅典教育的传统，这一传统维系着西方社会的文化和教育传统。伊索克拉底如此评价雅典教育传统与西方文化发展的关系："雅典教出来的学生又都成为其他民族的老师；雅典文化的辉煌已使'希腊人'一词不再表示一个种族，而是一种精神面貌。"[1]

西方古代主导的课程即是古希腊的"七种自由艺术"，简称"七艺"。"七艺"即文法、修辞、辩证法（逻辑）、算术、音乐、几何、天文学，其中文法、修辞、辩证法称为"三艺"（或"三科"），算术、音乐、几何、天文学称为"四艺"（或"四学"）。"三艺"之所以成为雅典教育的主要内容，与当时雅典的民主政治制度关系至为密切。当时雅典的民主政治生活要求青年人必须具有较高的雄辩能力和演说本领，培养演说家成为当时主要的教育目的。"三艺"中的文法训练可以使人表达更精确，修辞可以使人的演说富有激情和感染力，辩证法可使人有深刻的见解从而具有雄辩力。除此之外，"三艺"还被认为是塑造儿童心灵或理智的有效工具。"三艺"长久地影响着后来西方学校的课程体系。

"四艺"由柏拉图提出。柏拉图认为，十七岁的青年应该进入青年军事训练团学习，在军事训练团中，他必须学习作为一个军人必需的算术、几何、天文学和音乐理论，因为算术对于调兵列阵、布置军队的阵势、计算船只的数目等等，都是非常必要的；几何学对于建造兵营，练习队伍的密集与展开、争取据点、行军或临阵、对军队作战布置等等，都是不可缺少的；天文学对于航海、行军作战、观测气候、天象等等尤为必要；音乐在平时可以使一个军人认识严肃、勇敢、慷慨、高尚等一类的形式和其相称的东西，提高士兵的

---

① 斯塔夫里阿诺斯.全球通史：从史前史到21世纪[M].吴象婴，等，译.北京：北京大学出版社，2005：101.

斗志,在作战的时候,它更可以直接鼓舞士气,有助于战争的取胜。[①]

在相当长的历史时期内,"七艺"一直是西方学校课程的主要内容,直到中世纪教会垄断学校,神学成为学校的主导课程,《圣经》成为学校教育最基本的教材,"七艺"的内容被改造为神学教育服务。在欧洲中世纪的学校里,"文法"的学习目的是为了指导阅读《圣经》;修辞学的学习目的是为了分析经书的文体,训练宣讲的口才;辩证法的学习则为了更好地维护宗教信条,以更有力地打击一切"异端"。

(二) 西方学校现代课程体系的形成

14—16 世纪欧洲的文艺复兴运动拉开了现代课程体系建构的序幕。文艺复兴运动期间,学校教育的内容得到了广泛发展,学科的范围在古希腊"七艺"的基础上迅速扩大,形成了以人文主义素质培养为主要目的的课程体系。文艺复兴时期,学校课程在七艺的基础上,增加了自然科学、历史、地理等课程,初具现代课程的雏形,到17、18 世纪,现代课程体系基本确定成形。西方课程体系的演变情况如图 1-1:[②]

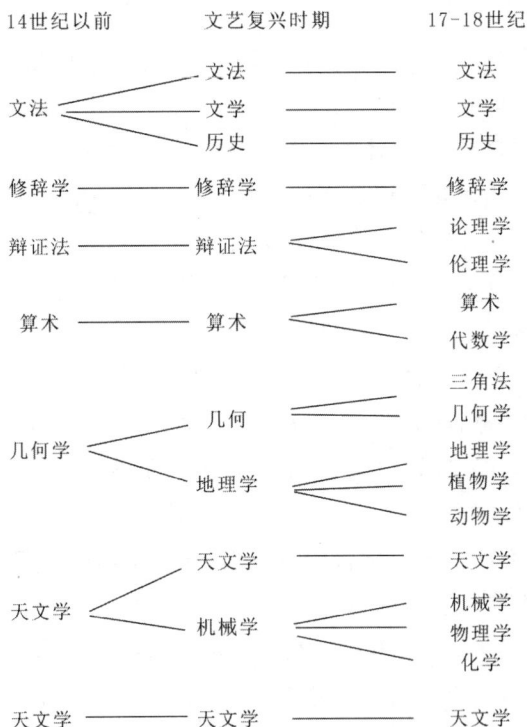

14世纪以前	文艺复兴时期	17-18世纪
文法	文法 文学 历史	文法 文学 历史
修辞学	修辞学	修辞学
辩证法	辩证法	论理学 伦理学
算术	算术	算术 代数学
几何学	几何 地理学	三角法 几何学 地理学 植物学 动物学
天文学	天文学 机械学	天文学 机械学 物理学 化学
天文学	天文学	天文学

图 1-1　西方古代课程到现代课程的演进

---

① 王天一,夏之莲,朱美玉.外国教育史(上)[M].北京:北京师范大学出版社,1984:48.
② 同①102.

文艺复兴时期的课程在艺术、文学和科学方面都以古希腊和罗马为范本，古典文学等人文主义学科在课程中占据中心地位，审美和道德成为学校教育的主要目的。16、17世纪以前，课程中最多的是语言文学知识，并且以古代的权威著作为主，其中绝大多数权威性文字出自亚里士多德。伴随工业革命以及资本主义社会生产力的发展，自然科学越来越受到重视，学校课程也随之发生重大变革。

现代课程体系的建立与自然科学大发展的关系密不可分。一方面，随着自然科学的发展，古典文科教材中关于自然的各种推测被当时的科学研究成果所否定，人们在批判传统人文学科的同时，越来越认识到自然科学的实用价值，再加上工业化生产需要大量具有一定生产技术的工人，迫切要求学校教育中增加支撑工业技术发展不可缺少的数学以及物理、化学、动物学、植物学等自然科学课程。另一方面，现代学校制度的建立是现代课程体系完善的契机。古代没有完备的学校制度，尤其是中等教育阶段缺失，致使学校课程缺乏纵向上的连贯性，课程组织也比较随意。17—18世纪，中等教育兴起，学校教育系统形成并得到不断完善，课程在纵向上的连贯性成为人们考虑的重要问题，各级各类学校课程的衔接与协调问题也随着现代学制的建立而得到逐步解决。

与古代课程相比，现代课程体系具有以下几个方面的特征：[①]①在内容上，自然科学进入现代课程体系并取得合法地位。这与自然科学自身的发展、自然科学在社会生活中发挥的巨大价值、工业化社会对技术工人的需求等关系密切，也与自然科学家的积极倡导分不开。在自然科学进入学校课程、取得合法地位的同时，一些新兴的人文社会学科也逐渐进入学校课程，如本国语、外国语、地理、历史等。它们在培养具有现代民主意识、民族情感和世界视野的国家公民方面发挥了不可替代的作用。此外，现代体育、美术、手工劳作等课程的加入，丰富了学校课程的领域和类型。②在课程的内容安排上，纵向上增强了从小学、中学到大学的连贯性，横向上加强了多学科之间的协调性。这种连贯性和协调性的课程内容安排，主要依据心理学、教育学研究所发现的学科内容逻辑、学生学习规律等成果。此外，课程内容的教育价值得到越来越多的重视，课程及其教学目标也逐渐明确。③从课程性质上看，民主化、民族化、科学化是现代课程的显著特征。④从课程实施上看，其实践形式越来越多样，课堂上的活动越来越丰富，课外拓展活动得到重视，教科书的编写也在不断地调整过程中变得越来越科学合理。

---

① 王本陆.课程与教学论［M］.北京：高等教育出版社，2009：45-46.

（三）现代课程发展的思想线索

现代课程的发展并非一帆风顺，在发展过程中经历了多种观点的交锋，其中不乏影响至今的真知灼见，某些争论到今天依然没有尘埃落定。自 18 世纪开始，形式教育与实质教育的论争便激烈起来。形式教育派认为，教学的主要任务不在于教给学生多少实用知识，而在于培养学生的悟性或理性能力、思维能力，因此，他们认为学校的课程设置应以古典学科为主，比如希腊文、拉丁文、数学、逻辑等。实质教育派则针锋相对，认为教学的主要任务应当是帮助学生获得对生产、生活实际有用的知识，能力的培养则是不太紧要的事情，因此学校的课程应该以自然科学为主。这一论争也被称为人文主义和自然主义之争，在课程发展史上由来已久。在学校发展实践中，形式教育者支持开设古典中学的做法，实质教育者则维护实科中学的做法。形式教育和实质教育的论争，以及古典中学和实科中学在实践中呈现出来的不同的优势，充分展示了人文学科和科学学科的不同价值，两者在学校课程中互补的可能性得到了更多的认同，为克服学校课程中古典人文课程与现代自然科学课程的尖锐对立奠定了基础。赫尔巴特的课程思想即是寻求两者融合的探索中的一个典型代表。

1. 赫尔巴特的课程思想

赫尔巴特认为，古典人文学科反映了先哲对世界的深入思考和感受，有益于学习者形成对人类社会生活的鉴赏力和正确的判断力，但单一地学习古典人文学科容易造成时间上的浪费，并使大部分学生丧失兴趣；现代自然科学学科包含着大量对大众有益的知识，但如果缺少对古典人文学科的学习，则有可能使学生陷入单调、贫乏和夸张的误区，基于对两者优势和可能存在的缺陷的认识，赫尔巴特主张设计兼具两者长处的课程。具体到课程设计上，[①]赫尔巴特继承了欧洲教育个人道德本位的传统，主张通过多方面的兴趣培养达到道德教育的最终目的。他认为人具有多方面的兴趣，但多方面兴趣又是一个统一整体。他说："大家都必须爱一切工作，每个人都必须精通一种工作"，以达到"一切能力的和谐发展"。赫尔巴特把人的兴趣分为两大类，每一类又分为三种：第一类兴趣属于认识自然现实的，称为知识的兴趣，包括经验的兴趣、思辨的兴趣和审美的兴趣；第二类兴趣属于认识社会生活的，称为情感的兴趣，包括同情的兴趣、社会的兴趣、宗教的兴趣。可以看出，赫尔巴特对于人类兴趣类型的划分与学科类型是相对应的，认识自然的兴趣与自然科学课程相对应，认识社会生活的兴趣则与人文学科相对应。

---

① 赫尔巴特.普通教育学·教育学讲授纲要.李其龙,译.北京：人民教育出版社,1989：38-39.

针对多方面的兴趣,赫尔巴特安排了学校课程的不同学科。他认为学校应该按照两条主线来安排课程:第一条主线包括历史和语言常识,第二条主线包括自然科学和数学。在强调以古典语言、文学、历史为重要教学内容的同时,他提出了教授实用学科内容的主张,建议设置数学、物理、化学、生物、地理和博物学等课程。赫尔巴特的课程设置与兴趣培养的关系如下:

第一,满足"经验兴趣"(了解事物"是什么"的兴趣)的课程:自然、物理、化学、地理等,使学生获得对自然的认识;

第二,满足"思辨兴趣"(思考事物"为什么"的兴趣)的课程:数学、逻辑学、文法等,以锻炼学生的思维能力;

第三,满足"审美兴趣"(对事物、自然界、艺术品和善行的体验与审美评价的兴趣)的课程:文学、图画、音乐等,以培养学生的艺术鉴赏力和审美情感;

第四,满足"同情兴趣"(关于人类交往知识的兴趣)的课程:本国语、外国语等,以培养友爱、谅解精神;

第五,满足"社会兴趣"(关于民族和社会知识的兴趣)的课程:历史、政治、法律等,以培养社会生活中的合作精神;

第六,满足"宗教兴趣"(认识人与上帝关系的兴趣)的课程:神学。

赫尔巴特的这套课程体系比文艺复兴时期的课程体系显然又前进了一步。文艺复兴时期的课程体系是以古希腊文、拉丁文为主体的古典人文主义课程体系,不能适应资本主义工业化生产的需要,赫尔巴特设计的这套课程体系在当时是基本能适应的,因此成为近代西方学校课程体系的基本框架,即使到现代也仍然具有参考价值。

2. 斯宾塞的课程思想

19世纪中叶,英国学者斯宾塞发表了《什么知识最有价值》一文,提出了课程史上的一个永恒话题,这是课程发展史上一个具有重要理论和实践意义的话题。斯宾塞率先使用"课程"(curriculum)概念,并赋予课程以"教育内容的系统组织"的含义。他主张实用的、功利主义的课程,强调同现实生活密切相关的有用知识。

那么什么知识最有价值呢？斯宾塞提出了一个衡量知识价值的尺度:完满的生活。斯宾塞把人类生活划分为不同的类型,并按照重要程度,把几种主要活动排列为:第一,直接有助于自我保全的活动;第二,从获得生活必需品而间接有助于自我保全的活动;第三,目的在于抚养和教育子女的活动;第四,与维持正常的社会和政治关系有关的活动;第五,在生活中的闲暇时间用于满足爱好和感情的各种活动。依据"完满的生活"这一衡量知识价值的标准,斯宾塞认为可以为人类的种种活动作准备的最有价值的知识是科学知识。教育是为完满生活作准备的活动,因此,依据人类完满生活的五个方面,教育应该安排相应的五部分课程:

第一部分:生理学、解剖学。这两门学科是阐述生命和健康规律,目的在于维护个人的生命和健康,使之保持充沛精力和健康体魄,是与学生完成"直接保全自己的活动"有关的知识;

第二部分:读、写、算,以及逻辑学、几何学、力学、物理学、化学、天文学、地质学、生物学、社会学等。这些学科知识与生产活动有直接关系,这些知识的获得有助于学生通过获得生活必需品而间接保全自己;

第三部分:心理学、教育学。心理学和教育学知识有助于正确地履行父母的职责,更好地抚养教育自己的子女;

第四部分:历史、社会学。这两门课程与履行社会公民的职责有关。斯宾塞认为,通过对历史发展过程中不同时代的法律、习俗、语言、行为及其演化过程的学习,有助于个人发现和理解社会的运行根本规律,建立行为准则,以"合理地调节"自己的行为。

第五部分:绘画,诗歌,雕刻,音乐,建筑艺术等,这些学科包含为了满足个人闲暇时间休息和娱乐活动所需要的知识。

斯宾塞首次从功利主义角度清晰地阐述了学校课程中各学科对于个人生存和发展的价值,并根据其研究整理了一个"全面发展教育"的课程系统,颠覆了人文学科比自然科学更有价值的传统观念,真正从社会生活的意义上确立了自然科学学科在课程中的优势地位。斯宾塞的课程思想与课程内容系统在课程发展史上具有划时代的意义。

3. 杜威的课程思想

与传统的从知识的价值角度设计和安排课程的思路不同,杜威把课程设计的核心放在了儿童身上。杜威认为,传统的课程设计都把儿童与课程对立起来了,在他看来,儿童与课程是构成一个单一过程的两个极点:儿童现在的经验是现实的起点,包含在教材里的事实和真理是终点,教育就是在起点与终点之间连续地改造经验和建构经验,通过活动谋求经验的不断生长和发展。有用的知识并不是外界向儿童灌输的现成知识,而是儿童通过主动的尝试,通过"问题情境—确定问题—建立假设—推论—验证假设"的探究过程而获得的知识和技能。因此,他倡导以儿童的经验活动为主轴的课程,课程的中心不是教师和形式化的知识体系,而是儿童生活中所要发现的东西。杜威认为课程应该与儿童的社会生活相联系,应当从儿童出发设置课程,儿童的生活、儿童的需要,才是课程的出发点。

根据对课程的理解,杜威从教育过程中的心理侧面和社会侧面进行分析,探索了课程编制的原理。杜威从心理侧面的分析得出的结论是：第一,教材不是作为现成知识来教的,而是要通过社会情境来施教,因此课程应该同儿童当前的需求和目的结合起来；第二,教材的选择本身不是目的,它是推进儿童有目的的活动的手段和工具；第三,教材的选择与排列应该从适于不同发展阶段儿童的活动出发。从社会侧面分析得出的课程选择和编制结论是：第一,教育内容应该反映社会生活的基本活动,培养儿童的社会见识与能力；第二,课程应该要求儿童负起种种责任,同生活实际结合,促进儿童的成长。这样,教学就成为汲取社会生活的典型活动、学校成为反映现实社会的"雏形社会"。

在现代课程形成过程中还有很多教育理论专家提出了自己关于课程体系构建的思想,本章选择其中的三位进行简单介绍,主要因为他们的课程思想在现代课程形成过程中具有拐点意义,理解和研究目前课程领域中存在的问题和纷争,首先需要对他们的课程思想和观点有所了解。

思考与练习

1. 课程的概念是什么？理解课程概念要关注哪些问题？
2. 课程有哪些表现形式？
3. 中小学课程可以分为哪些类型？
4. 中、西方课程发展过程中分别关注的核心问题是什么？

第二章　课程关涉的基本问题

内容提要

课程关涉的基本问题主要包括课程的价值取向、课程目标以及对课程内容的选择与组织方式的认识等。在课程发展史上,课程的价值取向有知识本位、儿童本位和社会本位之分,课程目标的选择和确定受教育目的和培养目标的决定和影响,并以对儿童、社会、学科的研究为依据,课程内容的选择与课程价值取向相关,在组织方式上受学科逻辑、儿童发展规律和学校制度发展的制约。

从表现上看,课程的发展历史主要是不同时代的人们在社会发展的需求和条件之下,对于课程内容和形态进行的调整和选择,呈现的是课程的实践演变形态;在课程实践的背后,贯穿着不同时代的人们对于课程价值取向、课程目标定位、课程功能思考等方面理论认识的差异。课程的价值取向是课程建设的根本出发点和归宿,不同的课程价值取向导致了不同的课程论流派。课程目标受课程价值取向的影响,反映出社会对教育培养目标的具体规格要求,是课程内容的选择和组织依据,也是课程实施与评价的准则。课程内容的选择和组织,一方面受课程价值取向和课程目标的影响,另一方面与对儿童学习与发展规律的认识相关。

第一节　课程价值取向

课程牵涉到各种价值取向。价值取向是确定学校课程的关键因素,课程理论实际上就发生于对不同学习领域的价值的比较研究中。"价值是客体中所存在的对满足主体需要、实现主体欲望、达到主体目的的具有效用的属性,是客体对于主体的需要、欲望、目的的效用性"，①简单地说，价值就是客体满足主体需要的属性。课程价值即指课程对人们某种需要的满足。西方学者对课程价值理论的探讨主要围绕着四个问题，②什么学习领域最有价值或者较有价值？这些学习领域有什么价值？它们对谁有价值？它们为什么有价值？前两个问题涉及课程价值的对象，第三个问题涉及课程价值的主体，第四个问题属于对课程价值的论证或辩护。对这些问题的回答，形成了看待课程的不同价值取向。

课程价值取向是主体在进行与课程相关的活动中进行价值选择时所表现出来的倾向性，由于不同的主体对于课程价值的认识、所处的文化和教育传统以及对教育需求的认识不同，在课程价值取向上也表现出极大的差异。现代课程领域内对课程价值的判断大致可以归为三种不同的课程价值取向：知识本位、学生本位和社会本位。

1. 知识本位课程价值取向

知识本位课程价值取向关注的是学科知识本身，重点探讨学校教育应该选择什么知识、应该如何组织知识等问题。知识本位课程价值取向倾向于从知识本身的逻辑关系出发，强调知识自身的价值，赫尔巴特、斯宾塞等的课程价值取向都属于这一类型。赫尔巴特认为课程内容的选择必须与儿童的经验和兴趣相一致，他虽然提到了儿童的兴趣和经验，但他所说的"兴趣和经验"是从人类社会生活的角度来看"应该"具有的，而不是儿童在现实生活中"实际"的经验和兴趣，他实际上是要通过课程的选择和实施来培养儿童的"经验和兴趣"，依据这一思路，他提出了培养学生经验、思辨、审美、同情、社会、宗教兴趣的六大类课程。斯宾塞提出科学知识最有价值的命题，并根据人类"完满生活"的需要设计了包括自然科学知识和人文科学知识的五大类课程，这些课程用于培养个体直接保全自己、间接保全自己、抚养教育子女、社会政治生活、享受闲暇生活的能力。两者都是从知识对人的发展价值的角度来选择和设计课程体系的。

知识本位课程价值取向者把教育的主要目的定位于向学生传授人类发展过程中积累的系统知识，强调知识的完整性、系统性，主张根据知识的逻辑顺序编排课程。知识本位课程价值取向从课程的概念界定、理论建构到课程框架搭建等方面

---

① 王海明，孙英.几个价值难题之我见[J].哲学研究.1992(10)：37.

② 施良方.课程理论：课程的基础、理论与问题[M].北京：教育科学出版社，1996：285-286.

都进行了严密和有效的探索,为学科课程体系的建立奠定了坚实的基础。在知识本位课程价值取向指导下编制的课程体系,保证了各学科领域知识的逻辑统一,体现了课程知识的结构性和系统性,有利于教师在现代学校体制下教与学活动的有效进行,有利于学生在有限的时间内获得大量的知识和技能,提高课堂教学在知识和技能获得方面的效益。然而,也正是由于知识本位价值取向对知识逻辑性、系统性和完整性的强调,导致课程实践中的诸多问题,如过分强调知识的学术性、专门化与结构性,导致知识学习在一定程度上的机械与僵化;将知识当作学习的主要或唯一目的,削弱了教育教学过程中教师与学生创造课程资源的主动性和能动性,无法体现教学过程中教师与学生的生活经验和体验,等等。

2. 学生本位课程价值取向

学生本位课程价值取向又称儿童本位课程价值取向,强调以学生的兴趣和需要为依据组织课程与教学,而不是按学科知识内在的逻辑体系施教,其代表人物是美国教育家杜威。杜威的课程理论观点主要表现在三个方面:第一,课程内容应该从儿童当前的直接经验中去寻找,通过经验把儿童与知识、儿童与社会联系起来,从而确保知识和社会与儿童生活发生真正的作用,使儿童在一个真实的社会情境中,从其现有的心理经验出发,通过经验的不断改造,逐步达到学科所蕴含的经验的高度。第二,"做中学"是联系儿童、知识和社会三者的最好方式。第三,内在价值与工具价值相统一的课程评价。杜威将教育价值区分为内在价值和工具价值,内在价值指儿童在真实的生活情境中深刻了解事实、观念、原则和问题的意义,工具价值则指教育对某种外在需要的满足程度。杜威反对传统教育和课程进行单一工具价值判断的倾向,主张在课程评价中将内在价值和工具价值统一起来。

学生本位课程价值取向突破传统课程的知识中心,把学生的兴趣和爱好引入课程体系,以学生的实际生活经验、兴趣作为课程选择的核心依据,强调课程内容要切合学生的实际生活、关注学生作为完整个体存在而具有的生命价值,重视学生的学习动力与学习兴趣,关注学生对实践意义的创造等。不过,学生本位课程价值取向过于以学生为中心,在一定程度上削弱了教师的地位和作用,从一个极端走向另一个极端,容易形成教育内容结构的随意和碎片化,学生在学习过程中放任自流;在课程目标、内容、进程和评价等方面都以学生为中心,影响学生对系统知识的接受,无法为学生的发展和创造提供扎实的基础。事实上,学生本位课程价值取向是针对知识本位课程价值取向的不足和缺陷而提出的救失方案,所探讨的依然是"什么知识最有价值问题",所不同的是,传统的知识本位课程价值取向以知识对学生未来生活的价值为思考重心,而学生本位课程价值取向的思考重心则由"知识对学生未来生活的价值"转向"知识对学生现在生活的价值",两者都围绕知识观而展开,对课程实质的认识基本上没有改变。

3. 社会本位课程价值取向

社会本位课程价值取向强调以社会问题为中心,主张打破传统学科课程的界限,通过对社会问题的分析而非以学生的经验活动来组织课程。这一价值取向以社会改造课程理论流派为代表。

社会改造课程理论流派产生于 20 世纪 30 年代的美国,代表人物有康茨(G. Counts)、拉格和布拉梅尔德(T. Brameld)等。他们认为,教育的根本目的在于社会改造,课程的最终目的是要发展学生改造社会的能力,如参加社会运动的能力、塑造新的社会秩序与社会文化的能力等。因此,学校应该打破原有学科课程的界限,从社会生活中发现问题,以"社会改造"为中心来构建核心课程。教师应该成为联系社会与学校之间的桥梁,主动思考社会未来的发展方向,向学生阐明社会发展的前景,鼓励学生通过实践去实现这个前景,并在这个过程中获得民主参与社会生活的能力。

社会本位课程价值取向强调课程的社会价值,提出了社会改造的课程终极目标,主张加强课程与社会的联系,要求师生担负起社会改造的责任,具有一定的积极意义。但它过于夸大了学校课程的社会功能,容易忽视系统知识的学习和传承,弱化课程的个体功能价值。此外,从实践可行性上来看,社会本位课程价值取向的理论意义远远大于其实践价值。

与三种课程价值取向相对应,形成了三种不同的课程形态:知识本位课程、儿童本位课程和社会本位课程。倾向于从知识本身的逻辑出发,以知识自身需要和价值为依据组织起来的课程叫知识本位课程;倾向于从儿童的心理发展逻辑出发,以儿童的兴趣和需要为依据组织的课程,被称为儿童本位课程;倾向于从社会现状出发,从社会当前的需要和问题出发组织的课程,被称为社会本位课程。应该说,作为影响课程发展的最基本的要素,知识、社会和儿童从来都不是割裂的,在实践中片面强调其中任何一个方面都是不可能的,关键在于更看重三者之中的哪一个方面,从哪一个方面出发思考问题,以哪一方面为依据来组织课程。从发展历程上看,儿童本位、社会本位课程都是针对知识本位课程的不足而提出的修正方案,三者各有优劣,不能简单地互相代替或者过度重视其中某一方,如何根据现实条件,在理解其发展背景的基础上恰当地选择和整合,使之在实践中发挥互补的作用,才是让理论产生力量的最佳途径。

第二节　课程目标

一、教育目的、培养目标与课程目标

在了解课程目标之前,我们需要先了解它的上位概念:教育目的和培养目标。

教育目的是"一定社会培养人的总要求","是根据不同社会的政治、经济、文化、科学、技术发展的要求和受教育者身心发展的状况确定的。它反映一定社会对受教育者的要求,是教育工作的出发点和最终目标,也是制定教育目标、确定教育内容、选择教育方法、评价教育效果的根本依据。"①《中华人民共和国教育法》(1995)明确规定:"教育必须为社会主义现代化建设服务,必须与生产劳动相结合,培养德、智、体等方面全面发展的社会主义事业的建设者和接班人。"这是我国学校的教育目的,它普遍适用于各级各类学校教育,因而具有高度的概括性,而非具体的、菜单式的条目。

培养目标是各级各类学校对培养对象的具体要求。它是根据国家教育目的和具体学校的性质与任务,对培养对象提出的具体要求。教育目的是整个国家各级各类学校的统一质量要求,培养目标则是某级或某类学校的具体要求;培养目标是教育目的的具体化,它的概括程度低于教育目的,具体性和针对性高于教育目的;培养目标要根据教育目的来制定,教育目的只能通过各级各类学校的培养目标才能得到实现。举例来说,《九年义务教育全日制小学、初级中学课程计划(试行)》(1992)规定小学阶段的培养目标是:"①初步具有爱祖国、爱人民、爱劳动、爱科学、爱社会主义的思想感情,初步养成关心集体、认真负责、诚实、勤俭、勇敢、正直、合群、活泼向上等良好品德和个性品质,养成讲文明、讲礼貌、守纪律的行为习惯,初步具有自我管理以及分辨是非的能力。②具有阅读、书写、表达、计算的基本知识和基本技能,了解一些生活、自然和社会常识,初步具有基本的观察、思维、动手操作和自学的能力,养成良好的学习习惯。③初步养成锻炼身体和讲究卫生的习惯,具有健康的身体。具有较广泛的兴趣和健康的审美情趣。④初步学会生活自理,会使用简单的劳动工具,养成爱劳动的习惯。"可以看出,这个培养目标实际上是对教育目的中的德、智、体、美、劳在小学阶段的具体化。

---

① 辞海:教育学·心理学分册[M].上海:上海辞书出版社,1987:1.

　　培养目标的实现主要是通过学校所设置的课程而达成，但培养目标并不涉及具体的学习领域。要真正使教育目的、培养目标落实到课程中，还需要更具体化的课程目标。课程目标是指导课程编制的准则，确定课程目标一方面要明确它与教育目的、培养目标的衔接关系，同时又要考虑不同学科对学生的发展价值，以及学生的特点、社会需求等问题。课程目标是课程的具体价值和任务指标。

　　在我国，目前课程目标以"知识与技能、过程与方法、情感态度价值观"三维目标的方式呈现，每个学科的课程目标一般分为总体目标和分阶段目标两部分。如《义务教育语文课程标准（2011年版）》（简称《语文课程标准》）规定，语文学科的整体目标是："①在语文学习过程中，培养爱国主义、集体主义、社会主义思想道德和健康的审美情趣，发展个性，培养创新精神和合作精神，逐步形成积极的人生态度和正确的世界观、价值观。②认识中华文化的丰厚博大，汲取民族文化智慧。关心当代文化生活，尊重多样文化，吸收人类优秀文化的营养，提高文化品位。③培育热爱祖国语言文字的情感，增强学习语文的自信心，养成良好的语文学习习惯，初步掌握学习语文的基本方法。④在发展语言能力的同时，发展思维能力，学习科学的思想方法，逐步养成实事求是、崇尚真知的科学态度。⑤能主动进行探究性学习，激发想象力和创造潜能，在实践中学习和运用语文。⑥学会汉语拼音。能说普通话。认识3500个左右常用汉字。能正确工整地书写汉字，并有一定的速度。⑦具有独立阅读的能力，学会运用多种阅读方法。有较为丰富的积累和良好的语感，注重情感体验，发展感受和理解的能力。能阅读日常的书报杂志，能初步鉴赏文学作品，丰富自己的精神世界。能借助工具书阅读浅易文言文。背诵优秀诗文240篇（段）。九年课外阅读总量应在400万字以上。⑧能具体明确、文从字顺地表达自己的见闻、体验和想法。能根据需要，运用常见的表达方式写作，发展书面语言运用能力。⑨具有日常口语交际的基本能力，学会倾听、表达与交流，初步学会运用口头语言文明地进行人际沟通和社会交往。⑩学会使用常用的语文工具书。初步具备搜集和处理信息的能力，积极尝试运用新技术和多种媒体学习语文。"

　　学科的整体目标是对义务教育阶段语文课程的总体要求，具体到小学阶段，《语文课程标准》更具体地从"识字与写字""阅读""写话""口语交际""综合性学习"五个方面分阶段提出语文课程的学段目标。第一学段（1—2年级）的目标具体表述为：

　　"识字与写字"：①喜欢学习汉字，有主动识字、写字的愿望。②认识常用汉字1600个左右，其中800个左右会写。③掌握汉字的基本笔画和常用的偏旁部首，能按笔顺规则用硬笔写字，注意间架结构。初步感受汉字的形体美。④努力养成良好的写字习惯,写字姿势正确,书写规范、端正、整洁。⑤学会汉语拼音。能读准声母、韵母、声调和整体认读音节。能准确地拼读音节,正确书写声母、韵母和音节。认识大写字母,熟记《汉语拼音字母表》。⑥学习独立识字。能借助汉语拼音认读汉字,学会用音序检字法和部首检字法查字典。

"阅读":①喜欢阅读,感受阅读的乐趣。养成爱护图书的习惯。②学习用普通话正确、流利、有感情地朗读课文。学习默读。③结合上下文和生活实际了解课文中词句的意思,在阅读中积累词语。借助读物中的图画阅读。④阅读浅近的童话、寓言、故事,向往美好的情境,关心自然和生命,对感兴趣的人物和事件有自己的感受和想法,并乐于与人交流。⑤诵读儿歌、儿童诗和浅近的古诗,展开想象,获得初步的情感体验,感受语言的优美。⑥认识课文中出现的常用标点符号。在阅读中体会句号、问号、感叹号所表达的不同语气。⑦积累自己喜欢的成语和格言警句。背诵优秀诗文50篇(段)。课外阅读总量不少于5万字。

"写话":①对写话有兴趣,留心周围事物,写自己想说的话,写想象中的事物。②在写话中乐于运用阅读和生活中学到的词语。③根据表达的需要,学习使用逗号、句号、问号、感叹号。

"口语交际":①学说普通话,逐步养成讲普通话的习惯。②能认真听别人讲话,努力了解讲话的主要内容。③听故事、看音像作品,能复述大意和自己感兴趣的情节。④能较完整地讲述小故事,能简要讲述自己感兴趣的见闻。⑤与别人交谈,态度自然大方,有礼貌。⑥有表达的自信心。积极参加讨论,敢于发表自己的意见。

"综合性学习":①对周围事物有好奇心,能就感兴趣的内容提出问题,结合课内外阅读共同讨论。②结合语文学习,观察大自然,用口头或图文等方式表达自己的观察所得。③热心参加校园、社区活动。结合活动,用口头或图文等方式表达自己的见闻和想法。

具体的学科课程目标,既是选择和组织教材的依据,也是教师确定课堂教学目标的参照,同时也是对学校教育教学工作进行测量与评价的标尺。

从国家的教育目的到各级各类学校的培养目标,再到具体学科的课程目标,概括性程度逐渐降低、具体性不断提升,但三者之间是一脉相通的:教育目的是国家教育的总体目标,是制定培养目标的准则;培养目标遵循教育目的的要求,与具体的学校性质、任务、社会需求相关联;课程目标则在教育目的、培养目标所确定的原则的基础上,更具体地结合对学生特点、社会需求和学科育人价值的研究成果。与课程目标相关、进一步具体化的是教学目标,我们将在教学论部分进行具体阐述。

二、确定课程目标的依据

把教育目的、培养目标转化成课程目标，以此来指导课程编制，最终转化为学生的学习经验，是课程工作者的重要任务。课程目标不是教育目的和培养目标的简单推衍，它是一项创造性的工作。确定课程目标，需要课程工作者依据教育目的和学校培养目标，在对学生、社会、学科育人价值等方面进行充分研究的基础上进行。对学生的研究、对社会的研究和对学科的研究，构成制定课程目标的三个基本依据。

1. 对学生的研究

课程的基本职能在于促进学生身心发展，学习者的需要是确定课程目标的基本依据。确定课程目标时要关注有关学生的各种研究，包括学生的年龄特点、心理发展规律，尤其是学生的兴趣与需要、认知发展与情感形成、社会化过程与个性修养方面的研究。

学校课程设置的目的之一，在于把人类积累的认识成果中的精华有效地传递给年轻一代，对于学生来说这是一个漫长的历程，而儿童又在很多方面与成人不同，我们不能从成人的视角来解读儿童的学习过程。比如，一般来说，个体在获取信息的过程中要经历感觉登记、选择性注意、信息加工与存储等环节，在这个过程中个体与环境的互动方式影响着信息的获得和加工。与成人相比，儿童在感觉登记方面的性质和操作要差一些，因为成人在感觉登记时会采用一些已经掌握的认知策略，比如序列编码，把感觉登记的信息及时转移到工作记忆中，而儿童则缺乏运用这种策略的能力。儿童最初加工信息的速度比成年人要慢些，因为成年人比儿童更能够根据部分信息来推论或推测刺激是什么。年龄小的儿童控制自己注意过程的难度要大些，因为小学生还不能够有效区分有关刺激和无关刺激。即使是年长的学生，他们也无法在同一个时间段内同时注意多个信息，因为个体处理信息的容量是有限的，在某一特定时刻只能加工数量有限的信息单位，超过这个限度，或者后面的信息无法有效进入工作记忆，或者前面的信息被挤出工作记忆而产生遗忘。因此，从成人角度简单地要求学生在短时间内获得大量信息，不给他们充分地加工和思考时间，不仅不利于他们对知识的消化吸收，更糟糕的是容易养成学生不加思考地机械记忆的习惯，把获得碎片化的知识作为学习的主要目标，养成思考的惰性，导致对学习的厌倦。

对学生认知规律进行研究，只是研究学生的一个方面。学生的生活经验、学生的兴趣、学生的生活方式和活动方式等，都是确定课程目标必须考虑的内容。比如当代学生所处时代的信息爆炸、全媒体阅读方式,在增加学生获取信息的渠道的同时,也增加了学生甄别和选择信息的难度,使批判性思考能力成为课程应该关注的重要目标。课程编制者不但需要对于学生发展一般需求的认识,还需要对特定时代特定背景下学生的需求进行研究,以长程的眼光设计和确定课程目标。课程就是要搭建各种平台,以一种对个人、对社会都有意义的方式,帮助学生满足这些现在的和未来的发展需求。

2. 对社会的研究

学校课程要反映社会政治、经济、文化发展的要求,当代社会生活需求是确定课程目标的第二个依据。当代社会生活的需求既包括学生生活于其中的社区、民族、国家以及整个人类的需求,也包括社会生活的现实需求和未来发展需求。

对社会的研究涉及范围极为广泛,在课程领域里采用的方法是把社会生活划分为若干有意义的方面,再对每个方面进行研究。泰勒介绍的一种研究社会的分类是:①健康。②家庭。③娱乐。④职业。⑤宗教。⑥消费。⑦公民。他认为这种分类有利于把整个社会生活分析成一些便于控制的方面,保证不遗漏任何重要的东西。他的具体分类未必适合于我国的国情,但这种分类方法还是具有借鉴意义的,通过对社会生活的分类分析,有利于形成有实际指导意义的课程目标。

课程编制者还要关注已有的对社会研究的成果,比如中小学生过重的课业负担问题,研究者不但需要关注"重"的具体表现和程度差异,还需要关注导致学业负担过重的原因,这个原因一方面存在于学校,另外一方面存在于成人社会的价值、观念、习俗等。研究者需要在"学校课程能够给予适当满足的社会需求"和"只有通过社会上其他各种机构的全力配合才能完成的社会需求"两者之间进行区分。比如,学生的健康问题,学校课程可以使学生获得必要的知识、习惯和态度,但只有家长和社会各界形成合力,才有可能较好地实现学生的健康目标。

除了对现在社会进行研究,确定课程目标还需要对社会的未来发展趋势进行研究。从现在社会研究中抽取课程目标,是以承认现在社会的价值准则和运作方式的合法性为前提的,而社会价值取向本身也是不断变化的,我们今天对课程目标做出的抉择,将在二十年后与我们见面,今天的选择将会在一定程度上影响社会的未来发展。

3. 对学科的研究

学科是知识的主要载体,正是通过学科教与学的方式,人类的知识通过学校教育得到最有系统、最有规律的传承。由于不同学科的专家谙熟该领域的基本概念、逻辑结构、探究方式、发展趋势,以及该学科的一般功能及其与相关学科的关系,所以，学科专家的建议是课程目标形成的最主要的依据。

　　与确定课程目标联系最为紧密的是学科功能方面的信息。学科功能包括两个方面：一是某一门学科本身的特殊功能；二是这门学科所蕴含的一般教育功能。比如数学学科本身的特殊功能在于读、写、算以及解决生活中数学问题的能力，英语学科的特殊功能在于培养学生使用英语进行交际的能力；就一般教育功能来说，数学学科内蕴着逻辑思维、准确表达的功能，英语学科则内含着了解异域文化、拓展视野、培养世界眼光的教育功能。在确定课程目标时，学科的特殊功能和一般教育功能不可偏废。泰勒在总结了美国课程改革的经验教训后指出，由学科专家提出的课程目标往往容易过于专业化，因为学科专家常常会把学生看作是将来要在这个领域从事高深研究的人员，而不是把这门学科视作基础教育的一个组成部分。因此，在面对学科专家时，课程编制者要问的问题应该是：对于那些以后不会成为这个领域的专家的年轻人来说，这门学科有什么价值？或者：对于一般民众来说，这门学科有何功能？这样的提问背后，关注的实际是作为课程的学科的一般教育价值。

　　由于学生、社会、学科这三个因素在社会生活中是互相影响、交互起作用的，因此，对任何单一因素的研究都不足以成为确定课程目标的唯一依据，过于注重三者中的任何一个因素，都会导致课程目标的设置走极端。课程史上出现过的学生中心课程、社会中心课程、学科中心课程就是典型的例子。

　　课程编制者在确定课程目标的时候还需要克服两种倾向：第一是仅凭个人经历来认定课程目标是什么，因为个人的看法毕竟都是不全面、有偏见的；第二是对理想状况和现实条件之间的距离缺乏科学分析，结果导致课程目标的设计过于理想化，给课程的编制和实施带来困扰，其目标也往往难以达成。

　　课程目标的选择和确定是一种创造性的劳动，课程工作者往往难以给出确定课程目标的明确而具体的证据，但通过全面分析学生、社会、学科的研究结果，是做出明确的课程目标选择的可行之路。

三、确定课程目标的一种模式

　　确定课程目标不只是表述一种关于课程的理想或者愿望，而是要把理想与现实的研究结合起来，形成作为指导整体课程编制过程的准则。这是一个艰苦且复杂的过程，它包括对学生、社会、学科等方面大量的研究，以及在研究基础上对学校课程的要求进行细致的考察、分析、判断、选择。"需要评估"是目前确定课程目标时最常用的一种方式。

　　"需要评估"是一种收集、分析信息的方法，目的在于识别个体、群体、机构、社区或社会的不同需求。在教育领域,"需要评估是明确教育需要与确立需要之先后顺序的过程,在课程领域,需要是指这样一种情况:公认的学生行为或态度状况与所观察到的学生状况之间存在的矛盾之处。"①

在课程编制过程中,"需要评估"主要是为确定课程目标服务的,所以一般来说,"需要评估"模式主要是通过有关人员,特别是学校行政人员和教师、学生和家长,以及课程工作者,对学生的教育需求进行调查、评估,以便弄清学生特定的教育需求,并确定各种需求之间的先后顺序。"需要评估"模式通常要经历四个阶段:②

第一阶段:系统阐述实验性的目标。典型的做法是召开有关人员的会议,尽可能全面系统地确定大多数人觉察到的问题,并围绕这些问题确定学生需要达到的课程目标。

第二阶段:确定优先的课程目标。在收集了大家都认为需要达到的各种课程目标的资料之后,要求有关人员按照这些目标对学生来说的重要程度加以排列,以便确定这些目标的主次。

第三阶段:确定学生达到每一种课程目标的可能性,即对学生目前达到这些目标的可能性程度做出评估。它要求客观地测量与每一个目标相关的学生的现状,如学生现有水平与课程目标之间的差距较大,就表明这是一种需要优先考虑的目标。

第四阶段:根据目标优先程度的顺序编制课程目标。目标一旦确定,就成为课程编制的基础,以此为依据安排相应的教学内容。

"需要评估"模式在当前世界各国课程领域比较盛行,一方面的原因在于人们希望能够高效益使用人力和物力,通过分析学生具体需求确定的课程目标,具有较大的可行性和针对性,也便于评定效果;第二个方面的原因在于"需要评估"模式可以使各方面人士共同参与,从而使评估的过程成为形成共识的过程,有利于相关各方相互理解、相互支持,这本身就具有教育作用。

第三节　课程内容

课程内容指学科中特定的事实、观点、原理和问题,以及处理它们的方式,是一定的知识、技能、思想、信念、言语、行为、习惯的总和。课程目标一旦有了明确的表

---

① 麦克尼尔.课程导论[M].施良方,等,译.沈阳:辽宁教育出版社,1990:93.
② 施良方.课程理论:课程的基础、理论与问题[M].北京:教育科学出版社,1996:103-104.

述，就在一定程度上为课程内容的选择和组织提供了一个基本的方向。课程内容是实现课程目标的手段，直接指向"应该教什么"。在选择课程内容时，除了要考虑到与目标的相关性之外，还要考虑内容的科学性和有效性、它们对学生和社会的实际意义、它们能否为学生所接受，以及是否与学校教育的基本任务相一致等问题。

与课程内容相关的问题包括：什么应该是构成课程的内容？课程内容的选择应该遵循什么基本准则？如何组织课程内容更有利于学生学习？以下围绕这三个问题简要介绍课程内容的含义、课程内容选择的准则以及课程内容的组织方式。

一、课程内容的含义

人们对课程内容含义的理解，往往包含在他们对课程所下的定义之中，因此，课程内容的具体所指，也因对课程的不同定义而呈现差异。对课程的定义有很多，所有的定义可以大致地划分为三种不同的取向：课程内容即教材、课程内容即学习活动、课程内容即学习经验。

（一）课程内容即教材

在我国，课程内容即教材的观念得到广泛认同。课程内容在传统上历来被作为要学习的知识来对待，这些知识采取事实、原理、体系等方式，其重点都建立在向学生传递知识这一基点上，而知识的传递是以教材为依据的，因此课程理所当然被认为是上课所用的教材。

把课程内容的重点放在教材上，有利于考虑各门学科知识的系统性，使教师与学生明确教与学的内容，从而使课堂教学工作有据可依。然而，把课程内容定位于教材，就会顺理成章地把课程内容看成是事先规定好了的东西，教学便是把这些事先由课程专家确定的内容直接传授给学生的过程。然而，正如杜威所说，即使是用最合逻辑的形式整理好的最科学的教材，如果以外加的和现成的形式提供出来，在它呈现到学生面前时，也失去了这种优点。对学生来说，学习内容是外在于他们、必须接受的东西，而不是自己感兴趣的东西。若不能引起学生的兴趣，教师就只能机巧地给学生不感兴趣的知识"裹上糖衣"，让学生"在他正高兴地尝着某些完全不同的东西的时候，吞下和消化一口不可口的食物"。①事实上，很多学生也并不把教材看作是自己生活和发展的必需品，而只是把它当作应付教师和家长不得不去接触的一个物件，读完—考完—忘完，甚至于很多学生一

---

① 杜威.学校与社会·明日之学校[M].赵祥麟,等,译.北京：人民教育出版社,1994：
　130-133.

离开学校几乎不愿意再碰书。这是学校教育始料未及的情形，值得所有以教育为专业的人深思。

（二）课程内容即学习活动

20世纪初开始，科学技术的进步对社会产生了巨大的影响，社会生活变化的速度加快、程度加深。在这种背景下，部分课程工作者的关注点从现成知识转向了活生生的现实生活。例如，博比特明确指出，课程应该对当代社会的需要做出反应。他通过研究成人的活动，识别各种社会需要，把它们转化成课程目标，进而转化成学生的学习活动，形成了课程内容设计的活动分析法，这种方法被认为是一种有效的、科学的课程编制技术。

与课程内容即教材的观点相比，活动取向的课程内容观把重点放在学生做些什么上，而不放在教材所体现的学科知识体系上，因此它特别注意课程与社会生活的联系，强调学生在学习中的主动性；在教学活动中，它关注的不是向学生呈现什么内容，而是让学生积极从事各种活动，比如不是以直接的方式告诉学生科学发现的基本步骤和条件，而是让学生通过参与科学发现活动的过程来了解。活动类的课程已经引起人们的广泛关注。

把学生的学习活动作为课程内容，往往注重学生外显的活动，但却无法看到学生是如何同化课程内容的，无法看到学生的经验是如何发生的。事实上，每个学生从活动中获得的意义和理解的方式各不相同，如何透过表面上热烈的活动促进学生深层次学习的发生，对教师提出了较大的挑战。

（三）课程内容即学习经验

学习经验是教育学和心理学中常用的一个术语，在课程领域中使用这个术语，目的在于区别把课程内容等同于教材或者学习活动的观点。课程领域中的学习经验既不等同于一门课程所涉及的内容，也不等同于教师所从事的活动，而是指学生与外部环境的相互作用。该观点持有者认为，学习是通过学生的主动行为而发生的，决定学习的质和量的是学生而不是教材；学生之所以参与学习活动，是因为环境中某些特征吸引他。因此，教师的职责在于构建适合于学生能力和兴趣的各种情境，以便为每个学生提供有意义的经验。

在教育史上，18世纪法国的卢梭、20世纪美国的杜威、20世纪70年代流行的人本主义经验课程理论等，都把学习者的经验置于课程内容的核心，其主要观点包括：第一，强调课程内容选择要真正尊重学习者的个性差异，形成个性丰富的、人性化的课程；第二，确立学习者在课程开发中的主体地位，强调课程结构要适应学生的个别差异，为学生提供更多的选择性，引导学生利用已有的知识和经验，根据自己的需要和目标，主动地探索知识的发生与发展，与教师和其他学生者一起共同开发自己的课程；第三，关注学习者的社会生活经验。学习者通过日常生活、班级与学校交往，生成自己的个人知识和同伴文化。

把课程内容视为学生的学习经验，突破了外部强加式的学习，学习的结果取决于学生的心理建构，学生已有的认知结构和情感特征对课程内容起着支配作用，它们是受学生而不是学科专家控制的，知识是"学"会而不是"教"会的。

理论上讲，把学生的内部心理特征和外部有意义的经验结合起来思考课程内容问题，比单纯强调外部知识授受（"课程内容即教材"）或者学生的学习活动（课程内容即学习活动）更具有合理性，但也增加了课程编制者研究的难度，因为学习经验是一种学生心理体验，只有学生自己才了解这种经验的真正结果，教育工作者无法清楚了解学生心理是如何受特定环境影响的，容易导致学校课程内容过度受学生支配。

三种不同的观点各有其合理性，也各有自身明显的缺陷，在实践过程中应该避免过于强调其一而忽视其他。没有人能够给我们一个在实践中可以一直有效的确定的"配方"，但在了解各种倾向优劣的基础上根据具体情况和自己的认识来处理课程内容问题，无疑是一个明智的选择。

二、课程内容的选择准则

在课程内容选择方面最大的问题，是浩如烟海的知识与有限的学习时间之间的矛盾，课程编制者致力于其中的永恒问题是：如何在课程内容的选择过程中既关注学科知识价值问题、知识学习与能力形成的关系问题，又考虑学生发展与教学规律问题。一般而言，课程编制者在中小学课程内容的选择上，会遵循以下几个基本准则：

第一，注重课程内容的基础性。中小学教育的基本任务在于为每一个学生的长远发展和终身学习能力的形成打基础，因此课程内容的选择一般包括使学生成为社会合格公民所必备的基础知识和基本能力，同时也包括学生以后继续学习所必需的技能和能力。随着科技大发现，社会信息激增，"把一切知识教给一切人"的教育理想在当代已无实现的可能；通过学习获得学习能力、形成终身学习的愿望和能力，是当代中小学教育应该承担起来的责任和使命。中小学教育必须使学生具备丰富自己知识的自我学习能力，以及在复杂的社会里明辨方向的应变能力，这些能力的获得只能通过学生掌握学科的基础知识和基本技能的过程来培养。因此，在中小学课程内容的选择过程中，要注意学科知识的广度与深度的平衡，也要注意学科基础知识与学科发展前沿之间的关系,以便使学生通过课程学习能够获得扎实的基础和较强的适应能力,能够主动应对动态社会的不确定性带来的未来发展挑战。

第二,课程内容要贴近社会生活。课程内容包含更多的前人经验,与当代社会之间必然存在着距离。同时,每门学科都有自身严密的逻辑结构,很难一一对应地与现代社会实际问题相匹配。然而,学生生活在现实中,他们面对的是当代问题,因此在学科知识与当代社会生活之间寻找契合点就非常关键。课程编制者力图在课程内容的选择中考虑让学生了解社会、接触社会,掌握一些解决社会问题的基本技能;即使在选择学术性学科的内容时,也尽可能联系社会需要,使学生所掌握的知识技能可以较好地发挥社会效用。但强调课程内容选择要贴近社会生活并不意味着"学了就能在社会上派用场",在中小学尤其如此,因为中小学教育并不完全以职业为定向,中小学要完成的是为学生的终身发展打基础的任务,"社会需要什么,课程就要包括什么内容"是一种比较短视的技术培训观点。

第三,课程内容与学生特点和学校教育的特点相适应。课程内容选择的最终目的是服务于学生的学习,因此关注不同阶段学生的兴趣、需要和能力,并尽可能使所选择的课程内容与之相匹配,不仅有助于学生更好地掌握学科文化知识,而且有助于他们在学习的过程中享受学习的过程、培养学习兴趣、形成较高的学习动机和自我效能感。偏离学生的实际水平的课程内容,不管是偏难还是偏易,都有可能削弱学生学习的过程价值。

除了考虑学生的兴趣、能力、经验之外,课程内容的选择还需要考虑学科知识对学生全面发展的价值,因为学校教育的目的不在于单纯学习知识,而是在知识的学习过程中促进学生德、智、体等方面的发展,尽可能给学生提供全面的、完整的教育经验,这就要求课程编选时要考察课程内容在实现学生全面发展方面的各种潜能。事实上,目标与内容之间并不能够完全对应,一种内容可以同时实现多种目标,不同的内容也可以指向同样的目标。

三、课程内容的组织方式

为了使学生的各种学习有效地联系在一起,使学习产生累积效应,在对课程内容的组织上,需要考虑课程内容的连续性、顺序性和整合性,这是课程专家泰勒提出的组织课程内容的基本准则。连续性主要指直线式地陈述主要的课程要素,顺序性强调每一后续内容要以前面的内容为基础,并对有关内容有所加深、拓展,整合性指各种课程内容之间要形成横向上的联系,以有助于学生获得一种统一的观点。[①] 泰勒的观点在今天的课程领域中仍有相当大的影响。

在课程发展史上，关于课程内容的组织主要有以下三组相互对应的方式，反映出课程研究者对于课程与学生发展关系的不同理解，在今天仍然是编制和理解课程时需要深入研究和思考的。这三对互相关联的课程组织方式包括：纵向组织与横向组织、逻辑顺序组织与心理顺序组织、直线式组织与螺旋式组织。

（一）纵向组织与横向组织

纵向组织又称垂直组织，是教育史上最有影响的课程内容组织方式。所谓纵向组织，就是按照一定的标准以先后顺序排列课程内容。由已知到未知，从具体到抽象，由简到繁等等，都曾经是教育史上以纵向原则组织课程内容的标准。比如，美国教育心理学家加涅认为，人类的学习是由简单到复杂的顺序依次推进的，学习任何一种新的知识技能，都以已经习得的、从属于它们的知识技能为基础。因此，课程内容的组织，要先让学生进行辨别，然后学习概念，在此基础上掌握规则或原理，最后把原理或规则运用于问题解决。

横向组织又称水平组织，是指将各种课程要素按横向关系组织起来，即要求打破学科的界限和传统的知识体系，以便让学生有机会更好地探索社会问题和个人最关心的问题。这一课程内容组织方式的观点转变始于 20 世纪 70 年代，与 60 年代以后自然科学与社会科学汇流、社会科学内各学科日趋综合的趋势直接相关。持这种观点的人认为，如果要使学生所学的内容对他们的生长具有重要意义，就必须摆脱传统学科的形式和结构限制，用更广义的概念或者探究方法作为组织课程内容的要素，使课程内容与学生校外经验有效地联系起来。以横向原则组织课程内容强调的是知识的广度而非深度，关心的是知识的应用而非知识的形式。

目前在中国，纵向组织是主要的课程组织形式，横向组织正在受到重视，但过分强调也会引起一些实际上难以解决的问题：在目前的条件下，任课教师精通或熟悉学科内容，把握和实践横向组织课程的能力亟待提升；学校现有的物质条件如何为安全、顺利地完成综合性的课程实践提供必要的保障；学生难以应对目前通行的考试方式等。这些问题是学校以横向组织方式进行课程内容整合时必须考虑的问题。

（二）逻辑顺序组织与心理顺序组织

课程内容按逻辑顺序还是心理顺序组织，或许是教育史上争论最为激烈的课程问题，也是我们通常所说的"传统教育"与"现代教育"分歧最大的地方。所谓逻

---

① 泰勒.课程与教学的基本原理[M].施良方，译.北京：人民教育出版社，1994：24.

辑顺序,指的是根据学科本身的系统和内在联系来组织课程内容;所谓心理顺序,指按照学生心理发展的特点来组织课程内容。

在教育史上,传统教育主张根据学科的逻辑顺序组织课程内容,强调按照学科知识固有的逻辑顺序来安排课程内容,至于这种逻辑顺序对学生有什么意义,则不是课程编制者所重点关注的问题;现代教育则强调要根据学生身心发展的特征,以及他们的兴趣、需要、经验背景等来组织课程内容,认为学生是课程的中心,是目的,对于学生的生长和发展来说,一切学科的逻辑都处于从属地位。

现在已经有越来越多的课程研究者和实践者抛弃这种二元对立的思维方式,越来越多的人倾向于逻辑顺序与心理顺序的统一。一方面,学科体系是客观事物的内在联系的反映,每一门学科各部分内容之间都有其内在的逻辑关系,在课程内容安排时必须考虑学科内容的关联性和整体性;另一方面,课程内容是为学生安排的,如果不符合学生的认识特点,再好的课程内容安排也无法转化成学生发展的资源。

不过,虽然"逻辑顺序与心理顺序的统一"这一问题在认识上已经得到解决,但在课程实践中还会遇到具体的问题,因为对于学科的逻辑顺序以及心理顺序具体是什么,目前尚未有统一的认识,未来也不大可能有统一的认识,这是课程发展过程中的常态,其实课程组织方式的不断完善和水平提升,也正是在面对分歧、持续修正的过程中实现的。

(三) 直线式组织与螺旋式组织

在课程史上,关于课程内容的组织形成了直线式与螺旋式两种。直线式就是把一门课程的内容组织成一条在逻辑上前后联系的直线,前后内容基本上不重复。螺旋式则要在不同阶段上使课程内容重复出现,但逐渐拓展和加深。主张直线式组织者认为教师所讲的内容,学生懂了即可,过多重复同一内容会使学生感到厌倦,前后相续地呈现新知识,可以保持学生的学习兴趣;主张螺旋式组织者则认为,课程内容要向学生呈现学科的基本概念和基本原则,这些基本结构和原理需要不断在更高层次上重复,直到学生全面掌握为止。

一般而言,直线式与螺旋式组织各有利弊。直线式组织可以避免不必要的重复,但对学生的逻辑思维水平要求较高,这对于理性思维能力尚处于发展阶段的小学生来说,无疑会造成学习上的较大难度;螺旋式组织更容易照顾到学生认识的特点,有利于学生尤其是小学生更好地掌握知识,逐渐理解知识之间的关联,有利于提高学生学习的迁移能力,但螺旋式组织给教师提出更高的要求,处理不当容易造成低水平重复或者盲目拓展,影响学生对知识结构的深度理解。

理解课程的不同组织方式，目的在于使教师能够在教学实践中形成分析教学内容的视角和框架，以利于更好地利用教学材料来组织教学过程，提高教师课程转化的水平和能力。

第四节　影响课程发展的因素

课程是人类社会发展的产物，是人类借以使年轻一代成为合格的社会成员、完成文化代际传承的载体，因此社会生活必然与课程发展产生紧密的关联，成为影响课程发展的因素。一般来说，我们可以把直接影响课程发展的因素区分为内部因素和外部因素。外部因素指课程之外的影响因素，反映的是课程与外部世界的关系；内部因素指课程自身的影响因素，属于课程内部诸因素之间的关系。直接影响课程发展的因素包括社会、儿童、知识、学制、课程传统、课程理论、课程自身发展规律等，其中社会、儿童、知识属于外部因素，学制、课程传统、课程理论、课程自身发展规律属于内部因素。

（一）影响课程发展的外部因素

社会、儿童、知识是教育史上公认的制约课程发展的三个因素。

社会对课程发展的影响是最为持久和最为深刻的。历史上最早的课程就是社会生产劳动和社会生活的内容，直到今天它们仍然是课程内容的首要和最为主要的来源。课程随着社会的发展而不断变化发展。

社会的要求和条件决定着课程的所有方面：社会对所培养人才的规格的规定，是确定课程目标、选择课程内容、编制教科书和实施课程评价的根据；社会的性质决定了课程的性质；社会政治、经济、文化各领域的发展直接影响着和决定着课程的特征，政治制度决定着课程的政治立场和育人方向，经济发展水平决定着课程实施的物质条件和效果，文化状况决定着课程内容的选择和课程呈现出的特色，丰富的文化资源是形成课程内容丰富性的保障。

儿童是教育的对象，他们虽然不能自主、自觉地影响课程发展，但即使最为原始的教育，也都考虑了儿童成长的因素。而且，随着社会的发展，人们对儿童学习和发展的独特性的认识不断拓宽和加深，儿童对课程发展的影响也越来越大。首先，人们对儿童的认识直接影响课程内容的选择，如果认为儿童天性善良，在课程内容的选择上必须会更多地关注他们的兴趣和需要；如果认为儿童天性为恶，课程内容则一定更侧重于严格的训练和抑制；如果认为儿童具有主动发展的潜能，在课程内容选择上会倾向于给儿童提供更多地参与学习过程的活动。其次，人们对儿童身心发展规律的认识决定着课程组织的心理逻辑，比如，在认识到儿童发展的阶段性之后，课程的内容组织也就有了阶段的差异，同时关注各阶段之间的联系和衔接，儿童本位的课程甚至把儿童现实的经验作为课程的起点和中心。

知识对课程的影响久远、直接而深刻。知识是课程的核心，课程是知识在学校教育中的存在形式，课程内容的质和量都直接取决于人类文化知识的发展状况：科学文化知识的快速增长直接推动了当代的课程改革；不同的知识观催生了不同的课程观，进而影响到课程的形式、结构和实施方式；人类对知识的探究方式影响着课程内容的组织方式，在一定意义上决定着课程的组织逻辑。

社会、儿童和知识都是影响课程发展的外部因素，它们之间的协调作用决定着课程的性质、内容和框架结构，也决定着不同社会和文化背景之下课程的文化性格。

(二) 影响课程发展的内部因素

学制、课程传统、课程理论、课程自身发展规律等，是影响课程发展的内部因素。

学制即学校教育制度，指一个国家各级各类学校的系统，具体表现为各种类型的学校以及各种级别的学校之间的组织和比例关系。严格来说，学制并不属于课程的内部因素，但它直接影响着人们对课程的宏观规划，比如在我国的课程改革中，九年一贯制还是十二年一贯制的学制系统，在课程体系的设置上必然会表现出差异。学制直接影响和决定课程的规划，在古代没有中学，就没有中学课程；现代学年在纵向上表现为上下衔接，在横向上表现为左右沟通，那么在课程体系的设置上，也相应地增加了纵向上的连贯性和横向上的整体性，只有这样才能确保学校教育活动的统一性和充分发挥学校的教育功能。

课程传统指课程发展过程中存在的历史延续性，比如即使在被称为黑暗时代的漫长的欧洲中世纪，古希腊"七艺"的课程传统仍然被继承了下来，并且在其后的文艺复兴和工业革命时代不断拓展和整合，形成现代课程体系。历史上任何一次课程改革，都不是在割断自己课程传统的前提下进行的，即使在全盘引进西方现代课程的中国现代课程发展过程中，中国传统的以教材为课程内容、以讲授为课程实施方式的传统依然保存了下来，并在当代的课程实践中以不同的方式呈现出来。

课程理论涉及人们对课程内容的来源、课程性质、课程编制、实施、评价等方面的认识，它直接指导着人们的课程行为。教育史上课程理论的冲突导致了课程实施的分化和多样化，尤其是在当代，课程理论丰富多彩，给课程实践带来了多样的发展空间，也给课程选择带来了更多困惑和挑战。了解课程理论是理解课程实践的前提。

课程的发展是一个不断修正、时有回归的过程，这一过程被课程研究者称为课程发展过程中的"钟摆"现象①。换句话说，课程总是处在不断扬弃的过程中，它是在不断地否定自己的过去、重复自己的过去的历程中发展起来的，这是一个不断反思、不断进步的过程，回到过去并不意味着简单重复自己，相反，它往往意味着在更高水平上的回归过程。

课程发展受众多因素的影响，各种因素之间常常整体地发挥作用，因素之间的关系也复杂而多元。外部因素对课程发展的影响是显性的有时甚至是刚性的，而内部因素的影响则往往是渗透性的。尽管如此，外部因素的影响最终还是要通过内部因素来发挥作用，因此在关注课程改革外部因素的过程中，保持对影响课程发展内部因素的清晰的、理性的认识自觉，是处理好课程改革中理想与现实关系的一个重要前提。

思考与练习

1. 课程的价值取向大致包括哪些类型？
2. 确定课程目标的依据有哪些？
3. 在课程内容选择上一般需要注意哪些问题？
4. 组织课程内容应该处理好哪些关系？
5. 影响课程发展的因素有哪些？

---

① 吕达.中国近代课程史论[M].北京：人民教育出版社，1994：349.

第三章 课程开发

○ 内容提要

　　课程开发通常被理解为一个从课程规划到课程实施、课程评价的过程,侧重于如何形成课程、如何保证课程的实施并取得效果。课程开发包括宏观、中观、微观三个层次,宏观层次的课程开发主体一般是国家,地方与学校课程的开发在国家课程的宏观指导下进行。在课程开发中比较有代表性的模式包括课程开发的目标模式、过程模式和实践模式,其中泰勒的目标模式被认为是课程开发的经典模式。校本课程开发属于微观层次的课程开发,其目的在于给学生提供更为丰富的个性化发展空间。校本课程开发遵循课程开发的一般模式。

第一节　课程开发的内涵及模式

一、课程开发的内涵

　　1923—1924 年,课程科学化运动的重要代表人物、美国著名教育学者查特斯和博比特分别出版《课程编制》和《怎样编制课程》两部著作之后,"课程编制"一词开始广泛流行于西方的教育书刊。1935 年,美国学者卡斯威尔(H. Caswell)和坎贝尔(D. Campbell)合著的《课程开发》问世后,"课程开发"概念引起人们的关注。20 世纪 50 年代之后,欧美国家课程领域中逐渐用"课程开发"概念代替原来的"课程编制"。1974 年在日本东京召开的课程开发国际研讨会上,明确提出了课程开发的概念及其内涵,把课程开发界定为"编订、实验、检验、改进、再编订、实验、检验……"持续进行的过程。

　　我国教育界在 20 世纪 20 年代到 40 年代常用"课程编制"和"课程编订"两个术语,20 世纪 80 年代以后,在一些课程研究的书中逐渐开始使用"课程设计""课程开发"，目前用法上仍然不一致。

在具体的课程研究和实践中，"课程开发"通常被理解为一个从课程规划到课程实施、课程评价的过程，侧重于如何形成课程、如何保证课程的实施并取得效果，具有以下几个方面的特征：[①]第一，原发性。课程开发始于"形成什么样的课程"这一课程建设系统工程的起始问题，所以首先需要解决的是课程开发的依据、价值取向、理念问题。第二，系统性。课程开发不但要解决"形成什么课程"问题，还要解决"形成的课程是怎样的"、"怎样形成这样的课程"、"所形成的课程的有效性怎样"等一系列的问题。因此，它涉及课程由观念向现实转化、课程实施及其效果检测的行动方案研制等，每一个问题的解决都需要对背景条件、对象要素、相关活动等多种内容进行研究，使课程开发成为一个复杂的活动系统，在这个系统活动中，课程开发的权力、人员与程序等基本要素之间相关联，价值取向与目的、目标之间相关联。第三，连续性。课程开发是一个不断地解决问题、不断改进和完善行动的过程。第四，层次性。课程开发既有宏观的整体设计，也有中观层面能够直接指导课程实施的基本原则，还有指导课程具体实施行动的方案与措施，构成一个层次分明、目标一致的具有内在运行机制的系统工程。

二、课程开发的层次

从课程开发活动的整体来看，可以从纵向上分为宏观、中观和微观三个层次，宏观层次的课程开发解决课程的基本理论问题，中观层次研制课程标准或相关的指导性文件和教材，微观层次主要指课程实施，进入教学领域。这三个层次涵盖了课程开发的整个过程。在目前正在进行的新一轮基础教育课程改革中，我国实行国家、地方、学校三级课程管理体制，课程开发由原来的国家集权变为国家、地方、学校分权的模式，相应地在也在纵向上形成了国家、地方、学校三个不同的层次，这一层次的划分依据是开发主体的不同。

理论上讲，宏观、中观、微观三个层次的课程开发构成一个完整的课程开发过程，因此国家课程、地方课程、学校课程开发都包括这三个层次，只是三个层次所涉及的面随着开发主体级别的降低而逐渐减小。在我国，宏观层次的课程开发的主体是国家，地方与学校课程的开发在国家课程的宏观指导下进行。

（一）宏观、中观、微观课程开发

宏观层次的课程开发主要解决的是课程的价值、目的、主要任务、基本结构等

---

① 李森，陈晓端.课程与教学论［M］.北京：北京师范大学出版社，2015：98-99.

问题,属于课程开发的基本理论问题,明确这些问题就确定了课程开发的基本方向。

宏观课程开发的结果一是构建起课程的价值取向,形成课程基本理念;二是形成课程的基本政策,包括课程目标、课程性质、选择课程内容的指导原则等。这些有关课程基本理论问题的认识一旦确立,往往会以中央、地方政府或者其他教育行政机制制定的官方文件的方式向社会公开,这些官方文件,包括维持整个课程系统的政策、具体课程的指导原则,成为制定课程标准、形成课程结构的指导。宏观课程开发的主体一般是国家,主要开发成员由课程研究专家、其他相关领域专家、中小学骨干教师组成。在我国,宏观层次的课程开发是国家层面对课程的开发,面向全国中小学教育,宏观层次课程开发形成的课程文件是有关的课程计划,如《九年义务教育全日制小学、初级中学课程计划(试行)》等。

中观课程开发的重点是研制课程标准或相关的指导性文件和教材。中观课程开发既有国家层面的也有地方(包括学校)层面的。不同教育行政体制的国家,课程开发的情况差异很大。就我国而言,中观课程开发由国家主持进行,一般由政府教育官员、政府委托的教育和学科专家、中小学骨干教师组成课程开发组织,在课程计划总体规划指导下,根据课程计划中的课程宗旨和目的,结合具体课程的性质、特点,以及学生特点等设计具体课程的课程标准或指导性文件,确定具体的课程内容,并按照一定的价值取向和结构方式组织课程内容、编写教材,如我国各学科课程标准和教科书、教学参考资料等。

微观课程开发已经进入教学层面,从课程理论的观点来看,即课程实施。课程计划、课程标准、教科书等,都必须通过学科教师的课程再开发才能得到落实。教师在相关课程文件的指导下,从学生和自己的实际出发,兼顾多方面因素,灵活而富有创造性地实施课程的设计方案。

(二) 国家、地方、学校课程开发

从开发的主体角度看,课程开发包括国家课程开发、地方课程开发、学校课程开发三个层次。在世界范围内,并不是每一个国家的课程开发都包括这三个层次,或者说占主导地位的课程开发主体因国家教育体制的不同而不同。有的主要以国家课程开发为主,比如法国、日本;有的以地方课程开发为主,比如美国,以学校为主要或唯一主体进行课程开发的国家基本不存在,但某些私立名校往往有自己独特的课程体系。我国 2001 年颁布的《基础教育课程改革纲要(试行)》明确规定"实行国家、地方、学校三级课程管理",这一规定赋予地方、学校一定的课程开发权利,形成了三级课程开发体系,其开发的课程适应于相应的地域或单位。

国家课程开发是由国家教育行政机构主持的课程开发活动，它由国家教育行政部门和课程专家组成类似课程中心或课程开发委员会的统一工作机构。该工作机构对中小学课程进行统一的研究和编制，负责研究和拟定国家的课程政策、编制适合于全国中小学的课程计划、确定涉及全国中小学的必修科目、研制课程标准、编制教学材料、制定教学评价要求等等。国家课程开发确定全国范围内中小学课程的基本内容、提出全国范围内中小学课程学习必须达到的基本要求，从而保障国家层面或社会对人才的基本要求，反映国家的教育目的和中小学培养目标。

国家课程的开发体现以下几个方面的特点：[①]第一，统一性，即国家课程开发是一个统一的活动，无论是具体开发机构的组建，还是开发的指导思想、内容范围的确定，都由国家教育行政部门统筹管理，开发的课程在全国范围内统一使用并给以统一要求；国家负责全国教材的审查、地方课程开发工作的指导检查、考试评价制度的制定等工作，以达到课程内容的全国统一、课程管理的全国统一。第二，基础性，即国家课程开发是基于对学生性质和特点的基本认识、针对国家和社会对人才的基本要求的分析进行的，其开发结果是对学科基本要求的反映，也是对教育培养目标基本要求的反映，注重作为社会公民基本素养的培养要求。第三，强制性，即国家课程一经开发，即在国家法律或行政文件的支持下采用自上而下的推广路线在全国范围内强制实施，任何学校都需以此课程为基本。

地方课程开发主要指由地方教育行政部门主持的课程开发活动。它是由地方（如省、市、县等）教育行政部门组织学科专家、课程专家等，开发适用于本地区范围内学校的课程。它是在保证国家课程基本要求的基础上，根据地方的经济、文化特色和地域特点开发的具有地方特色的课程。这类课程反映了地方经济文化对当地学生素质的地方性要求，通常会形成地方课程方案、地方课程教材与学校课程指导意见等文本。

地方课程内容紧扣当地经济文化发展实际和地域特点，在课程内容的选择和组织上紧密联系地方发展实际，具有多样化的乡土特色；地方课程开发以国家课程标准为基础，以地方特色的教育思想和课程理念为指导，给校本课程开发提供了一定的指导和参考作用。

学校课程开发即通常所说的校本课程开发，它是学校行政部门组织本校教师进行的、基于本校的实际且适用于本校的课程开发活动。校本课程开发是学校在国家课程标准、地方课程方案的指导下，结合本校的实际情况（包括师生和其他课

---

① 李森，陈晓端．课程与教学论[M]．北京：北京师范大学出版社：2015：98-99．

程资源情况等),研制本校课程方案的过程。校本课程开发的目的在于调动学校教师主动积极地参与学校课程建设,充分挖掘和整合学校的育人力量,把学校的地域文化资源整合进课程体系,把地域文化容纳进人才培养过程中。

对于校本课程开发有两种不同的理解,这两种不同的理解指向不同的校本课程开发方式,共存于目前的校本课程开发实践中。一种理解是"校本的课程开发",指学校对国家课程、地方课程的校本开发,即对国家课程、地方课程的校本化实施。具体来说,"校本的课程开发"以国家课程、地方课程开发的结果为基础,结合学校的实际进行选择、改编或拓展,以更加适应于学校和学生的实际。其中选择指在众多的课程实施方案中选取较适合于学校和学生实际的方案作为实施蓝本;改编指在综合考虑课程目的、课程内容的选择和组织、学生学习准备、课程材料资源等因素的基础上,增加、删减或重组已有的国家课程或地方课程,使之更加适应学校课程实践情境;拓展则是结合时代发展的新要求对已有国家课程或地方课程进行补充、延伸和发展。[1]

另一种理解是"校本课程的开发",指学校自行设计、开发的课程,是学校在国家课程、地方课程的基础上,根据学生的实际情况、学校的发展目标、本校教师的能力、学校具备的课程资源等,以学校为单位而额外开发的具有独特性的课程,其适用范围一般限于本校。

国家课程、地方课程、校本课程目前在我国的大部分学校中并存,三类课程关系密切,其中国家课程是基础,在课程开发的过程中要考虑的是全局性、基本性、基础性和指导性;地方课程反映出国家在课程设计上的弹性,给不同发展水平和不同经济、文化条件的地区保留了呈现特色、满足地方发展需求的空间。地方课程开发需要处理好与国家课程方案的关系,在反映国家课程标准对学生基本要求的前提下,结合地方社会的发展需求,把具有地域特色的课程资源纳入课程体系;校本课程开发立足于学校的发展目标、突出学生的兴趣和发展需求,在实施国家课程、地方课程的基础上,为学生个性、特长、兴趣发展提供了支持条件。地方课程、校本课程是对国家课程的有益补充,三者共同构成了我国基础教育学校课程体系的有机整体。

三、泰勒的课程开发模式

在课程成为一个专门的研究领域之后,课程开发的程序与技术也日臻成熟。

---

① 　汪霞.课程理论与课程改革[M].合肥:安徽教育出版社,2007:151.

在课程开发中,由课程开发者提出一定的思想和理论,通过确定课程理念和目标、选择和组织课程内容、编制课程实施方案、制定课程评价原则等形式,形成一个可以实施、评价、改进的持续完善过程。目前课程开发具有代表性的基本模式主要有三种：目标模式、过程模式和实践模式,其中泰勒的目标模式是课程开发的经典模式,在世界范围内影响较大,世界不同国家的课程开发中或多或少都有泰勒目标模式的影子。

（一）背景

拉尔夫·泰勒是美国著名教育学家、课程理论专家、评价理论专家。他于1902年出生于芝加哥,1923年在内布拉斯加大学获得文学硕士学位,1927年在芝加哥大学获得哲学博士学位。1949年出版的《课程与教学的基本原理》使他成为现代课程理论的重要奠基者。由于对教育评价理论、课程理论的卓越贡献,泰勒被誉为"当代教育评价之父"、"现代课程理论之父"。《课程与教学的基本原理》是课程论学科成熟的标志,他的这本专著也被誉为"现代课程理论的圣经"。

泰勒课程论思想的产生,与20世纪初美国"课程科学化运动"和30年代的"八年研究"密不可分。[①]

美国的"课程科学化运动"产生于20世纪初美国的管理科学化运动背景下。1911年,"科学管理之父"泰罗（Taylor. F. W）出版了《科学管理的原理》,确立了以"效率取向、控制中心"为特征的"泰罗主义"管理理论。该理论的影响迅速扩展到社会各个领域,在社会上掀起了"社会效率运动",对教育领域也产生了极大影响,直接推动了"科学的课程编制"的课程开发倾向。一些教育家坚信,科学的思想方法和技术完全可以应用于课程研究,主张从"功效"和"经济"的角度重新审定学校课程,并提出采用科学方法开发课程的设想。其中最令人瞩目的是美国的博比特和查特斯。

作为"课程开发科学化运动"的早期代表,博比特与查特斯第一次把课程开发过程本身确认为一个独立的研究领域,对课程开发的基本问题提出了见解。他们认为,课程目标是课程开发的依据;课程目标与人类生活、儿童发展、学科知识有着内在的联系,课程目标的选择与教育计划的制定是一个科学化的过程,必须遵循科学分析与实验验证的基本规范;有组织的、系统的知识领域和日常生活的实际需要的关系问题,是课程开发要解决的根本问题。博比特与查特斯等人的课程开发理论与实践,启动了"课程开发的科学化运动",他们的理论也因而被称为"科学化课

---

① 张蕊.浅析《泰勒原理》产生的背景[J].安徽文学,2010(3)：198-200.

程开发理论"。①泰勒的课程理论就产生于美国"课程开发科学化"的时代背景之下。

直接促成泰勒的课程开发模式的事件,是 1934—1942 年的"八年研究",亦称"三十校实验"。这是美国进步教育协会在中等教育领域开展的一项教育调查与教育改革研究,因历时八年,故名"八年研究"。

20 世纪 20 年代后半期,"以效率为学校教育的思想,以课程科学化为目标"的运动开始走下坡路。1929—1933 年席卷美国、涉及全球的经济大萧条,又对学校课程提出了严峻挑战:一方面,失业率剧增使大多数中学毕业生找不到工作,他们既没有进入大学学习的准备,又缺乏相应的就业能力,只好又回到中学注册就读;另一方面,受经济大萧条的影响,少数进入大学的学生中又有相当一部分在读完一年之后就退学。一系列的社会问题和挑战迫使美国教育家对当时的美国教育进行了深入的批判性考察,得出的结论是美国教育存在以下四个方面的问题:②第一,当时的中学课程体系主要定位于为学生升入高一级学校做准备,学术性有余,职业性、生活性、实践性不足。第二,中等教育缺乏一个清晰明确的中心目标,社会和学校都无法确定中学教育的主要目的,教师不明白教学方向,学生也无法满意于学校里的所得。第三,师生、师师之间缺乏交流合作。学校没有完全了解学生,也没有对学生进行明智引导,没有把学生视为努力寻找自己的生活方式的年轻群体。教师忽略学生的学习目的和兴趣爱好;教师之间缺乏联系,知识领域的分工导致共同语言和目标的缺失。第四,中学与大学的关系不协调。当时的多数人认为,评价中学成败的标准是以它和大学之间的关系,即如果某中学毕业生在大学受挫失败,则直接损害他原来所在中学的声誉,因此中学往往把教育工作的重心放在将要升入大学的学生身上,忽视了对占学生总数大约 5/6 的直接参加工作的学生的培养和教育。

鉴于上述问题,美国进步教育协会对美国的中等教育及其课程模式进行了一次史无前例的改革实验,即"八年研究"。该实验开始于 1934 年,结束于 1942 年,历时 8 年。在整个实验过程中,经过精心挑选的 30 所实验中学和横贯全国的 300 所学院与大学成立了大学与中学关系委员会,在该委员会及其下属分支委员会的协调、支持和监督下,进行了有计划、有步骤的教育实验研究。实验中学和各合作大学加强沟通,通力合作;实验中学可自行设计教学内容和教学方法,根据自身需

---

① 张蕊.浅析《泰勒原理》产生的背景[J].安徽文学,2010(3):198-200.

② 吴艳.基于"八年研究"的大学与中学关系述评——谈美国的一项教育改革实验[J].外国中小学教育,2009(12):36-39.

要制定学校管理制度；各合作学院和大学招收实验中学的毕业生时，主要依据实验中学的推荐，而不是传统的考试成绩，甚至取消入学考试。实验研究对进入大学的学生进行跟踪研究，对实验学校毕业生和传统学校毕业生在大学的学习情况作对比研究，以了解两种不同类型的课程、教法的优劣，同时还要通过实验了解当时的大学入学考试科目对于大学学习是否必不可少，以及实验学校的课程、教法是否同样能为学生升入大学作准备等问题。

在这个过程中，美国现代课程的基本理念逐渐清晰，那就是课程开发是实现教育目的的手段，课程改革本身并不是结果，手段永远不能同目的相混淆。

"八年研究"在中学改革的内容主要包括确立明确的学校教育目标、改革中学课程体系、实施民主化学校管理和教师专业发展等。实验结果表明，与普通中学毕业生相比，实验中学的毕业生在大学的平均总分略高；每年的优等生略多；学生的好奇心和内驱力更强，思维更清晰、有条理、客观；应付新情况时更机智；更善于解决适应性问题；除宗教和祈祷活动外，更经常参加有组织的学生团体；在大学每一学年中获得非学术性奖励的百分比更高；更关心国内外大事。从追踪研究的结果看，"八年研究"是成功的，尽管并不是所有的实验设想都得到了体现，但实验本身所要证明的却得到了验证：按照进步主义的教育原则实施的中学教育，既能很好地完成中学的传统职责，为大学输送合格的人才，又能促进学生多方面的发展，而这一切是原有中学教育所难以达到的目的。

"八年研究"不仅对美国大学入学要求和中学课程产生了深远的影响，而且还孕育了泰勒的课程原理。1949 年，泰勒正式出版了《课程与教学的基本原理》一书，总结了他在"八年研究"中形成的研究成果。该书 1981 年曾被美国的《卡潘》（Kappan）杂志评为自 1906 年以来对学校课程领域影响最大的两本著作之一，现已成为现代课程理论的经典著作，是试图理解这个领域者的必读书目。

（二）主要内容

泰勒在 1949 年出版的《课程与教学的基本原理》一书中提出了著名的"泰勒原理"，其基本内容是围绕对四个基本问题的讨论展开的：

第一，学校应该达到哪些教育目标？

第二，提供哪些教育经验才能实现这些目标？

第三，怎样才能有效组织这些教育经验？

第四，怎样才能确定这些目标正在得到实现？

围绕上述四个问题，泰勒提出了课程编制的四个步骤或阶段：确定课程目标、选择学习经验、组织学习经验、评价学习结果，这就是泰勒原理的基本内容。

在泰勒所提出的课程开发的四个基本问题中,确定目标是最为关键的一步,它是课程开发的出发点,其他所有的步骤都是围绕或者紧随目标而展开的。在泰勒原理提出之后,很多课程学者沿着泰勒指出的方向,把泰勒原理演绎为一个如何进行操作的具体的课程开发的目标模式。

泰勒原理被公认为课程开发原理最完美、最简洁、最清楚的阐述,瑞典学者胡森(H. Husen)曾评价说:"泰勒的课程基本原理已经对整个世界的课程专家产生了影响……不管人们是否赞同泰勒原理,不管人们持什么样的哲学观点,如果不探讨泰勒提出的四个基本问题,就不可能全面地探讨课程问题。"事实上,泰勒原理研究的范式现在仍然在课程领域中占支配地位。

1. 选择与陈述课程目标

在课程开发过程中,课程目标的选择和陈述是首先要解决的问题。泰勒提出了一个明确、简洁的确定课程目标的观点,有学者将其概括为"三个来源"、"两个筛子"。"三个来源"指对学习者本身的研究、对校外当代生活的研究和学科专家对课程目标的建议;"两个筛子"指教育哲学和学习心理学。

对学习者本身的研究,目的在于寻找确定课程目标的内在依据。研究的内容主要包括需要评估和兴趣调查两个方面,研究方法则主要是社会调查法,包括观察、与学生和家长交谈、问卷调查、测验、查看学生记录等。在看待和解释学习者研究所获得的资料时,泰勒提醒课程开发者要注意区分"教育能予以适当满足的需要"和"只有通过其他社会机构予以适当满足的需要"。对于课程开发来说,重要的是关注"教育能予以适当满足的需要"。

对校外当代生活的研究,目的在于获得当代生活中可能对教育目标有实际意义的相关信息,使课程开发充分体现当代社会生活对教育提供的新资源、机会和提出的新挑战。对当代社会生活的研究首先要对社会生活进行分类,然后用调查研究的方式获取信息。对当代社会生活的研究除了类别区分之外,还有层次之分,包括全球性的、全国性的、特定社会群体的、社会的、个人生活的等等。对于已经有充分研究和丰富成果的研究领域和研究层次的社会生活,课程研究者只需要进行材料的收集和分析即可。

学科专家的建议是课程目标的一个重要来源。学科专家建议所针对的主要问题是:一门学科对那些不会成为这个领域专家的年轻人的教育可能有什么贡献?在这一方面,学科专家对本学科有着深入而具体的研究,可以比一般人提出更为中肯和有益的建议。课程研究人员必须深入了解学科专家对本学科领域的基本看法,发现其中隐含的教育目标。

对学习者、社会生活的研究，以及学科专家的课程建议所形成的资源非常丰富，远远超过课程目标的需求，而且这些目标之间往往会存在一定程度的冲突、矛盾，即使所有的这些与课程目标相关的资源都互相协调，也无法在有限的学校教育时间内完成。因此，对获得的这些目标进行筛选以便突出重要的和主要的目标，并且使目标之间保持相互一致，就成为课程开发中的一项重要工作。泰勒认为应该使用"两个筛子"来进行筛选。

第一个筛子是学校信奉的教育和社会哲学，用它来鉴别、确定那些对于学校来说具有高度价值的目标。关于学校信奉的教育和社会哲学问题，可以通过回答一系列对于教育的重要问题来澄清和阐述。清晰学校的教育和社会哲学之后，把第一步研究所获得的目标与之相比较，凡是与学校信奉的教育和社会哲学观念相吻合的目标，都可以认为是重要的目标；相反，凡是与之相冲突或不相干的，则可以舍弃掉。

第二个筛子是学习心理学所揭示的选择教育目标的准则。不同的学习心理学流派的理论观点各不相同，而且学习心理学流派众多，因此一个人应该首先确认自己所持的是哪种学习理论，然后把这一学习理论的要素写下来，联系每一个要点提出它们对教育目标所具有的所有的可能意义，再用这样的陈述去筛选教育目标，把那些无法达成或者不适宜于这一年龄阶段学生的，或者太具体及太一般的，或者是与学习理论相冲突的目标，全部舍弃掉。最后剩下的就是学校有可能达到的重要的、主要的学习目标。

目标确定之后，还要用有助于选择学习经验和指导教学的方式，把这些目标加以恰当的陈述。在课程目标的陈述上，泰勒认为最有效的目标陈述形式是"既提出要使学生形成的那种行为，又言明这种行为能在其中运用的生活领域或内容"，比如"培养学生对现代小说的鉴赏力"，其中的"鉴赏力"是一种行为，而"现代小说"则指出了运用这种鉴赏力的具体领域或内容。对"行为"的关注是泰勒对课程目标所做出的贡献，因为"内容"是所有课程工作者都最为关注的方面，而"行为"在传统课程中往往被忽视。泰勒也因此被称为"行为目标之父"。[①]课程目标的陈述方式，还要有利于教师选择和组织材料，比如下面的教学目标陈述方式，就在指出课程要达成的基本目标之外，给教师提供了一个选择教学材料的基本框架：学生广泛阅读印刷或非印刷的文本，建立对文本意义的理解，认识自我，以及对美国和世界文化的理解。通过阅读，获得新的信息，满足社会和工作的需求，同时更好的完善自我。这些文本包括虚构和非虚构类的、古典的和当代的作品。

---

① 施良方.课程理论——课程的基础、原理与问题[M].北京：教育科学出版社,1996：85.

关于课程目标的选择与陈述方式,泰勒建议采用施瓦布的集体审议程序来审议与课程相关的各方人士提供的建议和判断,以保证所有的建议都得到充分的考虑,避免走极端。选择和陈述课程目标之后,课程开发及其后继的工作就有了一套可供遵循的明确、具体的准则。

2. 选择和建立学习经验

选择和建立适当的学习经验,即要确定哪些经验有可能达到既定的课程目标,属于课程内容的选择问题。

泰勒多次系统地论述过关于选择课程内容("学习经验")的原则问题,他认为美国的课程改革一般由学科专家来确定目标,很少关注学生的兴趣和需要,这种做法把学习的过程完全看作是一个自上而下的知识获得过程。他认为学生应该是学习的积极参与者,而非被动接受者,因此在课程内容选择上,要充分考虑学生在学习过程中主动参与的重要性。根据这一观点,泰勒提出了选择学习经验的 10 条原则:[①]①学生必须具有使他有机会实践目标所蕴含的那种行为的经验。②学习经验必须使学生由于实践目标所蕴含的那种行为而获得满足感。③使学生具有积极投入的动机。④使学生看到自己以往反应方式的不当之处,以便激励他去尝试新的反应方式。⑤学生在尝试学习新的行为时,应该得到某种指导。⑥学生应该有从事这种活动的足够的和适当的材料。⑦学生应该有时间学习和实践这种行为,直到成为他全部技能中的一部分为止。⑧学生应该有机会循序渐进地从事大量实践活动,而不只是简单重复。⑨要为每个学生制定超出他原有水平但又能达到的标准。⑩使学生在没有老师的情况下也能继续学习,即要让学生掌握判断自己成绩的手段,从而能够知道自己做得如何。

在泰勒所提出的选择课程内容的准则中,他把学生学习相关知识应该具备的已有经验、学生能力发展的基础、学习过程中的积极体验、学习过程中参与活动的连续性、学生对学习结果的自我评价等,都作为重要的参照标准,间接地对课堂教学中教师的教学行为给出了明确的提示。

泰勒认为选择和建立学习经验的较为有效的程序是:先要求参与课程编制规划的每一个人,提出少量在他们看来是合适的学习经验,然后用集体审议的程序来评论、批判和确定那些有希望进一步完善课程编制的学习经验。选择出来的学习经验必须具有如下特征:第一,能够吸引学生,让学生感到是值得去学习的;第二,尽量能够利用小组学习方式;第三,能够促进学生学习经验的迁移,使学生能够将课堂里学到的东西迁移到课堂以外的社会生活中去。

---

① 泰勒.课程与教学的基本原理[M].施良方,译.北京:人民教育出版社,1994:107-114.

3. 组织学习经验

为了使学生的各种学习经验有效地联系起来,使学习产生累积效应,还需要对选择出来的课程内容进行组织,使其起到相互促进的作用。课程内容的组织涉及两个方面:组织的原则和组织的方式。

关于如何组织课程内容的问题,泰勒提出过三个基本准则:连续性、顺序性和整合性。连续性指直线式地陈述主要的课程要素;顺序性强调每一后继内容要以前面的内容为基础,同时又对前面的内容有所加深、拓展;整合性指各种课程之间要有横向联系,以便学生获得一种统一的观点,并把自己的行为与所学的课程内容统一起来。[①]

学习经验的组织关系主要有两种:纵向组织关系和横向组织关系。纵向组织关系主要指同一学习领域在不同年级之间的关系,比如五年级的语文与六年级的语文之间的关系;横向组织关系指同一年级不同学习领域之间的关系,比如五年级语文与数学之间的关系。在处理纵向组织和横向组织关系时,要考虑泰勒所说的组织学习内容的三个基本准则,即纵向组织学习内容时,要关注学习内容之间的连续性和顺序性,把学习内容中的基本概念、技能等反复呈现,使学生在一段时间内有机会连续学习,直到掌握、加深理解、拓展认识。在处理横向组织关系时,则要关注整合性原则,把不同学习领域组织成一个互相关联、互相促进的有机整体,使学生能够把通过各科学习而获得的经验、看法、技能、态度等统一起来。

在具体操作上,学习经验的组织主要考虑课程的要素及其组织方式,即依据学科的逻辑和学习者的认知特征,把相关学科的概念、技能等组织起来,比如按年代顺序(历史)、地域顺序(地理)、与学生经验的关系顺序(社会、品德)、思维发展顺序(从具体到抽象,比如数学)等组织成系列的课程内容。具体以什么样的顺序来组织课程内容,主要取决于课程开发者对某门具体的课程知识对学生而言学习的独特性的认识。泰勒建议人们根据具体情况选用或者创造新的课程内容组织方式。

确定课程内容组织方式之后,需要做的最后一项工作就是呈现课程。课程的呈现有不同的层次,最高层的课程呈现形式主要有以下几种:第一,具体科目,比如语文、数学、外语等等,我国现行的课程组织最高形式即属此类;第二,广域课程,即将联系紧密的学习经验整合成一个一个的学习领域,比如美国中小学课程设置中有社会学科、语文艺术、数学和自然科学等广域学科;第三,核心课程,即选择广域课程或者具体的科目,以之作为满足普通教育所需要的课程,比如在主张多元文

---

① 泰勒.课程与教学的基本原理[M].施良方,译.北京:人民教育出版社,1994:24.

化教育的学校,设置多元文化教育核心课程,并以此为基本理念将所有的科目联结起来,这些课程是所有学生都必须学习的;第四,单元课程,即以活动或实践单元的形式呈现学习经验,活动类的课程基本上都以这种形式呈现。

中间层次的课程呈现方式有:第一,按时间顺序长程组织的课程,比如我国中小学语文、数学课程的序列化组织,每一个学期的课程都是学科课程整体的一个组成部分;第二,以学期或学年为单位的课程,即按学年或学期组织某些独立学习经验,比如美国部分学校十年级学古代史,十一年级学欧洲近代史,十二年级学美国史,这些科目都是相对独立的学习单位,与整个基础教育阶段的历史教学计划之间不存在部分与整体之间的关系。

最低层次的学习经验组织方式,在我国的课程体系中,主要呈现在每册教科书中。第一,课,一般需要一节课或几节课完成;第二,课题,一个课题可以持续若干天或若干周;第三,学习单元,同样是持续若干周,而且是围绕一些问题或学生的主要学习目标加以组织。

形成课程组织的一般过程是:第一,对课程组织的总体框架取得一致的看法,决定是采用学科、广域课程还是核心课程;第二,确定每一领域内所要遵循的一般组织原则,比如先具体后抽象或先抽象后具体;第三,确定最低层次的课程结构,是采用课、课题或是单元的形式;第四,为教师提供充足的教学材料,在我国即教科书和各种参考资料;第五,由学生和教师共同设计共同从事的特定活动。在我们的传统话语系统中,这一环节已经进入教学设计和教学实施领域。

4. 学习活动评价

学习活动评价在泰勒的目标模式中即课程评价,其目的在于检验课程的有效程度,鉴别课程的经验与问题,以便改进和完善。泰勒把课程评价的性质表述为:"评价过程实质上是一个确定课程与教学计划达到教育目标的程序的过程"。[①]评价的基本程序包括:第一,界说目标,从行为和内容两个维度确定评价的目标;第二,确定使学生有机会表现教育目标所隐含的那种行为的情境,比如要考查学生口头表达能力,就要到那些能够使学生有机会表现口头表达能力的情境中寻找证据;第三,编制评价工具,以确保评价的客观性、信度和效度;第四,解释和使用评价结果。评价的主要方法包括纸笔测验、观察、交谈、问卷调查、学生作品分析等。

泰勒的课程评价模式是教育评价理论发展史上的第一个比较系统、完整的评价模式,也是最有影响的模式,它以目标为依据,检查实际活动可能达到目标的程

---

① 泰勒.课程与教学的基本原理[M].施良方,译.北京:人民教育出版社,1994:85.

度,并以之所反馈的信息为根据修改和完善活动方案,具有较强的可操作性。

（三）对泰勒目标模式的反思及课程开发模式的新探索

1. 斯腾豪斯对目标模式的反思及"过程模式"探索

目标模式是一种有条理的、系统的课程编制模式,它把一般的、宽泛的目的分解成具体的行为目标,并根据这些行为目标来选择和组织课程内容,最后根据目标实现与否来评价课程的成败。这种模式因其具体性、检测结果的可靠性以及较强的实践可操作性而成为课程开发领域的经典模式。泰勒的目标模式产生后,一直在课程开发的理论研究及课程实践领域居主流地位,曾是 20 世纪 50、60 年代课程开发的唯一模式。但泰勒的目标模式并非完美无缺,首先对该模式做出全面反思和批判的是英国著名的课程理论专家劳伦斯·斯腾豪斯(L. Stenhouse)。

斯腾豪斯认为,目标模式把学习看作学生行为表现的变化,这种行为主义心理学的观点在实践中有其优点,也存在着显著的缺陷。[①] 其优点主要表现在以下方面:第一,它与建立在心理学基础上的教育研究传统相吻合。一旦用目标的方式来界定教育的结果,教育就可以成为实验的对象,其结果就可以通过较精确的心理测验和教育测量技术进行检验,并依据检验的结果来进行改进,完成由教育研究成果向教育实践的转化;第二,目标模式提供了教育成功与否的准则——目标的达成,这样对教育的评价就变得简单明了;第三,它引导教师在教学中分析性地思考他们正在力图达成什么目标,这种具体的引导可以使教师的教学工作有据可依,使课程编制成为一个条理化的、简易的过程。

在斯腾豪斯看来,目标模式的缺陷主要存在于以下方面:

第一,目标模式并不以对课程教学的经验研究为依据,与真实课堂教学中所发生的实践和研究成果并不相符,最佳课堂展开的方式是逐步、最大限度地展开的,而不是指向某一目标。

第二,把课程内容分解成行为目标,与知识的性质和结构相矛盾。斯腾豪斯认为,知识从根本上来说关注的是综合,它不能还原为行为,尤其不能用预先规定的表现形式来表达。知识的价值在于激发各种类型和各种水平的理解,而目标取向则试图使行为标准化,它排斥创造性的反应。此外,目标模式还倾向于把知识、技能本身作为目标,而不是作为促进人的发展的手段,从而"给了学校以支配学生的权威和权力,学校可以任意制定思考的界限和尚未解决的问题的答案"。

---

① 施良方.课程理论——课程的基础、原理与问题[M].北京：教育科学出版社,1996：173- 176.

第三,目标模式模糊了与教育的控制、教育的抱负、教育的个人化联系在一起的伦理的、政治的问题,对诸如谁的目标? 不同的学生是否该有同样的目标? 目标应该如何分化? 等问题,都统统避开了。此外,由于考试是为所有学生确定的共同标准,其对目标的具体要求总是会因为普遍适用而偏低,间接导致把学生束缚在预定目标的框架内,阻碍教师朝向他们认为能够达到的更高的水平努力。

第四,目标模式过高地估计了我们理解教育过程、预测学习结果的能力。明确的目标可以确保行为意图的清晰性,促使教师朝着既定的方向努力,但也可能使教师把达成目标当作教育本身,在不承担教育学生重任的情况下达到公众所欣赏的目标,正如我们用单一的成绩衡量教学成果的弊端一样,目标模式很容易造就一批不管学生是否理解、只求学生通过考试的教师。这样的结果不论是对学生还是对教师,都是不可取的。

第五,目标模式只根据学生的行为变化来衡量课程与教学的成败,按既定目标评价学生的学习结果,用考试的方式测量学生可测量的行为,事实上会忽略一些无法测量的结果,而这恰恰可能是教育中最有价值的。

因此,斯腾豪斯认为,目标模式并不是一种有效的改进课程与教学实践的方式,他认为课程改革的关键问题在于教师的理解和创造性的工作。教育、教学是一种艺术,必须建立在教师对自己课堂环境和学生特点理解的基础上。教育、教学过程中一些无法测量的结果,如个性特征、情感特点、兴趣态度等,往往是最有价值的东西。在这些认识的基础上,斯腾豪斯尝试探索一种新的课程编制策略,它不把预先具体规定的目标作为起点,但又能够对课程和教学过程做出有效的说明。斯腾豪斯所探索的课程开发模式被称为过程模式。

过程模式基于斯腾豪斯对教育目的、知识性质以及价值的基本观点:

(1) 知识不是需要学生接受的现成的东西,而是要学生思考的对象;它是一个结构,支撑着创造性的思维并提供判断的框架;

(2) 知识的内在价值在于作为思考的焦点激发各种水平的理解;

(3) 教育的使命是使人变得更自由,更有创造力;教育引导人们探索知识,达到这一程度才算是成功的;它使学生的行为结果无法预测。

过程模式不依赖于分析的目标来选择课程内容、活动和指导教学过程,它选择的依据是知识、活动的内在价值。斯腾豪斯借用拉思鉴别教育活动内在价值的 12 条准则,作为他选择和鉴别知识及活动内在价值的依据:[①]

---

① 　施良方.课程理论——课程的基础、原理与问题[M].北京:教育科学出版社,1996:178-179.

准则 1,如果其他东西都相同,但某项活动允许学生在活动时做出选择并允许对自己选择的结果进行反思,那么这项活动就比其他活动更有价值;

准则 2,如果其他东西都相同,但某项活动让学生起积极的作用而不是起被动的作用,那么这项活动就比其他活动更有价值;

准则 3,如果其他东西都相同,但某项活动要求学生从事对观念的探究、理智过程的使用,或目前面临的问题(无论是个人的还是社会的问题),那么这项活动就比其他活动更有价值;

准则 4,如果其他东西都相同,但某项活动涉及实在的事物(如真实的客体、材料和人工制品),那么这项活动就比其他活动更有价值;

准则 5,如果其他东西都相同,但某项活动可以让处于各种不同能力水平上的学生成功地完成这种活动,那么这项活动就比其他活动更有价值;

准则 6,如果其他东西都相同,但某项活动要求学生在新的情境里考察某一观念、理智过程的使用,或以往已经研究过的当前面临的问题,那么这项活动就比其他活动更有价值;

准则 7,如果其他东西都相同,但某项活动要求学生考察社会上公民通常都不考察的——即通常被国内主要传播媒介所忽视的课题或议题,那么这项活动就比其他活动更有价值;

准则 8,如果其他东西都相同,但某项活动要学生和教师做出一些"冒险"——当然不是冒生命的危险,而是冒成败的风险,那么这项活动就比其他活动更有价值;

准则 9,如果其他东西都相同,但某项活动要求学生重写、详述并完善他们最初的努力,那么这项活动就比其他活动更有价值;

准则 10,如果其他东西都相同,但某项活动要求学生运用并掌握有意义的规则、标准或学问,那么这项活动就比其他活动更有价值;

准则 11,如果其他东西都相同,但某项活动使学生有机会与他人一起参与安排、实施计划并分享活动的结果,那么这项活动就比其他活动更有价值;

准则 12,如果其他东西都相同,但某项活动与学生表述的意图相联系,那么这项活动就比其他活动更有价值。

过程模式中的内容选择不再依赖于预先制定的目标,而是依据知识和活动的内在价值为选择课程内容的基本规范,而且他把讨论而不是知识传递作为课堂教学活动的核心,这就对教师的素养水平提出了较高的要求。事实上,也正是因为过程模式比较复杂,教师难以适应,过程模式并未在实践中得到广泛应用。斯腾豪斯对此进行了反思,发现他所采用的过程模式在一定意义上仍然是由课程专家小组制定课程计划,然后再传递给教师。他认识到,在教育中所探讨的各种情境,涉及众多变量,课程编制者不应该是提供解决办法的人,因为各个学校的情况是不同的,学校应该是课程编制的中心,必须让教师从事课程研究和课程编制工作,他甚至认为没有教师的参与就没有课程编制。因而,他提出了"教师即研究者"的口号,主张赋予教师对自己工作决策的自主权,以有效促进对教师专业的理解,改善教师专业的实践,帮助教师把教学与教育研究结合起来,在实践中发展教师对自己教学的理解和研究能力,反思自己教育过程所包含的价值,进而改革教学。过程模式有效实施的前提条件即教师的发展,他强调"教师即研究者"所表达的也是这样的期望,他的一句名言是:没有教师的发展就没有课程编制。

过程模式是针对目标模式的问题而提出的,它不以事先确定好的、由仔细分解一般目的而得出的目标系统作为课程编制的依据,而是关注整个课程(包括教学)展开过程的基本规范,使之与宽泛的目的保持一致。在他看来,编制课程不是为生产出一套"计划"或"处方",然后予以实施和评价效果,而是一个研究的过程,其中贯穿着对整个过程所涉及的变量、要素及其相互关系的不断评价和修正。这个过程将研究、编制和评价合而为一,是个连续不断的过程。整个过程是一种尝试,没有确定不变的、必须实施的东西,所有的关注点集中于课堂教学实践,教师是整个过程中的核心人物。所以,与其说它是一个详述编制步骤的模式,不如说它是一种编制的思路,一种编制的思想,在这个模式中,编制过程究竟如何展开恰恰是需要在实践中研究和探索的。

过程模式在一定程度上弥补了目标模式的局限,它强调课程和教学中对确定知识与活动内在价值的关注,鼓励学生主动探索具有内在价值的知识领域,重视培养学生的思考能力和创造性,重视教师在课程设计和实施中的主体价值。斯腾豪斯提出了很好的课程编制的思想,但由于没有具体说明行动方式,也没能在理论上进行系统概括,不便于课程开发者理解和实施。与理论影响力相比,过程模式在课程实践中的影响力要小得多。

2. 施瓦布的实践模式

美国课程专家施瓦布(J. J. Schwab)在对泰勒目标模式为代表的课程开发理论模式进行批判的基础上,提出了实践性课程观,组织并发起了课程领域"走向实践运动"。施瓦布认为,课程领域的研究和实践已经走入了过度习惯于、不加思考地、错误地依赖理论的误区,传统课程研究的"理论的"模式,需要转向"实践的"课程探究模式。他认为理论模式存在的弊端有:①课程开发过于强调理论的指导作用,容易与课程实践相脱离，难以有效地解决实践过程中存在的种种疑难问题。②没有把课堂当作一个动态的实践过程，忽视了学生学习过程本身，忽视实践过程中的评价。③理论模式主导下的课程开发、实施、评价具有追求一般、普适性的特点，不利于学生个性和创造性的培养。④课程开发过程中，教师和学生被排斥于课程编制的过程之外，导致课程的最相关者在课程编制过程中的被动状态。

实践模式并非不要理论，而是希望能够更加合理、适宜地运用理论。实践模式中所倡导的集体审议中就包括要综合考虑各种理论，在充分讨论和批判性思考的基础上"择宜"，因为任何一种关于课程的理论，在复杂的课程问题面前都有可能是片面的。他认为课程与所有与人相关的学科都相关，不能重视一种而忽视另外一种，或者关注其中之一而舍弃其余。

实践模式主要以集体审议的方式进行课程开发。课程审议的重点主要集中于课程的四个基本要素：学科内容、学生、环境和教师，课程审议的目的在于取得基本要素之间的协调与平衡。①

学科内容主要指以教材形式呈现的学科的教育内容。要使一般意义上的学术知识成为课程资源，不是靠学科专家借助自己的专业知识就能转化的，只有通过审议才能实现这种转化；学生这一要素的思维特点、知识学习、情感生活、行为表现、个别差异、社会背景等，都是课程审议必须考虑的实际依据；环境指学生学习赖以发生并使学习结果得以产生的外部条件，包括教与学在其中发生的课堂与学校，相关环境还包括家庭、社会、特定的阶级或种族群体；教师是课程开发中确定目的和解决问题的一个基本要素，也是课程审议的第一手信息来源。

课程编制过程由课程审议小组成员共同合作完成，审议小组由教师、校长、学生、家长、社区代表、教材专家、课程专家、心理学家和社会学家等组成。由于各人的经验不同、看法不同，集体审议是一个复杂的过程，其宗旨就是要求所确认的问题是所有参与者所体验到的或所理解的问题，审议最后做出的行动决定应该是集体共同的决定。

过程模式针对传统的理论课程开发模式，但它并不反对理论，只是反对课程领域一味地对"外来的"理论过分的、无根据的依赖；它主张课程开发是自下而上的课程决策过程，并把教师作为一个重要因素纳入课程开发的视野，为不同主体参与课程开发提供了平台。这种自下而上的模式，利于课程开发的民主化，但该模式过分

---

① 施良方.课程理论——课程的基础、原理与问题[M].北京：教育科学出版社，1996：204-205.

重视实践情境的独特性，对是否存在一般的、可靠的理论持怀疑态度，对各种理论采折中调和的态度，难免造成思路上的混乱。集体审议的方法为各方相关主体提供了发表观点的场所，但也往往会造成各执一词、莫衷一是的审议结果。集体审议是一种比较理想的解决问题的方案，但在现实中很难做到。与过程模式相类似，实践模式的理论意义大于实践意义。

第二节　校本课程及其开发

一、校本课程

（一）何谓校本课程

校本课程（school-based curriculum）即以学校为本位、由学校自己确定的课程，它与国家课程、地方课程相对应。一般而言，"校本课程指的是学校根据自己的教育理念，在对学校学生的需求进行系统评估的基础上，充分利用当地社区和学校的课程资源，通过自行研讨，设计，与专业研究人员或其他力量合作等方式编制出的多样性的、可供学生选择的课程。"[①]与校本课程概念相比，校本课程的实践历史更为悠久。关于校本课程的起源，国际课程领域中存在着三种不同的认识：第一，从存在形式上看，校本课程的历史几乎和学校教育的历史一样悠久。在现代教育体制形成以前，学校的课程在一定程度上是由学校自己决定的，在课程中占主导地位的就是校本课程。第二，从思想渊源上看，校本课程的思想源自 20 世纪 70 年代西方发达国家，它实质上是一个以学校为基地进行课程开发的追求民主决策的过程，即校长、教师、课程专家、学生以及家长和社区人士共同参与学校课程计划的制定、实施和评价活动。第三，从概念产生的角度看，校本课程真正出现在 1973 年爱尔兰阿尔斯特大学召开的校本课程开发国际研讨会上。[②]

"校本"概念是一个舶来品，在汉语的表达习惯中，是非常少见的，而且在实际上，东西方课程领域中所谓的校本的内涵也存在差异。[③] 简单地说，差异表现在：第一，所指对象不同。美国的校本是相对于学区而言，是向学区要自主权，力图摆

---

① 王纬.校本课程开发的理念与实践[M].兰州：甘肃人民出版社，2008：3.
② 刘旭东.校本课程的理念与实施[M].北京：首都师范大学出版社，2003：17-18.
③ 同①4.

脱学区过多的限制；英国的校本更多的是相对于校董会而言的，是学校向校董会要自主权，力图在校董会领导下的校长负责制中争得学校校长和教师更大的自主权；中国的校本课程则是在国家课程体系中为学校的个性化发展保留的部分空间。第二，具体的含义不同。西方的校本是学校自主自决，学校具有完全的选择权、自主权、决策权，较少受到来自高层权力的干预。我国的校本虽然也旨在扩大学校在课程管理方面的自主权，但这个自主权要以国家、地方的规定为前提，受到干预的程度要大得多。第三，产生的背景不同。西方的校本产生在制度化的教育背景下，由于传统教育制度的僵化禁锢了学校的发展，促使学校自身要求以校为本来研究、探索、解决学校发展中的问题。我国的校本产生在教育落后于社会经济发展的需要，知识经济呼唤创新人才的背景下，是社会要求在教育上的反映。第四，形成的途径不同。西方的校本是在学校层面上生成、发展而来的，属于自下而上的内发型；我国的校本是自上而下生成的，外生占主导地位。第五，发挥的作用不同。西方的校本在形式上确保了学校办学的自主权，这种自主权给学校有特色、高质量的生存与发展造就了有利条件。我国校本课程的作用更多地体现在展示学校个性，培养个性化人才方面。

由此可见，校本课程概念并非一个完全规范的、在实践中使用频率很高的概念，除了历史原因造成的差异之外，还存在因文化和教育制度差异而导致的概念内涵和实际意义的差异，西方语言中的校本课程所指，与我们日常所说的校本课程并非完全等同。对于我们来说，重要的不是辨别谁对谁错，选择其一而不顾其余，而是要在阅读和使用这一概念的时候保持清晰的意识，对于在文献中读到校本课程这一概念，要区分它的语境和文化，并以之作为确认校本课程概念内涵的依据；我们自己在使用这一概念的时候，也要更为具体地加以界定，以便对话的双方把理解建立在同样的概念基础上。

（二）校本课程演进

19世纪西方社会公共教育体系完善之前，儿童所接受的学校教育主要在教会学校和私立学校完成，学校的课程由教会和学校自己决定，可以说是完全意义的校本课程，当时政府对课程的控制比较松散。现代意义上的"校本课程"产生于19世纪后期公共教育体系普遍建立的背景下。19世纪后期，西方各国相继开始普及一定年限的义务教育，建立起完整的公共教育体系。随着学校教育体制的建立和不断完善，知识的逻辑性与系统性得到重视，对人的认知发展规律的认识也越来越丰富，学校教育内容摆脱了那种百科全书式的或者是枯燥的直线累进式的传递方式，课程开发逐渐成为学校教育中受到重视的一个方面。在课程开发过程中不但考虑知识的特征,也重视社会现实需求与人的发展需要。为了给所有儿童提供统一的、公平的教育,许多国家、政府开始采取措施对学校教育进行控制、管理。同时,随着社会经济发展水平提升,教育在社会经济发展中的地位越来越重要,更加剧了国家对教育的干预,具体表现为各国政府不同程度地以不同方式加强对学校课程的控制,学校在课程决策方面的自主权减弱,课程日趋统一化,校本课程缩减。

对课程控制日渐强化的情况主要发生在具有国家课程开发传统的国家,比如法国和德国。对大一统的国家课程潜在缺点的批判和修正发生在 20 世纪 60 年代,许多学校开始尝试争取课程管理的自主权,一场自下而上的以争取学校课程管理和开发自主权为特征的改革,在具有国家课程开发传统的西方国家悄然展开,这一趋势也影响和推动了非集权化教育行政传统的国家自下而上地发起校本课程开发运动。

20 世纪 70 年代在英、美等发达国家,校本课程开始受到广泛重视。开发校本课程,其意义不仅在于改变自上而下的长周期课程开发模式,使课程迅速适应社会、经济发展的需要,更重要的是建立一种以学校教育的直接实施者(教师)和受教育者(学生)为本位、为主体的课程开发决策机制,使课程具有多层次满足社会发展和学生需求的能力。

纵观西方课程发展的历史,校本课程经历了一个由原生的自然存在,到因国家、政府对课程控制加强而导致校本课程萎缩,再走向国家课程与校本课程并存和协调发展的过程。课程管理权力下放彰显了课程改革的新趋势:①课程编制的民主化。即课程编制从权威、垄断走向民主、开放。这意味着更多的人将参与到课程编制过程中来,而这种参与的过程同时也是角色转换的过程。教师由国家课程的忠实实施者转向校本课程编制者与实施者;家长由旁观者、批评者转向建言者、监督者。②课程决策的多元化。校本课程将改变由行政当局、学科专家规划、设计课程的体制,吸纳教师、家长、利益集团参与课程决策,多元的决策主体使决策科学化更有可能。③课程形式的多样化,如必修课、选修课与活动课相互渗透与融合,正式课程与隐性课程的显隐转换等。课程形式的多样化为综合发挥课程的整体育人功能奠定了基础。这一趋势对教师而言,既是个体创造性发挥的机遇,也是对个人学识、能力的挑战。从这一意义上说,校本课程编制是每一位教师的必修科目。

在我国,校本课程的引进和发展实质上是课程决策权和管理权的部分下放。由于历史与文化的原因,在我国的学校教育中,课程往往被狭义地理解为教学大纲与教科书，它们由国家组织有关人员统一编写，并以文件的形式下发到地方、学校，由具体学科的教师加以贯彻实施。由于长期采用国家统一的课程设置，全国中小学基本上沿用一个教学计划、一套教学大纲和一套教材的课程开发模式，缺乏灵活性和多样性，直接造成我国中小学教师的课程意识比较薄弱。20 世纪 90 年代开始，我国的课程编制逐渐吸收了英美等国家的经验，课程管理权力逐级下放，由中央到地方并最终落实到学校。

按照现代课程分类理论来考察，校本课程并不是一种课程类型，而是属于课程管理方面的一个范畴，是正在形成之中的与我国三级课程管理体制相适应的基础教育新课程体系的一个组成部分，是中小学新课程计划中不可缺少的一部分。我国的校本课程是在学校本土生成的，既能体现各校的办学宗旨、学生的特别需要和学校的资源优势，又与国家课程、地方课程紧密结合成具有多样性和可选择性的课程。

二、校本课程开发

(一) 校本课程开发内涵

1973 年在爱尔兰阿尔斯特大学召开的校本课程开发国际研讨会上，菲吕马克（Furumark. A. M.）和麦克米伦（McMullen. I.）两位学者首先提出校本课程开发概念。在 1973 年的校本课程开发国际会议上把校本课程开发的范围界定为学校内部的教职员对课程的计划、设计和实施。之后，校本课程开发的说法逐渐流行开来。

在实践中，校本课程开发活动可以从课程范围与程度、开发主体、开发方式几个方面来描述。从课程范围与程度来看，可以分为完全校本课程开发和部分校本课程开发。如果校本课程开发涉及学校全部课程，即为完全校本课程开发；涉及部分课程的，则为部分校本课程开发。还有一类非定向课程，如校园环境设计。对于某一门或几门具体的课程来说，也存在着完全开发与部分开发之分。完全开发指对所开设的某一门或者几门进行独立自主的编制；部分校本课程开发则指对课程的部分内容和构成进行适应性改造。从校本课程开发的主体看，可以分为教师个人、教师小组和教师全体以及校外机构或个人合作等四个层次的校本课程开发。从校本课程开发活动的具体方式来看，则可分为课程选择、课程改编、课程整合、课程补充、课程拓展和课程创编等活动。以上三个维度组合起来，形成了不同的校本课程开发类型（见图 3-1）：

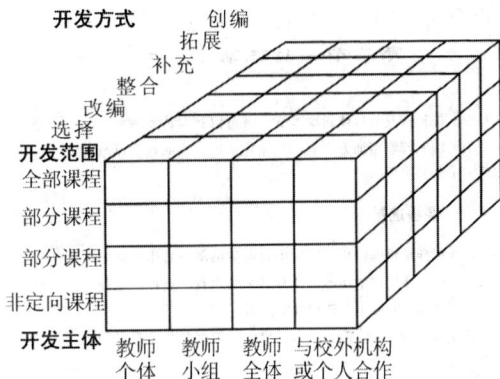

图 3-1 校本课程开发活动类型结构模型①

在中国,校本课程开发主要指在三级课程管理体制下,学校根据国家课程计划预留的学校自主课程开发的时间和空间,为满足学生的实际发展需要、以学校教师为主体进行的适合学校具体特点和条件的课程开发活动。校本课程开发包括两种不同的方式,一是指校本课程的开发,二是指校本的课程开发。

"校本课程的开发"指学校设计开发新的课程,即学校在对该校学生的需求进行科学的评估,并充分考虑当地社区和学校课程资源的基础上,以学校和教师为主体,开发旨在发展学生个性特长的、多样的、可供学生选择的课程。在这种情况下,学校是课程的权力主体,所开发出来的课程叫校本课程,与国家课程和地方课程相对应。

"校本的课程开发"主要指使国家课程和地方课程校本化、个性化,即学校和教师通过选择、改编、整合、补充、拓展等方式,对国家课程和地方课程进行再加工、再创造,使之更符合学生、学校的特点和需要。在这种情况下,国家仍然是课程计划的权力主体,学校教师更多的是课程开发的参与主体。这时,课程目标已经明确规定,课程内容也基本确定,但学校教师仍然可以根据学校的特点和条件,就课程资源、单元进度、授课顺序、教学方法和考核方式等课程议题进行自主决策。因此,理论上讲,在一所学校的校本课程开发中,可能存在三种状态:校本的课程开发、校本课程的开发、两者兼备的混合状态。

理解校本课程开发,要关注以下三个方面:就课程开发者而言,应该是包括学校中的部分教师、全体教师或是学校与其他机构的合作;就涉及的课程范围而言,

① 吴刚平.校本课程开发[M].成都:四川教育出版社,2002:108.

校本课程既可以涉及部分课程（即学校中的课程一部分是国家课程，另一部分自行设计），也可涉及学校的全部课程；从课程编制的程度而言，除了新编（全新开发）课程，学校或教师选择、改编的课程，也属于校本课程。[①]

校本课程开发为学校教育工作者发挥主体作用、满足学生多方面的发展需求、形成学校独特的发展个性提供了条件：通过校本课程开发，学生可以获得更为全面、个性、主动的发展；教师可以一定程度上脱离教科书的束缚，将自己的教育理想与教育经验付诸实施；学校、家庭、社会联合开发课程资源，有利于构建一种更为开放、包容、复合的教育环境。

（二）校本课程开发的一般程序

在实践中，人们最关心的问题是校本课程开发"如何做"的问题，它涉及"谁来开发"以及"如何开发"两个主要方面，即开发主体和开发程序问题。

与一般意义上的课程开发一样，校本课程开发的主要工作也包括确定课程目标、选择与组织课程内容、实施课程和对课程进行评价四个方面。泰勒原理在校本课程开发中仍然非常适用，它可以有效地解决校本课程开发的基本技术问题。

本部分内容所讨论的开发主体和开发程序问题，主要是针对我国三级课程管理体制之下学校校本课程开发的具体情况。

1. 校本课程开发主体

关于校本课程开发主体问题，目前存在着两种不同的观点：第一种观点认为教师是校本课程开发的主体，在其他相关人员的辅助下进行校本课程开发工作；第二种观点认为，教师是校本课程开发的参与者之一，校本课程开发的主体是所有参与者所构成的课程开发群体。

教师是校本课程开发的主体。这是一种目前得到广泛认可的观点。说教师是校本课程开发的主体，主要是从角色身份的角度定位的，就是说只要是承担教师职责的人就是校本课程开发的主体，这里所说的教师既可以是个体的教师，也可以是教师小组，还可以是教师全体。在实践中，往往是涉及全校课程改造的，学校的全体教师都是主体；涉及某一学科的，该学科的相关教师就是主体；只涉及某种特色课程，课程开发的主体就可能是与这个课程相关的某一位或某几位教师。校外专家、学生、家长、和其他参与课程开发的人士都属于课程开发的辅助人员，他们从不同方面参与、支持、帮助教师实施校本课程开发活动。

教师是校本课程开发的参与者。该观点认为，校本课程开发是由学校发起并

① 校本课程开发研究课题组.校本课程的研究与实验[J].课程·教材·教法,1999(2)：18-23.

在学校中实施的,强调对学校及当地社区课程资源的利用,特别是与校外专家的交流与合作。因此,校本课程开发实质上是一个以学校为基地进行课程开发的开放民主的决策过程,即校长、教师、课程专家、学生及家长和社区人士共同参与课程计划的制订、实施和评价活动。在整个校本课程开发过程中,教师应当是参与性的,而最终决策应当由所有参与教育实践的人共同决定。[①]

如果考虑一下中西方不同教育制度下对校本课程的对象、含义、途径、作用的不同理解,我们可以粗略地把第二种观点与西方背景下的校本课程开发过程对应起来,而把第一种情况与中国目前大多数学校的校本课程开发现实对应起来。其实,不管是校本课程的开发,还是国家课程开发,从来都是集体劳动。现代课程开发特别推崇过程中的集体参与,即使某个专家或某位教师能够独立开发出高质量的课程,也属个别现象。而且,即使个体能够开发出某一门课程,他也很难做到对课程的系统考虑。因此,高质量的校本课程开发有赖于群体参与,有赖于稳定的制度保障。虽然说施瓦布所倡导的所有有关人员(校长、教师、课程专家、学生及家长和社区人士)参与讨论的课程开发方案在实践中存在过于理想化、操作难度大等问题,但相关人员的广泛参与,无疑可以在一定程度上避免校本课程开发走向片面。

目前在我国中小学校本课程开发中的参与者,大多是专业研究者和学校教师,两类人员的组织方式一般有三种:专业研究者与学校的全面合作、专业研究者与学校某一个项目或某些教师的合作、学校聘请专业研究者偶尔就某一具体问题进行指导。

不管教师在校本课程开发中的主体地位如何,教师都是学校进行校本课程开发的关键因素。为了有效进行校本课程开发,学校应有制度来保障教师的时间,不占用教师的课余时间应该是高质量校本课程开发的底线。在校本课程开发中,教师的素质是一个关键的制约因素,要承担起校本课程开发的重任,教师需要具备以下方面的素质:第一,明确的教育理想和教育追求,团结协作的意识和能力,创新精神和良好的职业道德素养;第二,有较好的教育理论基础,熟悉现代课程理论、教育理论和教学理论;第三,较深的学科造诣和丰富的教育教学实践经验,对负责的课程领域有浓厚兴趣和较为深入的研究,熟悉校本课程开发的原理与基本技术。

教师是课程开发的智力保证,高质量的校本课程开发还需要稳定的制度保障和资源支持。有研究发现,学校实施校本课程开发需要具备的条件包括:第一,明确而独特的学校教育哲学;第二,民主开放的学校组织结构;第三,体现学校教育哲

[①]　崔允漷.校本课程开发:理论与实践[M].北京:教育科学出版社,2000:50.

学的教学系统；第四，学校内容评价与改革机制；第五，教师的工作时间与专业技能。[1]最为重要的是，学校还需要有一位有教育情怀、善于思考、专业能力强、敢于坚持为学生的长远发展而谋改革之事的校长。

2. 校本课程开发类型与程序

在实践中，校本课程开发的具体方式包括课程选择、课程改编、课程整合、课程补充、课程拓展和课程创编等。[2]

课程选择是校本课程开发中最普遍的活动，是指从众多可能的课程项目中决定学校付诸实施的课程计划的过程。课程选择至少需要满足两个条件，即教师要有选择的权力，同时还要有可供选择的空间。选择活动使教师能够在决定教什么的问题上发挥积极的作用，但同时也对教师的专业资质提出了高要求，因为课程选择会对学生的学习和生活产生重要而长远的影响。目前我国中央集权的课程机制还十分牢固，课程市场机制远未发育成熟。所以，我们的选择余地是非常有限的。

课程改编指根据教学实践中的具体情况而对课程内容、结构安排进行调整。校本课程开发中的课程改编主要指教师对正式课程的目标和内容加以修改以适应所在学校的具体教学情境。此外，课程改编也包括一些学校对国外引进课程的翻译和本土化。

课程整合是指超越不同知识体系而以关注共同要素的方式来安排学习内容与进程的课程开发活动。课程整合的目的是减少知识的分割和学科间的隔离，把受教育者所需要的不同的知识体系一联结起来，帮助学生形成对人类和环境的连贯一致的看法。课程整合的一个重要理由就是必须减少知识剧增对课程量的影响，防止学生负担过重的课业。

课程补充指为提高国家课程的教学成效而进行的课程材料开发活动。课程补充材料可以是矫正性和补救性练习、报纸和期刊内容、声像材料、教学片和电影短剧、图画、模型、图表、游戏和电脑光盘等。这些材料有助于实现内在于正规课程中的课程目标。进行课程补充时，教师要注意审查所选择材料内含信息的准确性，清晰它与特定需求、当地环境的联系，鼓励学生在运用这些资料时对它们的价值加以论证。教师要力求使这些材料适合学生的水平，与特定情境下学生的相关经验积累相关联。

课程拓展是以拓宽课程的范围为目的而进行的校本课程开发活动，其目标是

---

① 崔允漷.校本课程开发：理论与实践[M].北京：教育科学出版社，2000：69-71.
② 吴刚平.本课程开发[M].成都：四川教育出版社，2002：110-115.

拓宽正规课程,为学生提供获取知识、内化价值观和掌握技能的机会,课程拓展材料与学生所学课程专题有关,但超出正规课程所覆盖的广度和深度。需要使用课程拓展性材料的情况大致包括:班级能力水平在平均水平之上,国家、学校对高于课程标准的学业成就予以承认或认可的;教师有特别的兴趣和专长,且学校也认为这是正当的或鼓励的;学校对某方面的学习特别关注或擅长,比如艺术、体育等,且在课程政策上也允许有兴趣的学生从事学校提供的延伸性学习的,等等。

课程创编是指全新的课程单元的开发。例如,突出学校特点的特色课程、地方性专题即我们所说的乡土教材以及时事专题等,都可以归入这一类。

不管进行的是哪一种类型的校本课程开发,其开发的基本程序都包括调查研究、集体审议、课程编制三个阶段。

调查研究。调查研究是校本课程开发的起点,而且也是校本课程开发过程中需要持续应用的获得一手资料的主要方法。调查研究可以帮助学校确定校本课程开发的基点和入口,并在开发过程中不断获得反馈信息,对校本课程进行评价、修正和改善。调查研究的方式很多,观察、与学生交谈、家长交流、问卷调查、测验、学生作品分析等等,都是学校可以运用的调查方式。在使用这种方法时,恰当地利用相关专家资源解读和解释调查资料,可以帮助学校和教师从司空见惯的现象中发现有价值的资料,从而确定值得深入挖掘和深度开发的课题。

集体审议。这是美国课程学者施瓦布提出的一个课程开发的实践策略,由课程开发的各方人员组成的审议小组,基于实践提出和澄清问题,提供多种可供选择的方案,在充分研讨、相互启发与辨析的基础上,做出合理的、折中的问题解决方案。

课程编制。课程编制的方式因课程开发的具体方式不同而不同,一般有选用、改编、新编等。在我国,校本课程开发一般在国家课程之外来考虑,因此引入国外教材、组织力量自编教材、开设新课等,成为很多学校校本课程开发的常用方法。

校本课程编制一般有三种基本的方式:[①]第一,问题解决的方式。集体审议现行课程设计中的问题,确定解决问题的方法,提出改进建议和实施,反复讨论,逐渐形成校本课程开发的指导方案。这种开发方式可以在不占用教师课余时间的情况下,帮助教师改进课程实施策略,提高教师的课程反思能力,使国家课程更适宜本校发展实际。第二,任务定向的方式。在国家规定的课程计划中,学校可自主设置综合实践活动必修课。综合实践活动包括信息技术教育、研究性学习、社区服务与

---

① 王本陆.课程与教学论[M].北京:高等教育出版社,2004:114.

社会实践、劳动与技术教育等内容,学校可从中确定一项或几项作为校本课程开发的内容。任务定向的课程开发相当于新开设一门课,它需要组建专职师资队伍,编制或选用恰当的教材,设计专题性或系列性活动等。第三,自主定向的方式。教师和学生可以自己确定一个自己感兴趣的学习领域,师生共同进行校本课程开发。这类课程一般归于选修课程系列,其开发过程中主要考虑的是教师和学生的兴趣,教师和学生可以用他们喜欢的方式编制和实施课程。

校本课程开发的方式灵活多变,关键的问题是要贴近学生需求,其实用性和有效性应该是判断其优劣的基本标准,一味地求新、求奇、求异,不应该是校本课程开发的方向。所谓实用即是要有针对性,要具体、可落实;所谓有效即指能最大限度地促进学生和教师的发展,促进学校教育质量的整体提升。

(三) 校本课程开发中应该避免的误区

误区一：校本课程开发只能在一校内进行。校本并不是完全由学校自身对所有事情进行裁决、实施,专业研究者等"局外人"参与学校的各项改革与发展工作并不见得就不是校本。校本的出发点是学校自身存在问题,落脚点是改进学校工作,提升学校教育教学水平,过程以学校自身人员参与为主,但是如何确定校本的出发点,如何解决学校存在的问题,以及校本实施的过程,都有可能有专业研究人员或其他人员参与。

与这一误解相关联的另外一种看法,就是校本课程开发必须以本校为本,每个学校都要开发出与其他学校不同的课程或课程体系,以体现其独特性或学校特色。其实,能够开发出与本校实际密切结合的独具特色的校本课程体系固然好,借用或部分采用兄弟学校的课程也不失为一种好方法,因为校本课程开发的最终目的,是满足学生的兴趣和发展需求,是提升学校的整体教育质量,而不是仅仅形成异他的课程或课程体系。课程体系是工具,学校与人的发展是目的,工具要为目的服务。

误区二：校本课程开发一定要编写教材。以教材编写的多少作为衡量一所学校校本课程开发水平和质量,是校本课程开发中的一个极大的误区。第一,编写教材对教师的要求高、耗时、耗力、耗财,加重教师工作负担;第二,教师个体的专业素养和教育素养,一定程度上限制了校本课程的质量;第三,受我国教师教学行为习惯的影响,一旦有了教材,校本课程也极有可能沦为课堂讲授的内容,偏离校本课程开发本身应有的培养兴趣、发展特长、促进学生个性化发展的初衷。因此,校本课程开发并不提倡学校一定要自编教材。在国际上,即使在以校本课程为主要课程开发形式的国家里,学校自己编教材的情况也并不常见。

误区三：把校本课程等同于选修课程、活动课程。校本课程、选修课程、活动课程三者在许多方面具有相似性,在活动方式、活动内容等方面也存在交叉和重叠,但三者又不是完全一样的。选修课程与必修课程相对应,其分类标准是学生修习的自由程度;活动课程与学科课程相对应,其分类标准是组成课程的主要内容;校本课程与国家课程、地方课程相对应,是从课程管理角度进行的课程分类。校本课程的含义与范围更大,它可能是必修课程,也可能是选修课程,既包括学科课程,也包括活动课程。

误区四:校本课程开发只有专家型教师才能进行。校本课程开发对教师的专业水平提出了高要求,它不仅要求教师对课程专家提供的教材与标准有深刻的认识,还要求教师能够根据当时当地的实际情景创设出自己的课程。这需要深厚的专业知识,也需要教师对课程开发的理论有深入研究。校本课程开发虽然需要有较高专业素养和课程开发能力的教师来进行,但并不排除非专家型教师的参与。一方面,在新课程改革的背景下,校本课程开发是每一位教师必须参与的专业活动;另一方面,校本课程开发的能力不可能"空降"到教师身上,教师在参与课程开发的过程中,通过不断的学习、尝试、反思、修正,才能一步步得到提高。因此,学校需要给教师创造参与课程开发的条件。

课程开发对于我国的大部分教师来说都比较陌生,长期以来推行的国家课程使得我们的教师没有课程开发的经历,长期以教材涵盖课程的现实也使教师对课程开发缺乏具体的认识,且缺乏现实的可参照的标准,在摸着石头过河的过程中,我们会遇到很多问题、困惑,但只要能够牢牢地把目光聚焦在学生的长远发展上,就一定会收获属于我们自己的校本课程开发经验和成就。

？ 思考与练习

1. 什么是课程开发?课程开发的层次一般有哪些?
2. 简述泰勒的课程开发模式。
3. 目标模式存在的主要问题是什么?如何破解?
4. 校本课程是在什么背景下提出的?主要希望解决的问题是什么?
5. 校本课程开发应该避免哪些误区?

第四章　教材与教师

○ 内容提要

　　教材与学校教育紧密地联系在一起。在日常实践中,我们常常把教材等同于教科书,或者把教科书当作教材的全部,导致认识上的偏狭;教材、学科、课程、教学内容等也是常常被混淆的概念,这些模糊认识妨碍了教师对教材的正确理解和开发利用。理解教材的内涵,把握教科书编写的特点和内容结构,理解教材内容背后的思想、方法、逻辑、历史脉络等,对于新手教师快速走过适应期、成为成熟教师至关重要。新手教师要能够整体地理解、把握课程体系,熟练掌握所教学科的知识体系,明白所教学科在整个小学阶段的价值与地位、所教学科与相关学科之间的关系。

第一节　新手教师与课程

　　课程是教师专业生活的主要载体,任何专业教师在学校中都不能离开课程而存在。对于中国的中小学教师来说,整体把握课程体系、理解课程结构的系统和层次,是顺利、高质量地完成教育教学工作的前提。新手教师更应该加强这一方面的意识,因为对课程问题的理解与把握,在一定意义上可以保证新手教师进入学校教育情境之后,能够有一个相对明晰而正确的方向,避免被课本这"一叶"障目。新手教师要能够整体地理解、把握课程体系,熟练掌握所教学科的知识体系,明白所教学科在整个小学阶段的价值与地位、所教学科与相关学科之间的关系。

(一) 整体把握课程体系

　　中小学教师的工作重心不在课程的设计与开发,而在于以相对稳定的课程体系为依据实施教学活动,但这并不意味着教师不需要了解国家的课程政策和课程体系。把握课程体系,了解课程政策、课程管理体制、课程开发的程序、课程评价的方式、教科书编写的制度与要求、教科书编写的体例及其优点和缺点等,可以使教师更好地理解日常教学,更恰当和灵活地利用好手头的课程资源。

以小学教师为例。小学教师要了解小学的所有学科,但这里所说的了解并不是要求教师掌握小学所有学科的知识内容,而是要求对不同学科在小学教育阶段的地位、性质、价值,相互之间的关系有一个宏观的认识,以确定自己所教学科在小学阶段的性质、地位、定位,与其他学科之间的关系等,从而建立起小学阶段不同学科之间的关系结构图,使自己能以更开放的视角看待自己的学科知识内容、结构及其对学生的发展价值,在不同学科的差异中确定本学科的独特性,并能够在保持本学科特点的前提下实现与相关学科的融合。

(二) 纵向把握所教学科的知识体系

任何教师在学校中都不能离开学科而存在,学科知识是每个教师都应具备的,是教师发展的重要方面,如果说整体把握课程体系是教师专业发展的背景的话,从纵向上清晰、条理、结构化把握自己所教学科的知识体系就是教师专业发展的核心任务。对自己所教学科的内容,不但要求了解本学段的,还要向前及向后(比如初中)延伸,在衔接的意义上关注学科内容。了解与把握自己所教学科的课程知识体系,在师范教育期间的专业学习中已经开始,一直延续到新手教师走向成熟,之后随着教师实践经验的增加和反思水平的提升,他对本学科知识体系及关键知识点之间的关系的理解会进一步深化,在教学中灵活处理学科知识的能力会越来越强,对学科知识的教育价值的关注度也有可能随之增高。这是一个需要不断学习、研究、领悟的过程。

新手教师在学习和教学过程中,不能仅仅满足于了解自己所教学科知识的大致主题和先后顺序,而要对同一主题的内容在不同年段呈现的方式、年段之间的衔接方式、主题知识的递升梯度、不同主题知识之间的联系方式和程序等,进行具体而详尽的了解,这样才能够保证在进行教学设计时把握好每一节课教学目标的度,帮助学生建立起知识之间的关系网络,提升学生知识学习的效率和知识掌握的灵活度,并在知识获得的过程中学会特定学科的学习方法和思维方式。相反,如果教师对自己所教学科的知识缺乏整体的、具体的把握,他就只能按照课程内容选择和编排的次序,孤立地在每一节课上完成教材规定的教学内容,这样的教学往往缺乏内在的理性依据,以结果性知识的掌握和记诵为主要方式,导致知识学习因碎片化而低效,无法有效促成学生学习的迁移,教师和学生在教和学的过程中会付出更多的时间和精力,且无助于学生自主学习能力的形成和提升,也会给新手教师走向成熟带来不利影响。

把握知识体系还包括把知识及其背后的思想、方法等结合起来。以小学数学为例，从知识角度讲，小学数学的内容相当简单，但小学数学呈现了数学学科本身具有的所有性质和特点：它是人类对现实世界中数量关系和空间形式的抽象；是一种能够直接应用于现实生活的解决问题的技术或工具；是一种思维方式，人们经常需要用数学的立场、观点、方法去处理问题；是一种便捷而有效的传递信息的手段。因此，作为数学学习的最基础阶段，小学数学教学应该与学生的生活实际相关联，应该帮助小学生从量的角度认识和理解他们周围的事物、处理他们生活中的问题，应该能够培养小学生逻辑、条理、简洁、有理有据地思考和表达的能力，应该能够培养他们精确、踏实、求实的精神和作风。所有这些"应该"都是小学数学教学应该达成的目标，小学数学教材本身却无法完全显性地呈现所有这些内容。尽管20世纪90年代以后的小学数学教材已经有了数学思想和数学方法的渗透，比如集合、函数、统计的思想，计算机的编程思想，图形变换的思想、转化的方法、归纳法等，"但是，渗透的力度不够。一方面教材没有完整的渗透的思想和明确的步骤，只是根据所学知识能渗透什么，就渗透什么，教学时显得一带而过，留给学生的印象太浅。另一方面，还有些思想或方法需要以某种方式让学生较早地体会或初步了解，如数的意识、概率的思想、建模的思想、优化的思想等。使小学生能通过数学学习活动积累科学思想、方法的感性经验，逐步形成灵活而缜密、具有创造性的思维品质。"①换句话说，作为教师，我们不能期望教科书给我们提供现成的将思想、方法、知识融为一体的教学内容，要想实现三者的有机整合，需要教师通过自己的学习，努力提高对学科知识体系及其蕴涵的思想、方法的素养。

把握学科知识体系以及与之相关的思想、方法，还有助于教师把握所教学科性质的独特性，提升教师在学科知识方面的专业素养，帮助教师形成对于本学科独特概念与符号系统的敏感，培养在教学中把学生日常经验转化为学科概念的能力。比如，在一位有着良好学科素养的地理老师的课上，一位学生描述地图上秦岭的地理位置："秦岭的上面是……，下面是……"，教师回应："秦岭的上面是天空，下面是大地"，学生哄堂大笑，该学生马上改正："秦岭的南边是……，秦岭的北边是……"这种幽默需要机智，但这种幽默的处理方式，既让学生容易接受，又很敏锐地指出学生在读地图与表达地理概念时存在的问题：以日常的上下左右代替地理方位中的东南西北。这样的处理方式还能够使所有学生对于这个问题产生深刻的印象，也会对读地图与表达地理方位的方法产生敏感。这样的教

① 杨刚.小学数学课程改革的研究与实践[M].北京：人民教育出版社，2007：8.

学机智需要教师快速反应和判断,并马上做出恰当回应。这种教学机智的形成需要经验,需要日常教学中对学生状态、易出现问题的敏锐和敏感,更需要教师有较强的学科专业素养。

(三) 掌握本学科的学科史类知识

本学科知识的形成历程、学科发展中的重要人物、主要著作、思想方法、基本概念、知识体系、逻辑结构等等与显性的学科知识相关,但又不是小学教师在课堂教学中需要或者可以直接教的知识,它大致可以归入学科史类。这一类知识有利于教师对学科发展历程与学科内在发展逻辑的理解和深度把握,也是教师在课堂教学中渗透学科思想和科学精神的前提。比如学科发展过程中遇到的问题、求索方式和获得突破的方式等,本身就是展现一门学科发展全貌的"撼人心灵的智力奋斗的结晶",可以激励学生的探索精神和锲而不舍的毅力。学科史类的知识给学科内容提供历史的、科学的以及文化的背景框架,可以使学生更为深切地理解人类智力奋斗的力量,体会科学精神中蕴含的坚忍不拔和求真、求实精神。理解学科发展的历史、科学研究范式转换的轨迹,以及学科发展过程中的经验和失误,有助于我们理解学科的本质及其当代价值,这些知识是人类关于学科发展的严肃的反思与自我审视,也是从事相关学科教育工作的教师必备的知识素养。

以科学课程为例,掌握科学学科相关概念、原理、原则、方法等,是小学科学教师不言而喻的知识前提;但对于小学科学教师来说,重要的不仅仅是掌握结论性知识,而是理解相关学科的性质,以及它们与个人、社会之间的关系。对科学性质的理解,需要通过教师本人在学习过程中体验知识的生产过程,参与科学探究实践,使自己通过"科学探究的学习过程,增强对科学探究的理解,掌握科学探究式教学的实质,具有一定的提出问题、观察实验、收集信息、形成猜想、技术设计、交流合作和科学思维的能力"[1],否则,在教学过程中,教师就很难整合相关学科内容于特定的探究任务之中。调查显示,"教师对科学性质的认识水平比其所具有的科学知识和科学方法的水平更影响其在教学中的表现,科学方法掌握程度的影响次之"[2]。在我国新一轮课程改革纲要中,也要求科学教师"拓展相关理科(物质科学、生命科学、地球空间科学等)的知识面和技能,学习理科综合的思想方法;加强相关学科的渗透,加强科学文化的教育,加强科学发展历史的教育"[3]。

---

① 何善亮.美国科学教育师资培训的研究及启示[J].比较教育研究,2006(2):82-86.

② 张红霞,郁波.小学科学教师科学素养调查研究[J].教育研究,2004(11):68-73.

③ 钟启泉,崔允漷,张华.为了中华民族的复兴,为了每位学生的发展——《基础教育课程改革纲要(试行)》解读[M].上海:华东师范大学出版社,2001:258.

对数学教师来说，他的数学学科知识应该是"在教某一特定年级的数学课程时需要拥有和运用的知识"，包括"数学知识"和"关于数学的知识"，两者合起来构成了"教师教学所需要的数学知识"，这样的知识既包括学科知识，也包括与教学具体学科知识相关的背景知识，这些知识来源于对数学知识体系的理解和学生数学认知的规律。比如，任何小学教师都知道"52－25"的算法，这是我们会的学科知识，而作为小学数学教师，我们还需要以下方面的知识：如果把它教给二年级的学生，应该怎么做？学生在学习退位减法之前需要具备怎样的知识和技能？如何检验或确保学生已经具备了应该具备的知识和技能？一项基于中美小学教师专业素养与教学效果的比较研究发现，即使是教学最为简单的数学知识，比如简单的加减法，教师的学科知识也会极大地影响他的教学质量："即使是如此初等的教学内容，我们所研究的教师，在学科知识方面也呈现出非常大的差异。而这正意味着他们的学生在学习机会方面，也将产生与之相应的、巨大的差异。"[①]

对学科背景性知识的学习和把握，主要集中在新手教师师范培养阶段，也伴随着新手教师的专业实践历程；有关学科史的知识，是教师在学习、实践、思考的过程中逐渐完善的。教师要想在知识教学过程中实现方法、思想、精神、价值观的无痕渗透，有赖于对知识背后的历史、人物、思维方式、问题的本质及解决问题的方法等全面而深刻的理解。对新手教师而言，这一点尤其值得重视。

（四）理解并在整体上把握课程标准

在我国，当前课程标准即指学科课程标准，它具体规定某门课程的性质与地位、基本理念、课程目标、内容标准、课程实施建议等，是选择课程内容、编写教科书的直接依据，也是学校教学中检查教学质量、评估学生学习情况和进行课程评价的直接尺度。

中小学学科教师每人必备的课程资源都包括课程标准、教科书以及教学参考资料，而且一般来说教科书是教师日常课堂教学和考试的直接依据。与教科书相比，课程标准对一线教师来说似乎更为抽象和间接了一些，因此在实践中，中小学教师往往重教科书而轻课程标准，甚至把课程标准仅仅作为一种形式化的文本，口头上重视，实践中忽视。这种现象与我国长期的以教学研究为主的教育实践模式相关，也与我国中小学的课程实践现状相关。然而，对于一线教师来说，课程标准

---

① 马立平.小学数学的掌握和教学［M］.李士锜,吴颖康,等,译.上海：华东师范大学出版社，2011：1-2.

却是我们必须恰当运用的一份课程文件。

课程标准是国家对学生接受一定教育阶段之后应该达成的结果所做的具体描述,是国家教育质量在特定阶段应达到的具体指标。课程标准规定了不同阶段学生在知识与技能、过程与方法、情感态度与价值观等方面所应达到的基本要求,既是对课程编写者的要求,也是对课程实施者的要求。如果教师不深入地研究课程标准,势必会影响他们对教学目标的理解和把握,或曲解教材编写者的意图,造成在使用新教材上的困难,也会造成教学过程中的盲目。一般而言,某一学科的课程标准是相对稳定的,而教科书却是可以经常变动的,因为教科书只是依据课程标准而选择的达成课程标准要求的例子。

新手教师对课程标准的整体理解和把握,首先需要从文本上了解课程标准的总体目标,课程标准的价值追求,课程标准对于某一门学科不同方面知识与能力的要求,即把课程标准的文本作为客体来认识,以便形成对于一门学科课程标准的知识型认识。对课程标准的认识应该关注以下几个方面的问题:学生通过某门课程的学习需要掌握哪些知识、形成哪些能力,知识掌握和能力形成必须达到什么程度;为达到这个程度要求学生经历什么样的教育教学过程,采用什么样的教育教学方法和手段;形成什么样的学科学习与解决问题方法、学科思想以及相应的情感态度和价值观;遇到本学科领域的问题,他应该怎样思考、怎样操作,应该能想到什么事、能办到什么事;为了继续学习本门课程,他应该在现阶段清楚哪些、明白哪些、会用哪些知识和技能等。比如《义务教育数学课程标准(2011 年版)》中与两位数减两位数退位减法的相关表述有:要结合具体的情境体会运算法则的意义;能口算百以内的加减法;能结合具体的情境进行估算,并解释估算的过程;经历与他人交流各自算法的过程,能运用数及数的计算解决生活中简单的实际问题。由此,我们可以大致列出两位数与两位数退位减法教学应该达成的具体教学要求:探索两位数减两位数退位减法的计算方法;理解并且掌握两位数减两位数退位减法的计算方法;进一步发展学生估算的意识与能力;经历算法多样化;能够解决简单的与两位数减两位数相关的实际问题。在此基础上,根据学生相关知识的掌握程度和已形成的与此内容相关的能力基础,就可以具体确定这节课的教学目标。这样确定的教学目标可以避免随意或者盲目。

其次,需要在教学过程中形成运用课程标准的意识,即在备课、上课、课后练习等教学环节中,形成结合具体的教学内容认识课程标准的本质与内容、意义与价值等的自觉性,并依据自己对教学内容与课程标准关系的认识不断调整自身的教学行为,协调教材、学生、课程标准、教学行为之间的关系,培养以课程标准为依据调节教学决策和专业行为的习惯。

第三，在解决问题的过程中提升运用课程标准的能力。在使用课程标准的过程中，教师会遇到许多问题，尤其是新手教师。在真实的实践情境中，问题并不是以确定的方式呈现给教师的，因此，教师要学会在复杂、混乱、不确定的情境中，界定问题的性质和范围，分析和判断造成问题的原因，以便有针对性地解决问题。比如，在如何看待教科书问题上，部分教师已经习惯于把教科书看作教学的唯一依据，过度受教科书的控制，课堂教学和对学生的要求以掌握教科书内容为唯一任务。当遇到这样的问题时，就需要教师全面地看待课程标准与教科书之间的关系，以恰当、合理地看待和使用教材。当教师遇到有关课程内容以及教学方法方面的困惑时，课程标准总是一个能够指出解决问题方向的参照标准。

新手教师要努力从知识与能力、过程与方法、情感态度与价值观三个维度上清晰地掌握自己所教学科各个主题、各个部分、各个知识点的具体教学要求和层次，只有弄清楚三个维度之间的内在联系，才能在教学过程中使三者自然融合，达到良好的教学效果。

第二节　教　材

教材是课程设计的文本呈现形式之一，体现课程设计者对教学价值的认识、社会发展需求的认识、对学生学习过程的理解。教材的内容以教科书为主要形式，它是教师进行教学活动的依据，是评价教师教学工作成效的依据，也是学生在学校学习的主要内容。从小学甚至从幼儿园开始，每个学期每门学科几乎都有一本教科书，在课堂教学的 40 多分钟时间里，教师大部分时间就是按照教科书编排的顺序和内容，按部就班地设计和实施课堂教学工作。对绝大多数教师来说，教科书就是他们专业工作中最为重要的、不可缺失的工具。如何利用好这一教学工具，是教师必须修炼的基本功。新手教师运用教材的能力，在一定程度上能够决定他们入职阶段教学成效和职业感受满意度的高低。

一、教材概述

（一）教材的定义与特征

《中国大百科全书·教育卷》对教材的解释是：①根据一定学科任务，编选和组织具有一定范围和深度的知识技能体系，一般以教科书的形式来具体反映；

②教师指导学生学习的一切教学材料。① 这两个解释基本说明了我国学界对于教材的理解,即教材有广义和狭义之分,广义的教材指课堂上和课堂外教师和学生使用的所有教学材料,教师自己编写或设计的材料也可称之为教学材料,它不一定是装订成册或正式出版的书本。狭义的教材即教科书。教科书是一个课程的核心教学材料,教科书除学生用书外,几乎无一例外地配有教师用书,很多还配有练习册、活动册以及配套读物、音像带等。在课程与教学领域,理论工作者常常在广义上理解教材,而一线的实践工作者则常常使用狭义的教材。"教材是由一定育人目标、学习内容和学习活动方式分门别类组成的可供学生阅读、视听和借以操作的材料,既是教师进行教学的基本材料,又是学生认识世界的媒体"②即是对教材的广义理解;而认为"教材的编订是课程编制的第三个层次,是根据学校课程方案和学科课程标准的要求,选择和组织课程的内容"③的观点,则是在狭义上使用教材概念。

一般来说,教材具有以下几个方面的特征:

第一,工具性。教材是教师和学生借以完成教学任务的工具和媒介,是为教与学服务的,是学生与教师在教学互动中的活动载体。工具性是教材的重要属性。

第二,系统性。与其他知识载体相比,教材是为教学过程更为学生的发展服务的。因此教材设计需要在两个方面保持系统性:一个方面是要适合教学规律的要求,在整体上形成知识网络或知识链,以保持自身知识体系的系统性;另一方面还要与相关联的教材在内容上相衔接,保证学生所获得的知识的整体性。

第三,科学性。教材是承载人类科学文化知识精华的工具,严谨、准确、正确是其应有的特征。因此教材内容的选择首先要保证其科学性和逻辑性,中小学教材尤其如此。

第四,教育性。教学的最终目的在育人,作为教学的工具和载体,教材具有对学生进行品德教育的内在价值,其教育性是社会发展对教材提出的明确要求。

第五,规范性。尽管教材随着社会变化而不断变化,但教材的基本结构却在历史的发展过程中走向稳定,尤其是中小学教材,强调知识的基础性,在教材内容上相对稳定,在教材的编制体例、印刷规格、符号、质量要求等方面相对统一标准。

---

① 中国大百科全书总编委会.中国大百科全书·教育卷[M].北京:中国大百科全书出版社,1985:144.

② 廖哲勋.课程学[M].武汉:华中师范大学出版社,1992:197.

③ 李秉德.教学论[M].北京:人民教育出版社,1991:185.

(二) 教材与学科、课程、教科书

课程、学科、教材与教科书等概念，是我们的日常教育教学情景中常常使用的术语，有时候甚至不加区别地交替使用，它们是否能够互相替代呢？如果不能，它们的区别在哪里？它们又在什么意义上具有相互关联呢？

首先，教材与课程的概念与意义有重叠。具体来说，教材是课程的重要成分，反映和表现课程的具体内容。教材是课程体系中的基本组成单位，教材的构成受到课程表层结构和课程模式的影响，因此对教材的研究也是课程论研究的重要内容；两者的区别在于，课程理论研究侧重于课程系统的结构，课程理论影响和指导教材理论与实践，是教材理论和实践背后的依据，教材是课程的外在表现形态。

其次，教材不等于教科书。教科书只是教材的一种重要构成，在教材体系中比重最大、作用最大、使用面最为广泛，内容最基本也最成熟。美国大百科全书给教科书下的定义为：从严格的意义上讲，教科书是为了学习的目的通过编制加工并通常用简化方法介绍主要知识的书。由该定义可知，教科书是一种具有特定意义的书籍，在内容和形式等方面要适应教学特点和需要。我国权威观点认为，教科书是根据教学大纲(课程标准)编写的、系统反映学科内容的教学用书。因此，教材概念的外延比教科书大，除教科书之外，教材还包括各种教学辅导书及视听教材。

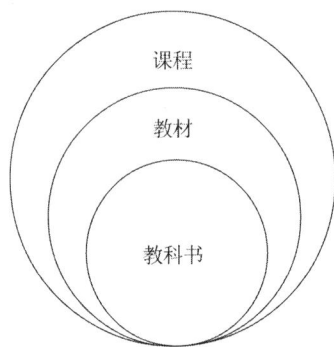

图 4-1　课程、教材、教科书关系①

第三，学科、课程和教材的关系。学科反映作为公共知识的科学概念、基本原理、规律和基本事实的专门领域的系统认识，并力图反映科学最新发展成果。学科的概念有两种不同的内涵：其一，学科指某一特定科学研究领域，比如地理、物理、天文学等；其二，指学校里的教学科目，即把各科学分支领域的研究成果按逻辑顺

---

① 曾天山.教材论[M].南昌：江西教育出版社，1997：8.

序和心理顺序编成相对独立的知识体系与学习单位,这一体系或单位既要反映科学体系,又要合乎教学要求。从与教学相关的意义上看,学科直接体现教学内容,教材以具体的方式呈现经过选择的学科知识,课程则更为宏观,涉及学科及其内容的选择以及教材的整体设计。

教学内容是教师使学生掌握某种文化价值的知识技能体系,当以一定的教学内容为前提,具体地载负着某种教育价值的时候,才具有作为教材的意义。

(三) 教材在教学中的地位与作用

1. 教材的功能

教材是教学的三大支柱之一,且是教学活动开展的中介,是教师教授、学生学习活动的对象和客体。

在印刷术使用前,讲义是主要教材,教学活动是听写与讲解。17 世纪出现班级教学,教科书才成为学校教育的主要教材并确立了其在教学中的重要地位,给教学以统一规范和权威,部分替代教师的职能。教材是教师的主要教具,但并不能完全取代教师的作用。

一般来说,在学校的教育教学中,教材具有以下五个方面的功能:

第一,传递人类文化遗产。教材以人类社会积累起来的文化知识精华为主要内容,反映人类对自然与社会诸多方面的认识成果,且经过教育学、心理学观点的过滤,负载着传递经验、促进个体社会化的功能,是人类文化精华的浓缩与集中。

第二,促进学生全面发展。教材是专门为学生学习而设计的,它以学生的全面发展为目标,包含能够促进学生展开积极学习活动的潜在因素,为学生的全面与个性化发展提供载体。

第三,为提高学校教育教学质量。教材是学校教育教学的三项基础建设之一,它在一定程度上影响着一个学校的办学水平和办学质量。中小学教材,更是直接反映一个国家(地区)基础教育的质量与水平;好的教材是好的教育质量的基础,因此教材建设和改革往往成为一个国家或地区教育改革的主要内容。

第四,社会教育。教材是系统地、有计划地、大规模地进行社会教化和思想道德教育的重要工具及主要内容。教材自产生起,就具有社会教化和培养人才的双重任务。教材文化影响每个人。

第五,对个体发展的内在价值。教材对学习者具有实用价值,它可以提高学习者适应社会生活的能力,为学习者提供职业准备;教材还可以促进学习者个体人格的发展,传递社会规范文化,养成社会道德;教材对学习者还具有思维与认知训练的价值,促进受教育者认知能力与非认知能力的发展。

教材是教师教学工作的主要依据，或者说是其"话本"或"剧本"，它可以减轻教师工作量，缩短讲述时间，为教师采用创造性教学策略提供有利条件，有利于统一规范教师的教学，有利于提高教师的教学质量。对学生来说，教材作为"无言的教师"，打破了教师对教学内容的垄断，并使学生减轻了笔记抄写和记忆的负担，教材也因而成为学生系统、高效、有序地获取知识的主要工具，为学生的自学提供了便利条件。

2. 教材在教学中的作用

教材在学校教育中具有重要地位和多方面作用，长期被奉为教学的圣经，或被称为替代教师作用的"沉默教师"，是师生教学活动的基本依据。教材的产生与发展，几乎与教育活动同步。在教育史上，随着对教育教学研究的不断深入，教材成为体现一定教学论思想的载体，一定的教材就是一定教学论思想的具体反映，而教材又是师生教学活动的主要工具和基本依据。因此，教材是教学理论在实践中发挥功效的中介，它在教育教学实践中具有以下几个方面的作用：[①]

第一，任何教材都至少包括三个方面的内容：经过教材编制者或使用者选择的要求学生掌握的事实、概念、命题和理论等事实性知识；根据特定课程目标确定的要求学生形成的能力和技能技巧等；包含在教材知识内容和能力要求中的人生观、价值取向等精神内容。因此，在使用教材的过程中，教师需要考虑如何传递"是什么"的知识、怎样提高学生"如何做"的能力，以及怎么使学生领悟"为什么"的精神。

第二，教材必然要体现一定社会一定时期的主流意识形态，并且需要教师在教学中落实，这是教育维持社会稳定、促进社会发展的题中应有之义。

第三，教材内容是选择教学方法的基础。教学有法但无定法，教学方法之所以变动不居，是因为教学方法是为特定教学内容服务的，教材的内容特点、学生原有的知识基础和生活经验、教师的专业素养及教学条件等，都不同程度地制约着教学方法的选择和使用。教师在选择教学方法时，首先面对的应该是教材所呈现的内容，其次是依据教材内容分析所教学生可能的接受水平、自身的专业水平以及学校现有的教学条件，在综合考虑以上因素的前提下选择教学方法。

第四，教材是良好教学效果的保障。教学的最终目的在于以促进学生个性发展的方式促进社会发展，师生之间围绕教材组织的活动是促进这种发展的有效途

---

① 李学."教教材"还是"用教材教"——兼论教材使用功能的完善[J].教育发展研究,2008
(10)：82-85.

径；在满足充分发掘和利用教材资源的前提下，谈论课外拓展、资源开发才是有可能、有意义的。在教学中应当依据教材内容的特征以及教师专业发展水平合理使用教材，不把教材简单地当作静态的学科知识向学生灌输，要把教材内容与师生的经验统整起来安排和组织教学活动，根据课程目标与内容的要求，突破教材的框架约束，自主组织和选择教学内容以达成课程目标的要求。

在我国的教育传统和教育体制下，尤其在基础教育中，教材所起的作用是举足轻重的。以教科书为中心的教材体系是我国教学内容的主要来源，教科书的内容制约着包括教师经验和学生经验在内的教学内容、教学方式、教学媒体等的选择。教科书的编写，在一定程度上决定着教师教什么和怎么教，也决定着学生学什么和怎么学。在这个意义上，教材可以从宏观、中观、微观三个角度来界定。宏观的教材既包括以物质载体形式出现的教科书、教学挂图、教学用书等，又包括存在于师生头脑中的已有知识、经验及教学环境中的各种被用于教学的信息；中观的教材，指教学中使用的物质载体材料，不包括观念的内容；微观的教材就是指教科书。

二、教科书制度

教科书制度指教科书的编写、审查、出版、采用等一系列运作模式。目前世界各国的教科书编写制度大致可以分为国定制、审定制、认定制和选定制等四种类型。教科书的编写或依据教学大纲，或依据课程标准，或体现考试标准的要求，体现各个国家要求通过教学所要达到的人才培养目标。

国定制指由国家教育行政部门采取有计划的、行政的方式，专门组织人力进行教科书的编写工作，并指定专门的出版机构出版发行，指定全国的学校统一使用。在第六次课程改革之前，我国实行的是教科书国定制，目前实行的是教科书审定制。

审定制指教科书的编写由非官方指定机构组织进行，但须经国家教育行政部门组织专门的人员审查批准后，方可出版发行，供学校使用。日本是典型的实行教科书审定制的国家。

认定制指教科书的编写、出版由民间组织进行，经过国家教育行政部门原则认可后，学校方可采用。法国采用的是教科书认定制，教科书自由编写、出版，但要以国家规定的课程标准为依据，然后经国家教育部门认可，再由学校选择使用。

选定制指教科书的编写、出版、发行、采用等，国家均不予控制和干涉，完全由民间进行，至于教科书的采用，学校原则上有完全的决定权。美国是较为典型的实行教科书选定制的国家。在美国，根据联邦宪法，教育权力由各州自行掌握。因此美国没有全国统一的教科书制度，各州情况不同，但基本上以选定制为主，兼行认定制。美国没有全国统一的课程标准，各州及地方学区各自制定自己的课程标准。课程标准种类多样，根据它编制的课程也多种多样。但美国各州和各种团体对教科书的编写也有很大的影响，许多州都规定一定的选定教科书的标准，凡内容被认为"不理想"的教科书都不予采用。各出版商出于利益的考虑，一般会根据有关法令，出版被认为符合要求的教科书。英国也是实行教科书选定制的典型国家。自由编写、发行、选用是英国教科书制度的特色，但英国有全国统一的证书考试标准，实际上起到了对教科书编写的制约作用。

不同的教科书编写制度，决定了教科书与课程标准或教学大纲关系的不同状况。目前主要有三种关系形式：一纲一本，即全国只有一个课程标准或教学大纲和一套教科书，第八次课程改革之前，我国采用一纲一本，全国通用人民教育出版社出版的统编教材；一纲多本，即全国只有一个课程标准或教学大纲，不同的出版单位依据教学大纲或课程标准出版多套教科书，日本和我国第八次课程改革后实行的是一纲多本；多纲多本，即一个国家有多种水平特色的课程标准或教学大纲，并据此编出多套教科书，美国的情况就是这样。

目前，世界各国都在积极探索改革和完善教科书编写制度，总的发展趋势是，在保证完善教科书编写的依据如教学大纲、课程标准、考试标准等的前提下，结合本国国情，实行越来越灵活自由的教科书制度，把竞争机制引入教科书编写领域，不断提高教科书编写的质量。教科书审定制受到越来越多国家的关注，这种发展趋势是现代教育发展的必然结果。

新中国成立后到 20 世纪 80 年代中期第六次课程改革之前，我国中小学教材编写一直实行集中统一的国定制，由国家教委制定教学计划和教学大纲，国家教委直属的人民教育出版社组织编写、出版教材，供全国中小学使用，全国"一纲一本"。

随着社会的发展和教育改革的深入，这种高度集中统一的、编审合一的编写体制的缺陷逐渐暴露。全国统一发行使用、一纲一本的教科书，无法满足我国不同地域、不同发展水平学校对教科书的需求差异，同时由于实行国家统编教科书，教科书编写领域缺乏竞争机制，也容易导致教科书从内容到编写方式长期处于相对稳定的状态，不利于推动课程教材的建设。20 世纪 80 年代开始，我国中小学教科书制度有了重大变化，开始实行审定制，教科书的编写也开始采取"一纲多本"的原则和方法。1985 年 1 月，教育部颁布了《全国中小学教材审定委员会工作条例（试行）》，规定由全国中小学教材审定委员会负责全国中小学各门课程的课程标准和教科书的审定工作。全国中小学教材审定委员会由教育部聘请专家、教师和少数教育行政领导干部组成,下设政治、语文、数学、外语、物理、化学、生物、自然、常识、历史、地理、体育、音乐、美术、劳动技术等学科教材审查委员会。1986年开始实行教科书编写的审定制,一方面,国家教委有计划地编写、出版几套不同类型、不同层次的教科书;另一方面,鼓励有条件的地区单位与专家个人参与教材建设。任何单位与个人编写的教材,经过实验后,送国家教委中小学教材审定委员会审定,只要经过审查通过,就可以供一线学校选择使用。

教科书在编写过程中必须考虑以下几个方面的因素:第一,以课程标准为依据;第二,体现新的或者说教科书选编者的教育理念;第三,考虑教科书的适用范围,对于我国中小学教材来说,就是要体现教材对于城乡教育教学的实际需求,使之尽可能对不同区域的教育教学具有现实性和可操作性。理论上讲,这样的追求是合情合理的,但在操作上却存在极大的挑战,这也正是新课程改革中给地方课程与校本课程保留空间的现实原因之一。尽管在教材编写过程中,编写人员已经关注到要以学生的已有经验为基础、增加联系实际的内容、安排实践活动等,但这些关注都是基于编写者的假定,而非对现实生活中的具体学生的观察、调查或了解,因此,编写者的假定是基于对学生的抽象认识;实际上,要求教材跟学生的具体生活相匹配是不现实的,而要使教学内容真正成为学生生命发展的内在资源,这种匹配又是不可或缺的。因此,教师如何恰当地使用教科书就成为至关重要的问题。

三、小学教科书的内容与结构

世界范围内的中小学教材设计有许多类型,但主要可分为知识中心设计、学习者中心设计、问题中心设计[①]。知识中心式教材以知识为教材的中心内容,在教材内容选择和组织上关注知识的系统性和逻辑体系的严密性;学习者中心式教材,以学生的需要、兴趣为依据设计,为学生的个性化发展服务;问题中心式教材,则把重点放在个人与社会生存问题上,以社会需要和社会问题为核心,目的在于增进学生适应社会的能力,希望通过教育、教学来解决社会问题。

小学是基础教育的基础阶段,是为学生未来学习与发展打基础的阶段,小学教科书在内容选择、组织与教科书结构上,呈现出基础性和综合性特点。

(一) 小学教科书内容的选择原则

小学教科书的内容选择,一般遵从以下几个原则:

第一,基础性原则。小学阶段主要是为学生未来的学习和发展打基础,因此,

---

① 张廷凯.试论课程、教材与教学方法改革的关系[J].课程·教材·教法,1995(2):12-16.

各门学科都力求选择人类认识成果中最具有普适性的基础知识和基本技能,以之作为课程的主干内容。

第二,时代性原则。在知识快速发展的现代社会里,各门学科的基础知识和基本技能对小学生来说是必备的学科内容,当代知识发展的最新成果,也是小学课程选择中的重要内容。因此,在小学教科书中,各个学科在保留有价值的传统课程内容的前提下,注意从当代科学发展新成果中吸取新知识,增强小学教科书的时代特征。

第三,具体性原则。小学阶段学生的思维处于由具体思维向抽象思维发展的过程中,其生活经验在学习过程中居于重要地位,故而小学教科书在内容选择和处理方面,尤其注重把抽象的学科内容与学生社会生活的具体经验相联系,努力面向小学生的现实生活并服务于生活实际,形成学科知识与现实生活的积极互动。

第四,综合性原则。与小学生的认识水平和生活经验相适应,小学教科书在内容选择上力求遵循综合性原则。小学教科书在内容选择上的综合,一方面表现为各学科都力求与相关学科整合,加强不同学科之间的横向联系,最大限度地体现知识的整体面貌;另一方面则表现为学科知识与学生生活的整合,选择与学生现实生活相匹配的知识内容,力争使学生的生活经验融入学科教学之中。

综合性是小学课程结构的重要特征,在我国第八次课程改革中,为了提升小学课程内容的综合性,主要采取了以下几个方面的措施:

一是在学科内容的选择、组织上强化综合性,即对于一门具体的学科来说,注重联系儿童经验和生活实际;对不同学科而言,加强学科之间的关联,使不同的学科内容之间在知识层面互相关照,并有可能互相补充。

二是设置综合课程。即把不同学科内容按照主题或功能组合,形成综合学科,比如《品德与生活》(1—2年级)从低年级儿童的生活经验出发,内容涵盖了品德教育、社会教育和生活教育;《品德与社会》(3—6年级)则根据学生生活范围不断扩大的实际,从学生品德形成、社会认识的需要出发,以人与他人、人与社会、人与自然为主线,将爱国主义教育、集体主义教育、品德教育、行为规范和法制教育、历史与地理教育、国情与环境教育等纳入其中,为培养富有爱国心、社会责任感、良好品行的现代公民奠定基础。《科学》(3—6年级)把与现实生活相关的浅显的科学知识作为主要内容,目的在于让学生通过小学科学课程学习,能够掌握与生活相关的简单的科学知识,并能把这些知识应用于日常生活,培养小学生对科学的兴趣和意识,了解科学探究的过程与方法,发展基本的科学探究能力,保持和发展对周围世界的好奇和求知欲,形成大胆猜测、尊重事实、敢于创新、实事求是的科学精神。《艺术》(1—9年级)选择不同艺术学科基本的艺术语言和表达方式,给学生提供运用多种工具材料进行艺术表现和艺术创造的机会和平台,培养学生的艺术感知、艺术欣赏、艺术创造和艺术评价能力,丰富学生的审美经验和体验,并通过艺术实践活动发展学生潜能,提高学生生活情趣,健全人格,提升艺术能力和人文素养。

在小学里,除了上述综合学科之外,其他学科的内容选择和教科书编写方式,基本上延续了传统的分科课程形式。

三是增设综合实践活动。《基础教育课程改革纲要(试行)》规定,"从小学至高中设置综合实践活动并作为必修课程,其内容主要包括:信息技术教育、研究性学习、社区服务与社会实践以及劳动与技术教育。目的在于让学生通过实践,增强探究和创新意识,学习科学研究的方法,发展综合运用知识的能力,增进学校与社会的密切联系,培养学生的社会责任感。在课程的实施过程中,加强信息技术教育,培养学生利用信息技术的意识和能力。了解必要的通用技术和职业分工,形成初步技术能力。"综合实践活动是一门高度综合的课程,是一门非学科领域课程,它的内容和方式选择要基于学生的直接经验,并与学生的社会生活紧密联系,体现学生对所学知识的运用能力。

(二) 小学教科书的基本内容

《基础教育课程改革纲要(试行)》提出,小学阶段以综合课程为主,小学低年级开设品德和生活、语文、数学、体育、艺术(或音乐、美术)等课程;高段开设品德与社会、语文、数学、科学、外语、综合实践活动、体育、艺术(或音乐、美术)等课程,这些课程除了综合实践活动课程中的部分内容,比如研究性学习之外,都有按年级编排的教科书,作为课堂教学的主要依据。下面以人教版新课程标准小学语文和小学数学教科书为例,简要介绍小学教科书编排的主要内容和特点。

(1) 小学语文①

第一,在教材编排上努力体现新的课程理念,依据课程总目标和阶段目标,编写低、中、高年级教材,体现阶段性和连续性,在整体推进中促进语文素养的形成与发展。具体而言,低年级以识字、写字为重点,兼顾阅读、口语交际等。根据课程标准提出的"认写分开、多认少写"的构想,解决多认字、写好字的主要问题。一年级

---

① 崔峦.人教版《义务教育课程标准实验教科书·语文》一至三年级教材介绍[J].课程·教材·教法,2003(9):33-38.

上册注意搞好幼小衔接，做到平稳过渡，汉语拼音部分降低教学要求，结合学习拼音，认识少量汉字，进行最初步的语言训练。采用根据汉字特点归类识字和随课文分散识字等多种方法，认写分开，多认少写，加强写字，降低识字、写字的难度。教材以识字、写字为重点，兼顾阅读和口语交际，使新入学儿童受到比较全面的语文启蒙教育。一年级下册到二年级上册以专题组织单元，每个专题第一课为韵语形式的识字课，集中识字占有一定比重。韵语识字与随文识字相结合，每组内容均由"导语""识字课""课文""语文园地""我的发现"几部分构成。所有教材内容、各项语文活动都是围绕专题编排的。综合性学习采取渗透的办法。从二年级上册开始不再全文注音，二年级下册开始完全随文识字。教给学生两种查字典的方法，要求学生有初步识字能力。

中年级继续以专题组织教材，加强阅读，开始习作，重视综合性学习，根据年段目标加强导学功能。高年级尽管仍然按专题组织教材，但在编排上有了变化。每册八组，有六组由"导语""课文""口语交际·习作""回顾·拓展"四部分组成；有一组穿插安排了综合性学习；有一组改变了编排方法，采取任务驱动式，用语文实践活动项目推动体验、探究的学习，在语文综合运用的要求上有所提高。

第二，在内容及编排上，围绕重点或专题组织教材内容，整合语文学习活动。一年级上册教学的重点是学好汉语拼音，教材编排即围绕学习和巩固汉语拼音这一重点，把学拼音、认少量汉字和发展语言结合起来，保证学习拼音的同时，进行认字、初步的阅读和口语表达。从一年级下册开始，教材围绕专题把各项内容组合成一个个单元，每个单元体现了识字写字、阅读、口语交际、语文实践活动的整合。各个单元之间力求体现学习内容、学习要求的整体推进和语文能力的螺旋上升。

第三，更新内容，使课文既富有时代气息，又注重弘扬中华优秀文化，编选的文章力求做到文质兼美。新编教科书中的新课文一半以上内容涉及表现爱国主义、革命传统的，反映祖国新貌和建设成就的，反映日新月异科技成就的，人与自然和谐相处及关注环境问题，歌颂各国人民之间的友谊，呼吁制止战争、维护和平，表现现代儿童自强自立、诚实守信、关爱他人、团结合作等优良品质的，体现中华传统美德和优秀文化的等。

第四，利用汉字特点，遵循识字规律，采取多种形式识字，提高识字速度。采用多种形式强化识字写字，提高学生的识字写字能力。注意利用汉字自身特点，注重在语言环境中识字，有丰富的人文内涵，努力体现课程标准倡导的"认写分开，多认少写，加强写字，尽早阅读"的识字教学主张。一年级上册，归类识字与随文识字结合。重视利用汉字自身特点（如象形、会意）及在与事物联系中识字，把识字、学词结合起来。同时渗透识字知识、写字方法。一年级下册到二年级上册，韵语识字与随文识字结合。二年级下册及以后各册，随文识字成为最主要的识字途径。此外结合"语文园地"中"我的发现"认字，引导学生在掌握一定量的汉字之后，发现一些常用的识字方法，在这一过程中安排认识少量汉字（只认不写）。

第五，教科书呈现方式突出导学特色。新教材在呈现方式上有很大的突破和创新，力求使教科书成为学生喜爱的学本。具体表现在以下方面：一是在编写的角度上，由原来以教师的教为视角，转向学生视角，以学习伙伴的口吻提出学习和练习的内容。单元前的"导语""思考练习题""语文园地"等内容，都以学习伙伴的口吻叙述，体现了鼓励学生主动学、游戏中学的意图，教材中设计了大量的"我会读""我会认""我会说""我会写""我会连""我会填""我会猜""我会讲"等图标，激励学生自主学习、主动学习。二是在内容呈现中强化导学的功能，促进学生学会学习，学会发现。在课文之前、课文之中、课文之后，根据需要以学习伙伴的口吻提出问题，引导学生读书、思考，引导学生体悟读书时应在什么地方想、想什么、怎样想；在语文园地中，利用"我的发现"这一栏目，不断引导发现，发现识字方法，发现词句、标点中一些带规律性的东西。由引导学生发现汉字形声、会意等特点，利用加、减、换偏旁（部件）等方法识字，到引导发现字词多音、多义、反义、褒贬义和词的不同结构方式，以及标点符号的用法等，循序渐进，不断拓展加深，给学生提供探索发展的上升阶梯。三是给学生提供展示交流课内外语文学习成果的机会，提升学生语文学习的成就感。交流课外识字成果，展示查字典的能力，交流搜集的谜语、谚语、春联，办墙板、手抄报，开故事会、诗歌、朗诵会、学习成果汇报会。展示台既为学生提供一个不断展示学习成果的舞台，又是一种提倡和引导、激励学生主动学习，不断提高语文综合运用能力的途径。四是体现语文与生活的紧密关联，引导学生在生活中学语文，用语文。教材中大量采用生活中的实例，帮助学生加深对课文内容的理解，结合生活情境设计口语交际专题、设计与学生课外生活及阅读相关联的读写活动，结合乡土教育内容设计小制作，办墙报、手抄报，开故事会，办展览等活动等等。五是在教材设计中体现开放性，以适应不同地区、不同水平的教学对象。比如在识字的设计上，鼓励学生在生活中识字，不断展示交流自主识字成果。在阅读设计上，一年级上下册编排连环画性质的课文，引导学生借助图画阅读，鼓励学生遇到少量不认识的字时猜读。从一年级下册开始，在每册之后编排若干篇选读课文，供师生灵活运用。在练习设计上，编排少量选作题，提出一些活动建议，供学有余力的学校、师生参考。这种差异化设计,有助于满足不同程度学生和不同地区学生的不同需求,为普遍达标、因材施教奠定了内容基础。

(2) 小学数学[①]

小学数学新教材注重应用意识、思想方法、解决问题能力的培养,关注提升学生的数学体验。新教材内容及其特点:

第一,具有科学合理的内容结构。教材的知识结构安排适应儿童学习数学的认知特点和数学知识本身的发展规律;加强数、估算、统计、应用、创新等实践意识与实践能力的培养;尽量反映数学知识的形成过程、数学方法在解决问题中的作用;加大数学思想和方法渗透的力度。遵循儿童心理发展的年龄特点和规律,有目的、有步骤地进行智力开发和能力培养;重视培养学生的数学思维能力,加强求异思维、思维灵活性的培养;加强创新意识、空间观念和实践能力的培养;丰富计算能力的内涵,提出培养计算能力的恰当要求;采用多种形式培养学生提出问题、解决简单的实践问题的能力;根据儿童情感发展的特点和规律,对学生进行情感、意志品质的培养和思想品德教育;努力使学生体验到学习数学的乐趣,培养学生的学习兴趣和学好数学、会用数学的信心以及严谨求实的思维品质,培养学生健康向上的生活态度。

第二,呈现形式新颖丰富。小学数学教材在内容呈现形式上,注意体现儿童的已有经验和兴趣特点,为儿童提供丰富的与生活情境相关联的数学素材。内容的展开具有探索性和开放性,例题、习题形式多样,选材符合实际生活。在版面设计上,图文并茂,风格活泼,色彩明丽,有利于吸引学生的注意力,激发学生的学习兴趣。

第三,努力体现新的教学理念和教学方法。体现学生学习的主体性,反映学生获得知识、形成技能的基本过程,注意引导学生通过操作、观察、猜测、思考获得感性经验,为理解数学知识提供经验支持。倡导探究、交流的学习方法,鼓励引导学生探索、发现规律性知识。

第四,新颖实用的立体化教材体系。形成了以教科书为核心的立体化教材体系,编写新颖、实用、开放的教师教学用书,研制实用有效的多媒体辅助教学配套软件,为教师在教学过程中合理利用现代技术促进教学方法现代化、提高教学效率和教学质量提供了有效手段。

---

① 张廷凯.新课程设计的变革[M].北京:人民教育出版社,2003:260-262.

第三节 "教教材"与"用教材教"

一、"教教材"的课堂表现

"用教材教"是新课程改革中针对教师与教材关系倡导的一个重要理念,是对传统"教教材"行为的纠正,得到了教育界的认同并对基础教育的教学实践产生了一定影响。"教教材"与"用教材教"是针对教材使用问题而提出的两种观点。尽管实践中不存在纯粹的"教教材"现象,但很多教师在教学中却存在着一定程度的"教教材"问题。具体来说,"教教材"问题在教学中主要有以下几个方面的表现:

第一,课堂教学被简化为掌握已有书本知识(教材)的过程,过分强调接受学习、死记硬背和机械训练,具体表现就是不顾及学生的知识基础、经验状态,把掌握结果性知识当作课堂教学的唯一任务。

第二,把教学看作是对教材按部就班的贯彻过程,以教材、教学参考书为绳墨,不敢越雷池一步,只要是课本或者教学参考书上说的就是对的,哪怕自己不认同或者学生已经有了充分的反驳依据,教师依然要坚持教科书或者参考书的观点。稍有变通的教师在学生观点与教材观点出现冲突时,会告诉学生:"你说的是对的,但考试的时候要按课本上的观点",从中不难看出教师的顾忌,但这却与培养学生独立思考、创新思考的教育追求相违背。这种把教材奉为圣经、把教材的观点看作是不容置疑的真理和权威的做法,在现实的一线教学中大量存在,这种教学实践模式把教师变成了纯粹的教书匠。教师的这种"言行不一"也会对学生品德的发展造成消极影响。

第三,以单一、模式化、灌输式的教学方法控制课堂,把学生看作被动接受知识的容器。一线教学中存在部分教师数十年如一日用同样的方法处理同样的内容,不管他面对的学生实际状况怎么样,在自己的方法难以奏效时,往往把问题归咎于学生。有人把这种教师的专业发展状况概括为"二十年的教龄,两年的教学经验"。其实,有时候说这部分教师没有关注学生的学习状况,是有失公允的,只是由于他们把课堂教学的注意力仅仅集中于知识传授上,学生的现实状况他看到了,但却无暇顾及,对于教学所应该有的价值,视而不见,白白浪费掉了丰富的课堂教学资源。

第四,抑制学生独立思考能力的发展,在一定程度上压缩了学生精神生命的成长空间。如果以教材和教学参考书的观点为权威,那么教学过程就会变成引领学生确认权威的过程,与权威不一致的观点肯定是不正确的。在这种教学思维模式下,教学的过程就是寻找统一答案的过程,学生的独立思考、批判性思考的空间被剥夺,容易形成对权威的盲信,造成学生精神世界的萎靡,唯唯诺诺,从不敢思考发展到不愿思考,极大地影响学生的未来发展。

二、为什么要"用教材教"

以上所说的这些问题,并非全部发生在某一位教师的课堂上,但却在很多教师的教学中不同程度地存在着。导致这些问题的原因部分在于教师,部分在于教育的外部环境。在外部环境无法在短时间内完全改变的前提下,教师只能通过改善自己的理念、实践,来尽可能地摆脱"教教材"所带来的问题。

第一,教材是促进学生发展的工具。教师要改变把教材当作需要学生牢记的静态学科知识的观念。课堂教学的核心内容是知识,但教学的最终目的是学生的发展,在学校生活中,学生的发展正是通过一节一节的课和学生参与的不同类型的活动而实现的。学生在每一节课上的生存状态,很大程度上决定了他的发展状态。这是"用教材"的观念基础,即要让教材为学生的发展所用。

第二,教学是一个教师和学生借助教材进行的互动过程,在这个过程中,教材是师生互动的载体,而不是控制师生互动的外在权威。在课堂教学过程中,借助教材培养学生的理解能力、独立思考能力、批判性思考能力,需要的是自由而宽容的课堂氛围和自主探究的精神。对于师生来说,关键是某一观点是否有道理,而不是这一观点是否名家所言。在这一点上,叶圣陶先生的观点值得我们思考,他在谈到语文教学的时候说:"语文教材无非是例子,凭这个例子要使学生能够举一反三。"①他认为,语文教材是从学生现在或将来需要读的同类读物中举出来的"例子"或"样品",学生如果能够读懂这些篇章,也就能去阅读同类的东西,这是它的示范功能和迁移功能。在用这些"例子"的时候,叶先生给出的建议是:"国文教本中排列着一篇篇的文章,使学生试着去理解它们,理解不了的,由教师给予帮助(教师不教学生先自己设法理解,而只是一篇篇讲给学生听,这并非最妥当的帮助)"②阅读的目的是获得学生的理解,并在此基础上培养学生的语言表达能力,而不仅仅是记住名家的观点。

---

① 叶圣陶.大力研究语文教学,尽快改进语文教学[J].中华活页文选:教师版,2008(6):4-8.
② 叶圣陶.国文课,我们要学习什么?[M]//叶至善.叶圣陶集:第十三卷 语文教育学一.南京:江苏教育出版社,2004.

　　第三，教师要"用教材教"的另外一个重要原因，在于教材的选择和教科书的编写是为教学服务的，但并不是直接为每一节具体的课堂教学而设计的。教材选编与课堂教学之间的距离，可以描述为以下几个方面：

　　其一，教材内容的选择与教科书的编写要体现的是课程设计的目标，教材更是直接依据课程标准编写，比如人教版小学数学课程标准实验教材将课程标准所规定的第一、二两个学段的课程目标和内容标准细化为总共 12 册、计 700 多个课时的学习材料，这些课时划分依据是教学材料的量，即它是根据相应的材料相对于某一个年龄段的学生而言所需要的学习时间来划分的，教科书编者眼里的学生并非每个教师面对的具体的学生，故而对于不同地区、不同水平、不同学习状态的学生来说，教材中的课时不等于实际课堂教学中的课时。

　　其二，在教材内容的选择和教科书编排过程中，给教师留下了很多需要"补白"的空间。尽管教材内容的选择与教科书编排者尽力要体现出知识的系统性和序列性，希望能够把知识的形成过程、方法与知识内容有机地结合起来，把知识发展的历史与知识本身完美地结合起来，但到目前为止完美的状况还不曾呈现，而且这种理想的状况很有可能永远也难以达成。正如一位美国研究者对中国教科书所做的描述："每册单列，内容很少超过一百页，覆盖了每门学科每学期的任务。封面是引人入胜的，但里面的插图很少，主要是正文部分。插图只是用来描绘课堂的中心内容的，很少考虑对概念发展不必要的信息。课本呈现了课的精髓，期待教师用其他材料详细阐述和补充信息。"[1]这些缺失的"不必要"的信息，既是缺憾，也是教师可以发挥专业工作独特性的空间，教师需要依据自己对学科教育价值的理解，通过查找相关资料、应用自己的知识、经验等，在与学生的课堂互动中让单薄的书本知识逐渐丰满。

　　其三，教材知识的点状和演绎式呈现方式。[2] 课堂教学通常以节为单位构成，故而教材通常也以点为单位安排，即将学科领域内的知识整体按照由易到难的顺序，分割成在课的时间单位内可以完成的教学内容。这种编排方式便于教师在单位时间内展开教学，但也把原本具有内在关联的知识，人为地分割成碎片化的知识点。以点为单位的编排方式，在数学学科表现为一个知识点、一个例题，在语文学科则表现为一篇篇的课文。以小学数学教科书中"数的认识"为例，这一教学内容

① STEVENSON H W, STIGLER J W. The Learning Gap[M]. New York：Summit Books，1992：139.
② 吴亚萍，王芳.备课的变革[M].北京：教育科学出版社，2007：51-54.

被分割成 1 到 5 的认识、0 的认识、6 到 10 的认识、11 到 20 各数的认识、100 以内数的认识、千以内数的认识、万以内数的认识、小数的初步认识、亿以内数的认识、亿以上数的认识、小数的意义和性质、百分数、负数等多个段，横贯于两个学段、所有年级的学习过程之中。由于数学的知识点在一定程度上存在着相对的完整性和独立性，往往会导致教师只关注此"点"，不及其余。这种就事论事的教学内容安排，往往让学生不知道知识的来龙去脉，只会"依葫芦画瓢"地机械模仿，数学教学变成纯粹的单一的解题学习。知其然而不知其所以然的学习方式，难以形成知识网络，也不利于知识的迁移。

教材知识体系的演绎式编排方式，在理科表现得尤为突出。仍以数学为例，每一单元或者每一课的教学内容，通常遵循"定义—性质—定理—应用"的呈现顺序，这种呈现顺序从知识角度看是合理的，它呈现出清晰的层次性；但从发现知识的过程以及学生学习的过程来说，则是颠倒的，因为人类认识，也包括学生在学习过程中的认识，都表现为由具体到抽象的归纳过程，而不是由抽象到具体的演绎过程。知识的演绎式呈现，使形成知识的归纳过程中本来具有的丰富、复杂、生动、具体内容隐去或丢失，遮蔽了前人发现问题、解决问题、形成结论的过程，遮蔽了前人在创造和发现数学过程中的智慧。这种遮蔽容易使教师把教学的重点放在对知识本身的学习、记忆和运用，忽视知识被发现、认识、发展过程所蕴含的学科育人价值。

其四，课程内容选择和教科书编排都是人为的，尽管是相关专家的行为，但所有人为之事都带有个体的主观意见和局限，作为"具体个人"的专家在进行内容选择和编排时，同时会把个人的经验、见解、价值观等，以内隐的方式注入其中，使之带有个人色彩和个人偏见，导致"教材并非不容置疑"，正因如此，"教学也绝非教材全面合理化的过程。在课堂上，师生需要更多真实的、开放的对话。这就需要教师以平等的眼光来对待教材，以专业的眼光来审视教材，以敞亮的心态来对待孩子的困惑和疑问。而这也恰恰是诸多课堂存在问题的关键所在。"[1]比如以母爱为视点的研究发现，人教版、苏教版、北师大版三套教材有关母亲选文中存在的四个方面的缺失：经典的缺失、儿童视角的缺失、快乐的缺失和事实的缺失。[2]

第四，教师是专业工作者，教师工作的专业价值在于其创造性，"用教材"而不是照本宣科地"教教材"是体现教师工作专业性的维度之一。叶澜教授用"是"与

---

[1]　郭初阳.教救孩子：小学语文教材批判[M].武汉：长江文艺出版社,2010：2.

[2]　同[1]4-7.

"不是"的方式,表达了她对教师工作专业特征的认识:①从教师与学生的关系角度讲,教师是点亮学生心灯的"启蒙者",而不是为学生燃尽生命的"蜡烛";是用人类文明使学生成人的"养正者",而不是放任学生自发生长的"牧羊人";是学生才情、智慧、人格发展不可替代的"助成者",而不是学生成长路线与模式的"规定者"。在教师与学科的关系上,教师是学科知识的重要激活者,而不是学科知识的简单传递者;是学科育人价值的开发者,而不是学科技能的机械训练者;是教育教学实践个性化的创造者,而不是学科能力的反复宣讲者。"教师的智慧就在于把学科知识激活,让学科内在的生命能量呈现出来。学科知识是充满生命能量的,须回到它创生时的原始状态,知识创生过程中的经历、曲折和智慧,都是有生命的,是活的。学科知识独特的逻辑、魅力,也是有生命的,是活的。教师的能力,就是让学生得到活的知识,看到知识创建的过程,懂得知识对于人类、个体的价值与意义,而不只是一个用符号表达的'死'的结论。"②

合理、高质量地使用教材,而不是一味地把教材看作是直接传授的正确的、权威的知识,是教师工作专业性的体现。

三、教师如何"用教材教"

教材要想用好教材,需要在教材的理解、重组、激活三个方面下功夫。

(一)理解

深度理解教材内容是用好教材的第一步。首先,钻研教材是教师尤其是新手教师最为重要的任务之一,其重要性甚至超过了我们通常所认为的课堂管理。钻研教材可以分为两个方面:第一,教材内容是什么? 即对教材文本的解读。对教材文本的解读不能停留于文字的表面上,只看到知识是不够的,还需要解读隐藏于知识符号背后的观念、经验、价值观等内容。比如,对语文中的文本解读,要关注字、词、句、篇以及文章的结构特点,要关注作者所生活的时代背景,要关注作者的人生际遇、价值取向,对于被节选或被改动的选文,还要关注教材选文与全文、选文与原文之间的差异,等等;对数学文本的解读,不但要看到概念、定理、运算法则,还要看到各知识点与相关知识点之间的关联、知识背后的思想方法、知识获得的过程等。第二,教材内容与学生之间的关系是什么? 是学生已经熟悉和掌握的? 是学生自己已经有能力学习的? 是学生生活中经验过但还不系

---

① 叶澜.“新基础教育”内生力的深度解读[J].人民教育,2016(Z1):32-42.

② 同①.

统和不清晰的？还是学生从未遇到过的？它实际上是教师在理解教材文本和学生已有知识、经验、能力的基本情况的前提下，对教材与学生关系的基本判断，它是教师选择教学内容和确定教学方法的基础和依据。在职前教育阶段，我们都学习过诸如语文、数学教学法类的课程，但那只是简单而初步的对学科知识和学科体系的认识和了解，职前阶段对知识的解读，没有具体的学生，因而往往是宏观的、概括的。在实际教学情境中，面对具体的、有差异的学生，对教师与学生关系的思考才会鲜活、有针对性。新手教师只有通过实实在在的教学过程，才能够慢慢地学会理解教材，掌握具体一个年级要教什么，你所教的内容跟高一年级、低一年级的内容之间存在什么样的关系。

实际上，新手教师之所以在课堂管理中呈现较多的问题，除了经验不够、"杀气"不足的原因之外，一个非常重要的原因是无法像有经验的教师那样使自己的教学活动贴近学生的需要和发展水平，未能用自己的教学吸引学生的注意力。

钻研教材包括三部分：课程标准、课本和教学参考书。一般来讲，教师在钻研课本上花费的时间和精力最多，因为它不但关涉"教什么"，还与"怎么教"密切相关。教师要研究课本是如何解释和说明课程标准中的思想的、作者为什么要以这样的方式编排、各部分内容间的关系是什么、每个单元的内容是如何组织的、每个单元有哪些关键的知识点，等等。

钻研教材的关键首先是"忠实"于教材。这里所说的"忠实"，指的不是对教材文本不假思索的认可和辩护，不是盲目地认为教材中出现的内容都是正确的，而是指对教材内容的理解要尽可能贴近文本本身，要理解教材文本内容及其背后所隐含的思想、方法等，把文本内容放到产生文本的背景中去理解，而不是用现代的思想随意解读，尤其是对文学和历史教材，立足现代进行评价是可以的，但评价的前提是读懂作者所要表达的思想内容。这就要求教师对教材文本进行解读的时候，首先要有自己对文本的理解，其次是查找文本的背景资料，然后才是参考他人的理解和看法；在这个过程中，如果自己有疑问，一定要搞清楚，因为教师的疑问也很可能是学生有疑惑的地方。"忠实"于教材文本的目的在于"吃透"教材，目的在于把教材内容读丰富、读清楚，为创造性地使用教材奠定基础。

钻研教材还意味着教师要有把每一个知识点放到整个学段乃至整套教材的大背景下思考的整体解读意识，在纵向的知识体系当中理解具体知识点的意义和价值。以语文为例，作为选文的课文，它"包含着各种甚至不能言明的要素，任何人任何时候学习一篇特定的选文只能关注其中的某些特定的方面、特定的点，而具体到哪些方面、哪些点、在什么水平上去关注，选文本身是不会给出指示的，得由教它的人摸索着取舍、摸索着定夺"①,因此,把具体的选文放在教材选文序列中来确定其教学价值就显得尤为重要,否则容易造成盲目解读和随意处理教材,或者试图兼顾与选文相关的各个方面,造成面面俱到却难以突出重点的问题;或者随意地想教什么教什么,什么好教教什么。无论哪一种处理方法,都无益于课堂质量的提升和学生的学科素养提升。只有把知识点放在知识序列中,我们才有可能恰当地定位每一节课的教学重点和教学目标。

把每一个知识点放到学科知识的序列中思考教学问题,有利于提升教师的学科加工能力。所谓学科加工,指教师在教学设计过程中,试图恢复教学内容与其母学科之间的联系。一节课要处理的知识点,总是对应于某些主题、服务于某些目标,教科书的编制过程是由学科知识向教科书知识的转换,教学过程中的学科加工,就是回头去寻找这些转换的线索。任何一节课都可以反映出与教师相关的三类基本信息:②第一,教学能力,即教师教学组织、课堂管理等方面的能力,是教师在较长时间里的发展成果;第二,教学设计能力,包含了由教科书到教师理解、诠释、设计、安排的转换,亦即教师对课程的感知和加工;第三,学科加工能力,即教师在教学设计过程中,试图恢复教学内容与其母学科之间的联系的能力。善于做学科加工的教师,在思考教学问题时,始终具有独到的学科眼光:每一节课的教学,都有较为明确的学科定位,教师考察的不仅是单个知识点,而是努力寻找该知识点与学科知识之间更广泛的意义联系,使每一个知识点的教学目标设计都不再是基于猜测或者灵机一动,而是建立在坚实的意义背景的基础上。

尽管新手教师在师范教育阶段已经比较系统地学习和梳理过中小学教材的大致内容,但在入职之后的一年里,处理教学过程中教材方面的问题仍然是新手教师感到有挑战的任务,这是一种正常现象,但也是一个不可放任发展的问题。新手教师不能期待把小学阶段或中学阶段都教过一遍后再系统地认识自己所处学段的知识体系,那样你就会"新"得太久。你需要做的是在每一次备课过程中研究教材的时候,都有意识地把相关知识的前、后、左、右联系起来看,并把这种联系与学生学习过程中的实际困难与问题结合起来思考,这样就会在一次次的联系过程中,在一节一节课的对学生的观察和对问题的思考中,逐渐把学科知识体系梳理清楚,找到每一个知识片断在学科知识体系中的准确坐标,发现灵活选用适宜的教学方法的依据。这是新手教师快速获得经验的必经之路。

① 欧阳林,何更生.当今语文教材使用的三大误区[J].语文教学通讯,2005(1):17.

② 丁道勇.评课中的视角差异及其重构[J].上海教育科研,2012(5):14-18.

教师在研究教材的时候，同时也在进行教学设计：当他们思考它与前后知识之间关联的时候，他们也在同时考虑如何安排相关知识点的教学程序、选择教学方法、确定教学目标等等。在研究教材的过程中，教师已经在思考：这节课我将要教什么？教学这一内容的时候学生需要什么样的概念或技能？这个知识点是其他关键概念的运用还是更为复杂的教学内容的核心基础？如果它是一个核心基础，我该如何做才能确保学生能够深刻理解并促进后续的学习？我将如何引导学生建立新旧知识之间的关联？学习这一内容学生经常会出现的错误有哪些？我将以什么样的方法确保学生对他们可能出现的错误有足够清晰的认识？哪些地方需要详细讲解？哪些地方需要学生进行讨论？这节课在什么地方以及如何为下面的学习奠定基础？通过这节课的学习，优秀学生会获得什么样的成长？后进生和中等生可能学到什么？不同水平的学生在学习过程中可能遇到的困难是什么？这个过程实际上就是教师在确定教学设计的两个基础：教学内容——教师所要教的知识内容；教学起点——教学对象与教学内容之间的关系。备课要考虑的主要问题就是如何恰当、协调地处理两者之间的关系。这一点说起来容易，但做起来却非常难，能不能恰到好处地处理两者之间的关系，成为我们在一般意义上判断一位教师是否优秀教师的基本标准。

（二）重组

重组知识即给知识"打包"，即要一组一组地看问题，而不是一点一点地看问题。这一原则在处理像数学、科学等结构良好的知识时尤其重要。知识"打包"的方式不是固定的、严格唯一的，不同的教师在不同的背景之下，或同样的教师面对不同的学生，都有可能以不同的方式将知识"打包"。问题的关键不在于以什么方式给知识"打包"，而在于教师在教一个知识点的时候应该把知识看作一个相互关联的整体，一个"包"，而且要确定当前所要学习的知识在这个知识包中的地位和作用、它的学习受到哪些概念或者过程的支持，以便教学那些对当前知识学习非常重要的概念或结构的时候，花更多的时间和精力，确保学生能够正确地理解并运用这些概念、形成相关的知识结构。

重组教材是教师摆脱教材知识点束缚，创造性地利用教材的基础。教科书知识由易到难的编排顺序，体现的是知识之间联系的外在表现，这种渐进往往是平面的，理论上讲就像一级一级上升的楼梯，前后相续地连成一个系列。而事实上，这些由易到难、由简到繁的知识点之间，以及知识点与学生的经验之间，还存在着深层的关系。重组教材可以从两个方面来理解：一是发现和重组教科书知识点之间内在的关联和层次；二是研究人的认知结构与书本知识结构之间的关系，根据学生理解和掌握知识的规律来安排学习的顺序和层次。

重组教材的核心是要把具体的知识点放在相关知识的关联之中。一般而言，教材重组可以从三个方面进行：条状重组、块状重组、条块融通①。

第一，条状重组。条状重组的知识结构加工方式，主要指把教科书中以点为单位的知识序列按其内在逻辑组成由简单到复杂的结构链，以利于学生把握贯穿整个单元的知识结构。一般来说，条状重组教材可以以学年为单位，可以跨单元进行，也可以在单元内对教材进行重组。如小学数学中"平面图形的面积"就可以作为一个条状重组的基本单位。在小学教材中，平面图形的面积教学内容一般分别编排在三到五年级的不同学期，主要是规则图形的面积，包括长方形、正方形、平行四边形、三角形、梯形、圆。在平面图形的面积计算中，平行四边形教学处于承上启下的转化位置，前面是规则图形中两个特殊的图形——长方形和正方形，后面是三角形、梯形和圆；在长方形、正方形面积→平行四边形面积→三角形面积→梯形面积→圆面积的平面图形面积计算背后，贯穿着一条转化思想的暗线：从图形的一条高出发对图形进行剪、折，或者从图形一条边的中点出发对图形进行剪、折，就能把平行四边形转化成长方形，把三角形转化成平行四边形或长方形，把梯形转化成三角形、平行四边形或长方形，转化的核心在于平面图形的内在特征：高、垂线、中点、平行线。依据以上的分析，我们可以把条状重组的重心放在平行四边形教学中的转化上，在教学中花时间指导学生体验、理解和熟练地掌握转化的思想方法，然后把这种方法结构迁移到三角形、梯形的学习过程中。

语文教材的内容和呈现方式与数学差异较大，所以其条状重组的方式也与数学的思路不同。语文教材主要由选文、语文知识、练习三大部分组成，其中选文的题材和体裁非常丰富，有童话、寓言，有写人、记事、写景、状物的记叙文、说明文、议论文、诗歌、散文、剧本、通讯报道、小说片段、小小说等，还有白话文、文言文的区别等，选文内容没有内在必然的关联性，条状重组的可能性增加，挑战也增加。以阅读教学为例，可以按照学生语文能力发展顺序为主线，从一到九年级组成一个在文体方面既有侧重又有连贯性的阅读教学系列：一、二年级以朗读和口语能力培养为主，通过阅读生动有趣、文字浅显、结构整齐、故事性强的童话和朗朗上口的儿歌、诗歌，培养阅读兴趣，积累语言素材；三、四年级以记叙文为主，这一阶段的阅读以方法指导为核心，以类课文阅读指导课的方式，指导学生了解各类课文的结构特点，帮助学生掌握阅读记叙文的方法与策略，并引导学生运用所学的方法进行课外

---

① 吴亚萍，王芳.备课的变革[M].北京：教育科学出版社，2007：61-75.

阅读；五、六年级以阅读游记、散文为主，主要培养学生对生动、优美的文字的体悟能力，增加语言文字积累，提升学生运用汉语表情达意的能力和水平。七、八、九年级以阅读说明文、议论文为主，辅以小说片段、散文名篇阅读，丰富学生的情感世界，发展学生的抽象思维能力。这只是进行条状内容重组的一条线。

第二，块状重组。块状重组即把教科书中横向的知识点，按其类特征组合成一个整体，使学生先整体感悟，再局部地认识和把握知识。这种知识重组方式关注的是类知识结构之间的横向关联性，关注同类知识在认识过程中的思维结构，凸显知识点背后共同的思维与方法，以培养学生进行分类、比较、抽象、概括能力为目的。比如，数学教材中的图形周长计算、物体表面积计算、体积计算以及复合应用等，即可以"块"的方式进行重组。以"物体表面积计算"为例，教师对这一类知识的教学往往很重视学生根据公式进行计算的能力，而忽视这一类教学材料本身所具有的思维方法培养价值，在处理教材时常会单独地解决不同形状物体的表面积问题。而如果把具有共通思维方式的长方体、正方体、三棱柱或四棱柱整合在一起，引导学生思考这些物体的表面积计算问题，就更有可能让学生形成解决这一类问题的一般方法：长方体、正方体、棱柱等看似不同，其实它们有着共同的特征，即都是直柱体，它们侧面积的计算可以概括为"底面周长×高"，这样学生获得的就不仅仅是一个一个的计算公式，而是蕴涵在数学知识背后的数学思想和认识一类事物的一般方法。把握"一般"可以更灵活地处理"特殊"，有利于举一反三，触类旁通。

小学语文教材中，可以围绕文体或主题对教材内容进行块状重组。比如低年级童话课文比较多，就可以把教材中的童话课文组成为一个童话教学单元，先以一篇为范例，指导学生掌握童话表达中多次重复的结构特点，然后再扩展到其他篇目甚至课外学生阅读过的童话故事，并以呈现图片的形式帮助学生编、讲、演童话故事，在此基础上仿写和创作童话。

块状重组教材的优点在于可以给学生提供整体认识一类知识的条件，让学生在整体感知的基础上解决具体问题，在解决具体问题的过程中概括认识一类知识的方法和思维路径；在教学中，把一类知识放在一起，还有利于学生在学习过程中把"学方法"与"用方法"结合起来，"学方法"的时候放慢节奏，保证给学生足够的时间体验、思考和发现，然后用学到的方法处理同类问题，把教学的过程转化成巩固与运用的过程。

第三，条块融通。条块融通其实是一个对知识结构进行条块结合的过程。条状重组关注的是知识之间的纵向联系，块状重组关注的是横向联系。通过纵向、横向的结构化重组所形成的知识链，如果放到整个年级或者整个学段的长程中，就有可能实现纵与横的交叉，从而真正使一门学科的知识点联结成网络。例如，在小学语文教学中，拼音、识字、阅读分别是不同阶段的学习重点，在教学中可能会导致各自为战、耗时低效的问题：突击教学汉语拼音，识字教学强调一步到位，两者均以频繁、机械操练来达成掌握的目标，阅读教学滞后。实际上，拼音、识字、阅读是不可分割的，在教学过程中也是完全可以把三者有机地融合起来的。比如，借助为此阶段学生编写的能配合各版本教材使用的课外阅读材料《阅读芳草地》，就可以把拼音、阅读教学以融合渗透的方式进行加工，采用"汉语拼音、识字教学同步进行，互相促进；发展口语、大量阅读"的方法，以拼音熟练逐步到位，汉字掌握分步到位（少数基本字要求会"拼、认、写、默"，其他字只需会"拼、认"，在以后的学习中逐渐提高要求），扩大阅读量为目标，让学生在有趣的故事、童话、儿歌的朗读、表演、游戏中认识汉字、学会拼音，提高阅读能力，提高语文教学的整体效应。

除了把教材内容打散进行重新组合的条、块教材重组之外，对教材重组还包括补白，即把因教材内容的部分缺失而可能导致学生学习过程中理解或掌握困难的内容补上。比如，苏教版小学数学四年级上册教材的"画角"[①]这一内容中，教材中的例题主要介绍用量角器画角的方法，同时渗透用三角尺能够画出一些特殊角，比如：30°、45°、60°、90°，教材后面安排的巩固习题也主要围绕用量角器画角展开，而对如何使用三角尺这个工具画角却很少涉及，这样的安排很容易给学生造成用量角器可以画角、三角尺在画角时无用的感觉，而学生在用三角尺画角上却恰恰是最容易犯错误的地方。显然，教材安排中缺少了用三角尺画角的内容，如果按照教材安排进行教学，不但会导致学生在画角方法上的单一，还会造成对工具功能认识上的偏差。在这种情况下，教师可以有意识地把三角尺画角的内容补进来，让学生在"画角"这一学习内容中获得更为丰富的收获：①能分别用量角器和三角尺画角，步骤清晰，陈述条理。②能根据角的度数的特殊程度，判断和选择使用量角器或三角尺，保证方便快捷地画出合适的角，使不同工具在画角中的优越性呈现出来。③使用三角尺拼、叠画角，使学生利用有限的工具创造性地解决挑战性问题，把教材中的不可能变成学生学习和生活中的可能方案。

对教科书内容的重组和改组还有很多种不同的方法。对于教师来说，重组和改组教科书内容的关键问题不在于可以用什么方法，而在于打破对教科书内容和编排的过度迷信，打破按部就班忠实地执行教科书的习惯，把它真正作为教学设计

---

① 芮金芳.挖掘教材空间，巧妙补白——对"画角"课例的实践与思考[J].教学与管理，2011(2)：60-62.

与教学实施过程中的材料和工具，而如何使用这些材料和工具取决于它们对学生的发展价值，以及在课堂教学过程中学生可能遇到与真实遇到的问题。以学生发展为尺度决定对教材的取舍，新手教师会发现自己慢慢能够越来越得心应手地使用教材，而不是被教材控制。

（三）激活

教材属于静态的文本材料，只有经过适当转化，才能真正成为课堂教学的现实内容，激活教材，是教师"用教材教"的基础，与理解教材和重组教材相比，激活教材与学生的经验状态、教学实践的现实条件密切相关，属于由教材特点到教学实践的转化环节。在小学的课堂教学实践中，常用的激活策略包括：

第一，问题情境激活，即把教材中的问题情境与学生生活实践和知识背景关联起来，使之为新的教学活动服务。当然，并非所有的情境都需要激活，有的可以直接用于课堂教学，而有的则可能因与学生生活之间距离过大而不得不舍弃，重新创造一个类似的情境。

第二，知识形成过程激活，即以学生的生活经验和潜在的发展可能为基础把抽象的知识具体化，通过学生的主动思考和活动，使学生体验知识形成的过程。即通过一个充满探索的过程学习知识，让已经存在于学生头脑中的那些非正规的知识和体验上升发展为科学的、规范的结论，比如呈现在数学方面的准确与简练、理性，体现在语文教学中文字的流畅性与语言表达的优美，呈现在艺术类学科的韵律、线条、色彩搭配所表现出的美感体验等。

第三，创生教材。创生教材即立足教材，开发教学资源。教材为了展示知识的形成过程，将人类发展、认识某些知识的漫长过程经过浓缩、改编后直接写进了教材，如小学数学中的"长度单位""面积单位"等等，这些内容虽然在教材中以教学知识点的方式存在，但它们对于理解数学与生活的关系，以及之后的运算和生活应用等非常重要，需要教师在教学设计中拓展、开发教学资源，保证学生有充分的体验和理解；教材安排中还有一种情况给教师提出了创生教材的要求，即由于某些内容并不适合放手让学生去探索和发现，教材往往会在某个环节预设了简单的探索性活动，如操作、讨论、交流或游戏等，教师也需要激活这些活动过程，促进学生在活动中主动学习。

教材的哪些地方需要激活、如何有效激活教材，需要教师在教学实践中不断探索，在实践反思的基础上逐步提升。对于新手教师来说，首先需要的是建立教材需要激活、教材可以激活的意识，而后在教学实践中不断丰富激活教材的经验、提升激活教材的能力。

　　教师对教材的理解、对学生的了解、对教学过程的思考,最后集中反映在他为课堂教学所设计的方案中,在这个对教师课堂教学起着最直接作用的重要的文本中,包含着教师对教材文本的理解、对教学内容的选择、对相关知识的理解,以及教师对于学生学习过程的认识和态度、倾向,包含着教师对教学过程及其目的、价值的基本观念,也反映着教师对相关知识在整个知识链中所处位置与关系的理解。

　　教师的专业素养水平决定着对教材应用的质量,教师的专业素养也在结构化、多维度解读和应用教材的过程中不断得到提升。透彻地理解教材、有重心地重组教材,是教师进行教学设计的基础,也是教师在教学过程中能够弹性化处理教学设计、实现师生高质量互动的前提条件。

思考与练习

1. 新手教师应该如何处理课程问题?

2. 学科、教材、教科书、课程之间是什么关系?

3. "教教材"导致的教学问题主要表现在哪些方面?

4. 教师要想用好教材应该做到哪些方面的工作?

5. 重组教材有什么教学价值? 重组教材主要有哪些方法?

第五章　教学的一般理论

内容提要

　　教学的一般理论包括关于教学的性质、目的、价值等的系统认识。关于教学是什么、教学目的、价值等问题的认识，古今中外存在着巨大差异，也在差异中呈现出共同关注的要素。了解这些认识及其发展历程，把握不同时代、不同文化传统背景下的人们对于教学基本问题的理解，有助于我们形成自己的对于教学问题的看法，这些看法将在很大程度上决定我们作为教师的教育教学实践行为。

　　夸美纽斯在《大教学论》中有一段话："我们敢于应许一种大教学论，就是一种把一切事物教给一切人类的全部艺术，这是一种教起来准有把握，因而准有结果的艺术；并且它又是一种教起来使人感到愉快的艺术，就是说，它不会使教员感到烦恼，或使学生感到厌恶，它能使教员和学生都得到最大的快乐；此外，它又是一种教得彻底、不肤浅、不铺张，却能使人获得真实的知识、高尚的行谊和最深刻的虔信的艺术。"①夸美纽斯用这段话表达了他对教学的基本认识：教学的目的是把一切事物教给一切人类，教学是传承文化的事业；教学是复杂而多方面的艺术，涉及教师与学生，涉及知识、情感、品德与信仰；教学理论的使用即在于阐明教学的全部艺术。作为教学论学科的奠基人，夸美纽斯提出了理想的教学应该呈现的状态，并在《大教学论》中给教师提供了达到这一理想状态的全面而实用的建议。

　　其实夸美纽斯所关心的问题，也是我们每个教师都关心的问题：如何在把人类知识传递给下一代的过程中做到"彻底、不肤浅、不铺张"？如何在教学过程中使教师不烦恼、学生不厌倦？如何才能做到在帮助学生获得知识的过程中促进学生的精神成长？这些问题都与教学的基本理论有关。通过学习和思考形成自己对于这些问题的理解，是新手教师开启专业生活的起点。

---

① 　夸美纽斯. 大教学论[M]. 傅任敢，译. 北京：人民教育出版社，1984：3.

从本章开始,我们将进入教学论的学习。本章将重点探讨教学的基本理论问题,包括教学的概念与本质、教学的基本要素、教学要素之间的关系问题等。

第一节　教学的概念

教学是教学论中的基本概念。在教育史上,由于对教学这一概念的不同理解,发展出不同的教学理论流派。在教学论中,教学的概念作为认识基础贯穿于整个理论体系,对教学概念的基本认识,蕴涵着对教学价值、教学技术与方法的选择。揭示教学概念的内涵和本质,是理解教学论其他问题的总枢纽。

教学既是日常语言中的普通名词,也是教学论学科的专业术语。有学者对教学的各种用法进行过专门梳理,归纳出五种不同的对教学概念的理解:[①]第一种是最广义的理解,教学等同于人的生活实践;第二种是广义的理解,教学是有计划、有目的的全面影响人的活动,等同于教育;第三种是狭义的理解,教学是教育的基本途径,主要是传授和学习知识技能,影响学生身心发展的活动;第四种是更狭义的理解,教学等同于技能训练;第五种是具体的理解,指现实发生的具体的教学,比如学校里每天的上课。这些定义分别从不同的层面描述了我们日常生活中被称为教学的活动,反映了不同的人对于教学是什么的基本理解,也反映出教学作为人类活动的复杂性。要想给教学下一个确定、标准、统一的定义,并不是一件容易的事情。

一、汉语中"教学"的语义变迁

(一) 教学即学习

在中国古代观念中,教学即等同于学习。从汉字的源头上看,教与学具有同源性,是对同一人类社会活动的指称,反映在字的构成上,所有的"教"字,都包含一个写法与意义最简单的"学"(爻)字,然后再添加上新笔画部首。根据汉字的造字特点,这种新的添加表示这个字又增加了新的含义。"教学"两个字连用,最早见于《尚书·兑命》:"教学半。"孔颖达的解释是:"上学为教,音 xiào;下学者,学习也。言教人乃是益己学之半也。"《学记》引用它作为"教学相长"的经典依据,指出"学然后知不足,教然后知困,知不足然后能自反也,知困然后能自强也。故曰:教学相

---

① 　王策三.教学论稿[M].2 版.北京:人民教育出版社,2005:84-86.

长"。宋人蔡沈对此作注："教也……始之自学，学也；终之，教人，亦学也。"说明教学是一种先学后教、教中有学的活动，教是为了学，教与学都是学习的人的单方面的活动。显而易见，这并非现代意义上的"教学"。在古代个别教学的组织形式下，教与学不分，以学代教，以教促学，教学即学习，通过教人而学，以提高自己为目的。这是汉语中"教学"一词最早的语义。

（二）教学即教授

1905年，清光绪帝下诏"废科举，兴学校"，各地新式学堂大量兴办。1903—1907年间，"学校数由719所增加到52,348所，增加73倍"[①]。学校数量猛增，而学校临时召集起来的教师又没有受过培训，他们自己的学习和教学都是以背诵为主，讲解的能力和意识都比较弱。源于西方的班级授课制以及引进的西方自然科学学科教学，要求教师能够给学生进行必要的解释和说明，背诵并不适合班级授课制的教学组织形式，也不适合自然科学科目的学科性质；再加上受日本留学回国的学生所介绍的当时在日本非常流行的"五段教学法"（源于德国教育学家赫尔巴特）的影响，苦无良策的教育界发现了破解困局的手段，人们对教师的"教"一下子重视起来，"怎样教"的问题成了当时的热门话题，相应地"教授法"被人们广泛接受，并成为师范院校培养教师的主要内容。1912年教育部公布的《师范院校规程》和1913年公布的《高等师范院校规程》都明确规定，教育学科包含"教授法"，从此"教学"产生了第二种语义：在近代班级集体教学的组织形式中，"教学"的语义演变为"教授"。如《中国教育辞典》（1928）把教学法解释为"各种教授方术者"。

（三）教学即教学生学

"教学"的词义再度发生变化，与我国著名教育家陶行知先生有关。1917年，陶行知从美国学成回国后，考察了很多学校，对当时学校教育的状况极为不满，因为"先生只管教，学生只管受教"，"论起名字来，居然是学校，讲起实在来，却又像是'教校'。这都是因为重教太过。"在他看来，"教的法子必须要根据学的法子……先生的责任不在教，而在教学，教学生学"[②]。因此，他极力主张把"教授"改为"教学"，并将南京高等师范院校全部课程中的"教授法"改为"教学法"，这样"教学"在汉语中就有了第三种语义：教学生学。这一语义在今天仍然得到了较多的认同。

（四）教学即教师的教与学生的学

新中国成立后，我们在全面学习苏联教育学家凯洛夫主编的《教育学》时，了解

---

① 陈翥林.最近三十年中国教育史[M].上海：上海太平洋书店，1930：166.

② 方与严.陶行知教育论文选辑[M].上海：生活·读书·新知出版社，1949：10.

到苏联教育学家对"教学"所下的定义是："教学过程一方面包括教师的活动（教），同时也包括学生的活动（学）。教和学是同一过程的两个方面，彼此不可分割地联系着。"①于是就接受了这样的定义：教学是教师教和学生学的统一活动。我国的教育学或教学论教科书以及教育方面的辞典大多采用了这一解释，比如"所谓教学，乃是教师教、学生学的统一活动；在这个活动中，学生掌握一定的知识和技能，同时，身心获得一定的发展，形成一定的思想品德。"②"教学就是指教的人指导学的人进行学习的活动。进一步说，指的是教和学相结合或相统一的活动。"③"教学是以课程内容为中介的师生双方教和学的共同活动。"④"教学即教师的教与学生的学"是教学在汉语中的第四种语义。

　　汉语中"教学"一词的语义变迁，主要表现在随着教学的前提条件不同或外部思想的传播与介入，有识之士有意识地抛弃原有的部分语义，而寻找具有新质的内涵来丰富它，使之具有在一定意义上指导和引领教学实践的能力，这种人为的变化与中国 19 世纪末起社会环境的大幅度变化密切相关，也是中国教育人在剧烈变动的环境中主动选择的结果。总体来说，汉语中的"教学"观念在古代偏重于指人通过学习而心有所得，而在现代学校制度下，"教学"概念偏重于对知识的传授和接受行为。

二、英语中的"教学"定义

　　在英语中，与"教学"对应的单词有 teach（教、教导）、learn（学、学习）和 instruct（教导）。teach 与 learn 最早表达的是同样的意思，可以通用，在古英语中，I will learn you typewriting.（我要教你打字）是一个正确的表达。Learn 是 teach 的派生词，与所教的内容相联系。Teach 还有一个派生意义，指通过某些符号或象征向某人展示某事物，利用符号或象征唤起对人物、事件、观察、发现等的反映。与汉语中"教"源自"学"不同，英语中的 learn 和 teach 由同一词源派生出来，learn 与所教的内容相联系，teach 与使教学得以进行的媒介相联系。在后来的发展中，语义的发展不是两者兼取（both-and）而是两者择一（either-or），因此就没有像汉语一样涵盖

---

① 凯洛夫.教育学[M].陈侠,等,译.北京：人民教育出版社,1957：130.
② 王策三.教学论稿[M].2 版.北京：人民教育出版社,2005：88-89.
③ 李秉德.教学论[M].北京：人民教育出版社,1991：2.
④ 顾明远.教育大辞典[M].上海：上海教育出版社,1990：178.

教与学两个方面的"教学"概念，① 有时我们会在一些英文文献中看到 teaching-learning 一词，其意义大致相当于我国通常所理解的教学（既包括教又包括学）。在日常应用中，更常用 instruction 一词指称教学实践活动。

美国教育学家史密斯（B. O. Smith）把英语国家对教学（teaching）的含义归为五类：②

描述式定义，即按照教学实践的发展过程和人们对教学的不断变化的认识来定义教学：早期的教与学同义；15 世纪时教学指提供信息，向某人演示如何做某件事情，就某一问题授课；今天，教学是传授知识或技能。

成功式定义，即教师的教必须保证学生学会。在大量的英语文献中可以发现"教—学"（teaching-learning）的表达方法，表明教与学是不可分割的，I will learn you typewriting. 这句话中包含着这样的意思：如果我教你的话，你将知道如何打字。这正是教学的成功式定义所包含的要旨：教必须保证学，如果被教者没有学会，则意味着教者没有教。在这个意义上，教学可以定义为学习者学会所教的内容的一种活动，这一关系可以类比为卖与买的关系，如果没有人买，也就无所谓卖，当没有人学会时，也就无所谓教。教学不仅意味着要发生教的行为，而且要求学习者掌握所学内容。

意向式定义，即教学在逻辑上可以不包含学，虽然人们可以期望"教"导致"学"。一个教师可能并不成功地达成使学生学有所得的目的，但只要他尽力争取做好教这件事情，在一定程度上就是有意向地做这件事情。在这个意义上说，教学的目的在于诱导学生学习，不管其实际效果如何，都可以称为教学。

规范式定义，即认为教学的活动要符合特定的道德条件，只要符合一定道德规范的一系列活动，都是教学。在教学及其相关活动中，训练、教导居于教学的核心地位，是教学的最基本活动；灌输和条件反射则居于教学内涵的边缘地带，与教学相关。训练与条件反射由养成行为和培养技能的活动构成，教导和灌输则由发展知识与形成信念的活动构成；恐吓、蛊惑、生理威胁和说谎则完全不是教学，而是一种反教育的行为。

科学式定义，简单地说即是用数学的方法来阐释教学。关于教学的定义由"和""或""含义为"等词连贯起来的一组句子构成，即以 a＝df（b，c，...）来表示的

---

① 施良方，崔允漷.教学理论：课堂教学的原理、策略与研究[M].上海：华东师范大学出版社，1999：8.

② 同①8—9.

命题式组合定义或并列建议式定义,其中 a 表示教学是有效的,(b, c,…)表示教师做出反馈、教师说明定义规则并举出正反两方面的实例等教学过程中的具体行为技术,=df 表示随着命题之间的微小变化,a 将发生变化。

由此可见,英语中 teach 一词的演变主要是人们界定的方式不同,它表达出人们对于教学是什么的理想和科学化定义的追求,与汉语中对"教学"所下的定义相比,英语中关于 teach 的定义内涵、外延都相对清晰,并尝试用公式描述,其受自然科学的影响比较明显。作为教学理论体系中的一个概念,不能停留于日常语言的描述水平,它需要一个更精确的、不易产生歧义的定义,以便使不同的观点有可能展开对话、争鸣,促进教学理论学科的进一步发展。

三、教学的规范性定义

给一个概念下定义,一般要关注三个方面的问题:第一,概念的上位概念,即属概念;第二,概念的明确内涵,即它区别于其他事物的属性;第三,概念的外延,即它包括哪些具体的事物。确定这三个方面的问题,就可以基本确定一个概念的定义。依据这个标准可以把教学定义为:教学即教师引导学生认识客观世界并促进学生身心发展的教育活动。这是一个关于教学的规范性定义,即这一定义中包含着"教学应该是"的意思,现实中的教学行为可能与定义不匹配,但并不影响这一概念的内在规定性。这一定义中包含以下几个方面的内容:

第一,教学是教师引导学生认识客观世界的活动。教学是师生双方共同参与的活动,在这一活动中,教师和学生借助教学内容展开认识客观世界的活动。在教学活动中,教师和学生不是分别活动的,教学过程中教师的教和学生的学并不是可以分开的两类活动,而是互相促动和激发的,两者的互动构成教学活动的整体过程。用明末清初思想家王夫之的话来说,就是:"推学者之见而广之,以引之于远大之域者,教者之事也。引教者之意而思之,以反求于致此之由者,学者之事也。"(《读四书大全说》卷三)王夫之所说的教与学的关系,放在当代学校教育的背景下可以理解为:教师要在学生已有认识的基础上不断地拓展其见识,学生要根据教师的引导而自觉思考求索。教师和学生在教学活动中依据的主要内容是课程,但教学不是把课程中的内容灌输给学生、让学生获得这些客观知识的过程,而是以课程内容为依据,在学生已有的知识、经验基础上,不断拓展他们的知识和见识;学生在教学中获得的不仅仅是可以记诵的客观知识,而且是基于所获得的人类认识成果的自觉思考和求索。通过教学,人类积累的文化活化为新一代成长与发展的资源,实现文化传承与新一代成长的统一。

第二，教学是促进学生发展的活动。教学的立足点和归宿，是促进人的成长，即丰富人的知识、技能，扩展人的能力，提升人的品格。在历史上，人们提出过不同的教学目标追求，或重视品德培养，或重视知识获得，或重视技能提高，或关注智力锻炼，或关怀人格完善，这些不同的具体目标，最终都要体现在具体的人身上，其目的都是要促进人由不知向知、由不能向能、由随意向规范、由盲目向自觉转化，即促进学生身心的积极变化。促进学生身心发展是教学的基本价值所在，促进学生发展是教育传授文化、促进社会发展和稳定的基础，教育教学的社会功能只能通过学生身心发展才能最终体现出来。因此，人的发展是教育的核心追求，教学的最终目标是促进学生身心发展。

第三，教学是教育的基本形式。人类的教育活动有多种形式，如游戏、社会实践等，而在现代社会里，最基本、最重要的教育形式则是教学，通过文化知识的授受把人类文化内化为个体的发展资源，是现代社会培养人的基本途径。赫尔巴特提出的教育性教学观念，把教学和教育融为一体，认为既不存在无教学的教育，也不存在无教育的教学，所有的教学都应该具有教育性，教学是教育的基本形式。

概括起来说，教学就是教师引导学生认识客观世界并促进学生身心发展的教育活动，这一活动由教师与学生借助课程内容进行的互动构成，教与学共同构成了分析教学的基本单位。通过教学活动，学生掌握科学文化知识和技能，发展能力，增强体质，形成良好的思想品德。

第二节　教学的本质

教学是一种教育活动，而教育活动有多种形式，比如游戏、讲座、实践活动、集体出游等等，是什么使教学能够区别于其他教育活动呢？这就涉及对教学本质属性的认识。

在历史上，人们一直没有停止过对教学本质是什么的追问，也因此形成了各不相同的关于教学本质的观点。有人认为教学是促进人的内在官能显现和成长的过程；有人认为教学是知识授受和观念运动的过程，是习得间接经验的过程；有人认为教学是个体通过亲身探索、操作而获得直接经验的过程；有人认为教学是人性的表达和自我实现，等等。这些对教学本质的并不一致的认识，深刻地影响了教学理论的发展，并导致教学实践体系的多样化。

一、对教学本质的不同认识

新中国成立后,我国学习苏联教学理论,在教学本质观上沿用了凯洛夫的观点,主要把教学视为一个认识过程。20 世纪 70 年代以后,我国教学论工作者开始对教学本质问题进行独立探索,提出了多种多样的教学本质观,有学者把这些观点归纳为十种:特殊认识说、发展说、多层次类型说、传递说、学习说、统一说、实践说、认识—实践说、交往说和价值增值说。[①] 其中特殊认识说、发展说、实践说、交往说影响较大。

特殊认识说认为教学是一个认识过程,又有其特殊性。具体地说,教学是教师教学生认识世界获得发展的特殊认识形式,教育性、间接性和有指导是它区别于其他认识活动的主要特点。特殊认识说是对中国教育理论和实践产生影响最大、流行时间最长、范围最广的教育本质观学说,下文将对此观点进行进一步讨论。

发展说认为教学过程是促进儿童身心发展的过程。发展说的表述各有不同,学界评论也各有褒贬。促进学生发展是教学的最终目的和重要功能,从这个角度说它有合理性,突出了学生发展这一时代主题,但把教学概括为发展,无法把它与其他活动区分开来,也就失去了以之作为区别教学与非教学活动的功能。

实践说认为教学是一种特殊的实践活动。具体而言,持实践本质观的学者,有的把教学视为教师的社会实践,是教师对学生进行指导、转变和塑造的活动;有的则视之为师生共同的实践活动。从教师角度说,教学就是帮助学生认识世界和促进学生发展的过程,是教师的社会实践。但把教学视为实践,难以有效描述教学的特点,尤其是难以从实践的角度形成教学论术语。此外,在历史上,曾有过把教学混同于一般实践,学生不学文化专搞劳动的现象出现,严重影响到学校教育的质量和学生的发展。显然,实践说也不能把教学的独特性表达出来。

交往说认为教学是特殊的交往活动。关于教学与交往的关系,有的把交往视为教学背景,有的把交往视为教学方法和手段,有的把交往视为教学内容乃至教学目标。交往说主张交往就是教学,教学即交往,这种观点强调从关系角度把握教学本质。师生关系是教学的基本关系,师生交往是教学进行的前提条件,从这个角度说,交往说有其道理,但有人的地方就有交往,我们不能说有人的地方就有教学。交往是教学的特性之一,但仅仅强调交往无法把教学同人类生活中广泛存在的交往区别开来。

[①]　李定仁,徐继存.教学论研究二十年[M].北京:人民教育出版社,2001:59-76.

上述四种观点分别从过程、功能和关系三个维度提供了有关教学本质的认识，其中特殊认识说侧重于教学过程，发展说侧重于教学价值和功能，交往说侧重于关系。应该说，过程、功能和关系，都是考查教学本质的可行角度，其观点的合理性，取决于它对教学独特性的合理阐释。探讨教学本质的直接目的在于获得教学是什么的抽象概括性认识，更重要的是借助这一探索过程找到全面观察教学特性和规律的立足点和视角。不同的教学本质观为人们观察教学提供了不同的视角，对于整体把握教学的规律和机制具有不同的启发和帮助，因而各有其存在价值。

二、教学的特殊认识说[①]

把教学看作是一种特殊的认识活动，是我国比较流行的一种教学本质观，一般称为教学认识说或特殊认识说。

教学的特殊认识说认为教学本质上是一种认识活动。具体说，教学主要是解决如何使学生从不知到知、从知之不多到知之较多的问题，即让学生认识客观世界、掌握文化知识。同时，教学还承担着发展学生能力和品德等多方面的任务，这些任务是在掌握文化知识的基础上和过程中实现的。学生掌握文化知识的过程，主要由感受、感知、感悟、记忆、思维、想象、体验、评价、欣赏、理解、问题解决等多种智力和情意活动组成，是人脑对客观世界（主要是精神文化）的能动反映。教学结果主要表现为概念和原理的习得，行为方式的养成，道德和审美观念的获得，心理与身体机能的提升等，以观念性成果为主，是主观世界的能动改造。从这些不同的侧面看，教学活动体现着认识活动的基本规律和特征，因而可以说教学是一种认识活动。

教学作为认识活动又具有特殊性，它是教师教学生主要学习现成知识以认识世界和发展自身的活动，它是一种教学认识。教学认识的主要特征为：

首先，教学认识是学生个体的认识活动。个体认识不同于人类历史总认识。如果说人类认识全部来自直接经验的话，那么个体认识更多来自间接经验。个人可以依靠他人、前人的实践而不只是个人实践来获得认识。并且，经过人类长期进化，每个个体都获得模仿能力和语言能力，特别是有了语言这个工具来保存、接收知识，占有前人、他人的经验。这样，就无须事事亲身经验，也无须简单重复人类历史总认识。学生个体认识，又不同于其他个体的认识。学生是受教育者，是学习者，多是未成熟、未成年的人。学生个体认识纳入了教育过程之中，是在制度化的

---

① 王策三.教学认识论(修订本)[M].北京：北京师范大学出版社，2002：3-14.

教育系统中展开的,学生既是认识主体又是不成熟的主体,学生个体认识形式丰富,具有综合性。

其次,有教师教是教学认识的重要特征。一般人的认识和学习,都是自己独立进行的。而教学认识有教师介入其中,形成了独特的教师引导学生认识客观世界的过程。有教师教,学生的学习或认识,就能有引导、有目的、有计划、有组织地进行。由于学生个体认识活动主要是教师设计并在教师引导下进行,因而具有高效性和系统性。

再次,教学认识具有间接性。个体认识有直接经验和间接经验两种基本来源。直接经验是个人在自身活动中体悟、感知和概括出来的经验;间接经验是个人通过学习和交往等活动获得的别人已有的经验。教学认识的内容以间接经验为主。不仅如此,在学校生活或教学实践这一特定的范围里,获取直接经验的主要目的也在于更有效地获取间接经验,即掌握人类文化知识。教学内容经过了选择和加工,教学认识在方式上也表现出间接性。学生掌握人类文明经验的具体方法多种多样,是多种具体方法的综合体,如阅读、听讲、观摩、形象感知、思维操作、实验操作、解题、质疑问难、情境探索、讨论交流等,这些不同的方法也可以大体归结为直接经验和间接经验两大类型。直接经验型方法注重学生发现或探索人类已有文明经验的发现过程,而间接经验型方法更重视教师传授、讲解和示范等环节。在教学活动中二者都是教师有意识组织和设计的,因而都具有间接性。学生在教学中的探索和发现,并不是在自然的问题情境中进行的,他探索的是设计好的问题情境,发现的基本上是人类已有的并要求学生掌握的结论。因而,学生在教学活动中的发现和探索也有间接性。教学认识的间接性,具有高效快捷的优势,也易产生理论和经验脱节的问题。

最后,教学认识还具有发展性。以促进学生发展为宗旨并具有促进学生个体发展的突出功能,这是教学认识区别于其他认识活动的重要特点。各种类型的个体认识活动,都是认识主体运用自身的主观世界反映客观世界的过程,在这一过程中,认识者的主观世界也得到改造。具体表现在两个方面:第一,在了解和把握客观对象的过程中,丰富个人的知识和见识;第二,在反映客观世界的过程中,锻炼提高个人的能力,这是人类认识活动的基本特征,也是教学认识和其他个体认识活动的共同特征。但是,在这一共性之下,教学认识又有其独特的个性:教学认识以改造学生的主观世界为宗旨,它在促进个人发展方面也较一般认识活动更为全面和高效。

综上所述,教学是一种特殊认识,即教学认识,它是为了解决人类总体文明发展与个体身心发展之间的矛盾而在教育系统中展开的、教师指导学生掌握经过选择和加工的人类文明成果并以此为基础促进学生身心发展的活动。这就是教学认识说的基本观点。

三、教学的"生命·实践"观①②③

教学的特殊认识说从教学认识的特殊性的角度区分开了教学活动与人类认识活动，使教学活动的独特性清晰地呈现出来，而且它包含了所有与青少年一代成长相关的方面：认识、情感、品德、审美、身体等等，因此可以说它在命题的清晰性和综合性方面，明显地优于其他关于教学本质的观点，再加上中国传统观念中对知识学习的重视、现行的教育教学评价方式、中国固有的师生关系模式等的强化，教学特殊认识论在中国成为被大多数人接受的关于教学本质特征的观点。

然而，教学认识论把教学主要定位于解决学生个体的认识问题，虽然也提到了"行为方式的养成，道德和审美观念的获得，心理与身体机能的提升等"，但"观念性成果为主"的教学认识，再加上中国的现代教育完全由西方引进，我们引进了西方现代教育的发展成果，却无法经历西方教育的漫长的历史演进过程，导致在引进的过程中教育思想和教育行为的撕裂：在现代教育理念上，我们可以说是完全西方化的，即把西方最先进甚至有些仅仅是时髦的观念都全盘拿来；但在教育教学的行为方式上我们却无法完全照搬西方，于是，强调"认识"的教学本质观与中国传统的师道尊严传统相耦合，使知识传授（甚至灌输）成为中国基础教育（延伸到高等教育）中的最为重要的教学目的，造成课堂教学与学生发展中不可忽视的问题。特殊认识说影响下中国基础教育的教学实践中形成的问题主要表现在以下方面：④⑤

第一，完成认识性任务成为课堂教学的中心或唯一目的。特殊认识论认为，在教学中，学生不是独立地学习，而是在教师指导下学习经过选择和教育学加工的人类已经创造出来的、最基本的文化知识，这一过程是有目的、有计划、有组织的。课堂教学以间接性知识学习为主要内容，在理论上具有其合理性，但在课堂实践中，教学却往往窄化为教师教学生学习教科书的活动，导致课堂教学中人围着书转、见

---

① 特指"生命·实践"教育学对教学本质的理解。
② 叶澜."新基础教育"论：关于当代中国学校变革的探究与认识[M].北京：教育科学出版社，2006.
③ 叶澜.让课堂焕发出生命活力——论中小学教学改革的深化[J].教育研究，1997(9)：3-8.
④ 叶澜."新基础教育"研究引发的若干思考[J].人民教育，2006(7)：4-7.
⑤ 同③.

书不见人的现状。在一线实践中,部分教师对教育价值的选择停留在"传递知识"上,其中有一些教师虽已关注到学生技能、技巧,甚至能力和智力的发展,但大多仅为点缀。在教学目标上,表述得清楚而明白的,大部分首先是本节课教学的知识重点、难点,以及需要掌握的技能、技巧,其他的方面目标或者干脆不写,或简单、抽象地提及,或几乎每次都用类似的空洞词语点缀一下,以保证教学目标的全面性,在教学过程中往往无法真正落实。在课堂上,认真负责的教师把力气花在讲清知识、落实练习、使学生能牢固掌握知识上,最大可能地保证学生在考试时不出差错。这一现象不管是在新课程改革之前或是之后,都普遍地存在于中小学一线教学实践中。

第二,在教师备课时,钻研教材和设计教学过程成为中心任务。尽管教师都知道备课的前提是研究教材、研究学生,但教材研究一般是重点,学生研究也有体现,不过在大多数情况下,教师研究的学生常常是一个处于一定年级段的抽象群体,研究的重点放在学生能否掌握教材、难点在何处等,以教材为中心来认识学生,而不是把学生真正地看作有差异的、有自己的经验、兴趣、能力、潜力的具体个人。体现在教学过程的设计上,除了安排课程进行的程序外,重点是按教材逻辑分解设计一系列问题或相关练习,这些问题在教师心目中甚至在教案上都已有明确答案,教师在课堂上的任务就是"帮助"学生寻找确定的、常常是唯一的答案,哪怕面对的是具有多种阐释可能的问题。

第三,上课成为执行教案的过程,教师的教和学生的学在课堂上最理想的进程是完成教案。教师期望的是学生按教案设想做出回答,教师的任务就是努力引导学生直至得出预定答案。学生在课堂上实际扮演着配合教师完成教案的角色。这样的课堂成了演出教案剧的舞台,教师是主角,学习好的学生是主要的配角,大多数学生只是不起眼的群众演员,很多情况下只是观众与听众。

教学之所以呈现出如此以教科书为中心、以死知识为控制活生命的状况,并非完全可以归咎于特殊认识说,但特殊认识说确实是形成课堂教学问题的认识基础,它迎合并强化了中国人对于知识改变命运的价值认知,也因在现代教育的引进过程中曾经解决过中国教师"不会教"的问题而先入为主,继而在中国产生强大的影响力。应该说,不是因为教学论创造了特殊认识说才造成中国现实课堂教学中的问题,更恰当的说法是特殊认识说契合了中国人对于教学的基本认知,这就更需要我们有意识地关注特殊认识说与课堂教学问题之间的深层次关系,探索解决问题的可行方案。

从个体生命整体的积极主动发展的角度看待课堂教学,是"生命·实践"教育学派对解决当下课堂教学问题的探索成果。"生命·实践"教育学派是 2004 年由华东师范大学教育学教授叶澜提出创建的中国教育学流派，她以始于 1994 年至今仍然在一线教学中具有强大生命力的学校整体性变革研究"新基础教育"研究为实践基础。在二十多年的理论与实践互动研究中，"生命·实践"教育学派形成了对于教学本质、价值、变革路径的基本认识，形成了关于教学本质的"生命·实践"观。

"生命·实践"教育学对教学本质的主要观点，可以概括为以下几个方面：①

第一，课堂教学是一个整体的、师生交互作用的动态过程，不是"教师的教"与"学生的学"相叠加的活动。整体指教学过程中的活动都是由师生共同参与的，师生在教学活动中相互影响、相互制约，彼此的活动状态影响着活动的走向和进程，在教学过程中，教与学是无法完全分开的。动态则意味着教学活动在有目的、有计划、有组织的前提下，具有根据课堂中师生状态灵活调整的可能性和必要性。

第二，课堂教学以综合的方式促进个体的生命成长。首先，课堂教学是师生人生中一段重要的生命经历，是他们生命的有意义的构成部分。课堂教学的质量直接影响学生当前及今后的多方面发展和成长，课堂教学是教师职业生活的最基本的构成部分，其质量直接影响教师对职业的感受、态度和专业水平的发展、生命价值的体现。其次，课堂教学的目标应是促进学生的全面发展，不能只局限于认识方面的发展。课堂教学不但有促进学生认识发展的中心任务，而且有促进学生的情感、兴趣、个性等发展的价值；情感、兴趣、个性发展是学生的生命成长本身，它们不仅仅是为完成教学的认识任务服务的；认知之外的生命成长与发展本身也是教学的目的，而不是知识学习的工具。再次，教学是师生共同参与、相互作用、创造性地实现教学目标的过程。教师和学生都是带着自己的全部身心和已有知识、经验进入课堂，影响课堂教学的因素除了教学内容与环境因素之外，还有多个方面的源于教师与学生的个体因素，比如学生的学习成绩、学习兴趣、习惯、在班级中的地位、期望、与教师的关系、个性等因素；教师的业务水平、教学能力、自信度、准备状态、对班级的态度、师生关系、个性、期望等，都在一定程度上影响着课堂教学过程。课堂教学始于教学内容与学生已有知识、经验与能力的结合点，并在师生共同参与、相互作用的过程中推进。

综上所述，教学的"生命·实践"观把教学看作是一个整体的、师生交互作用的动态生成过程，它以综合的方式促进个体（包括学生与教师）的生命成长。在教学过程中，师生通过共同参与创造性地实现教学目标。

---

① 叶澜.让课堂焕发出生命活力——论中小学教学改革的深化[J].教育研究,1997(9)：3-8.

教学是教育的主要形式,教学的最终目的是为了促进人的主动、健康发展。学校教学为儿童组建了一个由具有专业素养的成人群体和同龄同伴群体组成的小社会,在这个微型社会中,学生完成知识学习、价值观形成、人际沟通能力提升等初级社会化任务,并为升学或者进入社会做好准备。教学同样对教师具有发展价值,这一发展价值不仅仅体现在专业素养上,也体现在对教师的生命质量提升上。正如课堂教学是学生学校生活的最基本的构成一样,课堂教学也是教师职业生活最基本的构成,它的质量直接影响教师对职业的感受与态度、专业水平的发展和生命价值的体现,每一堂课都是教师生命活动的有意义的构成,这一点往往被课堂教学的研究者忽视,甚至也被广大教师自己忽视。课堂教学对教师而言,并不仅仅是对学生成长的单向付出,它同时也是教师自己生命价值的体现和自身发展的组成。每一位热爱学生和自己生命、生活的教师,都应该谨记这一点,努力上好每一节课,使每一节课都成为自己和学生生命成长的丰富资源。

第三节　教学的基本要素

教学由一些相互关联的要素组成,在日常的教学活动中,最容易被观察到的要素包括教师、学生、教材、教具等等,除此之外还有哪些教学要素? 它们之间的关系如何? 了解教学的内部构成要素及其关系,可以使我们对教学的认识更加具体化。

一、教学基本要素

关于教学的基本要素有哪些,教学理论界一直存在争议,不同学者所持的不同观点包括三要素说、四要素说、五要素说、六要素说、七要素说和三三构成说等。三要素说认为,教师由教师、学生和教学内容三个基本要素构成;四要素说认为,教学由教师、学生、教学内容和方法四个基本要素构成;五要素说认为,教学由教师、学生、教学内容、方法和媒体五个基本要素构成;六要素说认为,教学由教师、学生、教学内容、教学方法、媒体与目标六种基本要素构成;[1]七要素说认为,教学由教师、学生、目的、课程、方法、环境和反馈七种要素构成;[2]三三构成说认为,教学由三个构成要素和三个影响要素整合而成,三个构成要素是教师、学生和教学内容,三个

---

[1]　黄甫全,王本陆.现代教学论学程[M].北京:教育科学出版社,1998:78-79.

[2]　李秉德.教学论[M].北京:人民教育出版社,1991:12-14.

影响要素是目的、方法和环境。①

纵观六种不同的观点，并无冲突与对立的地方，观点之间有一定的继承关系，具体表现就是在三要素的基础上进行不同程度的增补。所谓要素，是指构成并维持事物的存在的必要的最小单位，是组成系统的基本单元。六种不同的观点都把教师、学生和教学内容三者作为构成教学的基本要素，说明这三者作为教学的基本构成要素得到了大家的普遍认同。下面简要地介绍这三种要素，并尝试在教师与学生这两个教学的人的要素方面稍作展开。

（一）教学内容

教学内容是教学赖以进行的载体，教师和学生正是借助教学内容进行互动，来达成直接影响人的认知、品德、个性发展的目的。那么，教学内容是不是等于教材？如果不是，教学内容又具体指什么呢？

从来源上看，教学内容是人类文明成果的精华。把人类积累起来的文化成果传递给下一代，是人类社会延续和繁荣、发展的需要，在传递人类文明成果的过程中，新一代获得社会生活规范、基本生存能力和个性发展。教学是实现人类文化传递的基本途径。教学内容就是那些被认为对于个体的成长和社会化来说最有价值的、最基本的和最需要的经验。这些内容包括了基本的社会生活规范、科学知识和活动技能等等。

从性质上看，教学内容是学生学习的对象。人类文明成果往往以知识体系、技术体系和规范体系的形式存在，不一定能够为学生直接理解和掌握。为此，需要依据教育目的和学生身心发展规律，对人类文明成果进行选择、设计和加工，使之转化为学生学习的课程，再由经过专门培养的专业工作者把一般的课程加工成适合具体学生学习的内容。经过转化和加工之后，人类文明成果就成为学生学习的具体内容。

从功能上看，教学内容是促进学生发展的材料。学生在教学中获得发展，主要通过参与教学过程，把教学内容内化为自身的知识和技能，并在与教师和同伴的互动中获得经验和体验，提高个体的能力和品行。教学内容在一定程度上制约着学生的学习活动，规定着学生学习的范围、层次和方式，影响着教学对学生发展所产生的效果。

把教学内容放在学科、课程和教材的关系中思考，可以更为具体地看出教学内容的范围。在学校教育中，学科指按逻辑顺序和心理顺序组织起来的各科学分支

---

① 田慧生，李如密.教学论［M］.石家庄：河北教育出版社，1996：131.

领域的概念、基本原理、规律和基本事实等的知识体系,既要反映科学体系、又要合乎教学规律。学科、课程、教材都与教学内容相关它们从不同角度体现教育内容,又各有其独特内涵。学科、课程、教材与教学内容的关系可简要概括如图5-1:①

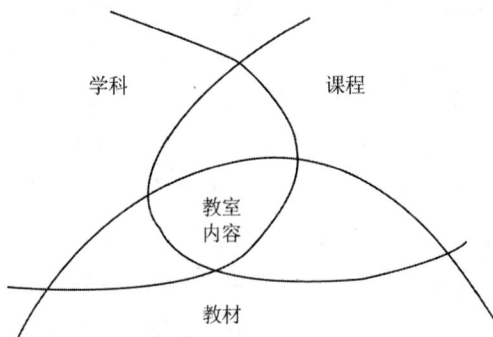

图5-1 教学内容与教材、学科、课程关系

简言之,教学内容就是为了促进学生发展而选择出来的人类文明的成果精华,是经过加工改造的、适合于学生学习的教育教学材料。

(二) 学生

学生是教学活动中的学习者,是教学活动的参与者。学生是开展教学的前提条件,在特定的社会条件下,谁有资格成为学生,谁有受教育的机会,主要取决于具体的社会制度和教育制度。比如在古希腊,只有贵族才有受教育的权力,数量巨大的奴隶就没有受教育的机会。在历史上,学生人群曾经历过三次大变化:第一次变化是专门学校产生,有了在学校里专门学习的学生,这些学生主要是社会的上层子弟;第二次变化是普及义务教育,少数儿童受教育的局面被打破,所有适龄儿童都成为强迫义务教育的对象;第三次变化是人类进入终身教育时代,学生人群扩大到所有社会成员。不过,在基础教育中,学生还是以适龄儿童为主要构成。

全面了解学生是教学设计和教学实践的必要前提,了解学生的天性、评估学生的动机、品性、行为、潜力等,涉及学生观问题。在历史上曾经出现过不同类型的学生观,如孟子的性善论、荀子的性恶论、洛克的白板论等,教师所持的不同的学生观决定了他对待学生的态度,也影响着他的教学实践行为。那么,作为新时代的教师,我们应该持有什么样的学生观呢?

首先,学生正处于青少年时期,这是一个需要在成人(尤其是专业教育工作者)指导、帮助下尝试、体验、学习的生命成长时期,也是一个成长最快、最富有学习可

① 曾天山.教材论[M].南昌:江西教育出版社,1997:8.

能、最需要学习的时期。基础教育阶段的教育影响力,将远远超出本阶段并延续到其终身发展中。在这一阶段中,学生需要发展的不仅仅是知识和技能,更包括情感、兴趣、品行、思维方式、价值观等。因此,教师的心目中不仅要有人,而且要有整体的人,要有人的终身发展眼光,事事处处从学生生命成长的角度去关注人,做好自己的教育教学工作。

其次,学生的生命成长与他们自身参与学习和生活实践的方式、主动程度紧密相关。影响人的发展的因素包括可能性因素和现实性因素,可能性因素包括个体自身为发展提供的条件(包括先天、后天条件)和外部环境,现实性因素包括个体从事的各种性质和各种水平的活动,即个体的后天实践。人的发展是一个不断从潜在可能向现实发展的转化过程,[①]由潜在可能向现实转化过程的内在动力是个体参与实践或活动的状态。这里所说的实践或活动,既包括学生参与的班级与学校组织的各种类型的活动,也包括学校教育中最主要的活动:课堂教学。

根据个体在活动中参与的自由度,可以把实践活动中的个体状态分为三个等级:被动应答、自觉适应和主动创造。[②]被动应答式的活动参与者,按照别人要求的方式、步骤、方法完成给定的任务,只参与做事而不必明白其中的道理,也不会真正为做事的结果负责。在这样的活动状态下,行为者只是任务执行者,他在完成任务的过程中不会遇到什么难以解决的问题(即使遇到问题,也有人会及时帮助他解决),因此他的思维、责任心与意志力很少或不参与活动,这样的活动对个体的发展价值不大。

自觉适应性活动中,参与者同样完成他人或者外部环境给定的任务,但他能够主动接受任务,明白他要完成的是一个什么样的任务,清楚完成这个任务有什么意义和价值,然后以自觉和主动的状态参与到任务之中,思考、挑选完成任务的恰当路径,在遇到问题的时候他会设法查找造成问题的原因,可以想办法寻找解决方案或者寻求他人的支持和帮助,在遭遇困境的时候也会尽力坚持下去。在活动过程中,由于需要自己尝试着去解决问题,而且解决问题的过程中充满不确定的状况,这就要求参与者激活思考,使自己的智力处于兴奋状态。同时,他也需要不断反观自己的行为。尤其是在遇到困难的时候,这种参与状态有助于提高参与者系统、整体把握整个任务的能力以及个体的反思能力;在寻找解决方案或者寻求他人帮助

---

① 叶澜.论影响人发展的诸因素及其与发展主体的动态关系[J].中国社会科学,1986(3):83-98.

② 叶澜.教育概论[M].北京:人民教育出版社,1999:233.

的过程中,磋商、协调、沟通、资料搜集能力可以得到增强;在挑战难题、解决难题的过程,个体的自信心、成就感、自我效能感、责任感等都可以得到不同程度的锻炼。以自觉适应的方式参与活动,可以给学生提供更多的成长机会:他会体验到处理问题的基本路径,包括遇到问题该思考哪些方面、做一件事情应该遵循什么样的顺序、遇到困难该怎么办、如何处理与他人之间的沟通问题等等,即使这种能力需要多次经历才能形成,但每一次参与活动都会使他有新的收获;更为重要的是,他会形成一种面对困难和挑战时的态度:我可以。在青少年的日常生活中,组织得比较成功的校外与校内活动大都处于这一个层次。

主动创造型的活动参与者,则以完成自己经过主动思考而选择、决定、策划的活动为主要特征,这样的活动一般带有探索与创造的特性。为了实现自己提出的任务和目标,主动创造型的活动参与者会主动寻求解决问题的最佳方案,设计行动步骤,选择并及时调整行动的方法、手段,主动审视行动的结果与目标之间的关系,不断在外部反馈、自我反馈的回路中探索达成目标的最佳路径:"在这类活动中,活动主体不仅关注行为、关注目标、关注结构,而且关注'直观自身'……谁只要真实地经历过这样的活动,它就会对谁的发展,尤其是自我意识和自主能力的发展产生不可磨灭的影响。"[1]在青少年的发展中,这样参与活动的机遇并不多,这样的机遇需要两个方面条件的促进:青少年个体发展的能力基础和教育者慧心独具的智慧创设。

可以说,在教育教学过程中,最为重要的并不是学生参与了多少活动、参与了什么活动,而是以什么方式参与活动的,学生参与活动过程中的主动、积极状态,决定了活动对他们发展的影响力。

最后,学生是具有发展基础的生命体,发展的基础在于作为生命体所具有的主动性、潜在性和差异性。[2] 学生不是会生长的被动的物,并非只要从外部施以重复强化、外在诱惑或威胁就能健康成长。作为生物意义上的有机体,人与环境的物质交换是主动的;作为有精神生命特质的人,与周围世界的日常信息交流也是主动的,人通过自己的感官接受外界信息,并按照自身需要做出整合和反映。这种基于自然素质的主动性,需要在社会实践中激发、培养,尤其在中小学阶段。教师不能无视学生的主动性、低估学生的能力,或者因为期望他们做得像成人一样好就不放

---

① 叶澜.教育概论[M].北京:人民教育出版社,1999:234.
② 叶澜."新基础教育"论——关于当代中国学校变革的探究与认识[M].北京:教育科学出版社,2006:221-225.

手让他们自己去做事。在学习活动中，学生是无法替代的主体，"没有学生学习的主动性，没有学生在教学中的积极主动参与，教育就可能蜕变为'驯兽式'的活动，"靠重复强化、外在诱惑或威胁来维持学习活动和产生学习效果，不仅降低学习质量，而且会压抑学生主动性和能动性的发展、影响学生积极、主动人生态度的形成，"学生主动性发展的最高水平是能动、自觉地策划自身的发展，成为自己发展的主人，这是我们教育成功的标志。"①

潜在性指人的生命发展的潜在可能性，它是个体后天生命成长过程中因个人实践经验积淀而形成的个体倾向、兴趣、爱好的可能性，以及在实践中因自觉努力而开发出的生命能量与发展可能性，表现在体能、技巧、精神发展能力等与人成长相关的各个方面。教育者要看到人的发展的潜在可能性，对学生可能变化和发展到更高水平要有信心，同时为学生的发展提供不同的舞台，扶植学生的潜在发展可能，使之由潜在变为现实。承认人的发展的潜在可能性，是实现人的全面发展的认识前提。

差异性是人类群体中普遍存在的现象。从个体的角度看，差异性就是每个人的独特性和唯一性。学校教育中存在的问题，往往是视学生的差异性为教学的不利因素，忽视学生间的差异，期望以同样的内容、时间、方法教会每一个不同的学生，然后把学生在学业上的成败简单地归因于努力或者不努力。学生间的差异由他们进入学校之前的生存环境、家庭条件、父母为他们提供的发展空间等决定，他们对世界的认知、态度和作用方式已经初具形态，在学校生活中往往表现在性向、兴趣、特长，以及学习和思维方式、认知方式与认知路向等方面，这些差异决定了每个人不可能站在同一个起跑线上，也决定了他们奔跑的方式和速度不可能是一样的。作为教师，在承认学生差异的客观性之外，更为合理的做法应该不是抱怨学生的差异，而是积极地研究差异，利用学生的差异资源，使学生群体的发展呈现出丰富的统一，为不同人才的成长打好基础、提供条件。

正处于青少年时期的学生，虽有不足和幼稚，但却是具有旺盛的生命力、具有多方面发展需要和发展可能的人，是具有主观能动性的人，是教育教学活动的主动参与者和学习活动中不可替代的主体。在他们的成长发展过程中，需要成人世界中的专业工作者为他们的发展引路、指导、激发、促进，因此机器永远不可能代替教师的工作，教师是学生发展中的重要他人；学生发展的决定因素是他们所参与的实

---

① 叶澜.“新基础教育”论——关于当代中国学校变革的探究与认识［M］.北京：教育科学出版社，2006：222.

践活动的方式和态度,在学校教学中一味被动听、记、做,会对学生的生命成长和发展造成难以弥补的缺陷。学生作为生命个体所具有的主动性、潜在性和差异性,是学校教学的宝贵资源,也是教学活动展开的真实的起点,教师应该做的是为学生的发展潜能提供空间和舞台,并为他们独立、主动、健康成长喝彩。

(三) 教师

教师是教学活动中不可或缺的人的因素。有内容、有学生,可以构成学习活动,有了教师的参与,才可能有教学活动。在制度化教育的背景下,作为专业工作者的教师,在一个国家教育事业的发展和学生发展方面,具有不可替代的价值。甚至可以说,教师的质量和水平,决定着教育改革的成败和教育发展的水平,因为教育改革、教育发展最终都要通过教师的教育实践才能实现。

1. 当代中小学教师工作的创造特征

作为人类文化的传播者、教育活动的组织者,教师担负着教书育人的重任。一般认为,教师的劳动具有复杂性、创造性、示范性、连续性和广延性的特点[1],复杂性重在强调教师的劳动不是完成单一的任务,而是要充分利用各种教育因素、协调各种因素以直接影响学生的健康成长;创造性主要强调教师在复杂、多变的对象和教育情境中,根据教育教学规律,灵活运用教育方法和手段,完成教育教学任务;示范性则着重于教师在教育活动中的身教作用,他们不仅靠传授知识教育学生,更要在传授知识的过程中用自己的感情、品质、行为作风给学生以直接影响,起到榜样示范作用。教师的劳动在时间上具有连续性,在空间上具有广延性,他们对学生的教育影响没有明显的时空界限。

以上所说的教师劳动的特点,在不同形态的社会里普遍适用,而在今天中国快速变化的时代背景和社会形态急剧转型的现状下,需要教师跳出知识传递者的传统角色定位,充分认识教师工作在当代应该具有的创造性特征。

当代中国已经发生并正在经历着巨大的变化,时代转型和中华复兴的双重主题在当代中国的发展中以前所未有的剧烈程度交织在一起,共同构成了我们生存于其中的时代变局:[2]第一,自 20 世纪 80 年代改革开放以来,经济领域的深刻变化带来了中国人生存形态的巨大变化,具体表现在生产力技术构成以及国家产业结构的深刻变化。视野打开后,面对国外资金和技术与我国原有生产力技术水平

---

① 鲁洁.教育学[M].南京:河海大学出版社,1991:133-136.
② 叶澜.时代精神与新教育理想的构建——关于我国基础教育改革的跨世纪思考[J].教育研究,1994(10):3-8.

落后及产业结构的低水平状态的巨大落差,中国人对科学技术在促进社会生产力发展中的认识越来越清晰,并逐渐成为政府领导和各界人士的共识,继而推进了生产领域内技术构成和经济领域内产业结构的加速变化。新科技产业的崛起,一、二、三产业比例的迅速调整等,使中国社会的阶层流动不断加快。第二,社会主义市场经济体制的建立,使中国经济发展走上了快车道,经济领域内竞争、自主的发展模式,增加了发展的内在动力和自主发展机制的生成。经济领域内的变化,"不仅冲击到文化、教育各个领域,还震撼着人们思想、意识深处的价值观、世界观和人生观。许多人感到这个世界需要重新认识,自己的人生需要重新定位。"①

变化的时代给教育提出了新的要求和挑战。与社会平稳发展时期相比,转型社会的教育需要学生形成以下几个方面的能力:

第一,面向未来生活。作为社会基础的经济领域的变化,使时代变化的节奏加快、幅度与强度增加、社会结构性变化周期缩短,打破了原来平稳缓慢发展的格局,促使教育必须从单纯的面向人类已有成果的状态,调整到关注未来发展的需求与趋势,提高自身对变化的适应性,以培养学生适应和把握快速变化的社会生活的能力。

第二,自主选择意识和能力。快速变化的社会,打破了传统社会平衡而单一的发展局面,个体生存环境的不确定性和可选择性增强,计划经济时代那种划一的、同步的、简单服从计划安排的发展模式,已经不再适应社会现实的发展需求,因此,在机遇与陷阱同在的社会中学会作选择就成为个体发展中的核心问题。

第三,主体精神。市场经济倡导的自主经营、自负盈亏、自我发展、自我约束,使经济实体的主体精神得到充分的张扬,能在多样、变幻的社会风浪中把握自己命运、保持自己追求的人,才能在社会生活中获得足够的发展空间,在使自己得到充分发展的同时,为社会发展做出贡献,成为可以为社会创造未来的时代新人。

面向未来、具有自主选择意识和能力、具有主体精神的时代新人,在认知能力、道德面貌和精神力量三个方面需要具备以下几个方面的素养和特质:"在认知方面,有善于捕捉、组织各种信息和判断各种信息价值的能力;有善于认识自己的各种需求、能力、思维品质与策略、态度、行为等方面的反思能力,以及在此基础上的自我调控能力;具有立体、结构、多元统一、动态把握和直觉体悟的思维方式。在道德方面,有积极的人生价值体系引导人生的方向,有以社会责任感和义务感为核心

---

① 叶澜.时代精神与新教育理想的构建——关于我国基础教育改革的跨世纪思考[J].教育研究,1994(10):3-8.

履行公德的自觉和行为。在人的精神力量方面，要有自信，有迎接挑战的冲动与勇气，有承受挫折和战胜危机的顽强意志，有追求自我超越和完善的生命态度。"①

时代新人的培养呼唤教师工作的创造性。教师工作的创造性首先意味着教师不能把传递知识作为自己工作的唯一职责。教师的工作必然与知识相关，传递知识是教师要做的重要的事，但它不是教师工作的全部，更不是教师工作的终极目标。在教育教学活动中，知识是育人的养料，学习知识是为了人的成长。在知识与人的成长的关系中，知识是手段、工具，人的发展与成长才是教育不可替代的、独特的目的。"教书"与"育人"并非一个自然转化的过程，相反，"教死书"会"把人教死"。只有让教育教学过程中的知识回归平实，把知识学习由"结果性经验获得"转向"通过知识学习过程的展开丰富学生的生命体验和能力发展"，学生和教师才有可能通过教育教学活动，一起创造出更加丰富多彩的精神生命。

教师职业的创造性意味着教师要学会用发展的、明天的眼光看今天，追求由"成事"到"成事·成人"的职业价值转换。"成事"即完成各级种类的学校生活事件，包括知识学习、教育教学管理、学校大型活动、日常班级事务、种种常规的或临时的学校工作等等，很多教师的职业生涯就是被这种大大小小的事件充满，在不计其数的亲力亲为中度过忙碌的职业生涯，累积如影随形的职业倦怠。只为"成事"必然把效率置于第一位，重结果甚于过程，甚至为结果不择手段，这种违背教育本真的事件在教育生活中并不少见。"成事·成人"更看重"成事"背后的"成人"价值，注重成事过程中参与个体的主动性、积极性、体验、状态、合作、发展，并不一定追求结果的完美与做事的高效率，它所要追求的目标是通过学校日常的教育生活，培养主动、积极、健康发展的个体，主要是学生；教师也会在这个过程中变得更大气、从容、智慧。通过"成事"达成人的主动发展的目标，主动发展的人可以更好地完成日常学校之事，这是一个良性的互动过程。

教师职业的创造性意味着研究应该成为教师专业生活的常态。教师的专业实践是研究的最佳平台，是教师提升自己专业水平、实现教育理念和教育行为转化的平台，而不是凭借一套操作方法、某几个模式就能"包打天下"的技术性复制。教师的工作需要探究，需要思考，需要创造。教师的学识、人品、教授知识的能力，是教师开展专业工作的基础素养，在此基础上形成的理解时代、参与时代生活的意识和能力，在理论指导下、面向自己的教育实践的设计、实施、评价、总结和改进能力，则使教师的劳动充满创造的挑战和创造的魅力。不依赖于过去的经验、不满足于已

---

① 叶澜."新基础教育"研究引发的若干思考[J].人民教育，2006(7)：4-7.

有的习惯，以促进发展的眼光看待教育教学生活，教师可以在创造性的劳动中把教育的理想转化成师生共同的生命发展，转化成自己的教育智慧。

教师职业的创造性与技术的发明不同，它的结果以学生的精神世界发展的方式存在，这个过程中需要师生的互动。因此，教师与学生以及学生群体交往时，需要自己去理解、把握、设计和进行由他主持的教育活动，需要发现、选择、利用已有的各种知识去调动学生内在潜力的方法。这样，教师才不会仅仅是已有规定的简单的执行者，才可能成为教育活动的自主创造者，教师的职业才会有内在的尊严，也给学生学会有尊严地生活提供示范。

2. 中小学教师应该具备的专业素养

教师是独立的专业实践者，教师的工作具有独特的专业属性；教师的尊严只有通过自己工作的专业独特性的发挥才能找回。作为专业工作者，教师的专业素养应该包括教育理念、专业知识与教育智慧三个方面。[①]

首先，教师应该具有与时代精神相契合的教育理念，并以之作为自己专业行为的理性支点。教育理念是指教师在理解教育工作本质基础上形成的关于教育的观念和理性信念。中小学教师的教育理念，主要是在认识基础教育的基础性、未来性、生命性和社会性的基础上，形成新的教育观、学生观和教育活动观。基础教育是整个教育系统的基础，也是为学生的未来发展打基础的阶段。当代基础教育的任务在于发展人对未来社会的适应能力，强调为人的终身学习与发展打好基础。生命性主要体现在儿童、青少年发展的独特性上，他们处于生命发展的最旺盛阶段，既缺乏生活经验、需要学习，又充满生命活力、潜力和多方面发展可能，是人生十分宝贵但自己却并不知晓其价值的时期，教师作为儿童发展中的重要他人，不只影响他们的学业，也不只影响他们生命成长的这一阶段，教师在这一阶段的影响有可能延续学生的一生。社会性则包括帮助学生认识社会、热爱本民族优秀文化传统，为未来社会培养合格和出色的公民。

教师应该把基础教育的价值定位于开发学生潜能、发展学生健康个性、促进学生为适应未来社会发展变化所必需的自我教育能力和终身学习能力的初步形成，在这一阶段，学生不但要获得未来生活所必需的基础知识、基本技能和技巧，更要强调人与社会发展的需求在基础教育中的融合。

其次，教师应该具备能够适应当代社会发展和教育发展需求的知识基础。就专业知识来说，当代教师的专业知识，不应该限于"学科知识＋教育学知识"的传统

---

① 叶澜.新世纪教师专业素养初探[J].教育研究与实验，1998(1)：41-47.

模式,而应该具有更为丰富的结构和层次。教师专业知识结构的基础层,应该是有关当代科学和人文两方面的基本知识,以及对工具性学科的扎实基础和熟练运用的技能、技巧,以保证有能力满足儿童的好奇心、激发儿童的求知欲和不断自我完善和发展的需求。基础层即通识性知识的层面。

教师专业知识的第二个层面,是掌握与所教学科相关的 1—2 门学科的专门性知识与技能,两门学科的性质或近或远,这是教师胜任教学工作的基础性知识。与非师范的其他同学科学习者相比,教师不但要深刻地理解和掌握该学科的基础知识和相关的技能技巧,而且要了解与该学科相关的知识,尤其是不同学科的相关之处、学科关系的性质和类型、知识之间的逻辑关系等,以便与其他学科教师在教学上取得协调,在组织学生开展的综合性活动中互相支持、互相配合。同时,教师还需要了解该学科发展的历史和未来趋势,了解该学科对于社会、人类发展的价值以及在人类生活实践中的多种表现形态,以便能够在教学中把学科知识与人类的关系、与现实世界的关系揭示出来,丰富学科的人文价值,激发学生发现、探索和创造的欲望。最后,教师还需要掌握每一门学科独特的育人价值,比如每一门学科所提供的独特的认识世界的视角、层次及思维的工具与方法等,使学生在获得知识的同时,能够形成与不同学科相关的,看待世界与解决问题的方法,丰富学生的理性世界。

教育学科类知识属于教师专业知识结构的第三个层面,它主要帮助教师认识教育对象、认识教育教学活动和开展教育研究活动,其中最具有挑战性的任务是对教育对象的认识。在教育教学实践中,教师面对的人都是鲜活而具体的,他们有自己的经验、体验、感受、兴趣、能力、喜好。如何认识教育对象的具体性、生命性、发展性和社会性等特征,不但需要对作为教学对象的人在一般意义上进行了解,更需要教师在教育教学实践中不断观察和研究。教师教育哲学的形成、管理策略的选择、教育教学活动设计的价值与方法选择等,在一定意义上都与教师对学生特征的认识相关。教师专业知识的三个层面相互支撑、渗透和有机整合,是保证教师教育行为的科学性、艺术性和个人独特性的前提条件。

最后,除了与时代精神相契合的教育理念、复合多层的专业知识之外,教师还需要具备在“人—人”系统中工作所必需的理解他人和与他人交往的能力、作为一个群体组织者的基本管理能力,以及维持专业自我可持续发展的教育研究能力。教师与学生之间精神的沟通、情感的交流和个体人格的影响,要求教师具备与学生、学校其他工作者之间的理解与沟通能力。在群体性活动中,教师按照教育目的策划与设计教育活动、通过日常管理提升学生的自我管理能力等,都是学校管理应该具有的特征，也是教师应该具备的教育眼光和专业素养；结合自己的教育实践工作研究学生及教育实践本身，是提高教师职业专业化水平的必要条件。

与专业理论研究者不同，教师的研究聚焦于对自己教育实践和周围发生的教育现象的反思，从中发现问题、新经验，其核心在于对日常工作保持一份敏感并形成探索的习惯，并在不断解决问题的过程中形成理性认识。研究应该是教师的一种专业生活方式。教师研究的进一步发展，是形成综合、创造性地解决教育教学问题的能力，这种习惯以及在实践过程中不断形成的能力，会使教师的工作充满创造魅力，并最终形成教师个体的教育智慧：[①]具有敏锐感受、准确判断生成变动过程中可能出现的新情势和新问题的能力；具有把握教育机会、转化教育矛盾和冲突的机智；具有根据对象实际和面临的情境及时做出决策和选择、调节教育行为的魄力；具有使学生积极投入学校生活，热爱学习和创造，愿意与他人进行心灵对话的魅力。教师教育智慧的生成，是教师专业发展的理想境界，这种境界只有通过持续的实践、反思、改善、学习、思考才能逐渐达成。

作为专业工作者，教师是自主选择职业的责任人，是需要不断提升专业发展自觉和德行、才智的自我完善者，也是促进学生个性与群体性发展的重要他人，是一群在促进学生发展的过程中与学生共同发展的人。

二、学校生活中的教师与学生

一般来说，教师与学生在学校生活中存在着三种基于不同目的而形成的关系：以知识为媒介、认识为目的的教学关系；以交往为手段、个体的社会化为目的的社会关系；和以尊重与关爱为基础的伦理关系。[②]认识关系存在于师生主体的各种活动之中，是最为基础和普遍的师生关系。教学关系并不能代表全部的师生关系，学生的受教育过程也是个体接受情感陶冶、德行教化的社会化过程，这个过程一般在由班级组织而构成的教育场所中完成，师生之间的社会交往在这一特定社会时空中通过教学活动、游戏、日常交往、班级常规活动而展开，通过各种有目的、意识的活动逐步使学生个人的兴趣、爱好、需要等与社会期待相符合，按照社会需要和教育目标将学生培养成具有集体意识、爱国情怀和社会责任感的合格公民，初步完成个体的社会化。师生的伦理关系表现为一种特殊的社会关系，这种关系以师生之间的爱为基本特征，具体表现为教师对学生的关爱、宽容、欣赏、理解和保护，以

---

① 叶澜.未来教师的新形象[N].中国教育报,1999-6-19.

② 柴楠,刘要悟.基于社会关系理论视角的师生关系研究[J].中国教育学刊,2012(5)：77-79.

及学生对教师的尊敬和爱戴。教学关系、社会关系、伦理关系同时存在于师生交往的时空中,只是在不同场域中呈现出程度和水平的差异。三种关系可以简单地归入两类:以业务为中心的教学关系和以人际为中心的情感关系。

(一) 教学关系

在教学关系中,师生关系存在着"教师中心"和"学生中心"的分歧。"教师中心论"以赫尔巴特等人为代表,认为学生的成长与发展完全依赖于教师对教学形式、阶段和方法的把握,关注教师在知识传递中发挥的决定性作用,认为课堂教学应该控制主动权,教师按预期的目标并通过由他组织的活动来达成培养学生良好行为的目的。教师中心论重视教师在课堂教学中的权威,重视环境和教育对学生发展的决定性影响,视教师为教学过程的绝对支配者,强调学生作为教育对象的地位而忽视其主体地位;所有学生在教师的统一指导下学习和获得知识,个体获得知识的程度与个体的差异密切相关;教师中心的课堂教学强调外在评价的激励方式。"学生中心"则强调学生在课堂教学中为达成自己的学习目标而采取主动的行为,主张由学生掌握学习的主动权,教师在课堂教学中以学生的学习状况为依据,给学生提供帮助和指导。"学生中心论"以卢梭、杜威等为代表,他们把学生的发展视为一个主动的过程,教师的作用只在于引导学生的学习兴趣,满足学生的个人需要,而不是直接干预学生的学习;学生的学习过程被认为是一个主动的知识建构过程,他们通过个体直接经验获得发展,通过直接经验获得知识。在学生中心的课堂中,教师是教学活动的参与者和有限权威的指导者,学生想学什么就教什么,学生愿意怎么学就怎么教,师生共同参与课堂规则制定、教学目标设定和课堂教学管理过程。

"教师中心"和"学生中心"的分歧源于对教学过程二元对立的分析模式,即教学是由教师的教和学生的学两个部分组成,两者互有关联但并不等同;在教学过程中,教师是教的过程的主导,学生是学习过程的主体。这种把教学过程分析为"教"和"学"两个单位的思维方式,必然需要在两者之间寻找恰当的契合点,在"教"与"学"的两个不同主体之间寻找平衡点,在教师和学生这两个中心点之间摇摆。纵观我国改革开放以来课堂教学的发展脉络,由满堂讲到精讲多练,由满堂讲到满堂问,由教师讲到学生讲,要么"教"围着"学"转,要么"学"围着"教"跑,或者努力追求"教"与"学"平分秋色,不断寻求教与学之间关系支点的历程,反映出我们对课堂教学探索的历程,也反映出我们在思考教学问题时,始终把教师与学生置于对立面的思维方式,这种教师与学生决定与被决定、主导与被主导的关系,使教学这一不可分割的过程转化成教与学之间的冲突与对抗。

改变要素分析式的思维方式,把教学看作一个完整的分析单位,可以有效解决教学中师生关系的对立局面、解决传统教学中学生被动接受问题，这一设想已经在"新基础教育"长期的课堂教学实践变革中得到了验证。"教学"是一个不可分割、具有内在关联的有机过程，一旦把"教"与"学"割裂开，就不能称其为"教学"。分析教学问题不能"将'教'与'学'当作两个分析单位，再来寻找两个分析单位的关系；或将其中一个视作中心，一个视作围绕中心转的'行星'与'卫星'的关系；或将其视作两个平行线的共时活动；或将其作单向的'呼应'式的关联"，而应该将"教学""视作一个基本分析单位"，在这个不可分割的过程中，教与学在相互作用中形成一个有机整体。① 在课堂教学中，教师和学生基于共同的目标，以合作为立场关注对方，以对方不同方式的行为作为自己的回应的基础和出发点。也就是说，课堂教学应该以教师有方向、有目标的教学方案为基础，根据课堂上师生交互作用呈现出的多种状态和具体情境，开放、弹性化地调整教学设计，通过资源的不断重组、生成，推进课堂教学的进程。

如果把课堂教学看作一个整体，那么在课堂教学中，教师与学生的角色与关系也将发生变化：在教学过程中，学生不仅是知识的接受者、听讲者、回答问题者、学习者，而且是发现者、参与者、提问者、讨论者、主动活动的策划者和评价参与者，教师的角色也不再仅仅是讲授者、提问者、主导者、控制者、评价者，而且还是学生信息的捕捉者、收集梳理提升者、接受者、合作者、反馈者、组织者与策划者，师生双方在丰富的角色互动中推动教学过程的动态生成。与传统教学观中师生关系的角色相比，最大的变化在于把学生看作重要的教学资源提供者，教学过程在一定意义上就是教师依据教学目标，激发、捕捉、利用、组织学生各种性质的资源，促进学生的积极、主动、健康发展。

（二）情感关系

在中小学里，教师与学生的情感关系渗透于学校生活的各个层面，对学生的发展产生润物无声的作用。首先，教师是学生发展中最为关键的重要他人，说最为关键，主要因为青少年时期是人生中最为重要、最为集中的一段学习时期，这一时期对每个人都十分宝贵，但学生却往往不自知。因此教师在青少年发展时期的作用就显得尤其重要。对于中小学生来说，这是一个最需要优秀和出色教师的人生时期，他不但要能够承担起传授知识的社会使命，更要能够承担起呵护和培育美好人性的社会责任。

---

① 叶澜."新基础教育"论：关于当代中国学校变革的探究与认识[M].北京：教育科学出版社，2006：268-272.

其次，教师是学生知识学习和智力发展的主要引路人。青少年在学校生活中不仅要获得知识，更需要把获取知识的过程转化成个体的生命成长，他们需要借助学习过程中与老师、同伴的互动和合作实现社会化和个性的完善。在这个过程中，教师不应该是简单的知识传递者和技能训练者，而应该是激活学生知识、打通结论性知识与学生鲜活生命历程之间壁垒的拓路者，是学科育人价值的开发者和学生个性化全面发展的指导者。

再次，教师是学生才情、人格、智慧发展不可替代的助推者。教学不仅仅是学生获得知识的主要方式，也是学生学校生活的主要场所，学生不仅获得知识，形成能力，他们还通过与老师和同伴的共处感受人情冷暖，体验情感，形成对人对事对生活的态度，培养行为方式和价值观。研究学生、激发学生内在积极性，把学生当作完整的生命体，把学校生活看作是学生生命历程的重要构成，把学生作为具体个人的潜在可能性通过教育教学实践逐渐转化为现实的生命成长，是教师对于学生发展应该尽到的助推之力，也是学校对青少年发展的职责和使命。

教师对学生的影响既是有言的，也是无言的，而无言之教对学生的行为产生更大的影响力。曾有人做了这样一个有趣的实验：把小学生分成 4 组，每组配一个实验员，在实验员与学生建立了良好的关系并得到了学生的信任之后，分别要求 4 组学生为孤儿院的孩子捐款。第一组实验员宣传人要有爱心，要慷慨捐款，同时自己也捐款；第二组实验员宣传不去救济孤儿，把钱留给自己；第三组实验员宣传人应当慷慨助人，自己却不捐款；第四组实验员宣传不必捐款，自己却捐款。实验结果是：第一组学生全部捐了款，第二组无一人捐款，第三组少数人捐了款，第四组大多数学生都学着实验员捐了款。说教对学生影响是微小的，实际的榜样对少年儿童的行为产生巨大的影响。作为教师，我们一定要谨记这一点。

在教师与学生的关系上，教师不应该是为学生燃尽生命的"蜡烛"，不应该只以忘我工作、辛劳甚至牺牲作为无私奉献的明证，他们应该是点亮学生心灯的"启蒙者"，以人类文明的成果滋养学生的精神世界，以自己的智慧激活学生的才情，以自己的人格感染、激励学生的品性发展，以自己理性、明智的选择，为青少年发展筑起理想的殿堂，通过自己日常而出色、智慧的工作促进学生"日日新"的成长历程。

教师以身教，以行教，以己之为人教，更以良善的品性来育人。作为教师，眼中要有孩子，心中要有儿童，把学生作为独立的、成长中的独特生命个体来看待，这是做老师的底线。一旦忘了孩子，你往往就只会根据书本、教参或者其他同伴的教学行为来教学,而忘记如何通过教学来培养孩子,这样的教学就会外化成人的发展之外的纯粹的事务性工作。在教学中,决定教师、学生、教学内容之间关系的核心人物是教师,只有教师可以将学生、课程、学科、教材、生活的研究多方面整合起来。

思考与练习

1. 你认为教学应该具有什么价值?

2. 教学的特殊认识说主要内容是什么? 它对基础教育的课堂实践产生了什么样的影响?

3. "生命·实践"教育学是如何看待教学本质的?

4. 新时代的教师应该树立怎样的学生观和教师观?

5. 如何理解学校生活中的教师和学生关系?

第六章　教学设计

内容提要

　　第六章到第九章将主要介绍教学设计,包括教学设计概述、教学目标设计、方法选择和过程设计。第六章简要介绍教学设计的概念、特征,影响教学设计的主要因素以及教学设计的一般过程。

第一节　教学设计概述

一、教学设计概念及特征

(一) 教学设计的概念

　　设计与计划相关,它是对将要从事的活动的事先筹划和程序安排,目的在于提高实践行动的质量。设计"意味着在开发某些事物或者是为了解决问题而执行计划之前,要经过一个系统的、精细的规划和观念生成过程"①,广泛地应用于室内设计、建设设计、工业设计等领域。作为一种有目的、有计划、有组织的专门教育活动,高质量的教学活动需要做出目的明确、过程清晰的预先设计。

　　教学设计是教育教学活动计划性的现实要求,也是教师必备的一项专业技能。与教学设计类似的概念是备课,20世纪80年代之前的教育教学专著中通常用的术语是备课,现在实践中一线中小学教师更常用的仍然是备课,两者并没有实质的区别,只是随着技术在教学中越来越广泛的应用,教学设计一词也越来越流行。

　　关于教学设计的概念,国内外学者分别从不同的角度进行了界定和阐释,概括起来主要包括三种:过程规划说、方法说和技术说。

---

① 史密斯,雷根.教学设计[M].庞维国,等,译.3版.上海:华东师范大学出版社,2008:8.

1. 过程规划说

过程规划说认为，教学实质是为解决教学领域中的问题而进行的计划过程，其代表人物是美国教学设计理论专家肯普。肯普把教学设计定义为"运用系统方法分析研究教学过程中相互联系的各部分的问题和需求，在连续模式中确立解决它们的方法步骤，然后评价教学成果的系统计划过程。"①教学设计专家加涅（R. M. Gagnd）在其《教学设计原理》一书中，也把教学设计看作是一个系统化规划教学系统的过程。我国学者乌美娜给教学设计所下的定义是："教学设计是运用系统方法分析教学问题和确定教学目标，建立解决教学问题的策略方案、试行解决方案、评价试行结果和对方案进行修改的过程。它以优化教学效果为目的，以学习理论、教学理论和传播学为理论基础。"②这一定义也把教学设计看作是一个由掌握教学设计基本技能的教师或专门人员进行的解决复杂教学问题、寻找最佳解决方案的系统规划的过程。该观点在中国有比较大的影响。

2. 方法说

方法说则把教学设计看作是一种研究教学系统、教学过程和制定教学计划的系统方法，它以明确的教学目标为出发点，着眼于激发、促进、辅助学生的学习，并以帮助每个学生的学习为目的，"教学设计主要是提出关于最优教学方法的处方的一门学科，这些最优的教学方法能使学生的知识和技能发生预期的变化"。③④

3. 技术说

技术说认为，教学设计是一种"旨在促进教学活动程序化、精确化和合理化的现代教学技术"，⑤当代教学设计理论家梅瑞尔（M. D. Merrill）等人在 1996 年发表的《教学设计新宣言》中把教学设计的本质界定为一种技术，他认为教学是一门科学，教学设计是建立在教学这一科学基础上的技术，是一种用以开发学习经验与学习环境的技术，其目的在于帮助学生获得特定的知识和技能。技术说更着重于对教学实际问题的具体处理方式。

以上三种对教学设计概念的界定，分别关注了教学设计的过程、方法和手段，从三个不同的侧面描述了教学设计的特征和属性，三个定义所涉及的内容可以简要概括如下：

① 林宪生.教学设计的概念、对象和理论基础[J].电化教育研究,2000(4)：3-6.

② 乌美娜.教学设计[M].北京：高等教育出版社,1994：11.

③ 盛群力,等.教学设计[M].北京：高等教育出版社,2005：3.

④ 同③.

⑤ 鲍嵘.教学设计理性及其限制[J].教育评论,1998(3)：32-34.

第一,教学设计的目的在于促进教学过程的优化,它把教学过程看作是一个具体的问题解决过程,教学设计即采用恰当的手段、方法预先对解决这一问题进行策划、安排。

第二,教学设计以人类对教与学的理性认识为基础。教学设计的水平与人类对学习与发展规律以及教学规律的认识水平密切相关,也与设计者自身对学科内在逻辑和教学价值等问题的认识密切相关。作为解决问题的方案和技术,教学设计的实践意义在于应用相关理论提高教学工作的质量和效率。

第三,教学设计是连接教育心理学理论、教学论与教学实践问题的中介与桥梁。教学设计是将教育心理学、教学论等基础理论系统地应用于教学实践,以解决实际教学问题的过程。教学设计对教学问题的表征和分析,都建立在学生的学习规律和教学理论的依据之上,教学设计所呈现的设计安排,反映了设计者对如何把教学内容恰当地转化成学生的认识与发展成果的基本观念和系统化思考。

教学设计实际上就是为教学活动制定工作蓝图的过程,它与设计者所持的教学观念相关,与设计者的专业素养相关,也与设计者的专业经验和个人风格相关。具体来说,教学设计就是以教师的教学理论为基础,依据教学对象的特点和教师自身的知识素养、经验、风格,分析教学中的问题和需要,确定教学目标,建立解决问题的步骤,安排各种教学要素以达成教学目标的过程。教学设计是教师在课堂教学之前所制定的教学实施计划,是教师对于教学过程应该呈现状态的预设和策划。

(二) 教学设计的特征

教学设计具有指导性、统整性、可操作性、预演性、创造性等几个方面的特征:[1]

指导性。教学设计是教师为组织和指导教学活动设计的施教蓝图,教师有关教学活动的一切设想,如将要达到的目标及要完成的任务、将采取的各种教学措施等均应反映在教学设计中。教学设计形成的方案是指导教师教学的基本依据,教学活动的具体方法、步骤、程序等,都会受到教学方案的影响和一定程度的控制。因此,教师在进行教学设计时,一定要全面规划,提高设计方案的可行性和有效性。

统整性。教学是由多种教学要素组成的一个复杂系统,教学设计是对这些要素的系统安排与组合。从系统科学方法出发,对由多要素构成的教学活动进行综合的、整体的规划与安排,是教学活动顺利、高质量的基础。无论教学设计指向什

---

① 　全国十二所重点师范大学联合编写.教育学基础[M].北京：教育科学出版社,2002：187.

么样的教学目标,它都应该全面、周密地考虑和分析各个教学要素,使所有的教学要素能够在达成教学目标的过程中有机配合,成为统一的整体。

可操作性。教学设计既有一定的理论色彩,同时又明确地指向教学实践,是理论与实践之间的中介。在教学设计方案中,教学设计者对教学内容的选择、教学方法的运用、教学时间的分配、教学环境的调适、教学评价手段的实施都应该作出具体明确的规定和安排,使之成为教师组织教学的可行依据。

预演性。教学设计是教师理清教学思路的过程,教师进行教学设计的过程,实质上就是实际教学活动的每个环节、每个步骤在教师头脑中的预演过程。这一过程带有较强的预演性和生动的情境性,它能够使教师对教学过程的每一个教学环节周密考虑、仔细策划,为教学活动的顺利进行提供保证。教师事先对教学过程中可能出现的状况预测越具体,越有利于教师在教学过程中灵活地应对和处理多变的教学情境。

创造性。创造性是教学设计作为一个专业行为的特性,也是教学设计的追求目标。教学设计的过程,实际上是教师根据不同的教学内容和不同学生的特点及其现实水平,确定教学目标,创造性地思考、设计教学实施方案的过程。由于教学设计与教师个人的教学经验、学科素养、个人风格、教学智慧等紧密结合在一起,每个教师设计的教学方案都会不同程度地带有个人风格与色彩,因而它为教师个人创造才能的发挥提供了广阔天地。

教学设计虽然是预先制定的实践计划,对教学过程起到制约和一定的控制作用,但教学过程并非对教学设计亦步亦趋地照章执行。教学设计是由教材到教学过程当中重要的中介,在课堂教学中教师与学生的行为受到课堂设计的直接指导,教学设计也需要根据课堂教学过程中学生的实际状态进行弹性调整。

第二节　教学设计的影响因素及一般程序

一、影响教学设计的因素

教材的内容特点、课程的时间安排、教学的评价方式、学校教学传统、学生基础水平、教师个人教学理念、教师学科素养以及教师个人特长等,都会影响教学设计,其中教师个人对教学本质与价值的认识、对知识与个人发展价值的认识、教师对学科知识的理解程度和水平,是影响教学设计性质和走向的主要因素。

（一）教师的教学理念

教学设计是教师专业实践的先期策划，直接反映教师对教学的理性认识和价值选择，是教师的教学理念在专业实践中的直接体现。教师的教学理念包括教师对教学价值、教学过程的认识，包括教师对学生学习规律的认识，也包括教师对教学评价标准的认识等。教师关于教学的理性认识可以分为两类：公共的和私人的。所谓"公共的"主要指那些可以用语言文字来清晰表达的认识，这一类认识可以来源于主体的受教育经历，可以来源于书本知识的学习，也可以来源于教育与生活中所接受的宣传与交流等，这一部分认识属于在知识分类意义上的公共知识；"私人的"则主要是指那些以个体经验为基础的只可意会不可言传的认识，比如在受教育过程中的观察、与教师和学生的互动，父母的要求与评价标准，社会舆论、学校日常工作等个体亲历的经验等，这一部分认识属于私人知识的范畴。

从来源上看，教师个体有关教学的公共知识和私人知识有部分重合，它们的最大区别在于是能否清晰、明确地表达，私人知识之所以难以明确、清晰表达，主要原因在于这些知识不是通过"教"或者"学"而获得的，它往往隐藏在个体亲历的经验背后，是被个体"意会"到了但又没有完全进入个体清晰的意识之中的认识。就公共知识和私人知识发挥作用的角度看，公共知识不一定能够影响个体的实践行为，比如在新课程改革中，大部分教师都认同在教学过程中要充分发挥学生的主动性的理念，甚至有人提出了课堂教学要"以学生为中心"的口号，这些观念也经常出现在一线教师的文字和语言表达中，但如果到课堂中进行观察，我们看到更多的还是教师控制课堂教学的主要过程，学生在课堂教学中被动学习的状况仍然大量存在。这种理念与实践脱离、理念停留于口头的现象体现了公共知识在影响实践方面的限度：它可能转化成个体的实践行为，也可能只是口耳之学，与个体的实践行为没有任何关系，说到未必能够做到。

私人知识来自个体的实践经历，是个体意会到的隐藏在实践背后的观念、价值、行事方式以及解决相关问题的具体路径，它是具体的，虽然未必正确，也说不清楚，甚至没有明确意识到，但它一定是个体认同的，因此也是在实际上支配个体实践的关键因素。当然，支配教师行为的教学理念不仅仅包括私人知识，还包括部分的公共知识，尤其是在专业培养和专业实践中有体验并获得个体认同的公共知识。

教师有关教育教学的理性认识，决定着教师教学设计的基本立场。比如，如果教师认为"教学是教师教、学生学的活动"，这个过程的主要任务是"传授人类积累的客观知识"，那么他在教学设计中就会采用以教师为主的讲授法，学生的学习方式可能主要是听讲、记录、练习和记忆；如果教师认为"教是为了不教"，那么教师在教学设计中可能会给学生参与教学、自主学习保留更大的空间；如果教师认为"教学是培养学生思维能力和创造能力的活动"，则会把更多的时间和空间留给设置疑难问题，引导学生探究、思考、讨论、发现的问题解决过程；如果教师认为"教学是让学生体验学习过程、获得知识与精神成长的过程"，他在教学设计中就会更多地关注学生可以参与的活动，关注学生在课堂教学中的认识与情感体验状态，关注师生在教学过程中借助于教学内容的认识过程与思考的互动。

教师教学理念还包括教师对学生学习过程与学习规律的认识。德国教育学家赫尔巴特认为，人的一切心理活动都是观念活动，观念交互作用形成意识，意识中包括多个彼此相关的观念，新观念进入意识必先经过意识阈，之后进入众多观念的组合体，成为其中一部分，他称之为"统觉"。在他看来，学习即是新旧观念不断融合形成统觉团的过程。把这一心理学理论应用到教学中，他设计了由"明了""联想""系统""方法"四阶段组成的基本教学程序。杜威认为教育是个人在社会生活中与人接触、相互影响、逐步扩大和改进经验，养成道德品质和习得知识技能的过程，于是把儿童置于教学活动的中心，把培养儿童的独立思考和解决问题能力作为教学的核心任务，设计了以"做中学"为主要方式的教学过程，并按照思维过程的五个步骤设计了"疑难情境—确定疑难问题—提出假设—推断—验证或修改假设"的五个教学程序。赞科夫把促进学生的一般发展作为教学的主要目的，他所说的一般发展指由各门学科引起的共同一致的生理与心理的发展，包括智力发展，情感、意志、道德品质、个性特点和集体主义精神的发展及身体的发育等各个方面，并认为实现这一教学目标的主要途径在于培养学生学习的内部诱因，并在保证共同的思想方向性的前提下，给予个性以发挥作用的余地。基于这一认识，他提出了"以高难度进行教学""以高速度进行教学""理论起主导作用""使学生理解学习过程""使班上所有学生都得到发展"五大教学原则以及相应的教学过程。

对于普通教师尤其是新手教师来说，我们可能没有体系化的关于学生学习过程与规律的认识，但我们对于学生学习过程与规律的理解，同样支撑和极大地影响着我们对教学目标、教学过程的安排与设计。因此，不断尝试着去理解和明确我们所持的学习观与儿童观，是教师理解自身教学行为、不断提高自己教学设计水平和质量的有效途径。

（二）教师对学科知识的理解程度和水平

教师对学科知识的理解程度和水平同样会影响教师的教学设计。一般来说，教师对学科知识结构、层次、关系的理解，对学科知识之后所蕴含的方法与思维方式的把握，以及对相关学科知识在学生学习中的价值的认识，决定了教学设计的方向和层次。一个只能看到静态、结论性知识的教师,必然会把传授正确知识、练习与掌握作为教学设计的核心任务;对学科内容的思想方法、教育价值有深刻理解的教师,更有可能超越知识本身,激活知识获得的过程,让学生在掌握知识的同时,经历知识生成的过程,学会如何学习某一类知识的方法。

下面关于《角的度量》的两个不同的教学设计,可以更具体地表现这种差异:[①]

教学设计一:

第一环节:创设情境。教师用课件显示三双筷子分别夹东西的图片,引导学生发现"角",并在屏幕上出示三个角(如图 6 - 1):

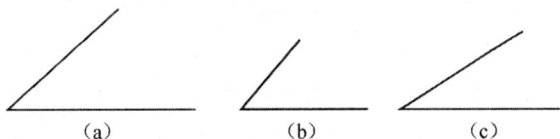

图 6 - 1

教师提问:这三个角到底哪个大? 大多少? 教师设计这一环节的目的在于告诉学生要想知道角的大小就需要测量,并让学生知道测量角的单位是"度",为下一步使用量角器测量角做准备。

第二环节:认识量角器。引导学生观察、认识量角器的结构,让学生观察量角器上的两圈数字是怎样排列的,告诉学生把里边的这圈数字叫作内圈刻度,把外面的这圈数字叫作外圈刻度。请他们找出内圈50°,外圈60°所在的位置。然后,告诉学生不管怎样排列都是把半圆平均分成180 份,一个小格所对的角就是1°,两个小格所对的角是2°,依此类推,多少个小格就是多少度。接下来,教师让学生深入观察,认识量角器各部分的名称,认识内、外圈零刻度线,掌握量角器不同部分的名称。

第三环节:使用量角器合作探究量角的方法。教师让学生自己测量作业纸上的角的大小,说出测量结果和测量的方法。在过程中教师强调"点重合,边重合,再读刻度的"使用方法,并让学生知道"从左往右量的角读外圈刻度,从右往左量的角读内圈刻度"的测量方法。然后是课堂练

---

① 吴正宪,等.让教师在比较中获得深刻的专业体验——以一节小学数学课为例[J].人民教育,2008(22):47-51.

习,学生分别度量事先准备好的几个角的度数,最后总结"角的测量"的具体方法,并强调"角的开口方向不同就用两圈刻度来度量"。

第四环节:总结收获。先请同学说这节课有什么收获,最后教师总结:"生活中处处离不开角,比如卫星发射进入轨道需要精确的角度,工人叔叔修建的电塔、人们盖房子等都要有合适的角度,我们现在学的知识就是为了将来打基础的。"

在"教学设计一"中,教师通过讲解和指导观察、思考、体验等方式,让学生知道用什么量角、量角器的结构和各部分的名称,以及如何使用量角器量角,并给学生提供练习和表达的机会,学生记忆概念和运用方法应该不会有太大困难。可以预想,教师通过课堂教学可以基本实现"知道量角器是什么"和"如何使用量角器量角"这两个目标。但是,这节课无法让学生理解用"1°"作为量角的基本单位的必要性,无法让学生体验在量角过程中可能会出现的问题与错误,也无法提升学生在探究知识的过程中发现问题、提出问题并尝试着自己解决问题的能力。"教学设计一"反映出教师对知识的理解水平停留于结果性知识的层次,故而在教学中教师关注的只能是浅层次的知识与技能,教学设计的特点表现为简单的"教知识",尽管教师也考虑到了新的教学理念,比如利用学生的生活经验、强调知识的实用价值、引入小组合作探究和动手操作等。若教师对教学内容具备深层次的理解,则有可能更好地挖掘知识的育人价值,激活知识的形成过程,从而使教学过程真正成为使学生获得知识与技能、形成思维方法、培养情感态度价值观的具体过程。《角的度量》的"教学设计二"通过不断设疑给学生提出了具体情境中的思维挑战,让学生在不断地解决疑问和面对新的疑问的过程中体验到知识的生成过程,在理解角的度量单位的过程中掌握量角的方法;在尝试、讨论与纠正错误的过程中学会正确的量角方法。思考、操作、质疑、反思融为一体,反映出了设计者对这一内容的更为深度的理解:

教学设计二:

第一环节:创设情境,体验角的度量单位。教师用小游戏引出两个大小不同的角(如图6-2),设置疑问:怎样比较这两个角谁大谁小? 如何知道大多少?

教师设计在这一教学环节的目的,在于让学生尝试用已经学习过的度量工具,比如直尺、三角板等来解决量角的问题,让学生明白用直

图 6 - 2

尺、三角板无法解决度量角的所有问题,引导学生寻找新的测量工具:
小角。教师选择角的大小时给学生预置了一个新的疑难问题:一个能
用给定的小角量完,一个不能量完,解决问题的方法是用更小的角(把
原来的小角对折),并引导学生思考:如果还不能量完,只能用更小的
角,小到什么程度呢? 教师出示 1°的角的教具,通过这个不断设疑的过
程让学生明白"度"作为度量角的基本单位的来由和意义,渗透度量
意识。

　　第二环节:认识量角器,感受量角器的价值。教师设疑:每测量一个
角,都用 1°的角一个一个去拼摆吗? 通过学生的思考和教师演示,把一个
个 1°的小角自然地拼成一个 180°的量角器,量角器的作用与来源自然地
与第一个环节中关于度量单位的认识结合到一起。

　　第三环节:尝试、探究量角的方法。尝试、探究量角的过程呈现出
"出现问题—解决问题—体验成功—增强自信"的综合性。学生在尝试量
角的过程中呈现的错误:直尺测量的方法迁移,即把量角器的非中心点
与角的顶点重合来量角;以量角器的弧直接卡住了两条边的任意一点直
接去量角(如图 6 - 3)。

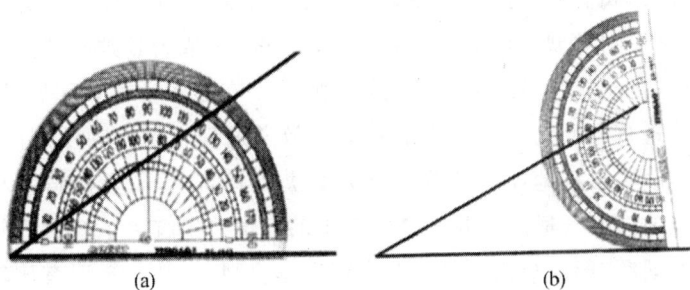

图 6 - 3

　　教师利用学生探索过程中出现的错误,引导学生反思测量方法,结合
第一个环节大小角比较的方法和量角器形成的原理,分析造成错误的原

因，体验和形成正确的角的度量的方法。

第四环节：讨论尝试，突破难点。学生理解了正确的测量方法之后，紧随其后的是角的读数，新的问题又出现了：角的度数以外圈还是内圈的读数为准呢？如图 6-4，其中的角是 30°还是 150°的？

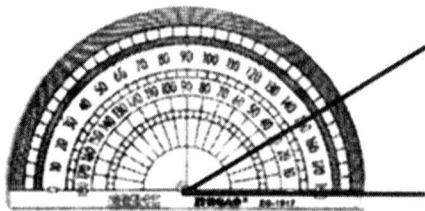

图 6-4

教师在这个环节中借助自制教具（中心点上系着两条绳子的量角器），在学生尝试、讨论、辩论的过程中进行辅助性演示，帮助学生形成用量角器量角时确定角的度数的依据。

这样的教学设计让学生不断地面对具体情境中前后相续的冲突，激活思维，解决问题，体验知识产生的过程，发现知识内在的道理，增强发现问题、分析问题和解决问题的能力，也增强面对疑难问题时的自信。同时，学生通过这个过程所获得的知识是具体的，学生所经历的从感性到理性、从生活到知识的过程，更有利于他们灵活、恰当、准确地运用知识，有利于对相关知识举一反三。

影响教学设计的因素还有很多，但对于新手教师来说，最迫切需要加强的是以上所论及的两点：对教学性质及价值的认识，和对学科知识的理解程度。在新手教师培养过程中，我们往往比较重视教学基本技术的学习和练习，比如如何导入、如何板书、教学不同类型知识的一般方法等，这些都是成为教师必须具备的基础性技能，但仅有这些技能是不能成为一名好教师的。在初步学习和掌握基础之后，更为重要的是要理解和明确这些基本的技能是教学过程中供教师使用的工具，教师不能在教学实践中机械地使用这些工具去解决所有问题，而要在思考和确认目标的前提下恰当地选用合适的工具。掌握基本的教学技术解决了新手教师专业发展中"如何做"的问题，形成恰当的教育教学观和学生观，对学科知识有比较透彻的理解，则可以为思考使用工具的合理性与适切性提供依据，也为教师在专业发展中改善实践奠定基础。

二、教学设计的一般程序

作为对教学内容选择、教学程序安排、教学方法选择和应用的规划、决策过程，教学设计一般遵循"选择和确定教学目标—选择教学方法与策略—组织和安排教学要素—制定实施方案"四个步骤，以解决教学设计的四个主要问题：第一，确定从学生的现有水平到教学目标之间需要获得的能力及其关系；第二，尽可能用具体、可观察、可测量的语言表述教学目标；第三，选择合适的教学方法和教学媒体、教学策略；第四，设计教学评价。

选择和确定教学目标。选择和确定教学目标解决的是教学过程要"走向哪里"的问题，包括两个方面的内容：第一，从教材本身来看，哪些内容对于学生具有教育价值和发展价值。依据课程标准的要求，可以把这样的具有教育价值和发展价值的教学内容转化成什么样的教学目标，即从教学内容本身来分析和确定教学过程可能达成的教学目标。第二，在依据教材形成的可能教学目标的基础上，以学生的已有相关知识、经验、能力为依据，从可能目标中进行选择和调整，确定教学应该达成的具体目标。具体做法主要是依据学生对相关知识的已有基础和能力水平，区分可能教学目标中学生已经掌握的目标、已经了解但未完全达成的目标、没有知识基础但可以达成的目标、目前阶段对于学生来说尚无法达成的目标。在这四个类型的目标中，已经达成的目标以及无法达成的目标，都在学生的最近发展区之外，不应该成为课堂教学的目标或主要目标；已经了解但未完全达成的目标以及虽然没有知识基础但可以达成的目标才应该成为教学目标。已经达成的目标可以作为教学设计的基础，无法达成的目标则有待于在之后的教学中选择合适的时机达成。

选择教学方法、手段与策略，建立解决问题的步骤。教学目标确定之后，根据教学内容的特征和学生的实际情况，有针对性地选择与组合教学内容、教学方法、教学媒体、教学活动方式，形成教学设计的宏观框架。这一过程在教师进行教学目标选择与确定的过程中已经开始，只是在目标确定之后需要进行进一步清晰化和系统化的思考与设计。在教学方法选择中，教师首先要尽可能广泛地了解不同教学方法的优缺点，然后根据学生的学习特点和发展需求选择合适的方法；在教学媒体的选择上，教师需要综合考虑不同教学媒体的特点、教学内容和教学对象的兴趣、经验与学习特点，选择适宜的媒体。在现代教育媒体强势影响课堂教学的背景下，更要警惕越先进越好、越省事越好的教学媒体选择标准，把"有助于学生发展"作为选择教学媒体的核心。

　　组织和安排教学要素。即依据教学目标和宏观设计框架，把教学方法与手段、学生活动方式与程序、师生互动方式、课堂练习方式、评价与反馈方式等教学要素，具体而有序地安排在教学过程之中，使教学设计成为一个具有可操作性的方案。这是教学设计中由设想到蓝图的一个关键步骤。

　　形成书面的教学设计方案，即制定教学实施方案。教学设计方案是教学设计过程的结果式呈现，是方案设计者对整个教学过程的规划，也是进一步理清设计者思路的有效路径。教学设计方案不但要明确教学过程要达成什么目标，还要明确表达教学目标的设计依据，以利于教师自己在教学过程中根据学生的具体状况，及时确定目标的合理性并弹性化地在教学过程中进行调整。教学设计方案还应该尽可能明确在教学过程中教师和学生的活动，以及活动的目的、不同活动之间的关系，提高教学设计的整体性。

　　图6-5简单地呈现了教学设计的一般程序：

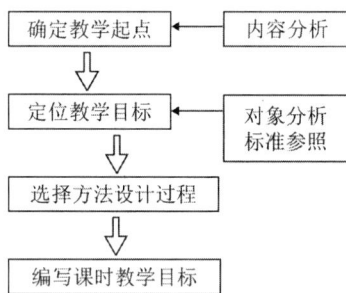

图6-5　教学设计基本程序

　　教学设计是教学实施过程的预先筹划，它一方面要为教学过程提供思想、过程、方法、措施和策略的支撑；另一方面还要为教学过程保留灵活和弹性调整的空间；在教学过程中，师生双方需要依据教师预先的教学设计思路展开互动，同时关注互动过程中生成的新资源、捕捉到的新问题，立足于具体的学习和发展需求调整活动方案，保证课堂教学在预设与生成之间的张力，为学生主动、积极、有意义地学习提供平台。

　　下面是一份教学设计方案的案例：①

---

① 本案例中的教材内容为上海牛津2008版教材三年级下册第三模块第三单元 The Seasons，教学设计方案由上海市闵行区明强小学马伟伟老师提供，本书使用时在表达方式上略有修改。特致谢忱。

学校		班级：	日期：		设计者：
学科	英语	教学内容：SEASONS	教时：		课型：

一、教学目标

1. 围绕话题 Seasons，学习新词 wet，dry 和新问句 Which season do you like? 能在对话中初步运用。

2. 围绕主题 Seasons，运用多种句型、综合而有逻辑地进行口头和书面表达，e. g. In spring, it's... It's not... I can see/hear... I like to...口头表达中关注第一、第二和第三人称表达的转换。

3. 在结对活动或小组交流讨论的过程中培养学生与他人合作、积极参与课堂、创造性运用语言的能力。

二、制定依据

（一）内容分析

1. Seasons 这一主题在各年级教材中的重点内容

一、二年级每学期学习一个季节，已学习过词汇 spring，summer，autumn，winter，能用句型 It is warm/hot/cool/cold. 描述季节。

三年级在低年级学习的基础上，增加单词 wet 和 dry，并用 It's... It's not... 介绍季节特征。

四年级学习 sunny，rainy，cloudy，windy 等词汇，并用 What's the weather like? 进行问答。

五年级继续运用 sunny，rainy，cloudy，windy 等词汇和 What's the weather like? 并增加 Weather report（temperature，rain）的内容。

2. 本节课教材内容主要以陈述的表达方式描述季节，重点描述天气特征。上海小学一、二年级使用的新版牛津教材语言形式丰富，就 Seasons 这一主题，一年级的词汇量已经超过三年级，因此，如果仅仅增加一些词汇，不能体现年级学习特征。考虑到三年级学生已经具备初步的语段表达能力，可以把本课重点落在语段输出、形成基本的语言表达结构上。在学生使用各种不同的句式描述季节时，帮助他们归纳描述的不同方面，如 the weather，what we can see/hear，what we like to do，things around us 等。从语言技能上看，低年级句型教学以听、说为主，读、写技能的体现较少，三年级在英语学习中应该考虑适当渗透写的技能培养；同时，三年级学生有了一定的自主、合作学习能力，可安排一定的对子、小组活动，鼓励学生通过交流、倾听、评价，培养学习过程中的合作和表达能力。

（二）学生分析

知识基础：学生已经掌握四季的名称和 warm，hot，cool，cold 等词汇，并且会较熟练地运用句式 It's（not）... I can see/hear... I can... I like to... 等。对于三年级的孩子来说，Seasons 这一主题略显枯燥，因此，在设计时强化季节与"我"的密切联系，把季节描述和自身的感受、活动结合起来，"我"看到了什么、"我"能做什么、"我"喜欢做什么等等，激发学生的交流愿望，并且在运用语言的过程中，初步学会结构化的语段表达。

能力基础：三年级学生已经具备初步发现、归纳的能力，能对获得的信息进行重组，因此本课通过第一人称描述—第二人称提问—第三人称反馈这种富有挑战的推进，帮助学生生成和运用语言结构；三年级的学生也有了一定的语言积累，在本课中强调多句式、多角度的描述，而不仅仅是单一句式的重复运用，符合学生的学习需求；三年级逐步增加写的要求，但学生在书写上经常不够准确和规范，本课中增加写的运用，强调语言的准确性。另外，学生在季节这一

续　表

主题的学习中,已有一些零星的语言基础,教学中要鼓励学生学会完整地表达,学会抓住季节的特征进行描述,并能对获得的信息进行重组。

　　困难分析:学生已经掌握多种句式,但是在运用时缺少语言的组织能力,如何综合运用语言,使表达更有机,更符合逻辑,是学习的困难点,在教学中需帮助学生归纳。

<table>
<tr><td colspan="4" align="center">教学过程</td></tr>
<tr><td>Procedure</td><td>Teacher's activities</td><td>Learners' activities</td><td>Purposes</td></tr>
<tr>
<td>Warming up</td>
<td>Encouraging students to chant.</td>
<td>Chant *It's a cold day*.</td>
<td>热身活动,营造英语学习氛围。</td>
</tr>
<tr>
<td>Pre-task preparation</td>
<td>1. Ask questions：*How many seasons are there in a year in Shanghai? What are they?*
2. Encouraging students to talk about seasons in different places.
Do you know seasons in other places?</td>
<td>1. Answer the questions.
2. Talking about seasons in different places.
e. g. In Shanghai, there are 4 seasons...</td>
<td>1. 复习表示季节的单词
2. 学生提供基础性资源,为下面的语段输出打基础</td>
</tr>
<tr>
<td>While-task procedure</td>
<td>1. Teach the sentence *Which season do you like?*
e. g. Seasons are different in different places. I like spring best. It's beautiful. Which season do you like best?
Encouraging students to practise the new sentence.
2. Teaching the new word *wet* and *dry*.
Playing the video *Spring* and elicit new words.
Explaining the new words：*In spring, it always rains. It is wet. It is not dry.*
Encouraging students to make dialogues using the new sentence and new words.
—Which season do you like best?
—I like... It is wet/dry. It is not dry/wet.</td>
<td>1. Learning the new sentence.
e. g. I like... best...
Ask and answer in pairs.
e. g.
—Which season do you like best?
—I like... best...
2. Learn the new words.
Watching the video.
Reading the new words.
Making dialogues in pairs.
e. g. —Which season do you like best?
—I like summer. It is wet. It is not dry.</td>
<td>1. 在有意义的对话中引入新句型,增加理解的具体性
2. 初次运用新问句进行简单的对话。鼓励学生完整、丰富地表达
3. 把新单词用于介绍季节特征
4. 借助录像内容理解单词理解词意,朗读单词</td>
</tr>
</table>

Procedure	Teacher's activities	Learners' activities	Purposes
While-task procedure	3. Synthetizing into meaningful paragraph Encouraging students to talk about spring: *Who likes spring? Why?* Encouraging students to describe their favourite seasons, including *the weather, what we can see/hear, what we like to do and things around us.*	3. Expressing in meaningful paragraph Introducing spring using the sentences they've learnt. e. g. I like spring. It is (not)... I can see/hear... I can (do)... I like to... Describing their favourite seasons in groups of 4.	1. 以问答的方式运用新词,并进行新问句的第二次运用。关注表达的准确与流利 2. 形成完整语段。鼓励学生用已学过的句式介绍春天,在学生介绍过程中,教师适当归纳描述的不同方面,生成描述季节的语言结构。 3. 第一次用上一环节形成的语言结构进行交流,进一步增强段的意识和表达的有机性
Post-task activities	1. Encouraging students to do a survey by asking questions. *My friend's favourite season.* 2. Asking students to listen to a dialogue and say which season Birdie likes best.	1. Asking and answering in pairs. e. g. Which season do you like best? How is the weather? Is it... What can you see/hear? What do you like to do? 2. Listen and say in groups of 4. e. g. Birdie likes... It is... He can see/hear... He likes to...	1. 第三次运用新问句,通过问答的形式,获得同伴喜欢的季节的信息,提问的过程也是再一次用结构的过程 2. 根据听到的对话,用第三人称单数的形式口头复述,用结构过程中转换叙述人称

续 表

Procedure	Teacher's activities	Learners' activities	Purposes
Post-task activities	3. Encouraging students to write a passage *My friend's favourite season*.	3. Writing about their friend's favourite season. e. g. XXX is my friend. He likes (season). It is(not)... He can... He likes to...	把问答获得的信息用第三人称单数的书面形式表达出来，第四次用结构的过程，强调语言的准确性。
Assignment	Try to write a story about a season or seasons.		根据图片，尝试写有关季节的故事，综合运用语言。
反思重建			

思考与练习

1. 什么是教学设计？教学设计具有哪些基本特征？

2. 影响教学设计的主要因素有哪些？新手教师在职前培养中应该在哪些方面有较大提升？

3. 教学设计的一般程序是什么？在设计一节课的教学方案时，哪一个环节最为关键？

4. 教学设计与教学实施的关系是什么？

第七章　教学目标及其设计

内容提要

本章主要介绍教学目标设计,介绍教学目标的功能、教学目标设计的依据、陈述方式、设计课时教学目标的方法与策略等,并涉及对"三维目标"的讨论。

教学目标设计是教学设计中最为关键的部分,它决定了一节课要达成的主要目标,决定着教师对教学材料的选择与组织方式,决定着教学方法、教学媒体的选择与使用,决定着教学环节的设计以及师生课堂活动方式,决定着教学过程的整体走向。教学目标的恰当定位,是保证教学过程扎实、有效、有机、综合的关键因素。

新课程改革中倡导的"三维目标"既影响着教材内容的选择与编纂过程,也影响着教学目标的设定,如何恰当地理解和表述教学的"三维目标",也是教师在进行教学设计时需要认真思考和恰当处理的问题。本节内容主要聚焦于教学目标的功能与设计方法,并对教学设计中如何理解和陈述"三维目标"进行探讨。

第一节　教学目标及其功能

一、课程目标与教学目标

课程目标是指学校课程所要达成学生身心发展的预期结果,是在课程设计与开发过程中要遵循的具体要求,反映社会期望的一定阶段的学生在品德、智力、体质、素养等方应该达到的程度。课程目标是根据教育目的和教育规律而提出的课程的具体价值和任务指标,一般可分为课程总体目标与学科课程目标。课程总体目标描述的是某一教学阶段课程设置所要实现的总目标,在我国主要体现在"课程纲要"和"培养方案"中;学科课程目标遵循课程总体目标的原则要求,依据具体学

179

科在学生发展中的价值而制定，以"课程标准"的形式呈现。

教学目标与教学相关联，是具体、情境化、可操作的目标，是对某一门学科或课程的具体内容进行教学时所要达成的目标，体现教学的时空差异和个体差异。课程目标与教学目标都受教育目的的制约，但课程目标是中观的教育目标，要根据课程改革的进程不断调整修改；教学目标是处于微观层次的通过课堂教学而实现的目标。课程目标与教学目标在教育系统内的关系及各自的层次结构如图7-1所示。

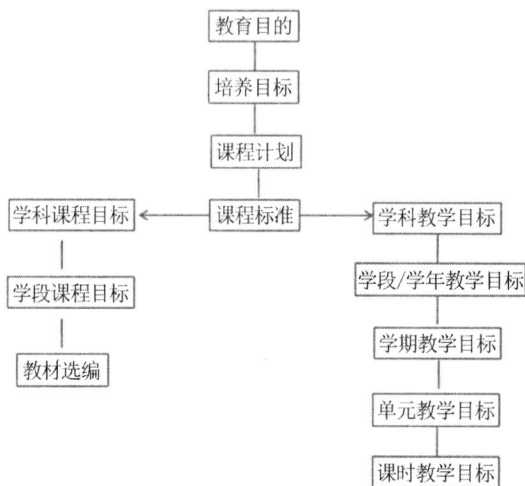

图7-1　课程目标与教学目标的关系及层次结构

二、教学目标的功能

教学目标是教学设计的起点，是选择和确定教学方法、设计教学环节的主要依据，也是教学活动的出发点和归宿。教学目标的功能可以具体地表述为：

第一，导向功能。教学目标确定教学活动的方向，它不仅制约着教学设计的方向，也决定着教学内容的选择和组织、教学方法的选择和应用、教学具体步骤和教学组织形式。教师在制定教学方案的时候，需要清楚教学所要达成的具体目标，以及达成教学目标的可能途径、方法与条件：为了达成目标，需要给学生提供什么样的外部条件支持？需要设计什么问题或活动让学生获得经验、达成目标？有了这一层思考，就可以减少教学目标制定的随意性。

第二，激励功能。如果教学目标清晰、具体、适合学生理解水平，那么在教学开始之前让学生明白教学结束时他们应该学会的知识、技能或者应该完成的任务，可以有效激发学生学习新内容和达到学习目标的期望，调动学生在教学过程中的积极性。教学目标给学生确定了学习的努力方向,学生在理解目标的过程中,会把自己的现有水平与教学目标所确定的理想水平进行比较,评估自己达成目标的可能性。如果通过努力可以达成目标,学生的积极性和好奇心会比较强,成就动机增加;如果教学目标低于学生的现有水平,或超过学生所能达到的水平,则无法对学生产生激励作用。因此,在教学目标设计时,要考虑目标的层次性和挑战度,力争使绝大部分学生都有可以达成的目标,并且使教学目标适度超出学生的现有发展水平,达到学生的可能发展水平,即教学目标的难度要在维果茨基所说的"最近发展区"内。这就需要教师对自己的学生有充分了解,并且在教学过程中根据学生反馈的情况灵活调整教学目标。

第三,标准功能。教学目标可以为评价教学提供标准,这一标准将为教学活动中调控教学过程、教学活动结束后评价教学效果提供依据。教学是师生双边互动的过程,尽管在教学活动进行之前,教师已经对教学活动的方式、方法、程序等进行了系统策划,但教学互动中充满的不确定因素,使其需要根据具体问题和即时反馈及时进行调整,调整的依据就是教学目标。在教学活动过程中,教师以教学目标为基本标准,以学生的现场反馈为现实依据,不断调整自己的教学方法,使教学结果逐渐接近于教学目标所设定的方向。当然,教学目标也只是一种预设,如果教师在教学过程中发现预设的目标脱离了学生的现实水平,也可以根据具体情况适度调整教学目标。

教学目标是评价教学效果的标准。所谓教学效果评价,实际上就是评判教学活动是否或者在多大程度上达到了教学目标的过程,即用实际取得的教学效果与预设的教学目标进行对照,根据教学效果与教学目标的匹配度对教学活动进行评判。教学目标越具体,其作为标准的价值就越大。在依据教学目标进行教学评价时,我们还要关注的一个问题是教学过程中产生的超越于教学目标之外的效果,只要这些效果有利于学生的积极、主动、健康发展,就都应该纳入教学评价中。

三、布卢姆的教学目标分类

教学目标的分类因标准的不同而不同,目前在教学领域影响较大的是布卢姆的教学目标分类体系。布卢姆(B. S. Bloom)1956年出版的《教学目标分类学》详细陈述了他的教学目标分类理论。布卢姆认为,学生学习之后所发生的行为变化发生在三个不同的领域:认知领域、情感领域和动作技能领域,这三个领域即是布卢姆目标分类体系中所说的"目标领域",在每一个目标领域中,学习行为可以达到的程度被称为"学习水平"。从"目标领域"和"学习水平"两个维度进行区分,形成了一个完整的教学目标分类框架。见表7-1。

表 7 - 1　三种目标领域、学习水平及其定义 ①

领　域	学习水平	定　　义
认知	1. 知识	事实性信息的回忆
	2. 领会	理解的最低水平：提供理解的证据和运用信息的能力
	3. 应用	用抽象原理来解决问题
	4. 分析	区分和领会各种相互关系
	5. 创造	结合各个组成部分形成一个新的整体
情感	1. 接受	自在地面对刺激
	2. 反应	自愿地对刺激做出回应
	3. 价值判断	对刺激形成一定态度
	4. 信奉	一贯地按照内发的、稳定的价值体系行事
动作技能	1. 模仿	按照指示和在指导下从事简单的技能
	2. 操作	能独立地完成一项技能
	3. 熟练	能准确地、自动化地完成一项技能

在每个目标领域，学习水平都呈现出不同的层次，这一目标分类体系可以为设定教学目标提供一个基本的参照。除了以布卢姆为代表的目标分类体系之外，在教学领域内影响比较大的还有加涅的目标分类、奥苏贝尔的目标分类、巴班斯基的目标分类等，我国的教学论研究者也提出了自己的目标分类观点，比如顾泠沅提出的"教与学的水平（三级水平）× 教学行为（三种行为）× 教学内容"的目标体系等，在此不一一详述。

四、教学目标的陈述方式

教学目标的陈述就是将教师头脑中确定的教学目标用书面文字表述出来。教学目标陈述是否清晰、具体，影响教学目标在教学过程中的实施效果。教学目标的陈述方式一般有三种：行为目标陈述法、内部过程与外显行为相结合的目标陈述法、表现性目标陈述法。

---

① 施良方，崔允漷.教学理论：课堂教学的原理、策略与研究[M].上海：华东师范大学出版社，1999：141.

（一）行为目标陈述法

行为目标又称操作目标,是指用可以观察和可以测量的、学生学习之后应该产生的行为变化来陈述教学目标。行为目标的概念由课程专家泰勒最先提出。泰勒认为最有用的目标就是用可观察的学生行为来陈述某一特殊的学习结果。在泰勒的影响下,美国行为主义心理学家马杰(R. Mager)在他的《准备教学目标》一书中系统地提出了用行为术语陈述教学目标的理论与技术。行为目标包括三个基本要素:可观察的行为、行为发生的条件和可接受的行为标准。这三个基本要素构成了行为目标的主要内容。

行为目标的陈述包括四个部分:第一,行为主体,即学习者。行为目标描述的应该是学生的行为,不是教师的行为,因此不用"教给学生……""使学生……"等陈述方式,而用"学生应该……""学生能够……",在书面表达中主语可以省略。第二,行为动词,即学生行为。行为目标要求用可观察、可测量的行为动词来说明学习者的具体行为,比如写出、列出、认出、辨别、比较、对比、指明、绘制、解决、背诵等。相反,主要描述内部心理过程的动词,如"知道""理解""欣赏""记住"等,不适合用于行为目标的表述,因为这些动词所表达的行为不够具体,既无法观察也难以测量。第三,行为条件,即影响学生学习结果的特定的限制或范围,一般包括需要利用的材料、材料的来源、时间因素、行为出现的地点等,比如"根据地图""借助计算器""在5分钟内做完""在课堂讨论时"等。第四,表现程度,即学生对目标所达到的最低表现水准,用以评价学生学习表现或学习结果所达到的程度,如"至少用三种方案解题""百分之九十正确"。下面是一个完整的用行为目标方式陈述的教学目标:"提供报上的一篇文章,学生能将文章中陈述事实的句子与发表议论的句子进行分类,至少85％的句子区分得正确"。

尽管行为目标在教学理论研究领域受到来自不同方面的批评,但行为目标在以系统知识为主要教学内容的教学实践中,仍然有非常大的实用价值,它可以使教师和学生明确应有的具体行为表现,便于检查学生的学习效果。

（二）内部过程与外显行为相结合陈述法

该目标陈述模式由美国学者格伦兰提出,体现了认知心理学对学生目标的基本观点。认知心理学认为,学习的实质是学习者内在的能力和情感的变化,但内在变化不容易被直接观察,为使教学目标陈述得足够具体,达到可观察的目的,在描述内在能力和情感变化之后,要提供内在变化在外显行为上的表现。这实质上是一种折中的处理教学目标的方案,其外显行为部分与行为目标的陈述相似。该目标陈述方法的一般结构为:先陈述表明内在心理与情感变化的一般性目标,之后提供满足目标的具体行为。如"圆周角"一课的教学目标可以陈述如下：

一般性目标：掌握圆周角定理

具体的行为：1. 能用自己的话解释圆周角定理；2. 能画出圆心角的同弧圆周角；3. 能自己证明圆周角等于二分之一圆心角。

在对教学进行评价时，学生如果能够顺利完成具体的行为目标，就可以判断达成了"掌握圆周角定理"的一般性教学目标。

（三）表现性目标陈述方式

表现性目标是对以上两种教学目标的补充，由美国课程学者艾斯纳（E. W. Eisner）提出，用以界定学生在具体的教学情境和教学活动中的个性化表现，它需要明确教学的情境，以及学生在这样的情境中将要从事的活动或要处理和解决的问题，但并不规定学生将从中学到什么。[①] 陈述表现性目标时，只描述学习者在活动中应表现出来的行为和态度，但不提出可测量的学习结果。表现性目标主要用于陈述通过长期实践才能实现的情感、能力方面的目标或无须结果化的目标。艾斯纳曾给出过一些表现性目标陈述的例证，比如"解释《失乐园》的意义""通过使用铁丝与木头发展三维形式""参观动物园并讨论那儿有趣的事情"等。

表现性目标的意义在于给学生提供一个具体的情境，让学生在这个情境中围绕一个确定的主题或课题，运用、拓展、加深已掌握的知识与技能，从中获得个人的意义和体验，适用于复杂的智力活动，尤其是创造性的活动。表现性目标可以广泛地应用于需要长期努力才能达成的目标，比如认知策略、反省能力等，以及以创造性为主要特征的知识和技能的发展目标，如评价能力、艺术欣赏和创作能力等。表现性目标不能作为检测学生学习结果的预设标准，它评价的是学生在活动过程中创造性的、个性化的表现，教学目标具有开放性。

总体来说，教师可以根据教学的实际需要、教学任务等，选择合适的陈述方式，但无论选择哪一种教学目标陈述方式，教学目标的表述都应该具有较高的可理解性，以利于教师和学生更好地把握目标。在目标陈述中应该做到：第一，尽可能用清晰、具体、明确的语言陈述，确保不但教师能够理解，学生也应该能够理解；第二，陈述学生通过学习活动后的变化，包括行为的、情感的变化，避免用教师行为代替学生行为；第三，教学目标应尽可能反映不同层次学生的需要，不要因目标的陈述而限制教师教学的灵活性，限制学生的发展。

[①] 邢秀茶，陈新巧.论"三维一体"课程标准的落实与教学目标的具体表述[J].石家庄学院学报,2005(1)：120-124.

第二节　教学目标设计

课堂教学的目的是促进学生发展,学生发展有长远的目标也有眼前的目标,因此,就某一个学科的教学来说,我们至少要考虑两个层次的目标:第一个是宏观、长程的目标层次,即通过特定学科的教学活动,学生应该在知识、技能、思维方式、解决问题方法、学习策略、情感态度等方面达成什么样的目标? 这些目标具体到一个学段、学期或者一个专题,学生应该达成哪些? 第二个层次是相对微观的课堂教学目标,即针对具体的教学内容,在40—45分钟的课堂教学时间内,通过师生的课堂教学活动学生应该达成的目标,这一层次的目标被统称为课时教学目标,教师日常工作中所说的教学目标,大多指的是微观层次的课堂教学目标。

在中国,特定学科的教学目标一般由国家教育主管部门通过学科课程标准规定,课程标准中所规定的目标,既是课程编制的目标,也是教学应该达到的学科总体目标,是教师在进行教学设计时的基本依据和目标参照框架。

从客观存在的教学目标层次的角度看,教学目标设计除了学科教学目标由国家教育主管部门规定之外,教师需要设计的教学目标包括:学年(或学段)教学目标、学期教学目标、单元教学目标、课时教学目标;而从学生发展的角度来看,教师需要设计的教学目标可以简单地分成两大类:相对于某一教学内容的、学生长程的发展目标和具体某一节课的教学目标。长程目标从整体上规划一个相对完整的教学主题对于学生来说在知识、技能、方法、情感、能力等方面的发展预期,是设计该主题之下具体课时教学目标的结构性框架,这一长程目标的实现,需要通过每一节课的教学目标而达成。与新手教师专业工作关系最为密切的是设计相对于具体专题或单元的教学长程目标和具体的课时教学目标。

一、设计教学长程目标

在第四章中曾经讲到过教师在使用教材时,要对教材内容进行重组,建立起知识之间的内在关系,把以结果方式呈现的各自独立的知识整合成网络,使知识在知识与知识之间的关联中活化,发挥结构性知识对学生发展的综合价值。这一思考体现在教学目标设计上,可以具体地表达为对教学长程目标的设计。

设计教学长程目标,首先需要清晰地把握具体学科对特定年龄段学生的发展价值。不同的学科内容对学生发展具有不同的价值:语文学科在提升学生的语言能力和人文素养、言语智慧等方面具有重要价值，是学生学好其他学科以及未来长远发展的基础；数学学科在促进学生思维的逻辑性、清晰性以及解决生活中数学问题的能力方面具有价值；英语则有助于学生了解不同文化、拓展视野、培养跨文化交际能力等。同一学科对于不同年级的学生来说，其发展价值也存在差异。

学科教学长程目标主要体现在各学科知识的"类"内容上。比如，语文学科可以从阅读教学、听说和口语交际、作文教学等维度对内容进行分类，也可以以文本的题材、体裁为分类的基本标准；数学学科则以数的认识、数的运算、空间与图形为基本模块；英语学科可以以话题、语言能力等为主线。以类为载体设计教学长程目标，有助于教师更加清晰地把握学生发展的层次与递进关系。

教学长程目标设计常见的形式是以专题为单位对相关知识进行重组，设计针对某一专题或某种能力的长程教学目标。表 7－2 呈现的是小学阶段的数学规律探究专题的教学长程目标设计，这一专题的总目标可以表述为：学生建立与形成猜想、举证、分类研究、确定研究范围、寻找和梳理研究材料的意识与能力，这种探究意识和能力应该在系列知识学习中不断提升：

表 7－2　规律探究教学长程目标设计①

材料来源	教学内容	阶段目标
教材内容	加法交换率 $a+b=b+a$ 加法结合率 $(a+b)+c=a+(b+c)$	1. 知道根据观察到的现象进行合理猜想 2. 知道用举例的方法验证猜想 3. 学会对研究过程进行规范的记录 4. 了解发现规律形成结论的一般步骤 5. 知道对所获得的结论可以进行横向和纵向扩展性的合理猜想
补充内容	减法差不变性质 $a-b=(a+c)-(b+c)$ $=(a-c)-(b-c)$ 减法性质 $a-b-c=a-(b+c)$	1. 知道在举例验证中除一般情况外，还要考虑特殊情况，如 0 和 1 2. 知道猜想不一定正确，可通过举反例加以否定 3. 知道如何合理用字母形式表示所获得的结论 4. 知道结论的成立以研究范围为前提
教材内容	乘法交换率 $ab=ba$ 乘法结合律 $(ab)c=a(bc)$ 乘法对加法分配律 $a(b+c)$ $=ab+ac$	1. 知道通过类比可以进行合理猜想 2. 学会按照步骤独立开展研究活动 3. 在举例中学会分类研究 4. 能自觉对所获得的结论进行扩展性研究 5. 知道通过前提限定来准确严密地表述结论
补充内容	乘法对减法分配律 $a(b-c)$ $=ab-ac$	

①　吴亚萍.小学数学教学新视野［M］.上海：上海教育出版社,2006：137-139.

材料来源	教学内容	阶段目标
教材内容	除法商不变性质$(c\neq0)$ $a\div b=(ac)\div(bc)$ $=(a\div c)\div(b\div c)$	1. 学会通过类比进行合理猜想 2. 自觉按照步骤独立开展研究活动 3. 在举例中自觉对特殊情况加以考虑 4. 学会合理运用字母形式表示所获得的结论 5. 学会通过前提限定准确表述结论,知道有些结论表述还要附加条件
补充内容	除法性质$(b\neq0,c\neq0)$ $a\div b\div c=a\div bc$ 除法对加减分配律$(c\neq0)$ $(a+b)\div c=(a\div c)+(b\div c)$ $(a-b)\div c=(a\div c)-(b\div c)$	
补充内容	数范围扩大后的规律研究 (如在小数、整数范围内研究上述规律是否存在)	1. 自觉通过类比进行猜想 2. 自觉运用步骤开展研究 3. 体会确定研究范围的重要性,并能在结论表述中自觉加上前提限定
教材内容	数的整除(如能被 2、3、5 整除的数的特征,素数和合数,最大公约数,最小公倍数)	1. 知道发现规律和形成结论的前提是要寻找相关材料 2. 学会确定合理的研究范围和有条理有顺序地罗列相关研究材料
补充内容	数学学科活动(找规律系列活动,如反序数和与差的规律、平方差的规律等)	1. 学会对相关研究材料进行梳理和分类 2. 学会在变式情境中确定研究范围并按照步骤自觉开展研究

　　这一专题的教学长程目标从知识掌握与方法学习、数学思维三个方面呈现出学生的发展序列;借助于规律探究和发现的教学过程,学生一方面了解数学知识的脉络,进行有意义的数学学习,同时使学生掌握和运用数学探究的方法,激发学生探究数学问题的兴趣、能力和意识,建立解决数学问题的思维方式,提升学生在数学知识、数学思维、探究方法、数学表达等多方面的学科素养。

　　再如语文教学中以诗歌为专题重组的诗歌单元教学长程目标设计(表 7-3),旨在提高学生对诗歌的理解和欣赏水平,滋养学生的精神世界,提高学生对诗歌的鉴赏力和创造力。

表 7 - 3　诗歌单元(重组)教学的长程目标①

材料来源	主要教学活动	阶段目标
教材中的 10 首诗歌	组织学生学习,指导学生理解和欣赏	1. 理解诗歌的含义 2. 体会诗歌的艺术风格、表达方式等
补充内容(学生收集最喜爱的诗歌)	学生向班级其他同学介绍诗歌	1. 知道可以有多种途径收集资料 2. 能介绍自己最喜爱的诗歌
已有诗歌	学生进行同题创作,即运用诗人原有的题目进行再创造	1. 能结合自己的感受,选择喜欢的题目进行诗歌的再创作 2. 享受创作的乐趣和成就感
学生创作的诗歌	诗歌朗诵会 板报展示	1. 乐于交流创作成果 2. 在交流中对原有诗歌加深理解

　　教师还可以在教材原有组织(一般是单元)基础上,设计教学的长程目标,这种方法在小学英语学科中应用比较广泛。以译林版小学英语教材为例,教材的单元在语言材料的组织上呈现出比较突出的“总—分”结构,即每一单元第一部分整体呈现一个单元的重点知识(以下称为“主体文本”),后面的各个部分分别从不同层面丰富或具体化第一部分知识点的内涵;主体文本呈现本单元全部的语言点,后面的部分没有新的语言点出现,更多地是以活动提示或练习的方式呈现教材编者对教学内容的处理建议。如果教师按照不同板块在教材中呈现的先后顺序进行教学,在课堂教学中常常表现为内容多(尤其是每单元的第一节课)、环节多、练习少、学生掌握程度低等问题,上课时教师匆匆忙忙赶任务,学生辛辛苦苦走过场,课堂教学重心难以降低,学生掌握情况两极分化,师生课上辛苦课下忙(补差)。若能够进行长程目标设计,则有利于分解难点,形成学生掌握知识与发展能力的梯度,在保证每节课都有收获的前提下,在预定的时间内高质量达成教学目标(表 7 - 4)。

---

① 　吴亚萍,王芳.备课的变革[M].北京：教育科学出版社,2007：120.

表 7 - 4 **Would You Like A Pie? 单元教学长程目标**

教学资料	教学内容	教学目标
教材内容	1. 以 CARTOON TIME 中的 What's this? It's a... 组织教学 2. 以 STORY TIME 中的 6 个生词为主要内容 3. CARTOON TIME 文本作为阅读材料 4. FUN TIME 中的制作食物卡片作为家庭作业	1. 从听、说、拼读的意义上掌握 6 个表示食物的单词 2. 用 What's this? It's a/an... It's nice! How nice! 形成并表演一个介绍食物的小对话 3. 初步感知 Would you like... 等句子的用法 4. 大方、自信地使用英语
教材内容	1. 结合 RHYME TIME 对词汇进行复习巩固(常规积累) 2. 以 STORY TIME 的学习和表演为主要内容 3. FUN TIME 嵌入 STORY TIME 学习过程中,作为练习的材料 4. 课外准备 CARTOON TIME 表演	1. 流利表达所学的表示食物名词 2. 初步运用: Would you like a...? Yes, please. No, thank you. (No, thanks.) What about...? 3. 尝试表演 STORY TIME. 4. 提供服务时热情、友好、大方的态度与良好的语貌
教材内容 旧知	CARTOON TIME 表演展示(导入) 自由创设情境	1. 熟练运用第二课时所学句型 2. 拓展运用 What would you like? I'd like a / an... 3. 熟练利用购物场景创编、表演对话
本单元语言现象与相关旧知	自由创设情境	1. 在教师指导下运用所学语言在不同的场景中交际 2. 熟练掌握本单元的目标语 3. 利用英语在特定场景中完整地对话 4. 培养对英语良好的语感、兴趣和交际能力;活动策划、合作能力

在制定教学长程目标时,要努力做到在一个长程目标中体现出目标的递进性,后期目标应该建立在前期目标的基础上并有所提升,保证前面所学的知识能够在后续的学习中得到应用和巩固。前期掌握的方法可以成为后续学习的有效工具,并在解决后续学习问题的过程中,提升使用方法的熟练程度和灵活性。通过前期学习获得的能力,也能够在后续的学习中得到体现和应用。这样就有可能让学生的学习摆脱"匀速运动",让知识的学习呈现出"学"与"用"的不同节律,在"学"的阶段适当放慢速度,给学生充分的时间去体验、发现解决问题的方法、路径、策略,经历知识的建构过程,充分感悟和体验知识之间的内在关联,在学习知识的过程中掌

握方法；在"用"的阶段，让学生运用获得的学习方法和策略，主动学习和拓展结构相似的相关知识，促进学生的知识和学习方法迁移，这一过程中可以加快学习速度。"学—用"关联且有差异地处理学习内容，在"学"的过程中由教师"扶助"学方法、学结构、学思维，增强内力；在运用结构、思维、方法的过程中充分"放手"让学生主动策划、合作、反思、实践，实现主动发展，提升学生的发展自觉。

举例来说，小学数学教材中 10 以内的加减法是分开处理的，即先教数的分与合（数的组合），再教加减法。其实数的组合正是进行加减法的工具，如果把两者结合起来，先教 2 的分与合及加、减法的概念，然后教 3 的分与合及相应的加减法，依次类推。这样处理，一方面促使学生对算理的理解，强化加法与"合成"、减法与"分成"之间的联系；另一方面，从 2 到 10 的分、合与加减所遵循的是同样的知识结构和方法结构，学生在学习 2、3 的分、合与加减时获得的方法，可以通过解决后面数字的加减与分、合而逐步在应用中得到巩固，也可以有效提高口算的正确率与速度，既突破了难点，又突出了重点。在教学过程中，教师可以把教加减法概念及用数学语言表达算理的训练，放在开始的 2 与 3 的分与合及加减法的教学中，给学生充分的时间练习和理解，保证绝大多数学生能够熟练地达成目标；一旦学生理解加减法的概念并学会用数学语言表述算理之后，就可以加快教学速度，把教学的重点放在流畅、正确地表达算理和熟练口算上，课堂教学中的练习量加大，学生主动参与度也会更大。

图 7-2 列出了大多数中国教师在教学"退位减法"时所"打包"的主要知识点。[①] 其中矩形代表的是当前教师要教学的知识点，椭圆代表的是相关的知识点，有阴影的椭圆代表的是关键知识点。由一个知识点到另外一个知识点的箭头表示前一个知识点支持后一个知识点，一般认为，在教学过程中，它们应该先于箭头指向的知识点出现。

从纵向上看，10 以内加减法、20 以内加减法、20—100 内的退位减法、大数的退位减法是一个在数量关系上由低到高的序列，教材也是以这样的逻辑序列来安排内容，其中"20 以内加减法"被认为是这个知识序列中最为关键的知识点，是这个序列知识的枢纽，它构成了后期学习的基础，因此教师在教学过程中需要花最大的功夫，确保学生能够正确地理解和运用。这一知识点理解和掌握得越牢固，就越能够为后继的复杂学习提供支持。因此，在"重组数字做减法"教学目标长程设计

① 马立平.小学数学的掌握和教学[M].李士锜，吴颖康，等，译.上海：华东师范大学出版社，2011：18.

中,"20 以内的加减法"和"进位退位"是学习这一系列知识的核心,与其他知识相比,它们在知识网络中处于多个数学概念的交叉点上,在知识网络中占据重要地位,应该成为学习这一系列知识的关键目标。

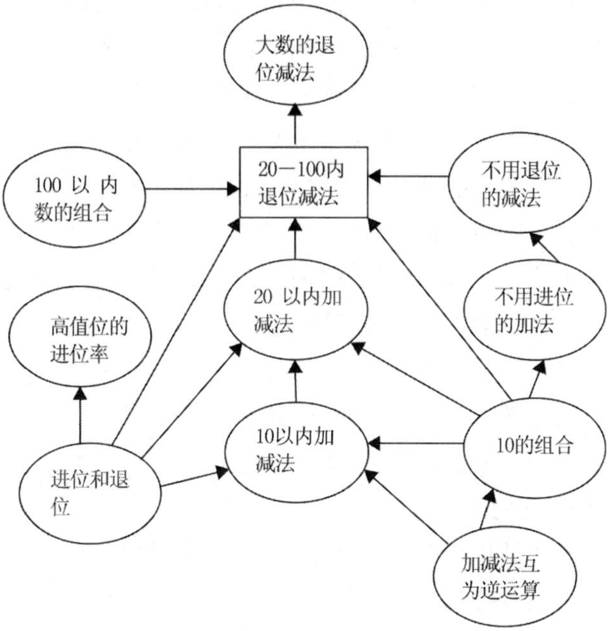

图 7-2　"重组数字做减法"的知识结构

从学生的角度看,长程目标的设计着重于学生的能力发展,并在长程目标中体现学生相关学科能力递升的层次。就学生某一种能力的发展来说,还要呈现出由学到尝试应用到熟练而准确应用的梯度;在具体落实中,体现为前期目标与后期目标的关联性,即前期目标不仅仅是当下要完成的目标,而且是后续教学过程中要检查其掌握和运用情况,对于已经达成的目标,要在后续的教学行为中不断有意识、有目的地创造情境让学生学会运用。从教师的角度讲,如果在备课时大脑中对这个教学长程目标有了清晰的认识,那么在确定课时教学目标时,他就会很自然地把某一具体的教学内容置于相关专题的知识系列和目标系列之中,从而快速而恰当地对课时教学目标的范围做出大致的划定。

二、设计课时教学目标

课时教学目标设计的核心在于分析教材特点,把握学情,以及理解并参照国家课程标准。在这三个因素中,课标有确定的文本,但对文本的解读因人而异;教材是熟悉的，但不同的教师有不同的解读，且当面对不同的学生时，教材所具有的可能价值与现实价值也是变化的；学情是个性化的，处于变动不居的状态，需要教师在不确定中及时诊断分析。这意味着，教学目标不可以简单复制，教学参考书上所设定的教学目标也只能"仅供参考"。面对具体的教学内容、面对具体的学生群体时，教师需要长程地思考，审慎地分析、比较、研判，以确定通过一节课的学习让学生在什么方面应该有提升、有发展。这就是设计课时教学目标的主要任务。

教师在确定课时教学目标之前，需要先回答以下几个问题：这是一个什么性质的教学内容？它在哪些方面可能与学生的经验和知识产生关联？学生学习本节内容需要什么知识和技能储备？他们有吗？多少学生在多大程度上具备了这些必要的基础？如何检验他们已有知识的掌握程度和已有能力？回答这些问题，需要针对课时教学内容和具体学生群体进行详细、具体的微观分析。

（一）教学内容分析

教学内容对确定教学目标的影响体现在三个方面：教学内容自身的特点，教学内容在知识结构链中的地位，以及教学内容与学生经验之间的关系。

1. 教学内容自身的特点

教材自身所具有的结构特点、语言特点等，是确定课时教学目标时首先需要关注的问题。以小学语文教材《花钟》（人教版新课标本三年级上册）一课为例，这篇课文描述了不同花开放的时间和状态，文字比较优美，行文中用了很多表达情感的形容词，很多老师会把教学目标定位于朗读和"品词析句"，但作为一篇在教材中新出现的科技小品文，教师还应该关注它在语言表达上的严谨性、科学性问题，比如在文中出现的时间，有的用概指的方式，比如"五点左右"，有的用确指，比如"凌晨四点"，这样的表达方式对科技小品文来说是不严谨的，因而是设计教学目标时不能忽视的问题。如果把这个问题作为教学的目标之一，那么教师就有可能在让学生通过阅读了解文本表达方式特点的同时（时间，花的颜色、形状、姿态描写），给学生提供表达疑问和讨论质疑、修正表达方式的机会，一方面解决大家认识上的问题，使科学的内涵更为突出；另一方面通过不断地评价和修正，让学生真正明白和学会什么叫准确地表达，怎样可以更好地表达；这也是培养学生评价能力和批判性思维的一个良好机会。

2. 教学内容在知识结构链中的地位

分析教材内容在知识结构链中的地位，目的在于确定该教学内容对学生的发展价值。如果孤立地看教学内容，每一个教学内容都可以有多个方面的教学目标；但如果把教学内容放在知识结构链中，每一个内容所能够承载的育人功能则可以相对聚焦。这是教师要对教学知识进行结构化重组的原因之一。

以语文教学为例。语文教材中的每一篇课文,都能够在字、词、句、篇、文法、主题、写作技能等方面对学生具有发展价值,教师透彻地解读和梳理课文在诸方面对学生的发展意义是必要的,但如果教学每一篇课文都要全方位地满足课文各个方面的价值诉求的话,无疑会使语文课堂教学一方面叠床架屋、简单重复,另一方面随意无序、主次不分,无法达成对学生语言文字表达能力的持续提升,更无法培养学生对中国语言文字的内在兴趣。要避免这样的现象发生,就需要将每一篇课文置于整个学段教学内容或不同学段的相关主题之下。

《荷塘月色》是朱自清先生的经典散文,其教学目标可定位于:把握写景散文景物描写特点;体会景物描写中蕴涵的思想情感;把握景物描写的写作手法;品味散文的优美意境;学习散文中情景交融的写作手法;叠词的应用;掌握联系背景、抓住文眼的读书方法等。要通过一篇课文达成这么多的教学目标显然是不可能的,那么,教学设计时应该把这一篇定位于哪些目标呢? 这就需要看这篇课文在教学内容体系中处于什么样的位置:如果是写景抒情散文的初级教学阶段,其目标应该定位于"把握写景散文景物描写的特点";如果是写景散文的中期写作指导阶段,定位于"写景散文如何做到情景交融"更合适;如果是文学欣赏单元,则可以把目标定位于"品味散文的优美意境"。

再以人教版小学二年级数学中"两位数减两位数退位减法"为例。本节课的教材内容涉及退位减法、估算、三位数减两位数的退位减法三个方面。如果孤立地看这一教学内容,其教学目标可以定位于:算理(数位对齐、从个位算起、个位不够减,从十位上借一当十)、估算、算法多样化、独立运算等;如果放在相关知识的关联中,可以发现在学习这一内容之前,学生已经学习过的相关知识包括:口算 20 以内的加减法、两位数减整十数、整十数减整十数、两位数减两位数不退位减法。学生在学习相关知识的过程中,体验、学习了小数减法的算理。估算是小学数学教学中渗透的一种运用数学方法解决日常问题的思想。算法多样化一方面为了使不同数学思维水平的学生都能够用适合自己水平的方法解决数学问题,另一方面的价值在于不断提升学生对于数学最简、最优学科特征的理解和把握能力,是数学课堂教学中常规性的解决问题方式。换句话说,估算和算法多样化是每一节数学课中都应该关注的问题,而不是通过某一节数学课能够达成的目标。从课标要求看,小学两年级在数学知识技能方面的要求是"了解四则运算的意义,掌握必要的运算(包括估算)技能",在数学思维方面的要求是"能够理解身边有关数字的信息,会用数描述现实生活中的简单现象,发展数感",在问题解决能力方面要求"能在教师的指导下,从日常生活中发现和提出简单的数学问题",情感态度方面要求"在解决问题的过程中,养成询问'为什么'的习惯"。基于以上五个方面的分析,可以得出的结论是:第一,估算和算法多样化是计算过程中可以使用的方法而不是目标;第二,对于算理来说,需要整合的是两位数减法的算理和数位性质,其挑战在"整合",应该成为教学目标,这一目标应该借助学生的实践操作来实现;第三,在理解算理的基础上独立运算应该成为另外一个课堂教学目标。由此,本节课的课时教学目标可以定位于:学生在运算(两位数减两位数不退位、尝试解决两位数减两位数退位)过程中熟练掌握算理,并独立运算。

从以上两个简单的例子可以看出,确定一个教学内容应该达成什么样的教学目标时,一方面要看教材内容本身的特点,更为重要的要看该教材内容在相关的知识体系中处于什么的位置。

3. 教材内容与学生生活经验之间的关系

学生的生活经验和体验,是激活抽象符号知识的基础;教材内容与学生生活之间的距离,决定了学生对教材能否进行有意义学习。如果教材内容与学生生活距离太远,那么在教学目标设计中就应该关注"如何拉近"的问题。比如小学语文五年级教材中的《梅花魂》是一篇精读课文,文章以"思乡情"为主线,描写作者对她漂泊他乡、葬身异国的外祖父的回忆,表达了外祖父对祖国刻骨铭心的爱。梅花高洁、坚贞不渝的文化意象,对于成年人来说是容易理解和体会的,但对于生活于现代社会的儿童来说,要理解梅花的这种品质并不是一件容易的事情。五年级的学生能初步把握文章大意,但文本所表达的深沉的思乡情离学生现实生活太遥远,身处异国他乡、极度思念祖国、盼归却不能的窘境,是今天的孩子理解起来不容易、体验起来更难的事情。因此,在教学目标上融入对历史的了解和思考,也许比机械地要求学生通过"有感情地读"来达成目标更为合理。因为感情体验需要经验基础,没有直接经验,就要以间接经验来弥补其理解上的鸿沟。

(二) 学生分析

在学生分析中,除了学生的年龄特点分析之外,还要分析班级学生学习相关内容时的前在、潜在与可能发展状态,以确定具体一节课的教学目标。

根据学生的年龄特点进行学生分析,是教师选择教学方法和教学载体的依据。比如按照皮亚杰的认识发展理论,一年级小学生处于皮亚杰所说的具体运算阶段,他们在学习过程中往往需要经历从感性到理性的过程,因此在一年级数学教学目标设定中,就需要考虑促进学生由感性到理性的发展需求,多安排学生进行实物操作,以辅助和加深他们对数字与现实生活关系的理解,通过"具体的实物—半抽象的表征—数学符号（抽象）"的过程形成数感；在语文教学中，则需要反其道而行之，因为文字都是抽象的符号，在学生识字和进行简单阅读的过程中，需要突破的难点往往不是一个字怎么读、怎么写，而是"这个字具体指什么"，即对抽象符号的意义的理解，这时教师要关注的就是如何把抽象的符号具体化的问题了。[①]

在确定具体某一节课的教学目标时，宏观分析难以给教师提供多少有价值的帮助，而对学生更具体、更具有内容针对性的分析，才是定位课时教学目标的依据。对学生的分析主要表现在两个方面：分析学生的前在状态和潜在状态。

1. 分析学生的前在状态

前在状态即学生对于所要学习的内容的已有经验、知识基础和能力基础。比如对于将要学习的新教学内容，学生是否已有了解？了解了多少？哪些已经有了一些生活经验？是怎样的生活经验？哪些学生还完全没有接触？等等。分析学生已有知识基础和经验基础，可以发现新知识教学的可能起点，了解学生在旧知识学习中所形成的方法结构，可以初步发现新知识学习在方法上的支撑。比如四年级学生已经熟练地掌握了查字典和利用拼音学习汉字的能力，在教学目标设定中，生字、词的学习不会再成为教学的核心目标，除非某一教学内容在生字、词的形式或结构上具有独特价值。

前在状态还包括学生的差异分析。因为遗传素质、社会环境、家庭条件、生活经历的不同，形成了学生独特的经验、兴趣、爱好、需要、性格、习惯、智力、特长等，这些差异有来自先天的，更多是后天生活的影响。因为差异，他们对待学习的态度、学习的习惯和水平、对待课堂教学的期待、校外参与学习的情况就会不同，而这些不同都对教师的课堂教学产生或大或小的影响。教师需要以积极的心态看待和研究学生的差异，关注差异、直面差异，把差异作为教学过程中的丰富资源来开发和利用。

学生的前在状态是确定教学起点的依据，学生前在状态与发展可能之间的差异，构成了学生的学习需求，也在一定程度上明确了达成教学目标可能采用的基本方法和策略。学生个体之间的差异，既包括学生之间因生活经历、生活环境、先天因素而造成的个性差异，更包括学生与学生之间在学习能力、学习水平、学习习惯、学习方法之间的差异，这些差异都是教学过程中可以利用的资源，是教师在课堂教学中有效组织学生参与个体或小组活动时必须考虑的因素。一般而言，学生的前在状态不应该再成为课堂教学的目标，但一定是具体某一节课课堂教学目标确立的基石。

---

① 在小学语文教学中化抽象为具体的非常有成效的探索是李吉林老师的情感教学法探索，有兴趣的读者可以查阅相关著作。

2. 分析学生发展的潜在状态

相对于学生已经表现出来和达到的现实发展水平而言，潜在状态主要表现为一种发展的可能性。在设计教学目标时，对学生发展潜在状态主要集中于分析他们在学习新内容时会出现的各种可能性，包括学生通过自己已有知识和能力可以尝试解决的问题、学生在解决问题过程中可能出现的方案的丰富程度、学生在学习中可能存在的困难与障碍、学生在学习过程中可能出现的错误及问题的类型等。对学生潜在状态的预判基于教师在学科教学中对学生思维能力差异的了解，指向学生学习过程中可能呈现的资源和存在的困难、障碍，利于教师预先设计突破困难和障碍的策略，以及在教学过程中敏锐地关注学生可能出现的困难和问题，并灵活应对。

学生是发展中的人，他们需要教师的帮助，且在发展过程中有很多的不完善和不确定之处，但他们身上所展现的各种特征都处于旺盛的发展变化期，较之成人，他们具有更大的可变性：变强或者变弱。作为教师，我们要相信每一位学生都有可开发的潜能，并为每位学生提供充分的选择机会和发展空间。同时教师还要牢记，发展是学生自己的事情，教师或者其他学生（主要是优生）无法代替学生实现发展，因此，开发学生发展潜能的关键，是为每个学生提供充分的选择机会和呈现他们发展状态的空间，使学生在真实的思考、尝试、反馈、纠错、成功中体会到自我的力量和价值。教学最终要培养的是具有生命发展自觉的独立个体，教学是实现目标的重要手段。

分析学生可能达成的较高发展可能。课堂教学的意义在于促进和提升学生的发展需求，而不仅仅是顺应和满足于学生的自发状态。一个人的发展需求始终处于动态变化之中，教师应该根据学生的现实状态，分析其发展可能，通过教学创造条件使其能够"跳一跳"，使每一节课都能够为学生的发展走向新的高度创造一些条件。因此，教师不仅要相信学生的发展潜能，而且要充分开发和利用学生的发展潜能，不断培育和扶植他们发展的"生长点"。

研究与解读学生，其实就是在研究学生有什么，缺什么，还需要提升什么，会遇到哪些困难，可能在哪些地方出错与出彩，以便在教学设计中确定学生发展的基础要求和提升可能，形成帮助学生解决问题的预案，预设面对学生差异与资源的策略和措施，使课堂教学工作有向、有度、有质量。

对学生的分析一定要具体。具体的分析有利于教师准确定位教学目标和设计针对性的教学方案；过于抽象和宏观的学生分析，往往会使教师自己陷入茫然，无法明确把握课堂教学的目标和行进路线。一位新手教师在设计小学三年级英语课

What are you going to do? 的教学目标时,所做的学生分析如下:三年级的学生经过两年多的英语学习,掌握了一定量的英语词汇,有一定动词词组的积累,认读能力有了明显的提高,大部分学生对英语学习有着浓厚的兴趣。"一定量"到底是多少、是什么? 一定的能力表现在哪里? 不同学生对英语的认读能力"明显"的提高体现在什么地方? 不同类学生在学习和运用相关语言时的困难有何差异? 等问题,在学生解读中都很难找到具体的说明,因此"继续学习谈论未来计划"的教学目标,也就缺少了基础,缺少了方法和策略,教学过程也只能流于随意或者机械记诵了。

下面的一份学生语文学习状况分析,就在具体性方面达到了比较理想的水平。在分析中该教师对自己班级学生语文学习的前在状态非常清晰,对学生之间在语文学习方面的差异了如指掌,有了这样具体的对学生学习状况的了解,教师在教学中就比较能够准确地把握学生在学习新的教学内容时可能呈现的资源和可能遭遇的困难与问题,并在教学设计中设计针对性的活动来加以化解。

【案例】　二年级(1)班语文学习状况分析[1][2]**(引用时文字稍有修改)**

二年级(1)班共有学生33人,其中男生18人,女生15人。女生比较好学、勤奋、踏实,有良好的学习习惯;男生思维活跃,上课表现积极踊跃,常有出人意料的见解。本班是自己从一年级带上来的,有比较系统的学习常规训练,因此,孩子们在上课时注意力集中,很少有人精力不集中、做小动作,能够围绕教学进行积极思维。在听说读写方面注重养成训练,班级学生发展整体呈上升趋势。具体情况如下:

第一,学生具有良好的学习习惯。①有良好的听的习惯。上课注意力比较集中,能够注意倾听他人发言,听教师上课。②有良好的书写习惯。整个班级书写水平较高,速度较快,能够在规定的时间内完成书写作业,在"书写排行榜"激励下,能够严格要求自己,力争挤进排行榜。到目前为止,书写漂亮的学生有16位。③有良好的预习、复习习惯。每天检查预习、复习情况的过程中,采用"积星"的形式促进孩子自觉学习。目前还不大自觉的学生有5位。

第二,学生具备一定的学习能力。①课外阅读的能力在培养中逐步形成。在

---

① 本案例呈现的是上海市普陀区洵阳路小学语文教师郑煜对所教班级学生语文学习状况的详细分析。具体地介绍了本班学生的整体状况、在语文学习中具有的优势以及差异和不足。并不是每一节课都要像案例这样完整、全面,但教师大脑中需要有这样的对于全班学生学习状况的地图,这样才能够使每节课的学生分析做到具体、准确、有层次。

② 吴亚萍,王芳. 备课的变革[M]. 北京:教育科学出版社,2007:90-91.

二年级上半学期,结合学校开展的"滋养书香童年"活动和年级中开展的学科活动,孩子们已经学会做简单的读书笔记。目前,能够自觉进行课外阅读、认真做好读书笔记的学生有 17 位。②课前热身活动帮助学生进行语文学习的积累,包括成语、优美段落、古诗词积累等,让学生在形式活泼的热身活动中广泛地积累语言,同时掌握了查阅工具书的能力,以及与人交流自己积累的语文材料的能力。③学生的语言能力有一定的发展。在一二年级开展的听说训练和童话故事创编过程中,学生能够绘声绘色地讲故事,能够掌握故事的基本结构,创编故事,能够用口头语言进行清晰流利的表达。在写话的过程中,语言表达比较丰富。

第三,学生间的差异仍存在。本班学生间的差异在一年级入学时就相当明显。我本着"下要保底,上不封顶"的原则进行教学,研究如何让每一个学生在原有基础上都能获得发展和提升,并促使优势更优,弱势转化为优势。但仍旧有一些特殊的孩子暂时处于弱势状态,接受能力和思维水平较弱的学生有 5 位;学习习惯不好的学生有 4 位;思维活跃的学生有 13 位;勤奋踏实的学生有 6 位;见解独特的学生有 4 位。

(三) 在教材分析与学生分析的交叉点上,确定课时教学目标

以教材分析为横坐标,以学生分析为纵坐标,两者的交叉之处,就是教学目标所在之处。下面以九年义务教育四年级上册的教学内容"四舍五入"为例,简要介绍学生状况在定位教学目标方面的意义。①

小学四年级数学上册"四舍五入"主要介绍如何运用"四舍五入法"对大数进行估算的问题。从知识内容的角度看,学生需要掌握两点:第一,什么是"四舍五入法"? 第二,如何运用"四舍五入法"进行估算? 同时学生还应该形成"除了精确计算之外还可以通过估算来简化大数目运算"的认识。这样的目标无疑是简单的,也是单薄的,把学生的前在、潜在状态融入其中,我们才能更好地认识这一简单的教学内容对学生具有的发展价值,也才能恰当地定位其教学目标。

从学生已有知识看:四年级的学生已经形成了对大数的认识,包括数的意义、数的组成、数的读写、数的排序;已经具备寻找与一个大数相邻的两个整万数、整十万数、整百万数的能力。对于学生来说,记忆和运用"四舍五入法"并不困难,困难的是如何形成"四舍五入"概念与自己已有经验之间的具体联系,否则该概念只能停留于抽象知识的层次。学生在学习万以内数的认识与数的运算时,已经有"四舍五入法"的经验积累,只不过没有提炼出"四舍五入"的抽象名称,但学生的这些经

---

① 吴亚萍,王芳.备课的变革[M].北京:教育科学出版社,2007:87-88.

验可以为他们理解"四舍五入法"概念的形成过程提供感性的经验支撑。

教学就可以从学生的这些感性的个体经验出发去寻找教学起点,帮助学生经历"四舍五入"概念的形成过程,通过对已有经验的归纳、概括、提炼建立概念,学生可以在个体经验和"四舍五入法"的概念之间建立起沟通的桥梁,有机会在已有经验的基础上,经历归纳、概括、提炼和抽象命名的概念形成过程,形成对"四舍五入法"概念内涵的透彻把握,更具体地理解"四舍五入法"背后的过程性知识,比如借助知识结构的类比思考,归纳概括的思想和方法等。如果学生能够了解知识的来龙去脉,就可以解决该教学内容在学生学习过程中因数目较大且远离学生现实生活而带来的理解困难。

把教材内容与学生经验结合起来思考,"四舍五入法"的教学目标可以定位于:借助已有数运算经验归纳、概括"四舍五入法"概念,经历概念形成过程;运用"四舍五入法"进行大数估算,理解估算与精确计算的关系。

第三节 "三维目标"及其陈述

"三维目标"是第八次课程改革倡导的课程目标。中华人民共和国教育部于2001 年颁布的《基础教育课程改革纲要》中关于课程改革的具体目标明确提出,要"改变课程过于注重知识传授的倾向,强调形成积极主动的学习态度,使获得基础知识与基本技能的过程同时成为学会学习和形成正确价值观的过程",规定"国家课程标准……应体现国家对不同阶段的学生在知识与技能、过程与方法、情感态度与价值观等方面的基本要求"。

一、"三维目标"以过程为核心

"三维目标"可以说是新课程改革在一线教学实践中得到最好普及的一个理念,它不但已经成为广大中小学教师讨论新课程改革、课堂教学的一个高频词,而且也在实践中影响着教师的专业工作方式,比如在教学目标陈述中,很多中小学教师已经习惯了从三个维度来表达,甚至在很多课堂上,我们还能看到那个时髦但并不漂亮的小尾巴:不管有没有关系,部分教师在课堂教学行将结束的时候,总会加上一段思想品德教育的内容,并把它作为落实"情感、态度、价值观"这一维目标的显性手段。其实,这两种表达方式,所凸显的正是"三维目标"在实践中所遭遇的"被误读"的尴尬处境。

在实践中运用"三维目标"的误区大致可以归纳为三大类：[①]第一，顾此失彼，即要么注重知识的传授与技能的培养忽视无法量化的另外两个维度"穿新鞋走老路"，要么过分注重后两个维度目标的达成度，脱离"双基"造成课堂教学华而不实；第二，彼此割裂，即在教学设计中把三个维度的目标并列呈现，分别设计相应教学过程，割裂了"三维目标"三个维度之间的内在统一；第三，名不副实，即教学目标假、大、空，"知识与能力""过程与方法""情感、态度与价值观"在教学目标中排得整整齐齐，写得清清楚楚，但教学过程与教学目标根本对不上号，造成"三维目标"实施过程中的"贴标签"现象[②]。

造成"三维目标"应用误区的原因有多种，其中对"三维目标"内涵以及三个维度之间关系的误解，是一个重要的原因。本节即着重从"三维目标"的内涵以及三个维度之间关系的角度，简要分析"三维目标"应该是什么。

首先，"三维目标"是一个统一的整体，而非"三分天下"的平行关系，是"一个整体，不可分割，融为一体"[③]，这种"一体"不是三者的简单"混合"，而应该是有内核的、有结构的"融合"。"三维目标"融合的内核在于"过程"，即知识与技能、方法、情感态度价值观等目标的实现，应该建立在"过程"落实的基础之上。三个维度之间的关系如图 7 - 3 所示。

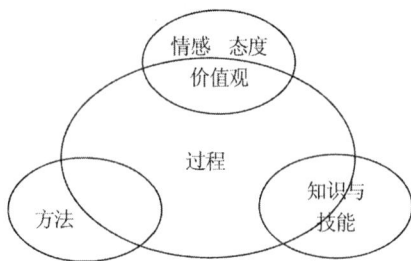

图 7 - 3 "三维目标"内部结构

其次，三个维度各有侧重又相互关联。知识与能力目标即"双基"，包括学习人类生存所不可或缺的核心知识和学科基本知识、获得收集、处理、运用信息的能力、创新精神和实践能力以及终身学习的愿望和能力，其核心在"学会"；过程指为达到教学目的而经历的活动程序，它本身不应该是教学目标，而是达成教学目标的路径；方法主要指教师引导学生通过主动参与而掌握的具体学科的学习方法及策略，

① 张艳.三维目标在教学实践中尴尬处境的归因及对策[J].教学与管理,2015(10)：5-8.
② 张悦群.三维目标尴尬处境的归因探析[J].江苏教育研究,2009(1)：30-34.
③ 钟启泉."三维目标"论[J].教育研究,2011(9)：62-67.

其核心在形成"会学"的能力;情感、态度、价值观指学生在学习具体学科内容,以及学生在参与学习过程中的情感体验,经历学习后形成的对待周围事物、事件的态度和对周围世界的看法。三个维度的关系可以简单地表述为:获得知识与能力是达成"三维目标"的基础和载体,"过程"是达成"三维目标"的路径与核心,其重心在"亲历",学生在使用"方法"获取知识、技能的过程中体验和形成对"方法"的认识和应用能力;情感、态度与价值观是内隐的、学生课堂体验的自然结果,既与教学内容相关,又与学生在课堂教学中的状态相关。

下面以一个简单的例子来说明"三维目标"三个维度之间的关系。在一节以表达对同伴关注为主题的英语课上,对学生的情感、态度、价值观若只停留在告诉学生"当我们的朋友或同伴遇到麻烦的时候,我们应该关注他们的情绪状态,要及时给他们疏导和安慰",无疑是抽象的,很难对学生的日常生活行为产生真正影响的。要真正使学生形成关注同伴不良情绪的意识和表达同情与宽慰的能力,需要借助于具体的教学内容。这节课的教学内容是两个朋友的对话:

Amy:What's the matter, Lingling? Are you sad?

Lingling:No, I'm not.

Amy:Are you angry?

Lingling:No, I'm not.

Amy:Are you bored? Do you want to play with my doll?

Lingling:No, I'm not bored.

Amy:So what's the matter, Lingling?

Lingling:Nothing. I'm thinking.

Amy:What are you thinking about?

Lingling:It's a secret, Amy.

Amy:Tell me, please!

Lingling:Ok. I'm going to make you a surprise present for Christmas.

Amy:Now it's not a surprise! But thank you very much, Lingling.

对话给学生提供了向同伴或朋友表达关注时可以用到的语言,在学生已经基本能够对课文中的语言进行正确朗读的基础上,教师要把重点放在帮助学生以恰当的语气和神态来表达关注和安慰的语言。教师可以给学生一个机会,让学生把Lingling实际上的感情表达出来,这是隐藏在文本字里行间的情感状态,是理解文本必须要把握的一点。如果学生能够以关心的神态和语气、用关心的语言向同伴表达关心才可能让学生产生具体的感受,"关注同伴不良情绪并尝试疏解"的情感、态度目标才可能实现，从而有可能真正影响到学生的日常行为。

再次，"三维目标"的实现是有条件的。"过程"是获得知识的过程、运用方法的过程、也是体验情感、形成态度和价值观的过程，是实现"三维目标"的关键。知识和能力，是可测量的显性目标，也是相对容易落实和受到重视的目标；"方法"一般情况下也是显性目标，其结果不太容易测度但可以从学生的表现当中观察到，"方法"目标的落实具有不确定性，它取决于教师的活动设计以及教学过程中学生的参与方式；情感、态度、价值观是隐性的、长程的目标，能否落实不仅与教学内容相关，更与教学过程中师生的互动方式、课堂教学氛围相关。所有目标是否能够落实、落实到什么程度，都取决于"过程"是否具有高质量。

最后，从课时教学目标的角度看，"三维目标"居于微观、实践层面，其最小分析单位是节，即在一节课的时段内通过教学要达成的目标，它具有短期性、学科差异性和不完整性，即它是通过课堂教学可以观察和体察到的。不同学科的目标间不但存在知识与技能的差异，过程与方法以及情感态度价值观的侧重点也存在差异；三维的各个侧面在一节课中不会"等量齐观"，甚至可能出现某一维度或某一方面目标隐性或缺失的情况，比如情感、态度、价值观具有长程的特点，不一定每一节课都要非常明确地表述。

二、"过程"应该具备的特征

"三维目标"的达成有赖于学生所参加的学习活动的"过程"的质量，那么什么样的"过程"才有利于目标的实现呢？

第一，以学生活动为主的"过程"。即以有设计的学生活动代替教师的直接讲授，让学生经历学习过程中的挑战、困难，在获得知识的过程中锻炼思维能力、判断能力和解决问题能力，并因之形成学习策略或方法。以学生的活动为主是"过程"的最大特征，"活动"的目的应定位于发挥学生的自主性，让学生面对有挑战的真实任务，思考与选择完成任务的方法，在已有知识和能力的基础上尝试、互相启发、接受老师的有限指导，亲历解决问题、完成任务的过程，"使学生调动起自己的经验、意向和创造力，通过或发现，或选择，或重组的多种过程形成答案……重视学生努力进行获取、形成、发现知识的过程"。[①] 这样的活动有助于把学生的生活经验和已有知识相联系，把思考、合作与行动相结合，把课堂学习与真实的生活相融合。

---

① 叶澜.让课堂焕发出生命活力——论中小学教学改革的深化[J].教育研究，1997(9)：3-8.

第二,看重学生体验的"过程"。让学生在选择中学习选择,在参与中发展自我,在体验中认识社会生活、获得知识。比如方法的学习就应该以参与为主,学生在教师引导下通过使用方法、概括方法、方法迁移而掌握的具体学科的学习方法。活动过程中的切身体验,对学生形成情感、态度、价值观具有内在的动力价值。

第三,依赖于互动的"过程"。教学是一个有计划、有预设、有弹性、有生成的互动过程,师生基于知识、任务的互动方式决定着"过程"的质量,决定着其他项各目标能否实现。课堂互动的基础是教师的方案、任务设计,关键在于课堂活动过程中教师对学生资源的捕捉、状态的把握、问题的判断、行为的指导与反馈等,对此《小学数学课程标准(2011 版)》是这样表述的:"进行课堂教学活动时,教师应当考虑引导学生积极参与、组织学生探索、让学生体验成功、引导学生善于与同伴合作交流、让学生做自己能做的事等,使教学过程成为师生互动生成的良好平台。"

三、"三维目标"的陈述方法

"三维目标"是一个教学目标的三个方面,而不是三个独立的教学目标,因此在目标设计和陈述上,要遵循"先分解、后整合"的原则,即在分析教材、分析学生的基础上,从三个维度思考和描述教学目标,然后整理、合并三个维度的目标,把三个维度(或者两个维度)的目标融合在一起表述,而不要条分缕析地分别陈述。把两个或者三个目标整合起来表达,有助于教师思考不同维度之间的关系;分别叙写更容易导致割裂三维目标的整体性,把三个维度的目标当成三种目标。

比如课程与教学的一节以"三维目标"为主要内容的课,教学要达成的三个维度的目标分别为:①明确"三维目标"的具体内容及其关系(知识);②理解"三维目标"在实践中可能的实现方式,并能够以整合的方式恰当地表述"三维目标(技能)";③形成理解专业问题时寻找依据,分析内涵的意识和能力(方法);④初步形成对专业问题的批判态度,培养独立思考专业问题的意识(情感、态度、价值观)。以整合的方式可以表述为:①通过文本分析厘清"三维目标"的内涵及三者之间的关系;②以案例解读的方式阐释"三维目标"的实践形态,并尝试综合地表述"三维目标";③培养对待专业问题的批判态度和独立思考意识,培养专业自信。整合的表达中,把知识、技能与获得知识、技能的方法融合在一起,如果获得知识、技能的过程中,能够让学生经历文本分析(主要是有关课程改革的文本)、案例解读、尝试表述"三维目标"的过程,那么学生的专业自信、对待专业问题的独立思考能力等目标的达成就有了基本的保障。

思考与练习

1. 教学目标具备哪些功能？如何才能使教学目标更好地发挥这些功能？

2. 教学目标和课程目标的关系如何？教学目标在教学设计中居于什么样的地位？

3. 如何设计教学长程目标和课时教学目标？

4. 教学目标的陈述方式主要有哪些？如何陈述"三维"教学目标？

第八章　教学方法及其选择

内容提要

教学方法是教师和学生为实现教学目标、完成教学任务所采用的方式和手段。小学常见的教学方法包括讲授法、对话法、讨论法、读书指导法、案例法、任务驱动法、练习法、实习法、实验法、演示法、参观法等。尝试教学法、情境教学法、发现法、程序教学法、纲要信号图示教学法、非指导性教学法等,在小学教学中也具有很大的应用价值。教师在选择教学方法时,应该综合考虑教学的目标和任务、教学内容的性质和特点、教学对象的实际情况、教师自身素质条件及个性特征、学校所具备的基础资源条件等方面的因素。对于新手教师来说,巴班斯基总结的选择教学方法的具体策略和程序,具有较大的启发价值。

第一节　教学方法概述

一、教学方法概念及类型

(一) 教学方法定义

教学方法是教师与学生为实现教学目的,完成教学任务所采用的途径和程序。[①] 教学方法是师生共同的活动方式,由教师教和学生学的有机联系而构成,是教师指导学生学习的方法。在教学过程中,选择和采用不同的教学方法,取决于教学内容的特点和学生的认知发展特点,也与教师的教学风格和教学个性密切相关。教学方法为完成特定的教学任务服务,同时体现出不同教师的专业个性差异。

---

① 吴杰.教学论[M].长春:吉林教育出版社,1986:439.

(二) 教学方法的分类

依据不同的分类标准，可以把常见的教学方法分为不同的类型。

1. 依据指导思想分类

根据教学方法内在指导思想不同，可以把教学方法分为启发式和注入式两类。所谓启发式教学，就是根据教学目的、内容、学生的知识水平和认知规律，采用启发诱导法传授知识、培养能力，使学生积极主动地学习，以促进身心发展。注入式教学与启发式教学相反，指教师在教学中将现成的知识结论生硬地灌输给学生，不考虑或较少考虑学生学习认识过程的客观规律，以及他们的理解能力和知识水平，轻理解重记忆，中国俗称"填鸭式教学法"。启发式教学和注入式教学不仅可以指教学方法的类型，更是一种教学思想，是教学原则和教学观，某种教学方法往往很难从一般意义上界定为启发式或注入式教学方法，比如不同教师在运用讲授法的过程中，就往往因为处理知识与学生关系的方法不同，而可以区分为启发式或者注入式教学方法。因此，以启发式或注入式来对教学方法进行分类的缺陷在于过于笼统，无法形成对不同教学方法独特性的具体认识。

2. 依据师生活动方式分类

根据教学过程中师生活动的方式，可以把教学方法划分为：①以语言传递为主的教学方法，即教师通过口头语言向学生传授知识、技能以及学生独立阅读书面语言为主的教学方法。在教学过程中以语言传递为主的教学方法主要包括讲授法、谈话法、讨论法、读书指导法等。②以实际训练为主的教学方法，即通过练习、实验和实习等实践活动，引导学生巩固和完善知识、技能和技巧的教学方法。在教学过程中以实际训练为主的教学方法包括练习法、实习法、实习作业法等。③以直观感知为主的教学方法是教师通过对实物或直观教具的演示和组织教学性参观等，引导学生利用各种感官直接感知客观事物或现象而获得知识的方法。在教学过程中采用直观感知为主的教学方法包括演示法、实验法等。④以情感陶冶为主的教学方法则把重心置于学习过程中学生的良好情感和情绪体验上，让学生能够在怡神悦性、心旷神怡中自然而然地去探索知识的奥秘，参与丰富多彩的智力生活和精神生活。

以语言传递为主的教学方法是小学课堂教学中最为常用的教学方法，其优点在于学生可以在较短的时间内获得较系统、大量、全面的间接知识，其不足则在于学生无法接触实践性、直接知识，对知识的内化与转化关注不够。以实际训练为主的教学方法，在学生获得知识的过程中，强调手脑并用，学以致用，注重技能的养成，保证学生在学习过程中能够尽可能实学、实习、实用，其不足之处在于难以掌握系统的知识。以直观感知为主的教学方法具有形象性、直观性和真实性,注重知识世界与生活世界的联系,让学生在看中学、听中学、做中学,其不足之处在于教学所涉及的知识的系统性不强。以情感陶冶为主的教学方法可以使学生在心智得到锻炼与提升的过程中,情感、态度、价值观也得到陶冶与熏染,可以有效促进师生"情理共创、智趣互动"。情感陶冶法在运用过程中,需要避免为情境而情境,为快乐而快乐,要围绕"学习中心、问题中心"给学生提供思考和感受的机会,力争把学生的兴趣引向深入与持久。

根据教学过程中师生活动的方式给教学方法分类,是我国对教学方法最常用的一种分类法。这一分类方法的优点在于分类标准的概括性强,能把常见的教学方法都涵盖于这一分类体系之内,且这种分类方法依据教学方法可观察的外部特征进行,容易被大家理解和接受。

二、教学方法与教学模式

教学方法与教学模式之间的距离仅一步之遥,有人甚至把教学模式等同于教学方法或教学方法组合,认为教学模式"是特殊的教学方法,适用于某些特定的教学情境"[①],或者认为教学模式是"教师根据教学目的和教学任务在不同的教学阶段,协调应用各种教学方法过程中形成的动态系统"。教学模式与教学方法关系密切:所有的教学模式都起源于在实践中卓有成效的教学方法,教学方法是教学模式的核心构成,但教学模式不是单纯的教学程序或者教学方法,教学模式的概念内涵更为丰富,它是由多种教学要素所构成的一个综合体。教学模式是根据客观的教学规律和一定的教学指导思想而形成的,师生在教学过程中必须遵循的比较稳固的教学程序及其实施方法的策略体系。它包括教学过程诸要素的科学组合方式,教学活动内容与步骤的时间序列构成及相关因素的效应策略。[②]

教学模式概念的提出和对教学模式的研究,可以从西方学者乔伊斯和韦尔(B. Joyce & M. Well)1972 年出版《教学模式》一书算起,自此之后教学模式逐渐引起研究者的关注。目前形成的关于教学模式特点的认识包括以下方面:

第一,整体性。教学模式强调的是对教学各要素的整体把握。每一个具体的教学模式都是以一定的教学目标为主线,通过比较稳定的教学程序把教学活动的各要素组合起来,形成一个有机的整体,用以完整地达成一定的教学目标。比如布

---

① 　温世颂.教育心理学[M].台北:三民书局,1980:269.

② 　柳海民.试论教学模式[J].中国教育学刊,1988(5):34-37.

鲁纳的发现学习教学模式就包括"创造问题情境—利用材料做出假设—结论"的完整过程，这个过程的完成时间并不以一节课为时限。

第二，中介性。中介性是教学模式的最大价值所在，它在教学理论与教学实践之间承担着承上启下的作用。一方面，教学模式是对教学规律的概括性反映，是教学经验高度抽象的产物，可以作为教学的一般方法应用于不同的学科教学；另一方面，教学模式作为实施教学的一般指导原理，又是客观的、抽象的教学规律的具体化。它具体规定了教学过程中师生活动阶段的构成、各阶段的具体内容、应该遵循的基本原则、具体运用的教学方法及应注意的事项和要求等。

第三，相对性。教学模式的相对性是指任何教学模式都是相对于一定的教学目标和教学情境来说的，在一种目标和情境之下具有优势和效益的教学模式，在另外一种不同的目标情境之下，其优势和效率则有可能降低。每种具体的教学模式都有自己的适用范围，不存在可以适用于所有目标、所有情境的教学模式。

第四，可操作性。每一种教学模式都由特定的、比较稳定的操作程序和方法体系构成，它直接服务于特定的教学任务。与理论相比它更简明具体、易于操作；相对于教学实践经验，它更概括、完整和系统。在教学实践中，教师可以在教学模式的规范下，明确从事某类教学应该先做什么，后做什么，先怎样做，后怎样做等，从而把抽象的理论具体化为技术性、操作性的程序，为教学提供现成的步骤和结构。这一点也是教学模式在实践中受到推崇的主要原因。

第五，效益性。每一种教学模式相对于特定的教学目标的达成来说，是有效果的，甚至是最优化的，这也是教学模式在现代教学论中的价值所在。

恰当地使用教学模式的前提，是要对教学模式适用的教学目标、程序及策略有充分了解，表8-1呈现了近代西方影响较大的几种教学模式，这几种教学模式分别来自夸美纽斯、赫尔巴特和杜威。

表8-1　近代西方影响较大的教学模式

创立者	教学目标	教学程序	教学策略
夸美纽斯	把一切知识教给一切人	感知—记忆—理解—判断	直观、循序渐进、激发动机、巩固
赫尔巴特	培养儿童的德行	明了—联想—系统—方法	培养学生多方面的兴趣，教育性教学
杜威	培养灵敏、缜密而透彻的思维习惯	设置疑难情境—确定问题—提出假设—推理—验证	从做中学，以儿童兴趣为中心，发现式教学

表 8-1 所呈现的是起源于西方、在世界教育教学实践中影响广泛、历史悠久的几种教学模式,其背后贯穿的是创立者对教育目的的基本认识以及对如何达成教育目的的方法和程序选择。由于现代教学理论和教学实践的快速发展,当前国内外已经形成的教学模式十分丰富,作为教师我们可以在教学实践过程中根据自己的教学实际问题,学习、了解、尝试应用相对成熟的教学模式,以提高教学效率和自己的专业发展水平。在使用已有教学模式的过程中,也可以根据实践中出现的问题和新经验,改进或创立新的教学模式。

教师在使用教学模式的过程中,需要注意两个方面的问题:第一,是对"模式"的局限性和惰性保持一份警惕之心。模式的稳定性和可操作性给教师提供了极大的便利,但也要避免因对模式的过度信赖而降低自己在教学过程中的主动思考能力。教师创造能力的发挥需要面对教学现实的主动思考,没有了主动思考,教学只能沦为机械操作;第二,警惕"为模式而模式"的所谓"创新"现象,尤其是在当代中国教育实践和研究领域新名词满天飞的背景下,教师要真正把教学模式当作促进学生发展的手段,把教学目标、教学效果、学生体验、学生发展作为教师选择、使用、改善、创新教学模式的核心尺度。

第二节 小学常用的教学方法

在小学阶段,教师可以采用多种教学方法进行教学,这是由小学教学科目和内容的多样性以及小学生身心发展阶段的特点和规律所决定的。小学常见的教学方法包括:讲授法、对话法、讨论法、读书指导法、案例法、任务驱动法、练习法、实习法、实验法、演示法、参观法等。

一、传统的小学教学方法

传统的小学教学法指在小学被普遍采用的、行之有效的教学方法,因此"传统"在这里并不意味着古老和陈旧、过时。有"传统"的小学教学方法,就有"非传统"的小学教学方法,本节中同样关注"非传统"的小学教学方法,即那些同样行之有效,但在我们日常教学中还没有被广泛采用的教学方法。在本节中,"传统"与"非传统"两个概念以中国的小学教育教学为参照系,就是说,有些方面对中国小学课堂教学来说可能是"非传统",但在其他国家也许是"传统"。

(一)讲授法

讲授法是以语言传递为主要手段的教学方法,它是教育史上历史最为悠久、应用最普遍但也是最受争议的一种教学方法。讲授法是教师通过语言，主动、系统地向学生传授知识的一种教学方法，它教学效率高，不受人数的限制，可以让学生在同样的时间内获取大量的知识，尤其在进行陈述性知识教学时，讲授法能够更清晰地呈现教师的思路，也能够较好地促进学生的理解。一般来说，讲授法多用于新知识学习之前学生不了解但必须了解的背景知识，讲解学生解决不了的难点，提示学生注意容易忽略的基本原理、概念和定义，帮助学生辨别容易混淆的知识以及点拨、归纳、总结和概括所学的知识结构和知识体系等。

教师在运用讲授法时应该力求做到：第一，讲授内容要具有科学性、系统性和思想性，做到主题明确、判断准确、推理合乎逻辑。第二，讲授要突出重点，抓住关键，主次分明，以保证详略得当。第三，讲授要思路清晰，层次分明，条理性强。第四，教师的语言要准确、清晰、简练，尽可能做到既通俗易懂又生动有趣。第五，讲授尽可能与演示、实验、板书等其他教学手段结合起来。第六，讲授要立足学生已有的经验和发展水平，注意使学生掌握发现问题、分析处理问题和解决问题的方法。

(二) 对话法

对话法是教师在课堂教学中以提问、答问、争辩、讨论等形式双向或多向沟通思想，交换信息从而达成教学目标的方法。对话教学法建立在尊重学生差异的前提下，强调在平等、理解、信任和民主的关系中，师生、生生在思想、情感和精神上发生交流与沟通，旨在发展学生的批判意识、自由思想和独立人格。对话教学法具有悠久的历史，中国的孔子和古希腊的苏格拉底都是对话教学法的先驱。

运用对话教学法应该注意以下问题：第一，引发认知冲突，激起对话需要。当一个新知识与学生的原有认识或经验相矛盾时，即会产生认知冲突，学生会产生强烈的解决冲突的动机，此时话题自然生成，对话成为需要。第二，设置结构性问题，推动对话深入。有效对话不应该在低水平上徘徊，而应该不断向高层次推进，这就需要通过问题激发学生的探究欲望，激活学生的生活经验，推动学生的思维，提升学生的认识。第三，捕捉动态资源，提升对话实效。对话使教学成为一个多向互动、动态生成的过程，在对话各方观点的彼此回应与思维碰撞中，常常会迸发出新的认识、新的想法、新的问题或疑问，这些都是教师要捕捉并提炼、提升的生成性资源。教师善于捕捉和利用这些资源，恰当地把握提炼和提升的契机，可以有效提高对话的实效性。

(三) 讨论法

讨论教学法是在教师指导下，由全班或分组围绕教材中的主要问题发展意见、进行讨论的一种教学方法。它能使问题深入,有利于从多层次、多角度认识问题,有助于发散思维的发展和语言表达能力的锻炼,也易于激发学生学习的积极性和主动性。运用讨论法之前,可事先宣布主题让学生提前进行准备。

讨论法有以下几个方面的特点:第一,教学过程以师生、生生间的多向交流为主。在讨论过程中,学生能较普遍地思考、发言,交流的信息量大,涉及的知识面广,大家集思广益,互相促进。第二,学生的主体地位得到凸显。从准备发言、查阅资料、写出提纲到讨论中争取发言机会、为自己的观点辩护和对他人观点进行评判等,都需要学生积极主动地思考,为他们发挥个体主动性提供了广阔的舞台。第三,学生需要具备一定的知识基础和独立思考能力,因此一般适合于高段学生。但这种参与讨论的能力也并不是随着年龄的增长自然发展起来的,它需要经常性的锻炼机会,学生只有在参与讨论的过程中才能形成根据问题查找资料、形成观点、发表看法的能力。讨论法的最大缺点是占用时间较多,因此并非运用得越多越好,适宜的问题和主题是展开讨论的前提。

运用讨论法一般要遵从以下基本要求:第一,事先宣布讨论的问题、具体要求、有关参考资料。那些容易引起争论、富有启发性和具有一定难度的教材内容,往往可以成为比较合适的讨论主题。第二,在讨论进行的过程中,教师要随时给予引导、指导,避免讨论偏离主题,对讨论的实质问题或争论的焦点问题,在讨论后要明确总结;在讨论活动之后对讨论的过程进行整体评价。第三,由于知识水平、经验、能力等方面的限制,讨论难以成为学生独立获取知识的方法,因此讨论法一般要与其他教学方法配合进行。

(四) 读书指导法

读书指导法是教师指导学生通过阅读教材和教学参考书籍、资料,经过分析获取知识、形成技能、养成良好的读书习惯的方法,以教师指导学生半独立或独立读书为主要形式。读书指导法在培养学生的自学能力方面具有较大的价值。学生在教师指导下掌握自学方法,养成自主学习、自我管理的能力,是读书指导法的追求目标。

读书指导法可以分为教师指导学生阅读教科书、指导学生阅读课外读物两种不同的形式。指导学生阅读教科书的目的在于改变"讲授—接受"教学过程中学生被动学习的问题,让学生通过阅读教科书和学习参考资料来掌握他们通过自主学习可以理解和掌握的教学内容,培养学生自主学习能力,教师的指导重点在知识的内容、结构、逻辑等方面,阅读方法的指导居于非核心地位。指导学生阅读课外书的目的,在于通过阅读拓展学生的视野,培养他们的阅读兴趣,形成良好的课外阅读习惯，提高阅读的技能和技巧。这一类的阅读指导一般采用"课外阅读—课内指导"的方法，教师在课内指导的过程中往往比较注重学生阅读过程、阅读内容、阅读方法的分享，并在学生分享经验与思考的基础上，给学生较为系统的阅读方法指导。换句话说，阅读方法指导是指导学生阅读课外书籍的读书指导课的核心目标之一。

（五）案例教学法

案例教学法广泛应用于大学的医学和法律专业学生培养实践，在小学品德课教学中也具有广泛的应用空间。案例教学法指教师根据教学目标的需要，利用案例进行分析讲解或组织学生对案例进行研讨，引导学生从实际案例中学习、理解和掌握一般规律、原则、方法及操作，从而有效地将理论认识和实践现象相结合的教学方法。

案例教学法与通常的以教师课堂讲授为主的教学方法相比，优点如下：第一，可以启发和促进学生思考问题，提高学生分析问题的能力；有利于使学生思路开阔，调动和锻炼学生的观察、记忆、逻辑分析、想象和实践决断的能力，有利于开发学生的智力。第二，有利于弥补单纯灌输理论知识或抽象认识的缺陷，并能够锻炼学生的口头表达能力。采用案例教学的课堂，以学生发言为主，学生需要围绕自己的观点组织语言。第三，案例教学可以提高学生的课堂参与兴趣，促进学生在潜移默化中感悟道理。与教科书相比，案例一般相对完整、有趣、具体，具有较强的可读性；案例教学让学生围绕案例进行分析、判断、说明，不仅有利于增加课堂教学的趣味性，而且有助于创造个性化的学习和表达方式，也更有利于营造更为亲密、和谐的课堂关系，有利于把学生在课堂上得之于思考的认识转化成自己的个体实践。

案例教学中的案例可以自教材中选择，也可以由教师从课外资料中选择或自创。案例教学的一般流程包括"案例设计或选择—案例呈现—案例分析（讨论）"等环节。

（六）任务驱动教学法

任务驱动教学法是将所要学习的新知识隐含在一个或几个任务之中，学生通过对所提出的任务进行分析、讨论，明确大体涉及哪些知识，并找出哪些是旧知识，哪些是新知识，然后在教师的指导、帮助下找出解决问题的方法，最后通过任务的完成实现对所学知识的意义建构。任务驱动教学法的实质，是让学生通过完成任务，学习和掌握隐含在任务中的新知识及其意义。

设计好"任务"是运用任务驱动教学法的关键。一般来说，任务的设计要具有综合性，即任务应该把学过的知识和即将要学习的知识综合进去，一方面使学生具备完成任务的基础,同时又通过任务向学生提出了认识上的挑战;其次,任务要有可实践性,即任务必须能够通过实践来完成,抽象和完全理论化的任务无法成为学生思考和分析的载体,尤其是对于尚处于具体思维发展阶段的小学生来说,其难度超出了大多数学生的能力范围;再次,任务要能够吸引学生的兴趣,与学生的生活经验和当时所关心的问题、困惑相关的任务,容易吸引学生的参与兴趣。最后,任务要有一定的创新空间,使学生有较大的发挥自由度,利于培养学生的创新能力和创新精神。

任务驱动教学法的实施环节一般包括:①创设情境,提出任务。②自主学习,包括确定完成任务需要的知识点、获取有关信息与资料、利用、评价相关的信息与资料。③协作学习,共同尝试解决问题。④交流与讨论,其主要内容聚焦于如何完成任务、行为的依据或理由、过程中的经验与体会、遇到的问题及解决方案、修改或优化建议与思考等。

(七) 角色扮演法

角色扮演教学法指学生通过不同角色的扮演,体验自身角色的内涵和对方角色的心理,从而充分展现不同社会角色的行为方式与行为逻辑,达到培养学生社会角色意识和社会交往能力的教学方法。角色扮演法源于戏剧表演,在课堂教学中属于模拟训练的一种方法。角色扮演的情境具有拟真性,要求学生根据自己对所扮演角色的理解和认知自发地投入,促使他们站在角色的角度思考和行动。采用角色扮演法时,扮演角色的学生和观看演出的学生都有可能进入角色内部,表现、观察、思考、评价、判断,而且观察者与扮演者还可以互换,在增加参与面的同时,使学生有机会同时站在角色和同伴两个角度思考问题。在角色扮演法中,学生承担不同的角色,面对不同的对象,处于不断变换的情境之中,需要快速判断并采取行动,可以提高学生在具体情境之下的应变能力。更为重要的是,通过角色扮演,可以提升学生的角色意识,培养学生换位思考能力,有效解决学生在情感、情绪与人际交往等方面的问题。

(八) 演示法

演示法与实验法是两种侧重点不同的教学方法。演示教学法是教师陈示实物、教具,进行示范性实验,或通过现代化教学手段,使学生获取知识的教学方法。演示法常配合讲授法、谈话法使用,对提高学生兴趣、发展观察能力和抽象思维能力、减少学生学习中的困难有重要作用。

使用演示法应该注意几个问题:演示前,教师要根据教材内容确定演示目的,选择演示教具,做好演示准备。演示时,教师要使全班学生都能清楚地观察到演示活动,以帮助学生形成正确的观念和表象。此外,演示过程中要配以讲解,引导学生全神贯注于演示对象的主要特征。演示后,教师要引导学生把观察到的现象与书本知识联系起来,及时根据观察结果做出明确结论。

(九) 实验法

实验法是学生在教师指导下,按照预定的要求,利用指定的设备,采用特定方法进行独立操作,并在观察研究中获得直接经验、培养技能技巧的教学方法。实验法常用于中学物理、生物、化学等学科教学中,在小学的科学课和综合实践课中也有很好的应用条件。实验法有助于提高学生的观察和独立思考能力,可以培养学生探索、研究新事物的创新精神和创新能力,培养学生严谨、独立、实事求是的科学精神。

实验法可以分为感知性实验和验证性实验。感知性实验一般在讲新课之前做,目的是使学生对新知识形成感性直观的印象;验证性实验一般在新课结束之后做,目的在于使学生对所学的知识复习校验。无论哪一种实验,在使用时都需要做到:第一,实验前,教师要认真准备并全面检查有关的物品、材料和用具等,向学生讲明实验目的、要求及其所依据的科学原理、操作过程中的注意事项,并划分好实验小组,必要时进行示范实验。第二,实验中,教师应巡回检查,具体指导,对差生要进行个别指导,保证实验程序科学、操作规范,教育学生注意安全。教师要提醒学生在实验过程中及时做好实验记录。第三,实验后,教师应指定学生报告实验的进程和结果,然后进行简短地概括和小结,指导学生填写好实验报告。

(十) 参观法

参观法是教师配合课堂教学,组织学生到校外场所进行直接观察、访问、调查等,以获取新知识或验证已经学过的知识的方法。参观的类型主要有感知性参观、并行性参观、验证性参观、总结性参观四种。感知性参观一般安排在新内容开始之前,通过参观让学生获得必要的感性材料,为学习新内容奠定基础;并行性参观是在学习某一内容的过程中,为便于理解、丰富和记忆知识而组织的参观;验证性参观在相关知识或课题学习结束之后进行,目的在于用事实来检验和验证学生已经学过的知识;总结性参观一般在学习某一课题之后,组织学生结合学习内容,到现场作结论或验证结论而进行的参观。

参观法的基本要求:参观前,教师要实事求是地根据教学要求和现实条件,确定参观的目的、时间、对象、地点及参观重点内容,在校内外做好准备。在参观之前,教师要让学生明白参观的目的、要求等。参观时,教师要根据不同的参观类型组织学生全面看、细心看、主动问、认真记,并适时提出具体的要求。参观后,教师要指导学生座谈和总结收获,整理资料,写出参观报告等。

学生集体外出参观时对安全措施具有较高的要求,因此,采用参观法时教师一定要与相关人士对安全问题进行周密思考,提出详细、妥当的安全预案。为避免出现安全问题,在参观时教师可根据具体情况邀请部分家长参与学生管理。

(十一) 练习法

练习法是学生根据教师的布置和指导,通过课堂及课外作业,有意识地反复完成某一活动,借以巩固知识、形成技能技巧的教学方法。练习的类型和方式多种多样,按练习的任务分,有说话练习、解题练习、绘画制图练习、作文或创作练习、文体技能技巧练习等;按练习的形式分,有口头和书面练习、问答和操作练习、课内和课外练习等;按练习的方法分,有重复练习、变换练习、循环练习、综合练习等;按练习的特点分,有模仿性练习、训练性练习和创造性练习等。

运用练习法的一般要求:第一,练习的目的和要求要明确、具体。第二,练习的材料要经过精心选择。练习材料要根据练习的目的、学生实际情况以及学习与生活上的实际需要加以选择。在练习材料选择上要加强基本技能训练,把典型练习、变式练习和创造性练习结合起来,保证练习材料的全面、丰富和层次,满足不同水平学生的学习需求,促进知识、技能的积极迁移。第三,适当分配练习的分量、次数和时间。一般来说,适当的分散练习比过度的集中练习效果更好。新知识或技能获得的开始阶段,练习的次数可多一些,每次练习的时间短一些,以后逐渐增加练习的时间和内容。第四,了解练习的结果,及时反馈。每一次练习之后,都要及时了解练习结果,诊断练习成效和存在问题,及时反馈并进行方法和策略指导,以提高练习的实际效益。

(十二) 游戏教学法

兴趣是知识学习的内在动力。对于孩子来说,玩是天性,游戏是激发他们学习积极性和学习兴趣的最佳形式之一。游戏教学法就是以游戏的形式教学,使学生在轻松的氛围和欢快的活动中,或在激烈的竞争中学习知识、掌握技能技巧的教学方法。游戏教学就是将"游戏"与"教学"两者融合为一体的一种教学方法。

作为一种教学方法,游戏教学不是随心所欲地玩。游戏教学有自己的规范和章法:首先,游戏需要有规则。游戏教学法对"教"和"玩"有严格的界定,"教"的内容要是教材中的内容,尤其是其中的重点、难点,或者是一些必须掌握的课外知识和技能;"玩"除了趣味性之外,还需要有明确、成熟的游戏规则,使学生在参与游戏、竞赛获得输赢的过程中,学会理解和尊重规则,在玩中学,在学中玩,玩、学一体。其次,游戏教学的重心不在于单纯的"玩",而在于"学",学知识、学技能、学规则、学人际沟通，"玩"是"学"的手段，"学"是"玩"的目的，游戏教学的最终目的，是要把学生基于感官体验的情感之趣，提升到通过掌握知识、获得成就而形成的理智之趣上。

运用游戏教学法要注意以下几个问题：第一，游戏的形式要与教学内容相匹配；第二，游戏的难度要适宜，既要保证所有学生都能够理解和参与，又要给水平相对高的学生保留自我挑战的空间；第三，在进行游戏时要时刻关注课堂纪律，最好充分利用游戏的机会培养和提升学生的自我管理能力；第四，游戏要为教学服务，切忌为游戏而游戏。

二、值得关注的"非传统"小学教学方法

以下简要介绍一些对于小学课堂教学来说具有启发和借鉴价值的"非传统"教学方法，这些教学方法既有中国教育工作者的探索与创新，也有国外相关研究与实践的经验成果。这些教学方法只是从众多的教学方法中选取的非常小的一部分。

（一）尝试教学法

尝试教学法是江苏省特级教师邱学华在长期教学实践中探索和总结的具有中国特色的小学课堂教学方法。邱学华在多年的尝试教学实验过程中认识到，如果教师为学生创设一定的教学条件，学生的尝试就能取得成功。在尝试教学法中促进学生尝试成功的因素包括学生的主体作用、教师的指导作用、课本的示范作用、旧知识的迁移作用、学生之间的互补作用、师生多向的情意作用和教学手段的辅助作用等。

尝试教学法的基本观点是：先试后导，先学后教，先练后讲，其课堂教学的一般步骤是：

第一，准备性练习，是学生尝试活动的准备阶段，让学生对解决尝试问题所需的基础知识先进行准备练习，然后采用"以旧引新"的办法，从准备题引导出尝试题，发挥旧知识的迁移作用，为学生解决尝试题铺路架桥。

第二，出示尝试题。给学生的尝试活动提出任务，让学生进入问题情境之中。尝试题出示后，让学生思考并相互讨论解决方案。

第三，自学课本。自学课本为学生在尝试活动中自己解决问题提供信息。自学课本之前，教师有时会提出一些思考问题作指导，自学课本时，学生遇到困难同桌可以商量解决，也可以向老师提问。通过自学课本，大部分学生对解答尝试题有了办法，就可以进入尝试练习步骤。

第四，尝试练习。学生尝试解决问题，这个过程中教师巡视，以便及时掌握学

生尝试练习的反馈信息,对学习困难学生进行个别辅导。学生尝试中遇到困难,可以继续阅读课本,同学之间也可互相帮助。

第五,学生讨论。尝试练习中会出现不同答案,学生会产生疑问,这时引导学生讨论,不同看法可以争论,学生在此过程中开始尝试讲道理,之后学生需要知道自己的尝试结果是否正确,这时教师讲解就成为必要。

第六,教师讲解。这一步是为了确保学生系统掌握知识。有些学生会做尝试题,但可能是按照例题依样画葫芦,并没有真正懂得道理,因此需要教师的讲解。讲解不是什么都要从头讲起,教师只要针对学生感到困难的地方和教材的关键之处重点讲解即可。

第七,第二次尝试练习。这一步主要是给学生巩固所学知识、技能的机会。第二次尝试题应与第一次不同,或稍有变化或采用题组形式,之后教师可以进行补充讲解。这一步对学困生特别有利。

尝试教学的七个步骤反映了学生完整的尝试过程,也是一个有序可控的教学系统。中间五步是主题,第一、第七是准备和延伸阶段,这些步骤并非固定的,可以根据实际情况调换或者增加、减少某些步骤,也可以将基本式的前几步提前到课前作为预习作业进行。

(二) 情境教学法

情境教学法由江苏省特级教师李吉林提出。她的情境教学探索始于 20 世纪 70 年代末,主要指向语文教学远离学生的生活、远离语言学习应有的真情实感、学生的学习乐趣被淹没在大量枯燥乏味的字、词、句、篇的分析和训练中的小学语文课堂教学问题。

情境教学法是指在教学过程中,教师有目的地引入或创设具有一定情绪色彩的、以形象为主体的生动具体的场景,以引发学生的情感体验,从而帮助学生理解教材,并使学生的心理机能得到发展的教学方法。情境教学法的核心在于通过具体情境激发学生的情感体验。

情境教学的探索先后经历了以下阶段:第一,"创设情境,进行片断语言训练"为主阶段。在课堂教学中展示生活情景,使抽象的文字符号具体化。第二,"带入情境,提供作文题材"的主题阶段,通过引导学生在创设的教学情境中,通过观察、角色扮演等操作性尝试,获取作文题材,以自己的所感去表达。第三,"运用情境,进行审美教育"阶段,即将情境教学和审美教育统一于语文教学之中,提出"凭借情境,促进儿童整体发展"的教学思路。

根据刺激物对儿童感官或思维活动所引起的不同作用,情境教学中可以运用的情境大致可以分为实体情境、模拟情境、语表情境、想象情境及推理情境。

实体情境即以物体原型为主的情境，比如把学生带到大自然中去观察自然景色、客观事物等，在课堂中呈现实物、标本等。实体情境中的事物学生可以看得到、摸得着，易于感受和理解，有利于发展学生的观察能力、思维能力，加深学生对事物的理解和认识。

模拟情境是根据实际需要，以事物的主要特征为基础，运用一定的手段复现，达到形象地反映事物特点的目的。图画再现、角色扮演等都属于模拟情境。模拟情境在教学中运用简便易行，因此是情境教学法中最常使用的一种。

语表情境即利用语言表达刻画出来的情境。在教学实践中，运用语言描述把学生带入特定的情境，以语言的意义、声调、形象、感情色彩等激起学生的情绪、情感及想象活动，从而进入情境体验。对一些无法用实体情境展现的文本，一般通过语表情境提升学生对于语言的理解程度。语表情境可以较广泛地应用于小学中高段的教学中，利于促进学生思维方式由具体形象到概括抽象的发展。

想象情境是通过学生的想象活动，在已经获得的经验基础上，将表象重新加以组织而成的情境。想象情境的具体性不及实体情境，但其意象比实体情境更高远，学生创造性能力发挥的空间更大，因而同样可以使学生的情绪在想象情境中高涨。

推理情境主要在小学高段使用，在小学课堂教学中，推理并非纯粹的理性活动，它往往是一个由形象到抽象的过渡阶段。教学寓言和常识性课文，常常可以运用到推理情境。推理情境可以帮助学生从具体到抽象、从个别到一般地深入认识事物的本质。情境教学法的特点如下：以培养兴趣为前提，诱发主动性；以指导观察为基础，强化感受性；以发展思维为核心，着眼创造性；以激发情感为动因，渗透教育性；以训练语言为手段，贯穿实践性。

（三）发现法

发现法作为一种严格意义上的教学方法，是美国认知主义心理学家杰罗姆·布鲁纳在《教育过程》一书中提出的。发现法要求学生在教师的指导下，能像科学家发现真理那样，通过自己的探索和学习，"发现"事物变化的因果关系及其内在联系，形成概念，获得原理。在这个认知学习过程中，学生能够同时体验到"发现"知识的兴奋和完成任务的自信，这种自信心和兴奋感可以激发学生学习的内在动机。

与发现法相对的是传授法。与以现成知识的传递为主要方式的传授法不同，发现法强调学生以主体的姿态独立参与认识活动，在教师的指导下通过主动探索完成认识性任务,形成对客观事物的规律性认识。学生通过发现法所获得的相关认识性结论,与传授法所传授的认识性结论差别不大,但在传授法中,结论性认识是教学的起点,而发现法中的结论性认识则在认识活动的终点。由于教师的指导在发现法中并不居于核心地位,所以发现法一般又被称为发现学习法而非发现教学法。

发现法的基本过程:教师创造问题情境,学生理解和确定情境中的问题;提出解决问题的各种可能的假设和方案;发现、补充,修改和总结。布鲁纳认为发现法有以下好处:第一,提高智慧潜能;第二,促使外在动机向内在动机转化;第三,学会利用"尝试—发现"的方法解决问题;第四,有助于记忆。发现法对世界教学方法的改革产生了巨大而深远的影响。

(四) 程序教学法

程序教学法的代表人物是美国著名心理学家斯金纳,理论基础是行为主义心理学,主张利用强化来学习知识和技能。程序教学法主张将教材分成一个个小的部分,按照严格的逻辑编成程序,由学生自己按照程序学习。它可以用机器进行教学,也可以用程序教材进行教学。程序教学的基本教学过程包括:把根据教学目标确定的教学内容预先分成若干小步骤,并将这些小步骤按照逻辑关系进行排列,使每个小步骤都建立在其前面步骤的基础之上。在课堂教学中,由教师引导学生按照小步骤的顺序自己一步一步地去解决问题,学生在对前一个小步骤的问题获得正确解决之后,再进入下一个小步骤的自我学习中。

程序教学法遵循以下基本原则:第一,小步子原则。即把学习内容划分成由浅入深、由易到难、循序渐进的小步子,并按小步子进行教学。第二,积极反应原则。对每一步的学习内容,都让学生在学习之后通过选择、填空、输入答案等方式做出反应,以便保持较高的学习动机。第三,及时强化原则。对学生所给出的正确反应给予及时强化或及时确认,以提高其活动的效率。第四,自定步调原则。学生根据自己的特点和能力自定学习进度和速度。第五,低错误率原则。在教学内容的安排上尽可能由易到难,由已知到未知,降低每一个步骤的学习难度,使学生有可能最大限度地做出正确反应,使学习的错误率降到最低。

程序教学法在关注学生差异性和循序渐进地掌握教材内容方面,具有较大的积极意义。

(五) 纲要信号图示法

纲要信号图示法是苏联沙塔洛夫在自己 30 年教学实践的基础上创立的一种教学方法。纲要信号图示法即利用一种由字母、单词、数字或其他直观性很强的图表（称为纲要信号图表）为教学的辅助工具，通过各种"信号"提纲挈领、简明扼要地把需要重点掌握的知识表征出来，帮助学生直观、形象、结构化地理解和记忆知识的方法。

采用纲要信号图示法的一般步骤是：首先，由教师详细讲解教学内容，出示纲要信号图表；然后，教师再次讲解，抓住主要问题，突出重点。图表既可以按内容的主次涂上颜色，也可要求学生把纲要信号画在笔记本上，还可以发给学生便于课后观察和复习巩固。

纲要信号图示法能有效地使教学内容结构化，减轻学生的课业负担，提高教学的质量和效率。

（六）非指导性教学法

非指导性教学是20世纪中期由美国心理学家罗杰斯将其心理治疗观推广到教学中而形成的一种教学方法或称教学模式。非指导性教学法是教师通过与学生间的非指导性谈话，帮助学生创设一种适宜的学习环境，使学生积极主动地完成学习任务的一种学习模式。在非指导性教学中，教师扮演着促进者的角色，他与学生建立起和谐的人际关系，并隐性地指导学生的学习与发展。这一教学模式成功的标志是学生乐于对他们自己的学习承担责任，且能发挥其学习的主动性和创造性。

非指导性教学一般分为五个步骤：

第一，确定辅助情境阶段。教师鼓励学生自由表达自己的思想、情绪。教师事先要组织好若干话语，以限定学生表达情感的范围，明确交谈中对共同关注的问题取得一致意见的目标。这一阶段一般在师生交谈中进行。

第二，探索问题阶段。在这个阶段，教师鼓励学生表达消极和积极的情感，并在学生表达的过程中，澄清和明辨学生的情感。

第三，发展学生洞察力阶段。由学生发表自己对问题的看法，教师启发学生从多角度观察、分析问题，使学生观察、分析问题的能力有所发展。

第四，规划和决策阶段。学生对有关问题做出计划和决策。教师在此阶段要引导学生做出与自己的期望相一致的决策，并引导学生开始积极的行动。

第五，整合阶段。学生汇报他采取的行动，进一步提高分析和解决问题的能力，并且规划进一步完善的积极的行动。这五个阶段一般发生在一次交谈或一系列交谈之中。

非指导性教学以师生之间的非指导性谈话为核心，在谈话过程中，教师的身份是尊重学生情感体验的倾听者、建议者和引导者，该教学方法以学生自己做出学习行动计划、反思自己的计划、完善自己的计划并取得积极行为为主要过程。师生间平等的伙伴关系、互相信任，是非指导性教学的必要条件。非指导性教学法以鼓励、启发学生的思维为特征，重视学生的非智力因素。

三、教学方法的选择

教学方法的选择对于达成教学目标至关重要，一般认为，选择教学方法要考虑三个方面的依据：教学任务特点、教材特点和学生的年龄特点。教学任务是传授新知或是复习旧知、形成某种技能技巧；教材内容是事实性知识、程序性知识还是理论性知识，教学内容的特点是科学性强还是艺术性强；所教学生是高年级还是低年级，其知识基础和心理准备如何等，都是影响教学方法选择的因素。

（一）选择教学方法应考虑的因素

每种教学方法都有自己的特点，也都有自身独特的功能、使用范围和条件，没有哪一种或几种教学方法是"最好的"或者可以适用于所有教学情境。好的教学方法，不仅要适合当前教学任务、教学内容特点和学生特点，还要综合考虑教学手段、教学环境、教师特点等因素。选择教学方法，要全面、具体、综合地考虑各种相关因素，以之为条件进行权衡和取舍。具体来说，选择和确定教学方法应该依据以下因素：

第一，根据教学的目标和任务。教学方法是实现教学目的和完成教学任务的手段，不同的教学目的和任务需要运用不同的教学方法来完成。如果教学目的和任务以传授新知识为主，那么讲授法可能是比较好的选择；如果是复习旧知则练习法有可能是最佳选项；如果教学目的和任务以形成技能技巧为主，则演示和练习有可能是最为适宜的方法。

第二，根据教学内容的性质和特点。教学目的和任务需要通过具体的教学内容来实现，教学内容的性质和特点不同，决定了应该使用的教学方法的差异。即便是同样的教学目标和任务，学科性质不同，具体内容不同，所要求的教学方法也往往不一样。同样是为了培养动手操作能力，物理、化学多以试验法为主，音、体、美则常常采用练习法。

第三，根据教学对象的实际情况。教学对象的年龄、性别、经历、气质、性格、思维类型、审美情趣等方面存在的差异，对教学方法的选择和确定也产生影响。发现法和讨论法对于小学低年级学生或理性思维水平比较低的学生，往往不能达到预期的教学目标；角色扮演法和游戏教学法可以激发低年级学生强烈的学习动机和兴趣；相比中学生，小学生在学习过程中需要通过更多的动手操作活动才能更好地理解抽象知识；对于所有学生来说，经过主动思考和充分讨论或自己发现的内容往往会留下深刻的印象。

第四，根据教师自身素质条件及个性特征。教师自身的素养条件和课堂驾驭能力，直接关系到选用的教学方法能否发挥其应有的作用。由于教师自身素养的差异，不同的教师使用同一种方法的效果会有明显不同。不同个性的教师在驾驭不同教学方法方面的差异也比较明显：不苟言笑的老师使用游戏法或角色扮演法的效果，可能不如和蔼可亲的教师；性格安静的教师选择理性的沟通方法一般会优于夸张的表演方法。一个口语较差的英语教师或者朗诵能力不强的语文教师，在教学中可更多地采用视听法，利用电教设备，如录音机播课文、领读、朗读等，可以有效地弥补素质的缺陷而取得良好的教学效果。事实上，任何一种个性的教师，都可以上出具有自己独特风格的课。素养欠缺的教师一方面需要不断提高自身专业素养，另一方面在教学方法的选择上要学会扬长避短，善于根据自己素质和个性特点选用恰当的教学方法弥补不足，收获较好的教学效果。

第五，根据学校所具备的基础资源条件。学校所具备的物质、地域和文化条件，也是选择教学方法必须考虑的因素，在这一方面需要考虑的是经济性和便捷性。对于一所不具备充足实验条件的学校来说，演示法可能是可以选择的最佳方法；敦煌附近学校的美术课，在学习敦煌艺术的内容时可以选择实地参观的教学方法，而对于东部地区的学校来说选择这种方法的现实可能性则不大。

教学方法的选择，还应该根据学科特点和学生的年段差异灵活处理，比如应用于小学德育、智育、体育、美育和劳动教育等不同学科的教学方法应该具有差异。从年段上来看，低年级、中年级和高年级的课程重点不同，而且学生的能力、知识、经验、兴趣等方面的差异增加，也决定了即使对待同样性质的教学内容，也应该选择不同的教学方法。直观、演示、操作等方法在低年段更适合学生的兴趣和能力水平，直观、演示、讲解、讨论等方法，在中年段会收到较好的效果，谈话、讲解、讨论等方法在高年段的教学中可以得到更为广泛的应用。

与教学方法密切相关的问题，是教学媒体的选择。本节不拟对教学媒体做全面论述，仅简单说明选择教学媒体时应该考虑的几种因素。

媒体的选择主要受教学目标、媒体特点、媒体的可控性程度、媒体选择的经济性因素所制约。[①]影响教学媒体选择的因素包括：第一，特定教学媒体的功能。媒体功能与教学目标的匹配度是决定教学媒体是否能发挥作用的关键。教学媒体的

---

① 韩曼春.论教学方法与教学媒体的选择与运用[J].内蒙古科技与经济，2002(12)：365-366.

功能主要有：①展示事实、形成表象。②创设情境，建立共同经验。③提供示范，便于模仿。④呈现过程，解释原理。⑤设疑思辨，解决问题。一般来说，第①和第②种功能适于知识学习，第③种适于技能的学习，第④和第⑤种适宜于智力技能的学习。

第二，媒体的特点。不同的媒体作用于人的不同感官：广播、录音宜于呈现声音艺术的特点，且能借助语言、音乐及音响效果的组合，有轻重缓急地表现事物的特征；幻灯、投影能以静止的方式表现事物的特性，让学生详细地观察放大的清晰图像或事物的细节；电影、电视以活动的画面、鲜艳的色彩、动听的旋律呈现出事物的变化过程，形象逼真且能系统地描绘出事物的运动形式、空间位移、相互关系及形状变换；多媒体教学软件则以高速、准确、储存量大、能模拟逼真的现场、事物发生的进程、动静结合、表现力强为特点。教师要根据教学任务恰当选择。

第三，经济实用。媒体的选择应考虑代价小、功效大、有实效的媒体，过度追求高科技并不是一线教师媒体选择时的好现象。多媒体教学课件的广泛应用，给广大一线教师提供了很大的便利，但也造成了媒体选择的单一化问题。这种单一化带来了三个方面的问题：第一，直接拷贝他人或者教材提供的教学课件，造成课堂教学千人一面，教学过程缺乏针对性；第二，教学由传统的"粉笔＋黑板＋教科书"变成"多媒体＋教科书"，课堂教学资源尤其是学生可以动手、动脑的机会越来越少，教学课件囊括了课堂教学过程的所有内容，学生在课堂中只需观看、静听；第三，教师在细节尤其是那些"亮眼"的图片、视频选择上花费大量的时间和精力，但这些"漂亮"的图片在教学过程中往往是一闪而过，这种现象在"公开课"上尤其突出，造成教师时间和精力的大量浪费，也在一定程度上使教师的教学设计偏离轨道。

第四，媒体运用要多元化。不同的媒体有不同的特点，所有的媒体都既有优势又有不足，因此，教师要考虑学生的年龄特点和相对于教学任务的障碍，在媒体选择上拓展视野，尽量做到多元共存。比如，实物、直观教具曾经是小学课堂教学中主要的媒体，其优点在于直观、具体，可以对学生的不同感觉通道形成不同的、丰富的刺激，且学生可以直接接触、动手操作，有利于小学生丰富表象、形成对相关问题的具体理解，尽管不够"高档"，也没有多媒体呈现来得便捷、省时、省力、精彩，但仍然应该是小学课堂教学中经常用到的媒体。教师应该根据教学内容、学生年龄特点、学生能力等因素，灵活选择多元媒体，避免过度依赖于一种或一类教学媒体。

（二）巴班斯基的教学方法选择策略

对于新手教师来说,巴班斯基总结的选择教学方法的具体策略(表 8 - 2)和程序,具有较大的实用价值：

表 8 - 2　教学方法的选择策略①(引用时略有简化)

教学方法类型	使用条件			
	教学任务	教材内容	学生条件	教师条件
口述法	形成理论知识和实践知识	教材主要是理论资料性质	学生有掌握口头信息的基础	教师比较擅长于这种方法
直观法	发展观察力,提高对所学问题的注意	教材内容可能用直观手段来传授	直观教具是该班学生所能接受的	教师备有这些直观教具或可以独立制造这些教具
实际操作法	形成实践的技能技巧	内容包含实践练习、实验及劳动任务	学生有做实践作业的基础	教师具备组织实际操作练习的物质材料和教学资料
复现法	形成知识和技巧	内容太复杂或者很简单	学生不具备以解决问题方式学习该课题的准备	教师没有时间以问题解决方式组织该课题的学习
探索法	发展独立思考、研究能力和创造精神	教材内容具有中等难度	学生已经受过训练,可以用研究问题的方法学习该专题	教师有时间以问题方式组织该学习,并熟练掌握探索性教学方法
归纳法	发展概括能力和归纳推理(从个别到一般)能力	教学内容以归纳方式呈现,或用归纳方式论述更合理	学生已经受过训练,能够进行归纳推理,进行演绎推理则有困难	教师已掌握归纳教学法
演绎法	发展演绎推理(从一般到特殊)能力和分析能力	教学内容以演绎方式呈现,或用演绎方式呈现更合理	学生已经受过训练,能够进行演绎推理	教师已掌握演绎教学法
独立学习	发展独立学习能力,形成学习技能技巧	教材可用来独立学习	学生已经具备独立学习该内容的基础	有教学参考资料可供学生独立学习,也有时间在课堂上组织独立学习

① 巴班斯基.教学教育过程最优化[M].吴文侃,译.北京:教育科学出版社,1986：155.

与表 8 - 2 相匹配,巴班斯基还以自我提问的方式,给教师列出了选择合适教学方法的基本程序,[①]教师在选择教学方法时,可按以下问题的先后顺序向自己提问。巴班斯基设计这些问题的顺序时,首先考虑的是采用让学生具有较大独立性和积极性的方法,其次才是那些不需要学生费力的方法:

第一个问题:能否采用教师不讲解,由学生自己学习的方法来组织这一专题的学习?

如果内容很简单,学生有独立学习该内容的基础,又有时间可以让学生独立学习教材,则采用这种方法;如果内容复杂,学生独立学习教科书的基础差,教学时间限制,则不采用这种方法。

第二个问题:能否采用探索法来组织这一专题的学习?

如果教材难度在中等水平,且学生具备解决问题的知识基础,在学习过程中有时间进行问题讨论,则采用这一方法;如果教材内容很难或很简单,学生不具备解决问题的知识基础,则不可采用这种方法。

第三个问题:能否用演绎法来组织这一专题的学习?

如果教科书中的教学内容以演绎方式叙述,学生具有用演绎法学习专题的基础,则可采用这种方法;如果教科书中内容以归纳方式叙述,改变这种方式会给学生带来很大困难,学生不具备用演绎法学习这一专题的基础,则不采用这种方法。

第四个问题:能否在课堂教学中把口述法、直观法和实践法结合起来?

如果教材内容适合这样做,教师备有教具或可以独立制作这样的教具,且有时间使用直观教具、进行实验和实习作业等,即可采用这种教学方法;如果专题内容不允许这样做,没有直观教具或教师不具备制作直观教学的能力和条件,没有时间利用直观教具和演示实验等,则不能采用这种方法。

第五个问题:在课上将采取哪些方法激发学生的积极性?

教师的选择取决于教材内容的特点和班级学生学习态度的特点。

第六个问题:在巩固新教材时,将采用哪些检查和自我检查的方法,以检查对新教材的掌握程度?

回答这一问题,需要考虑学习内容特点、学生能力和时间条件等因素。

根据自己的实际情况,向自己提出问题并做出恰当的回答,对于选择和确定恰当的教学方法具有积极意义。当然,巴班斯基所说的选择教学方法的标准和以问题方式表达的选择程序,并不能够一次到位地解决教学方法的选择问题,它只是教

---

① 巴班斯基.教学教育过程最优化[M].吴文侃,译.北京:教育科学出版社,1986:156-157.

师在选择教学方法时可以借用的一个解决问题的基本思维框架。如何判断和回答这些问题、提高选择和确定适宜的方法的能力，需要在实践中不断学习、反思、磨砺。

总之，教学方法的选择要以教学目标为中心，综合各种制约因素，以发挥课堂教学的整体效益。无论选用哪一种教学方法，都应考虑如何调动学生的积极性，促使外在的学习要求转化为学生学习的内在需求。同时，由于教学目标的多层次化，特定的方法只能有效地实现某一或某几方面的目标，完成某一或某几个环节的任务，要保证教学目标的全面实现，教学中往往要求选用几种能互补的方法，并把它们有机结合起来。

对于新手教师来说，要想恰当地选择适宜的教学方法，首先需要全面了解教学方法的内涵、功能、理论依据及其发展演进的历史，理解具体教学方法的优势和局限，然后才能通过比较、分析确定相对于具体教学目标而言的合适的教学方法。了解是选择的前提，教师应该避免望文生义，凭借对教学方法想当然的理解，或者随意创造新名词，造成教学方法使用和交流过程中的混乱，影响教师由新手走向专家的发展历程。教学方法的选择与使用的恰当程度，体现了教师的专业发展水平和教育智慧水平。

思考与练习

1. 什么是教学方法？它与教学模式的关系是什么？

2. 小学常用的教学方法有哪些？这些教学方法分别在完成哪些教学任务上有优势？

3. 选择教学方法应该考虑哪些方面的因素？

第九章　教学过程设计

内容提要

> 在确定一节课要达成的教学目标、选定教学方法之后，设计教学过程就成为教学设计的重点。教学过程设计与教学目标的数量、对教学目标认识的清晰和具体程度以及教学目标的整合程度相关，与教师对学生已有知识、经验、习惯的认识相关，也与教师对"教"与"学"关系性质的认识相关。

本章所论及的教学过程设计，对象指向"一节课"，即 40—45 分钟时间内师生的活动过程，这是一个"师生为实现教学目标，围绕教学内容共同参与，并通过对话、沟通和合作活动，产生交互影响，以动态生成方式推进教学活动的过程"。[①] 如何设计一节课的环节、如何处理环节与环节之间的关系、如何处理一节课中教师与学生活动过程中的问题等，构成本章的主要内容。

教学过程设计以促进学生在课堂教学过程中思维的积极参与和提升学生的思维品质为核心任务。促进学生积极思维和积极参与，是教学过程设计之魂。

第一节　影响教学过程设计的因素

教学过程是达成教学目标的载体，教学目标规定了通过教学活动所要达成的学生在知识、技能、方法、情感、思维、态度等方面的目标状态，是教学活动所要走向的目的地；教学目标决定了教学过程设计的方向，也在一定程度上限定了达成目的的手段和方法；教学过程设计还与教师对教学过程性质的认识以及学生对教学内容的准备状态相关。

---

① 吴亚萍，王芳.备课的变革[M].北京：教育科学出版社，2007：17.

一、教学目标决定教学过程设计

教学过程设计与教学目标的数量相关,目标数量的多少决定着教学过程设计的结构紧密程度,决定着教学过程设计中环节的多少以及环节之间的关联性;教学过程设计还与教学目标的整合程度相关;教学过程设计还与教师对教学目标认识的具体、清晰程度有关,目标越清晰、具体,过程设计的指向性越强,教师对教学过程的把握越灵活、有度。

(一)教学过程与教学目标的数量有关

每一个教学目标,都需要通过一定的教学活动来完成;每一个教学活动都是教学过程的组成部分。换句话说,如果有 6 个教学目标需要完成,那么就需要设计至少 6 个相对独立的教学活动,在 40—45 分钟的课堂教学时间内可能无法充分展开活动,无法给学生提供参与教学活动的时间和空间,容易造成课堂教学过程中教师面面俱到却又点到即止的现象,拖堂现象往往就是这一问题导致的结果。

教学过程设计要关注多与少的关系,并不是教学目标多了,课堂教学的任务就可以完成得好了;相反,如果教学目标较少,就有可能针对每一个目标上设计丰富的活动,充分展开教学过程,给学生更多的体验、思考、动手动脑的机会,使他们对教学内容有更深度地理解和把握。

在部分教师的课堂教学中,常常有意无意地把"教过了"等同于"学会了",把"教过"等同于完成教学任务。在这些教师的课堂上,会安排很多教学内容,教学过程中赶进度,结果学生跟得很累,但掌握状况并不好。从学习论的角度看,这样的多即少;而如果选择一个核心点,让教学过程围绕这个核心点拓展、递升,则有可能让学生在学习过程中通过反复运用所学知识来解决问题,实现学生掌握意义上的少即多;在认知学习理论中,前后相续的学习内容或相似的学习内容,会发生抑制(干扰)或促进两种性质完全相反的学习效果,学生所学习的新的知识或技能会对其前后的相关知识或技能产生积极(促进)或消极(干扰)影响,知识之间产生的相互影响的性质取决于学生学习新内容时理解的深度和掌握的牢固程度。

一般来说,一节课的教学目标确定在 2—3 个比较适宜,这 2—3 个目标之间还应该具有较大的关联度。

(二)教学过程与教学目标的具体、清晰程度相关

教学目标的表述应该清晰、明确。越是具体的事情,越是需要具体的目标,课堂教学只是 40 分钟之内的事情,是一件非常具体的事情,因此它需要非常清晰具

体的目标。如果一节语文课的教学目标定位于：①掌握常用词语,理解课文大意。②学习本文抓住特征描写景物及写景抒情的方法。③品味朴素而含有深长意味的语言,体会作者的微妙心境,那么教师自己在设计教学过程的时候,都无法根据自己所写的教学目标来选择教学环节。这样的教学目标表述方式只能反映出一个事实：教师自己并不清楚这节课到底要干什么,他又如何能够以其昏昏,使人昭昭呢? 如果他能够清晰地界定掌握哪几个常用词语(甚至哪一个是对于学生而言的难点)、在什么程度上掌握(是识认、是默写? 还是会解释、会运用?),他就能够把学生活动设计在学生容易出问题的地方;如果教师能把"理解课文大意"定位具体一点,那么他就能够在学生阅读的方法与要求上更明确,也更容易在教学过程中准确地判断学生是不是真的"理解"了。如果教师自己在下课的时候都不能够判断自己的教学目标有没有达成,其教学的效果就可想而知了。

再比如在教学目标中常常出现的"培养学生自信"这一情感态度目标,如果教师对"自信"的理解停留于抽象的层次,是一个听起来有道理但做起来往往无法落实的目标,那么在课堂上他就无法变成自己的教学行为或者学生的学习行为,如果做如下描述,则其实践价值有可能大幅提升：回答问题时站姿挺直,声音响亮,与说话对象有目光交流;表达清晰、条理,能够认真倾听反对意见;敢于尝试新事物并挑战自己等。当然,像这样的理解并不一定要写在教学目标中,但教师自己一定要给自己所说的"自信"一个清晰的界定,对学生在课堂教学中是否"自信"有一个具体而有操作价值的标准,这样教师才能给学生以方向性的指导,真正使"自信"成为课堂教学过程中能够落到实处的目标。

(三) 教学过程设计与教学目标的整合程度有关

教学目标的整合程度指确定教学目标时方法、手段与内容之间结合的紧密程度。教学目标整合程度越高,教学过程设计时越容易围绕核心目标建立起环节与环节之间的关联性结构。比如一节科学课的教学目标表述为：①探究毛细现象的成因及其影响因素。②培养学生进行科学观察和提出假设的能力,体验科学探究的方法。在教学目标中,要掌握的知识目标是"毛细现象的成因及其影响因素",达成目标的方法是"探究",通过教学过程培养学生"观察和提出假设"的科学探究能力,这一目标基本上已经确定了教学的基本过程：教学过程即给学生提出问题、提供研究材料让学生观察、发现规律、提出假设、检验假设并形成结论,教学过程以学生的探究为中心,教师的过程指导主要集中于学生探究过程的规范性,以及引导学生把经过探究所发现的结论与现实生活经验相关联。而一节教学目标为"理解两位数减两位数退位减法的算理并独立运算"的数学课的教学过程,会给学生提供充分的练习并思考和回答"为什么"的机会,在这个过程中检查和加深学生对整数减法算理的理解和算法的熟练化程度。

二、教师对学生现实发展与潜在可能的认识影响教学过程设计

学生通过课堂教学实现的个体发展,建立在学生已有知识、经验、能力的基础之上。根据维果茨基的最近发展区理论,儿童有两种发展水平:现实发展水平和可能发展水平。现实发展水平是已经呈现出来的发展水平,具体表现为儿童可以独立地完成任务;可能发展水平即儿童尚未达到但在他人帮助下可以达到的发展水平,表现为儿童还不能独立地完成任务,但在成人的帮助下或在集体活动中通过模仿,可以完成这些任务。两种发展水平之间的区域即"最近发展区"。维果茨基认为,教学应该发生在儿童的"最近发展区"内,教学的目的在于促进学生持续地把"可能发展水平"转化为"现实发展水平",并在转化过程中不断提高学生的自我发展能力。因此,教学设计需要综合考虑学生的现实发展状态和可能发展状态,现实发展状态影响教学的起点,可能发展状态影响教学的目标;在学生现实发展状态之上设计教学过程,可以促使学生在原有基础上实现发展,关注学生的潜在发展状态,教学过程设计就会在如何促进学生不断走向更好的发展水平方面做出努力。

(一) 学生的现实发展水平

学生的现实发展水平决定教学过程设计的起点。学生现实发展水平包括学生已有的相关知识基础、学习能力及习惯、思维发展水平等,也包括学生在掌握新教学内容时可能会遇到的困难与障碍。学生已经有的相关知识,是教学过程设计的基础,教学过程可以在检查旧知掌握程度的基础上开始;学生已经具备的相关学习能力,是设计教学活动的依据,比如,如果学生已经具备了进行科学探究的经验,掌握了科学探究的一般方法与规范,那么在教学过程中,教师就有可能给学生设计进行独立或者小组活动,通过独立的或者合作的探究活动完成学习任务;如果学生已经具备了基本的英语发音规则,那么在教授新单词的过程中,教师就有可能安排学生根据单词结构猜测发音、归纳发音规则的活动,等等。学生的学习习惯、思维发展水平及其差异等,同样影响教师的教学程序设计和活动安排。

如果在教学过程设计中不考虑学生的现实发展水平,往往会引起的问题是教学设计缺乏阶段感,缺乏教学的递升性和层次性,比如在小学语文课上常用的圈一圈、划一划、批一批、写一写、说一说,从一年级开始一直延续到小学结束,不同年级、相同年级的不同阶段没有体现出差异。

（二）学生的可能发展水平

学生的可能发展水平是教师对学生的发展预期和发展期待，包括学生在课堂教学过程中可能呈现的各种参与状态、发展可能等；教师对学生可能水平的认知受教师学生观的影响，决定着教师在教学过程设计中对学生活动安排的性质。如果教师认为学生还不具备主动探索的基础和主动发展的能力，他的教学活动必然会以教师控制为主，重复强化、外在诱惑或威胁会成为教师教学过程设计时考虑的要素，他会在教师"教"的技术和策略上下更大的功夫；如果教师认为学生可以在自己已经具备的初步的生活经验、知识、交往、合作、思考问题的能力基础上，自主地参与教学活动并获得知识和发展能力，他必然会在教学设计上更愿意放手，敢于给学生设计更多的自主活动，让学生在体验、尝试、修正错误中获得成长，在自我的成功中形成自信；教师的教学过程设计会更关注学生可参与的活动、参与活动中呈现的状态等。

对学生学习可能发展状态的认知，可以使教师在教学过程设计中更有意识地创造条件提升学生的发展需求，"有了对学生潜在发展可能性的思考，在教学设计时，就不会只关注教学结果性目标的预设，就有可能在设计教学过程时为学生多种发展可能性的实现创设条件；在教学过程中，就有可能更为敏锐地发现、捕捉、利用学生的各种可能性，促进学生的发展"。[①]

三、教师对"教"与"学"关系的性质认识影响教学过程设计

对"教"与"学"关系的认识，可以粗略地分为两类："教"与"学"相对独立和"教"与"学"双边互动。不管是"教师中心"还是"学生中心"，都属于第一类，即把教学过程中的"教"与"学"看作是相互关联但相对独立的行为，把一个过程不可分割的两个方面孤立出来、对立起来，然后再创造一个"中心"，让一方围绕另一方转。如果教师持有这种"教"与"学"的关系观，在教学过程设计中必然会倾向于其中他认为是"中心"的那一方，不管是教师还是学生，他的过程设计必然把重心放在教师"教"或者学生"学"的行为和结构的完整性上，另外一方则只能以"配合"为主要特征，甚至被忽视。在一线教学实践中出现的"满堂灌"或"教师靠边站"现象，是这种对立式教学认识所造成的两个极端的现象。

而如果把教学看作是"教"与"学"的双边互动过程，教师在教学过程设计时，就会在每一个教学程序或教学活动中考虑教师和学生两个方面的因素，不但考虑教

---

① 王芳. 课堂教学互动生成的理论与实践研究[D]. 上海：华东师范大学，2006.

师与学生的关系在活动中的呈现,还会考虑学生个体间、群体间、个体与群体间可能的活动参与方式,努力把教与学两类活动组成一个共时、多向、相互作用的有机整体,会更多地考虑教学过程中可能会出现的多种可能性,从而为教学设计保留更大的弹性空间。

作为教师,我们应该牢记,富有创造力的学生,是通过富有创造性的教学情境培养出来的,如果你以为教师的水平永远高于他的学生,那么这些学生可能就没有了超越他的可能;如果你相信自己的学生具有无限的潜力和可能,就会鼓励他们积极尝试并提供必要帮助,他们能够给你的,除了惊喜,还会有你作为教师的成就感:你培养出了"出于蓝而胜于蓝"的学生。

第二节　教学过程设计策略

奥苏贝尔在其名作《教育心理学》的扉页上写了这样的话:假如要我把全部教育心理学还原为一条原理的话,我将会说影响学习唯一的、最重要的因素是学习者已经知道了什么。教师在教学前只有自己十分清楚目前学生已经知道了什么,尚未获得哪些学习经验,才能开始新知识的教学;只有了解学生的起点在哪里,才有可能使教学过程真正促进学生的理解和思考;然而,教师又不能停留于了解学生已经知道了什么,他还必须能够预见学生将会用什么方式学习新知识,学生在学习过程中可能会遭遇什么样的问题和困难,并依据预测准备具有针对性的教学方案和策略。

本节所讲的教学过程设计策略,主要基于"新基础教育"的理念与实践成果。"新基础教育"追求重心下降、师生互动的课堂教学过程,倡导学生在教学过程中主动、积极地思考、参与,教学过程通过师生高质量的互动生成,实现学生在已有知识、经验、能力基础上的差异化发展,使学生走出课堂比进入课堂时有所提升和发展,学生的发展不但体现在知识上,更体现在思维方式、解决问题的方法、积极的情感体验、主动学习的能力和个体发展自觉等方面。在教学过程设计中,"新基础教育"倡导大环节、放收结合、螺旋上升的教学过程设计策略。

一、大环节设计

大环节设计即一节课的教学环节尽可能少,以保障学生有充分的时间处理学习材料、思考和探索与教学内容相关的问题及其解决方案;大环节也意味着大问题,即每个环节要解决的问题相对复杂、需要学生综合运用多方面信息和能力,使学生获得知识的过程同时成为他们主动、积极思考基础上与教师互动生成的过程,降低教学重心,实现学生在课堂教学过程中由被动到主动的转换。"新基础教育"之所以倡导大环节设计,主要是针对教学中常见的教师牵着学生小步走教案、学生在课堂教学过程中被过度控制、被动接受知识的教学弊端;大环节设计也是"新基础教育"培养主动、健康发展的人的教育追求在课堂教学中的反映。

(一) 教学过程的碎片化现象

所谓教学过程的碎片化现象,主要指教师把教学内容分解成一个个小问题,通过小步领走的方式"牵"着学生,学生沿着教师预定的路线配合教师指令完成教学任务。这样的教学过程以教师的控制、讲解和学生的重复练习为获取知识和技能的主要方式,教学看似稳定扎实,但在这个过程中,学生只是亦步亦趋地跟着教师走,无法自主进行思考、质疑,而且在课堂教学过程中,问题基本上属于相对好的部分同学,教师通过与这些好学生的问答完成教案,教师替代学生提问、好学生替代全体学生思考和回答,大部分学生只能通过一遍遍地重复讲解、示范和练习获得结论性知识,很多时候往往是知道了怎么做但不理解为什么,无法形成对所学知识举一反三的迁移能力。这样的教学设计,留给学生的发展空间比较有限,甚至在很多情况下几乎不留空间。课堂教学过程中,教师也许清楚每一节课要教什么、为何教和如何教,学生也许知道该节课要"学什么"、却不一定知识"为何学",更无法体验"如何学",这种"只关注现成知识传递价值的教育,实际上是在'育'以被动授受、适应、服从、执行他人思想与意志为基本生存方式的人"。[①]

碎片化的课堂教学过程,把整体的东西拆分成各自独立的一个个小的知识点,设计成一个一个独立的任务,缺乏对教学内容整体把握和理解的机会,学生通过不断重复获得碎片化的知识,难以结构化地把握知识之间的关系,也难以形成基于知识学习的思考能力和自主学习能力。教师的教学过程设计过分关注教学内容,以教材内容作为设计教学活动的唯一依据,是造成教学过程碎片化的原因之一。以人教版小学语文四年级《蟋蟀的住宅》一课为例,教师所预设的课堂教学结构是这样的:第一层次是课文的整体结构:如何选址、住宅特点和建筑过程;第二层次是对第一层次的详细说明,包括"如何选址"下的"慎重、自己挖掘"和"住宅特点"下的外部特点和内部特点:外部特点包括排水优良、隐蔽、向阳、休闲;内部特点包括简朴、清洁、干燥、卫生。建筑过程包括扒土、搬土、踏地、推土、铺土。从对文章结构

---

①　叶澜.重建课堂教学价值观[J].教育研究,2005(5):3-8.

的理解上，这样的思路和层次区分都是不错的，但对教学过程的设计，却往往因为受这个清晰的结构影响太大，导致学生的课堂学习完全为这个固定的结构服务，其教学环节安排如下：①整体阅读课文，了解课文的整体结构。②呈现并读生词、词组。③分段阅读，圈、划描写蟋蟀选择住宅地址的句子。④朗读重点句子、段落，重点段落填空练习。⑤以同样的方式处理"蟋蟀住宅特点"和"建筑过程"部分的内容。⑥阅读感悟蟋蟀的精神。从这个教学过程设计中可以明显地看出，学生的课堂活动是为教材服务的，教学过程中学生的思考、表达、理解，都被老师框定在这个框架之内，超出这个框架的来自学生的信息，都被老师当作无关信息有意识屏蔽掉，结果在课堂教学中学生想说的老师不关心，老师想要的学生猜不出，课堂教学过程凌乱、无序，教学过程推进艰难。

另外一个导致课堂教学中教师过度控制、教学设计碎片化的原因，是受模式化的课堂教学程序影响，比如语文课的教学往往遵循整体阅读了解大意、解决生字及词语、逐段解读分析、课堂练习的程序。仍然以《蟋蟀的住宅》的教学设计和教学过程为例：首先，让学生自由朗读课文，要求读准字音，并在阅读过程中思考问题：课文从哪几个方面描写蟋蟀的住宅？学生读完之后，老师并没有让学生直接回答读书之前让学生思考的问题，而是出示课文中的生字和短语，让学生齐读、重点读，并与学生一起练习容易出错的字的笔顺；第二步，在处理完词汇之后，老师让学生回答课文从哪些方面描写蟋蟀，学生先说的是选址，老师写上"如何选址"，然后才让学生回答开始阅读时所提出的问题"课文从哪几个方面描写蟋蟀的住宅？"回答问题与阅读课文的思考之间的有机关联，已经被常规性的生字、词语的学习切断了，且生词、词语的学习脱离了文本，也造成了字、词学习的孤立，不利于理解，也不利于记忆和灵活运用。

以上两种造成课堂教学设计及实施碎片化的主要原因，都在于在进行教学设计时，并没有把具体的学生纳入教学设计的视野，教师在进行教学设计时，更多地关注文本的结构与特点、课堂教学的习惯模式，而没有仔细考虑学生在学习相关的文本过程中可能呈现出的教学资源，没有给学生在课堂上的资源呈现预留空间，结果导致学生资源的浪费，课堂也因教师的过度控制而逻辑混乱和低效，降低学生的学习兴趣和好奇心。

(二) 大环节设计为学生主动学习提供平台

1. 大环节教学设计可以为学生提供主动学习时间

大环节是对小而多的碎片化教学环节的整合，大环节首先意味着教学过程的环节减少，相应的在每个环节上学生可以思考与表达的时间就会增加，学生在学习过程中的主动性也就有了发挥的外部条件。主动性在学生生命成长过程中具有非常重要的意义,学生在学校生活中的生命成长是通过对各种类型活动的积极参与实现的,教师可以帮助、促进学生的成长,但不可替代学生的成长。事实上,主动性是人所具有的最为基础的本质特征,哪怕是幼儿,更不要说进入学校的小学生,他们已经有了不少的经验与知识,具有了初步交往、合作与思考问题的能力,这种能力尚处于不完善的发展过程中,需要教师在课堂教学中提供机会,通过师生、生生之间积极有效的互动,唤起学生主动参与意识,提升学生主动参与的能力。

当然,学生思维空间拓展、思维能力释放所带来的必然结果,是课堂教学过程中学生所呈现信息的丰富性和多元化,这些信息有些是教师教学设计中预想到的;有些可能对于教师来说是"惊喜"或者"惊吓";有些是教师想要的答案或者可以借以走向下一步教学的阶梯;有些是教师自己也不知道该如何应对的"杂音",更多的可能是学生在参与过程中生成的错误的、幼稚的、不全面的问题和答案。这种状况对教师来说,是一个巨大的挑战,同时又是学生和教师发展的沃土。学生向教师呈现了他们看待问题的方式、态度和能力,需要教师诊断、分析、决定下一步恰当对待和提升的策略与方法;教师在捕捉与回收信息、提炼信息、诊断问题、调整解决方案的过程中,生成的就有可能是教学智慧,而不仅仅是丰富的教学经验。

2．大环节教学设计可以为学生积极思维拓展空间

相对充裕的时间和具有一定复杂程度的大环节,减少了对学生思考的限制和控制,学生必须从更为宏观和整体的角度分析问题,这就需要他们调动自己对相关问题的经验、多渠道获取信息、选择和甄别资源、概括并提炼对问题的认识。这是一个复杂的思维过程,也是一个思维逐渐清晰化和条理化的过程。以语文特级教师宁鸿彬老师教学《皇帝的新装》一课为例,教师用两节课的时间学习这一课,两节课共设计了五个环节:①按顺序读课文。读完之后,请你们给这篇童话加个副标题,一个什么样的皇帝(板书,一个……的皇帝)。②下面我们再来研究一下这个故事的情节,谁能用一个字概括这篇童话的故事情节? ③这篇课文是围绕一个"骗"字展开的。请同学们说说,文中的不同人物是怎样围绕这个"骗"字进行活动的呢?④两个骗子并不高明的骗术却骗了那么多人,这些人上当受骗的原因是什么呢?大家在发言的时候,请注意结合课文具体地谈出自己的见解。⑤大家看课文结尾"'可是他什么衣服也没有穿呀?'一个小孩子最后叫了出来。"这个小孩子为什么说实话呢? 五个环节分别从人物特征、故事情节、人物活动、故事寓意等方面解读文

本,回答每一个问题都需要阅读、分析、概括、判断、表达、解释。与下面的教学设计相比,上文所说的大环节设计对学生思维的要求明显提高,留给学生的思维空间也明显更大。下面是《皇帝的新装》的相对常规的"小环节"教学设计案例:

《皇帝的新装》教学设计

第一课时

1. 导入:学生讲童话故事(板书课题)

2. 背景介绍:安徒生、童话(投影)

3. 听录音,勾画投影上显示的词语(投影)

4. 整体感知

(1) 默读(想象);

(2) 浏览(勾勒故事梗概);

(3) 用一个字概括故事;

(4) 合理想象、增补故事。

5. 研读关键环节和细节

(1) 朗读全文,圈点勾画出描写皇帝的爱好和心理活动的语句,揣摩、分析用笔的精妙;

(2) 就童话中的皇帝形象,依据个人感知,在"一个……的皇帝"句式中选用切合的形容词给皇帝以准确的标示、定位,并说出你的理由。

6. 课堂小结

7. 课堂练习:词语及常识填空、理解性选择

第二课时

1. 检查作业:小组传看,推荐交流,学生评议

2. 教师范读全文

3. 思考、讨论下列问题

(1) 为什么用织新衣而不用别的手段来骗皇帝?

(2) 从神态、动作、语言和心理描写角度比较大臣、官员和皇帝三次察看织布的情景。

(3) 真相由一个小孩说出,这说明了什么?

(4) 如果你身处当时的情境,会怎样做呢?

(5) 你怎么认识这篇童话的主题?如果说它仅仅是揭露了皇帝及大臣们的丑恶灵魂,你如何看?

4．分角色朗读

（1）听朗读录音，揣摩人物心理，把握角色形象。

（2）选定、分配角色，进行朗读表演。学生简短评议。

（3）讨论：听读之后，你受到什么启发和教育，有什么联想呢？

5．课堂小结

6．课堂练习：比较《皇帝的新装》与西班牙民间故事《卢卡诺伯爵·赤身裸体的国王》，体会安徒生创作上的匠心独运。

从教学教学环节的数量看，第二个教学设计的环节明显多于第一种设计，教学中需要完成的任务跟第一种设计没有太大的区别，两者最大的差异体现在问题的整合性给学生提供的任务挑战的差异，以及课堂教学可能给学生提供的思考与完成任务的时间上：第一种设计环节大，任务整合度高，学生可以用的思考和讨论的时间多，完成任务的难度和挑战大，学生的思维容易被激活，学习和思考能力提升的可能性大；第二种设计的环节相对较小，老师在教学设计中已经把任务分解成小问题，学生回答起来相对容易，学生需要做的就是在课文内通过圈、划找答案，虽然也要求学生思考寓意等相对深层次的问题，但由于缺少对文本整体阅读的机会，学生的思考不可能深入，而且由于环节较多，课堂时间有限，教师在完成每个环节任务时，不可能给学生提供多少思考的时间，课堂教学对学生的思维要求较低，学生在课堂教学中的任务主要是接受，思维活动处于惰性和被动状态。当然，大环节的教学设计对教师的学科素养和课堂上捕捉信息、组织信息和灵活处理教学过程的能力要求也更高。

3．为呈现学生的差异性资源提供条件

大环节一般以回答开放性的大问题或者完成大任务的方式为主，在回答问题或者完成任务的过程中，教师要让学生明确的是该环节应该达成的目标，但达成目标的路径与方式开放，这样学生就有可能从多侧面思考问题，形成具有差异的、个性化的认识和解决问题方案。对同一问题有差异的、个性化的认识方式和认识结果，使学生有了比较、辨析、判断、归纳的基础，在完成任务的过程中提高分析问题和解决问题能力。

学生的差异是课堂教学不可忽视的资源，是推动课堂教学不断发展的重要因素。差异是班级授课制教学组织形式下课堂教学中学生状态的常态，教育教学工作的目的不是消除差异，而是要承认差异，利用差异，促进学生在已有基础上实现差异化的发展。学生并不是站在同一个起跑线上，他们也不可能以同样的速度、同样的方式、同样的路径同时达到相同的终点,在人的发展上这是一个不切实际的想法。学生的差异以风格迥异的独特性表现出来,尽管有这么多的不同,承认他们每个人都是独立的、唯一的、独特的,教师就有可能会有意识地克服追求趋同、划一的学生发展目标,承认差异、直面差异、分析差异、利用差异,以积极的态度研究差异、发展个体的特长,使学生发展呈现出丰富的统一,为学生的个性化发展打好基础、提供条件。从群体发展的角度看,每个人的发展也会成为其他人发展的参考和资源,群体中每个人都努力变得更好,群体发展就能达到新的水平。

尊重差异并不意味着对不同的学生进行一对一教学。学生个体的已有经验和学习需求,学习能力和可能状态,学习困难和学习障碍等,都是教师教学设计的出发点,在教学设计中"备学生"就意味着要充分了解学生的不同状态,为不同学生(至少是为不同类型学生)设计开放和有弹性的、有利于师生资源共享和互动生成的教学过程。在课堂教学过程中,获得差异性资源的过程,可以使教师了解学生对当前教学内容理解和掌握程度、困难与障碍等状况,以便弹性确定教学起点。

4.为课堂教学中的生成预留空间

大环节设计,意味着教师在课堂教学过程中要降低重心,减少控制,让学生有可能呈现他们真实的认识和解决问题的状态、思路、方法、策略,呈现出教师在教学设计过程中没有设想到的认识方法和解决问题方式,这些"意料之外"对教师来说有时候是惊喜,有时候是"惊吓",但反映的是真实的学生状态、经验、困难和需求,对于这些基于学生思维和认识状态而生成的资源,如果处理得当,便是课堂教学中的精彩之笔。没有学生积极、独立的思考,课堂教学中的"生成"往往会成为无源之水。

二、"放""收"结合,螺旋上升

"放""收"结合针对完整的一个环节的教学设计而言,"螺旋上升"针对的是一节课教学过程设计中环节与环节之间的关系而言。在教学的大环节设计中,每一个环节都由一个大问题或者大任务统领,给学生提供时间和平台思考与解决问题。学生解决问题的过程和结果,形成学生在学习过程中的初始资源;教师在学生呈现的原始资源基础上,收集、整理资源,给学生提出新的更高一层次的任务,一放一收构成一个教学环节,后一个环节在前一个环节的基础上持续提升、拓展,使学生对知识的认识不断深化。

（一）"放""收"结合

所谓"放""收"主要指教师在教学设计时,从师生围绕核心教学内容互动的角度来设计主要由学生完成的任务,以及教师在学生完成任务的基础上进行指导和提升之处。"放"就是把问题"放下去",使每个学生都能够进入解决问题的过程中去;"收"就是把学生解决问题的不同状态和相关信息"收上来",为下一步的师生互动提供资源。一次"放"和"收"的过程就构成了一个教学的完整环节,它是围绕大问题或大任务而形成的教学环节,一般情况下,一节课中可以完成的大环节以三个左右为宜,在"新基础教育"的课堂教学中被称为"三放三收",这里所说的"三"是概数。

要在教学设计上有"放"有"收",就要把相关的教学内容按照其内在逻辑,以及教学内容对学生能力发展的梯度要求,设计成前后递升的大问题或者大任务,保证学生有积极参与教学过程的基础、能力和时间、空间。

设计大问题或者大任务是"放"与"收"的前提。一般而言小问题或小任务往往是学生可以直接回答的问题,这样的问题不需要"放下去",没有"放下去"自然也就无所谓"收上来"。大问题或大任务相对复杂且有一定挑战性,需要学生检索已有知识和调用已有经验来解决问题,需要一定的思考时间,甚至需要与伙伴合作才能回答或完成。比如,与"朗读课文,找出描写人物心理的词汇"这一任务相比,"朗读课文,用一个字或词概括故事主人公的性格特征并说出根据"这一任务可能更需要学生付出思维的挑战,在这个任务中学生不但要在朗读的过程中体会人物的性格特征,找出依据,还要进行归纳概括,并用合乎逻辑的语言完整地表达。这样的任务就是适合"放下去"的大任务。大任务或大问题需要学生花费时间去解决,因此在一节课的教学设计中,大问题或大任务的数量不可能太多。

"放下去"的任务或问题要接近学生的已有经验和知识基础。开放的目的在于激活学生的已有经验和知识,给学生提供运用他们已经形成的能力的机会,而不在于让学生一开口就能够说出正确的、高质量的、标准的答案。课堂教学需要的是教师在学生的不完美的"已知""已有"基础上引导、点化,逐渐形成丰富、完整、正确的认识,让学生在经历由不完整到完整、不完善到完善、偏颇到全面的过程中,获得知识,获得认识知识的能力,获得学习的方法和策略。

比如教学小数加减法新授知识时,学生之前已经掌握整数的加减法法则,也学习了小数的性质,那么在处理具体的小数加减法运算的时候,可以先让学生尝试着运用他们已经学过的知识来解决这个稍有挑战的任务,比如处理例题"$53.40-49.80=$"

这个算式时,教师不需要一上来就和学生一起做,完全可以让学生在复习前边学习过的运算法则的基础上自己尝试解决,如果能够正确解决的话,让他们把思路说清楚;如果不能够正确解决,可以让学生把自己的做法说清楚,同时让其他同学判断该学生做法中是否存在错误,错在哪里,为什么会出现这样的错误。之后可以让学生再进行练习,直到大家都差不多掌握,再进一步清晰化本知识点的规则和程序。

即使是完全没有相关专业基础的新的教学内容,教师也可以从学生的经验入手设计开放性的大问题或者大任务。比如,在书法课上,学生对于不同书法流派的特点可能不熟悉,但不管是高年级还是低年级的学生,都具有与生俱来的对美的事物的欣赏眼光,都具有初步的鉴赏和评价能力,他们中的一部分可能对书法领域有一些了解,具备一些基本的常识,这些都是开放的基础。他们的评价可能没有老师的和书本上的专业,但却是他们真实的认识,是他们关于书法知识的前认识,可以作为教师课堂教学的基础和起点。比如下面导入环节的开放性活动:

> 师:这节课我们继续学习颜体楷书,前几节课我们学习了颜体楷书的基本笔画,这节课开始我们要了解和认识颜体楷书的字形特点。先请大家欣赏书法家颜真卿的《勤礼碑》,从这些字中你能感受到颜体楷书的字形结构和笔画有哪些特点?
>
> 生:字形看起来有点往外扩。
>
> 师:非常好,观察的非常仔细,竖画有点往外扩,这个是颜体字形的非常显著的特点。非常好。除了竖画外扩之外,在结构和字形上还有没有其他特点?
>
> 生:字形都很正。
>
> 师:很正,端庄方正。还有吗?
>
> 生:字形都很稳。
>
> 师:非常稳重是吧。我们再看一下,颜体字形的结构特点方正、端庄。我们都知道颜真卿是一位书法家,他还是一位将军。这幅作品是他71岁时所作,晚年的精品,宽阔疏朗,雍容大度,有一种将军的气概。我们看笔画的特点呢,横细竖粗,对比非常强烈,方圆转折非常清晰,笔画外扩非常明显,往外扩张的感觉非常强。然后让我们看一下这三个字。从这三个字当中,我们任选两个字写一写,看谁能将颜体的字形的特点抓住。

这样的开放可以从一开始就让学生卷入学习过程,增加了他们参与的主动性;教师在引导过程中,不露痕迹地把学生用日常语言表达的字形特点,转化成书法领域内的专业语言,在潜移默化中实现了学术性语言与学生日常语言的对接,拉近了抽象专业语言与学生生活的距离;学生获得的对于字体特点的认识也会更具体,有利于他们在接下来的摹写和评价环节关注他们所体会到的字体特点。

设计的大任务或大问题要指向教学内容的核心。设计大任务或大问题的目的,一方面在于让学生运用已经学习过的知识、解决问题方法、学科研究方法等解决相关的有一定挑战的学习任务,培养学生对知识、方法、策略的迁移能力;同时给课堂教学过程中的互动提供基础资源,使课堂教学过程能够在学生已有的知识和经验基础上进行;开放的问题或任务不仅仅是为了提高学生参与课堂教学的兴趣,更重要的在于让学生的参与成为教学的基础,因此,大任务或者大问题的设计要指向教学内容的核心。

以小学数学学科的"小数加法运算"为例。小数加法是在学生学习了"小数的认识"之后进入小数运算的第一课时。小数的运算在运算法则上与整数的运算相同,即都是相同数位相加,从最低位算起,满十向前一位进一。但在法则运用过程中表现出两者之间的差异:整数的最低位是个位,末位对齐即个位对齐,从个位算起,而小数由整数部分和小数部分两部分组成,它的相同数位对齐,实质上指整数部分和小数部分都要对齐,但整数部分相同数位对齐是从最低位的个位开始,而小数部分相同数位对齐是从最高位的十分位开始,这一点对学生来说比较难,也是这一节课教学要解决的核心问题。为了克服这个学生认知和理解上的困难,帮助学生知其然知其所以然,教师在大问题的设计上就要有所体现,比如在复习算理、导入新知的过程中,给学生的问题中,"12.48+9.9="就要比"12.8+9.9="要恰当,因为学生在尝试解决"12.8+9.9="这个问题时,需要的只是对整数加法法则的简单迁移,而在尝试解决"12.48+9.9="这个问题时,不但需要迁移应用整数加法的法则,而且有产生指向教学核心问题的认知冲突的可能性,这个冲突既可以凸显小数加法与整数加法的区别与联系,又可以为下一步的教学提供可利用的资源。

我们在教学环节设计中要尽量避免的一个问题是仅仅为了提高学生的兴趣而设计教学环节。最常见的是教学的导入环节,有的教师喜欢用大段的录像或者有趣的活动引入话题或者课题,录像或活动与导入之后的教学环节关联度不大,这样就会造成教学时间的浪费,不利于学生快速进入真正需要思考与关注的教学关键,也在一定程度上增加了教师的课前准备时间。比如一节以"表达对他人不良情绪的关心"(What's the matter?)为主题的小学英语课上，教师在导入环节设计了这样的活动：

> 利用 PPT 进行快速反馈练习：学生看到屏幕上快速闪现的单词，读出这个单词；看到屏幕上闪现的图片，学生要说 yummy，yummy(好吃的，美味的)。这个游戏最后一个单词是英语单词 water(水)，教师在学生读出 water 这个单词后，说出词组 drink some water(喝水)，然后跟学生进行了一段有关水的问答：
>
> 教师：What color is water?
>
> 学生：White.
>
> 教师：Is it white?(拿出一瓶矿泉水，告诉学生) No color.(打开矿泉水瓶闻了闻)What smell? No smell. But it is very important. 在告诉学生水无色、无味之后，教师对学生说：You are very good. I am happy. Are you happy?(我很高兴，你们高兴吗?)
>
> 学生：Yes，we are happy.
>
> 教师：But Lin Tao is not happy today. What's the matter with Lin Tao?

应该说，教师成功地把学生的兴趣调动起来了，但教师用 5 分多钟时间的目的就为了引入 happy 这个词，引入到教学中涉及的人物(Lin Tao)，而后面的教学与 water 没有一点关联，且学生在这个过程中也没有运用已经学过的语言完整表达的机会，这样的导入激起了兴趣，但没有激活学生的资源，没有真正地把学生的思维引入与教学内容相关的思考中。在教学设计中要遵循兴趣与教学指向并重的基本原则，而且要逐步把学生的兴趣引向通过自己的努力解决问题而带来的内在的、基于成就感的智力的兴趣，而不仅仅是满足于感官的兴趣。比如上面的课在导入环节的设计上，就可以简明扼要地点明主题，并给学生提供一个用英语表达他们的观察与想象、猜想的机会：

课前或者教师上课后进行常规的英语学习活动，比如唱英文歌曲或其他的活动，结束之后直接导入"感受"这一主题：

> 教师：You are very good and I am happy. Are you happy today?
>
> 学生：Yes，we are happy.(教师可以根据学生肯定或否定回答灵活

处理下面的 and 或者 but)

教师：But Lin Tao is not happy today（在屏幕上呈现不开心的 Lin Tao）. He is sad.

Can you guess what's the matter with Lin Tao?

这样学生就可以把大量的时间用于用英语句子完整地表达他们对 Lin Tao 为什么不开心的猜测，教师在学生表达的过程中判断学生对相关主题已经掌握的基本情况，收集学生呈现的与推进教学过程相关的资源，决定下一步教学的重心。

对学生可能生成的资源尤其是错误资源要有预设。大问题或者大任务一般是开放的，有多种可能的问题解决路径和回答问题思路，学生在课堂情境中给出的答案和解决问题方法很多是不可预知的，因此，教师在教学设计中就要尽可能地预想学生可能的答案，并依据预想设计下一步的教学进程。比如上面提到的 What's the matter? 导入环节，教师提出的问题是 Are you happy today? 根据课堂教学的一般情况，学生的回答会是 Yes, we are happy. 教师直接从学生的 happy 引入 Lin Tao 的 unhappy。其实课堂上还可能存在另外一种情况，某个学生可能回答 No, I'm not. 如果教师提前有对这一回答的预设，他就有可能从这个与众不同的答案开始发问引入核心句型 What's the matter (with you)？并在与学生的互动中让大家在真实的情境中初步理解 What's the matte? 这个句型的意义和使用条件。而如果教师在教学设计时没有这个预设，他则有可能会对这个需要特别关注的信息视而不见，按部就班地在学习完词汇之后，重新设计环节引入 What's the matter?

教师在设计开放性任务后对学生解决问题状态的预设，有利于教师在课堂教学过程中及时关注和捕捉学生生成的资源，灵活处理课堂教学过程中的不确定因素，把学生的学习和思考引向深入，对教学过程的推进做到心中有数。比如在设计"条形统计图"[1][2]教学时，教师可以设计开放性的大任务：给学生提供一组学生出生年月的零散数据，要求学生用统计图既快又明了地反映数据的分布情况。教师设计这个任务时，对学生可能出现的解决问题方法要进行预设：第一种情况，部分学生可能无法进行统计，因为以往的统计教学中都是给定项目组数统计的，这是第

---

① 吴亚萍,王芳.备课的变革[M].北京：教育科学出版社,2007：94.
② 案例参考①.

一次出现不给定统计组数的情况,对于这一部分学生,教师可适当地进行个别指导或提示;第二种情况,大多数学生会根据以往统计知识的学习经验,以一个月为单位来分组进行统计,这是教师可以利用的教学资源;第三种情况,也许会有学生按照一个季度为一组进行统计,这部分学生存在的问题可能在于对按季度统计的原因还不太清晰,这是教学的重点和难点;其他情况如按两个月或者四个月为单位进行统计可能会出现也可能不会出现。如果有了这些对学生可能情况的预测,教师在课堂教学过程中就可以有的放矢地观察学生呈现的状态,恰当地选择学生呈现的可以推进教学的典型资源,并事先准备好按照六个月为一组进行统计的情况,以便在课堂中不出现这种情况时,把事先准备的材料与学生呈现的资料进行对比,使学生通过对比明白以一个月为一组可以比较好地反映数据的分布情况,但做起来比较麻烦;按六个月为一组做起来比较方便,但不能很好地反映数据的特征,从而形成对条形统计图的功能与制作方法的认识:既要明了快捷,又要较好地呈现数据的特征,从而理解为什么在处理这组数据时以两个月或者三个月为一组进行统计比较合适的道理。当然,如果在教学过程中学生出现了按六个月为一组进行统计的情况,教师可以直接利用学生的资源进行分析,事前准备的材料可以作为备用材料。

一"放"一"收"构成一个完整的教学环节,课堂教学就是在连贯的"放"与"收"的过程中完成的:前一个环节所回收的资源,经过师生的整理形成新的任务放下去,就构成了下一个环节的始点。"放"与"收"是循环往复、螺旋推进的过程。大问题设计不仅强调问题之间的有机衔接,更强调在前一个问题解决的基础上,对学生思维水平的逐层递进,与此相应的"放"与"收"的过程呈现出教学的结构层次,体现出教学向纵深推进的互动生成过程。

(二) 螺旋上升

教学过程的大环节设计可以给学生提供参与教学过程的时间、平台和机会;大环节设计在师生"放"与"收"的互动过程中向前推进,同时向更高的层次递升,这里所说的"更高"既可以指知识内容的容量,也可以指学生对知识理解程度的透彻程度,更可以指向学生解决问题的方法以及思维方式、思维能力的提升。要达成这一目标,就需要在教学环节的设计上考虑如何实现螺旋上升。

螺旋上升的教学过程设计,与"加法"式的教学环节设计相对应。所谓"加法"式的教学过程设计,即把教学内容分解成一个个的小任务,每一个教学环节解决一个问题或完成一种任务,任务与任务之间关联性不强,环节与环节之间呈平面关系,把各种新理念以贴标签的方式与相关的环节一一对应。比如语文课上学习精读课文时,学生第一遍读要解决的是生字、词语问题,第二遍读的目的是整体理解文本,第三遍读体会情感等等,这样就把原来整体的文本内容碎片化了,一节课下来,看来任务都完成了,但由于学生在课堂上完成的每一个任务都是独立的、不相关联的,容易造成课堂教学过程中的简单重复。另外,这些任务往往是"老师给的",学生虽然完成了任务,但往往知其然而不知其所以然,难以形成对于教学内容的整体理解和把握,也难以真正提高学生独立阅读的能力和策略。

螺旋上升的教学过程设计,首先要考虑教学环节设计的整体性问题,简单地说就是把多个任务整合到一个环节中,减少环节的数量,增加环节与环节之间的关联,保证后面的环节是在前面环节的基础上有所提升,减少平面化拓展和简单重复。比如人教版小学语文课文《花钟》第一段对不同时间段花开景象的描绘:

> 鲜花朵朵,争奇斗艳,芬芳迷人。要是我们留心观察,就会发现,一天之内,不同的花开放的时间是不同的。凌晨四点,牵牛花吹起了紫色的小喇叭;五点左右,艳丽的蔷薇绽开了笑脸;七点,睡莲从梦中醒来;中午十二点左右,午时花开放了;下午三点,万寿菊欣然怒放;傍晚六点,烟草花在暮色中苏醒;月光花在七点左右舒展开自己的花瓣;夜来香在晚上八点开花;昙花却在九点左右含笑一现……

这一段中出现了九种不同的花,教师在教学设计时如果采用相同的方法处理(分析句子表达的内容,包括颜色/开放的时间/花朵形状/欢快的心情等,让学生拟花朗读,表达感受),可以让学生对每一种花的印象加深、想象与体会的丰富性增强,但却容易因只关注"花"的特征以及对花的描述的共性,而失去对"花钟"理解的整体感,对本文在描述同类事物时差异而丰富的表达方式的把握。教师关注了如何分别处理这个语言表达的重点,并且关注了学生朗读能力的培养,但却没有很好地层次化处理教学内容,以及从整体上提升学生朗读的能力。另外,用类似的方法分别处理对九种花的描写,会因简单重复而枯燥,也会占用较多的教学时间。如果从"螺旋上升"的角度考虑教学环节设计,则可以把这一部分的教学分为两个层次:第一个层次是对九种花的描述,采用"教结构—用结构"的方法,在学生能力上实现由教师指导下的学习到自主学习的提升;第二个层次,理解由"花"到"花钟"的原因,以及科学小品文独特的描述方法。这样,第一个层次的教学环节就可以设计为:①与学生一起学习第一种花"牵牛花"或者其中任何一种学生比较熟悉的花

（分析句子表达的内容，包括颜色/开放的时间/花朵形状/欢快的心情等，让学生拟花朗读，表达感受）。②让学生选择最喜欢的花，运用学习第一种花的方法学习，并与同桌交流，之后让学生汇报自己喜欢的花，说明喜欢的原因，并朗读描写这种花的句子。③小组合作，完成其他几种花的学习并在小组内交流，以小组为单位汇报学习成果并互相评价、修改。④整体朗读本段课文，关注学生在朗读过程中如何通过语音、语速、语调的变化呈现不同的情感色彩，让学生在整体语感上表达得更好。这样不但可以节约宝贵的教学时间，让学生有可能花更多的时间从整体上理解文字意义并恰当表达，而且学生的学习过程中所习得的方法也在应用的过程中增加了迁移的可能性。如果第一个层次的教学过程处理得具体、细致、整体，那么第二个层次的教学就会水到渠成。

再以加权平均数的教学设计为例①，教学内容涉及配置巧克力与水果糖混合的什锦糖时在不同情况下的价格变化规律：巧克力多时，什锦糖的单价有什么规律？水果糖多时，什锦糖的单价有什么规律？一样多时，什锦糖的单价又有什么规律？在教学设计中，不能把这三个问题的解决当成三个不相关联的任务，而要把三个任务的完成设计成一个前后相续、层层递升的整体：第一，以配置 5 千克什锦糖为例，让学生尝试将 1 千克水果糖和 4 千克巧克力配置成什锦糖，探究如何确定单价，发现什锦糖单价的数量关系；第二，学生各自配置 5 千克巧克力多的什锦糖并计算其单价，既是运用第一个环节的探究方法，同时又可以让学生在思考和研究巧克力多时什锦糖单价变化规律的过程中（巧克力越多什锦糖的单价越接近巧克力的价格），体会有序研究的好处；第三，学生以小组为单位各自配置水果糖多的什锦糖并计算其单价，验证水果糖多时的什锦糖单价的走向和变化趋势，一方面迁移研究方法，另一方面验证第二环节发现的规律是否也适应于水果糖多的情况（水果糖越多什锦糖的单价越接近水果糖的价格），认识规律；第四，综合应用，学生计算巧克力和水果糖一样多的什锦糖单价，整体认识什锦糖价格与构成其成分的糖果价格之间的关系。

在小学英语课上，螺旋上升的教学环节设计则更注重围绕核心语言点不断丰富语言的表达形式、层次性、逻辑性以及对学生能力要求的不断提升。核心语言形式（词汇、句型、语篇）是构成课堂教学螺旋结构的中心，贯穿教学的整个过程。以词汇课为例，课堂教学的结构最为核心的部分是对词汇音、形、

---

① 吴亚萍.在教学转化中促进学生素质养成——以"如何备好一类课"为例[J].人民教育,2012（10）：45-49.

义、用的理解、练习和使用,在教学环节上一般表现为:旧句带新词、新词拓旧句—新句、新句用新词—迁移、巩固操练(以新为主)、意义化运用(新旧结合)等环节,像滚雪球一样围绕核心词汇不断丰富内容、加深理解、拓展应用。英语课堂教学螺旋上升的结构可用图9-1表示,其中虚线表示的即是一节课的核心语言内容:

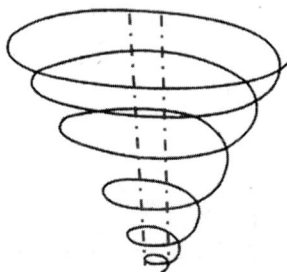

图9-1　围绕核心语言点的小学英语教学环节螺旋上升结构

这里所说的"螺旋上升"的教学环节设计是从一节课意义上而言的,如何整体设计一个相对完整的教学内容(比如单元或者主题)教学的梯度,我们在教学目标设计中已经提及,这里不再赘述。

我们用四章的内容介绍了教学设计的一般过程及影响因素、教学目标及其设计、教学方法及其选择、教学过程设计,在进行教学设计的时候,需要既关注活动的过程,又关注活动的依据。思考和策划结束之后,还需要把思考的结果以教案的方式书面呈现出来,在这个预先设计的教学方案中,需要把要达成什么目标、通过什么活动来达成目标、活动的前后顺序等说清楚,还要把为什么要确定这样的目标、教学活动中教师和学生的可能活动说清楚,这样会使教师的教学活动具有更大的合理性,也可能使教师在课堂教学过程中更能够灵活应对突出状态,使教学活动在吸纳现场生成资源的过程中不断走向丰富、走向高质。表9-1陈述的教学设计方案,可以比较完整地呈现教学的思维过程与决策过程,其中"教学过程设计"的主要内容以问题的方式呈现:

表 9-1　课堂教学设计方案①**（引用时稍有改动）**

姓名	学校	年级

课题

一、教学目标

二、确定目标的依据
  1. 教材分析
    ● 该教学内容所处单元的知识结构
    ● 该教学内容对学生的发展价值分析（以三维目标为参考框架）
    ● 体现对学生发展价值的教学策略选择和教材处理情况说明
  2. 学生分析
    ● 学生个体对于所要学习内容的已有经验和个体差异
    ● 学生个体对于所要学习内容的各种可能与困难障碍分析
    ● 学生发展的需要和对学生可能达到的发展水平的估计

教学过程设计

教学环节	教师活动	学生活动	设计意图
开放的导入	● 教师提出大问题 1. 思考如何放下去 2. 以怎样的方式呈现资源 3. 如何有效利用这些资源 4. 怎样促进生生、师生互动 5. 应对学生各种可能的方案是什么 6. 思考如何收得有层次	学生对问题思考的可能状态分析	阐述如此设计的理由，体现哪些认识和追求，设计背后的理论支撑是什么，等等
核心过程推进	● 核心问题域的生成与展开 1. 问题之间是否有内在关联 2. 问题的思考是否有递进和提升 3. 如何形成生生、师生的互动 4. 如何放收合理、自如、有效	可能形成的问题域分析 学生对问题思考的可能状态分析	

---

① 吴亚萍，王芳.备课的变革[M].北京：教育科学出版社，2007：13.

续　表

教学过程设计			
教学环节	教师活动	学生活动	设计意图
开放的延伸	● 总结提升与内容延伸 1. 是否注意概括性的总结 2. 是否注意学生方法结构的提炼 3. 是否注意评价和反思质疑		
教学反思与重建			

思考与练习

1. 影响教学过程设计的因素有哪些？

2. 教学过程的大环节设计对学生的发展具有什么意义？

3. 课堂教学过程中如何实现高效的"放"？

4. 有人说,让学生思考是奢侈的,你怎么看？

第十章　课堂教学行为

🔍 内容提要

从第十章开始,本书将进入教学实施环节。本章内容主要包括两部分:第一部分从一般的意义上讨论课堂教学的分析框架,包括主要教学行为和辅助教学行为,涉及课堂教学行为的内涵、分类、运用方法与策略等,是我们认识和分析课堂教学可以凭借的工具。第二部分主要介绍课堂教学的一般过程,即一节课从开始到结束的整体过程,本章所介绍的"课堂教学的一般过程"主要是"新基础教育"的基本认识。如果说本章第一部分是从分析的角度看课堂教学行为的话,第二部分则以"一节课"为单位从整体角度阐述课堂教学行为。

课堂教学行为主要指师生在上课时间内,围绕教学内容,以教学设计为基础,引起、维护教学行为,完成教学目标,促进学生发展的过程中所实施的行为。一般来说,课堂教学行为可以分为主要教学行为和辅助教学行为两大类,主要教学行为包括呈示行为、对话行为、指导行为等,辅助教学行为包括学习动机的激发与培养、课堂交流、课堂强化、积极的教师期望等。[①] 课堂主要教学行为和辅助教学行为构成了观察与分析课堂教学的一般框架,这个分析框架主要考查的是教师的课堂行为。

课堂教学行为分析框架把连续的教学过程分解成各自独立的要素进行研究,目的在于让学习者能够更清晰地了解和把握课堂教学中教师的主要行为方式,便于进行针对性的学习和改进;在实际的教学过程中,这些要素是相互关联、相互影响的,教师在教学过程中依据教学内容、教学目标、学生特点,对不同要素的选择与组合方式、顺序安排、弹性调整等,构成了课堂教学的一般过程。

---

① 施良方,崔允漷.教学理论:课堂教学的原理、策略与研究[M].上海:华东师范大学出版社,1999:173-278.

第一节 课堂教学行为的分析框架

一、主要教学行为

主要教学行为是教师在课堂上为完成某一目标或内容定向的任务所采用的教学行为。课堂教学的主要行为包括呈示、对话和指导三种,每种教学行为都是整个教学过程的必要组成部分。

(一) 呈示行为

呈示行为是以教师为核心的、基本的课堂教学行为,尤其是在以班级授课制为主要教学组织形式的课堂教学中。呈示行为的主要特点是信息传递的单向性,即信息主要由教师到学生单向流动。按照使用手段的差异,课堂呈示行为可以分为语言呈示、文字呈示、声像呈示和动作呈示四大类。语言呈示主要指口头语言呈示,在课堂教学实践中主要指教师的讲述行为;文字呈示包括通过板书和印刷媒体等书面文字向学生传递知识的行为;声像呈示行为是教师运用视觉和听觉媒体帮助学生获得感性认识以完成知识与技能学习任务的行为;动作呈示是教师通过示范特定运用或操作,给学生提供模仿机会,使学生学会相应技能或操作的行为。这四种呈示方式可以单独应用于课堂教学过程中,也可以组合应用,其中的语言呈示和文字呈示是绝大多数课堂上普遍应用的呈示行为;动作呈示一般应用于动作技能的学习或操作行为学习的教学过程中;声像呈示行为随着现代信息技术的发展所提供的便利性增大,也成为广大教师经常采用的课堂呈示方式。

1. 讲述行为

讲述行为是教师以口头语言向学生呈现、说明知识内容,目的在于提高学生知识理解程度的行为。从信息流动方向上看,讲述行为的传递具有单向性,它不要求学生有对应的互动。讲述行为是教师课堂上最常运用的教学行为。美国教学研究专家弗兰德斯在大量课堂观察的基础上,提出了课堂教学行为的"三分之二律",即课堂时间的三分之二被用于讲话,讲话时间的三分之二是教师讲话,教师讲话时间的三分之二是向学生讲话而不是与学生对话。[①] 对于教师来说，掌握讲述行为、提高讲述行为的技巧和质量，是师范专业培养过程中的一个重要任务。

讲述行为的功能主要有两个：第一，说明是什么或者怎样做，让人明白、理解特定的概念、程序或规则；第二，解释原因，比如分析概念产生的原因与过程，告诉学生为什么必须按照某些程序去做，给出制定某些规则的原因等。根据所用时间的长短和简繁程度不同，可以把讲述行为区分为正式讲述和非正式讲述。正式讲述占一节课的大部分或全部时间，一般用于中高年级或者大学；非正式讲述一般持续5—10分钟。从讲述内容的性质差异来看，讲述行为可以分为三种形式：介绍概念或者术语含义的诠释性讲述；说明一个过程、一种结构或一系列步骤的描述性讲述；说明为什么做某事或某件事发生原因的说明原因性讲述，或称解释性讲述。诠释性讲述说明"是什么"的陈述性知识，描述性讲述聚焦"如何做"的程序性知识，解释性讲述则主要阐明"为什么"的背景性知识。

（1）影响讲述行为成效的因素

不管是哪一种讲述形式，都可以从形式与内容两个方面进行分析。讲述行为的形式主要指语言表达的外在形式，包括语音、语流、语速等。

普通话的讲述效果优于方言。就教师讲述行为中语音准确性与讲述效果的关系问题，我国曾有人进行过教师标准发音（普通话）与方言发音（地方话）两种情境下学生对教师人格特征、讲课效率和人际吸引等方面评价的对照研究，[②]发现使用普通话的教师在各年级组学生评价中的等级均高于讲地方话的教师；在中学生和大学生的评价中，与男教师相比，讲普通话的女教师获得更高评价，讲地方话的女教师获得更低评价。研究结果还发现，教师用普通话教学的效果要优于使用地方话，对女教师来说尤其如此。

教师流畅的语言表达和适宜的语速可以提高学生理解的程度。就教师语言的流畅性的角度看，相关研究发现，教师语言的流畅性与学生成绩之间呈现显著的正相关；同时，教师语流中断可造成学生成绩的显著下降。与教师语流相关的另外一个因素是语流的速度，即单位时间内所发出的音节的多少。研究发现语流速度过快或过慢都不利于学生的理解，不利于学生成绩的提高：速度过慢会使教师的教学节奏变慢，单位时间的讲述内容减少，教学容量小，教学成效相应

① 施良方，崔允漷.教学理论：课堂教学的原理、策略与研究[M].上海：华东师范大学出版社，1999：174-175.

② 张积家.教师口音的社会心理影响[J].心理科学通讯，1990(6)：50-53.

降低;速度过快则容易导致教师的讲述超过学生适时信息加工极限,导致教学成效降低。

从讲述内容的角度看,影响讲述效果的因素主要包括讲述内容的清晰程度,以及讲述内容的结构化、逻辑性程度。教师对讲述内容的组织加工方式影响讲述的效果。教师能否就学习内容向学生提供清晰、明了的讲解,对帮助学生透彻理解学习内容具有重要影响。教师讲述过程中用词的精确与模糊程度,一般可以从教学语言和专业术语两个角度来考察。教师教学语言的精确性主要指语言的清晰程度和具体程度。

在讲述过程中恰当地选择使用专业术语的时机,可以提高讲述的效果。与讲述语言的精确程度相关的另外一个因素,是专业术语的使用时机。教师使用专业术语的时机会影响学生的理解程度。在学生刚接触一个新专业术语时,适当运用该术语的日常生活词汇、俗称来描述,可以帮助学生学习和理解新术语;而在学生理解新术语之后,教师使用非专业术语则会降低知识的严谨性,甚至引起学生的误解。因此,在学生已经掌握新术语并能够用专业术语解释新现象、学习新知识之后,教师就要在讲述中运用专业术语来表达。

讲述内容的结构化、逻辑性程度也是影响讲述效果的重要因素。对讲述内容进行组织、精心呈现讲述内容的序列,可以提高学生的理解程度,提高教学成效。组织学习材料并使之富于逻辑性,是决定讲述行为效果的核心因素。相关研究证实,教师呈示行为的清晰性与学生成绩和学生学习的满意程度之间,存在着实质性的联系;帮助学生找出学习材料的联系性、逻辑性,有利于学生的学习。

(2)讲述行为策略

讲述行为的基本特征是能够在短时间内呈现大量的知识,这一特征既可以使讲述行为成为一种非常有效的教学行为,也可能因运用不当而造成教学效果低下。讲述行为运用不当主要表现在以下几个方面:第一,过短的时间内呈现过多的新知识。学生加工并理解信息是有限度的,一旦讲述新内容超出学生信息加工的限度,就会导致学生的理解困难,间接影响学生的学习信心。第二,讲述时间太长,超出学生有意注意的时限。人维持有意注意的时间有限,超过限度则会分心、注意力转移,还会诱发问题行为。在中小学课堂教学中,讲述时间应该控制在10—20分钟之内,高中生以20—30分钟为宜,大学生及成人以30—60分钟为宜。第三,讲述内容凌乱,缺乏结构性和逻辑性。如果学生不能明白所讲述内容之间的相互关系,则这些内容对学生来说就成为无意义的碎片化信息,学生的学习只能停留在机械学习的状态。第四,讲述不顾及学生的原有知识基础,或对学生的知识准备作想当然的假设。如果讲述的是学生已经掌握的知识，教师的讲述行为不但无效，而且会引发课堂教学中的问题行为；同样，如果讲述内容超过学生的理解能力，学生同样无法理解讲述内容。

要避免以上讲述行为中可能出现的误区，提高讲述行为的成效，教师在讲述过程中要关注以下几个方面的问题：

第一，语音准确，用词恰当，语流连贯，语速适中。教师语音应以普通话为准，保证学生能够听清楚教师所说的每一个字；为准确表达自己的思想和教学内容，教师应选择最精确的词汇，避免过多地使用日常生活词汇，防止使用笼统和容易引起歧义的词汇；为了表达连贯流畅，教师在备课时要把教案中的书面语言转换成口语化的语言；讲述中尽量使用短句子，尽量避免口头禅；讲述的语速以稍慢于日常生活中的语速为宜，大致在每分钟 200—300 字。教师讲述的语速还要根据课堂教学中学生所呈现的理解状态适当调整。教师讲述的语音能力需要在职前培养中完成，语速、语流等能力既需要职前培养，更需要职后磨炼。

第二，教师在备课时要形成讲述内容的结构化框架，常用的结构化组织形式包括：第一，"部分—整体"关系，即把一个主题分成几个小主题，逐个讲述，并在由一个主题向下一个主题过渡时向学生发出"转承"信号，提示学生旧主题结束，新主题开始，比如："这样，我们就结束了有关……的讨论，接下来要讨论的问题是……"等。第二，序列关系，即按一定的标准把讲述内容组织成前后相续的结构，比如按照时间顺序、因果顺序、事件展开顺序等。第三，相关关系，即围绕一个核心思想或者论点，选择并依次展开相关的论据。第四，过渡关系。教师可以重复使用某一短语，表明讲述内容的组织结构，告诉学生讲述内容是某一系列思想的不同组织部分，并在不同部分讲述结束之后进行小结，比如："当……时，我们可以从……角度分析它；当……时，我们可以从……角度分析它；当……时，我们可以从……角度分析它。总之，我们可以从多种角度分析这个问题"。第五，比较。教师可以对两类或者多类事物进行比较讲述，可以先列出或界定一个比较的维度，然后说明各类事物在这一维度上的异同，再列出第二个比较维度，重复上述过程；也可以列出所有的可以进行比较的维度，以此为框架比较各类事物的异同。如果讲述内容可以从不同的维度进行结构化组织，教师就可以自由选择适合于自己和学生的讲述方式，或者对这些结构化方式进行组合。

第三，有意识地使用连接词并及时提醒学生哪些部分或方面是重要的，也是提高讲述成效的一种有效策略。连接词可以恰当表述各部分内容之间的关系，如因为……所以；如果……那么；通过……（方法，手段）等；提醒学生的表达方式如：请注意……;这一点非常重要……;认识到……是非常重要的;如果你记住……将对你理解……有很大帮助;现在,我们要讨论最重要的问题了……等等。

不管在什么样的课堂教学中,讲述都是教师应该具备的基本教学素养。要提高自己的讲述水平和能力,需要教师关注讲述的语言方式,更需要在组织和策划讲述内容方面下功夫。

对于新手教师来说,入职之初已经具备了比较好的运用语言在公众(至少是一个班的学生群体)面前表达自己的能力,进入职业生活之后,首先要加强的是对讲述内容的加工能力,提高对讲述内容的结构化、逻辑性、关系转换能力。要达成这一目标,教师一方面需要在教学过程中不断学习,另一方面也要在教学过程中关注学生对讲述内容的理解状况,并以之作为改善自己讲述方式、讲述内容安排的依据。教师专业实践过程中的调适与改善,是促进教师讲述能力提升的重要渠道。

2. 板书行为

板书行为是课堂教学中重要的教学行为。自 17 世纪夸美纽斯倡导班级授课制以来,粉笔和黑板就一直被认为是教师教学的重要工具,汉语中常用"一支粉笔一张嘴"来形容传统教师的职业生活,英语中的 *chalk and talk* 所指的也是以口头语言和黑板为教学主要工具的传统教学方法。随着现代信息技术在课堂教学中的普及,多媒体已经成为课堂教学的标配,更有甚者,在某些教师的课堂教学中,板书已经沦落到可有可无的地步。然而,作为课堂教学中重要的内容结构化和思维过程载体,板书在帮助学生理解知识、清晰思路、培养学生自学能力等方面,有着不可或缺的作用,在讲述行为中尤其如此。

(1) 板书的基本功能

课堂板书一般具有以下几个方面的功能:

第一,配合讲述等课堂教学行为,向学生提供学习内容的视觉信息。讲述是课堂教学的重要行为,课堂上学生也主要通过听觉获取信息,但听觉并不是学生获得信息的唯一通道。板书以视觉信息的方式向学生提供同一学习内容的关键信息,有利于学生对讲述内容形成更为清晰、稳定、综合的整体印象。

第二,提供结构化的教学内容框架。板书与讲述虽然关涉相同的知识内容,但板书并非讲述内容的文字记录。板书所提供的只是学习内容的要点和结构,是课堂讲述行为的骨架,它略去了讲述的细节,把知识内容的核心和实质、关系、结构以文字的方式呈现,有利于学生对相关知识的结构化认识,有利于学生把有限的注意力集中于课堂教学的核心内容。在小学阶段,学生对抽象的语言文字的认识能力有限,老师一笔一画地写,速度比 PPT 慢,在老师边说边写的过程中,学生更容易跟上教师的思路,更容易理解教师讲述的内容。相反,如果教师只以 PPT 的方式呈现知识,随着鼠标的点击,信息不断出现又很快消失,既无法让学生把注意力集中到关键的问题上,又容易造成学生的视觉疲劳。

第三,为识记、保持、再现学习内容提供线索。学生在课堂上形成的对知识的理解,还需要进行再加工才能成为贮存于长时记忆中的信息。教师的板书过程是一个帮助学生对信息进行编码的过程,它可以帮助学生对信息进行分类、比较,发现各部分之间的层次关系。如果学生养成记课堂笔记的习惯,教师的板书无疑会成为学生课外再加工知识的有益助手。

第四,板书有助于师生在课堂上把注意力集中于共同的教学内容。从学习内容的特点来说,某些抽象、逻辑结构复杂或包括几何图形、特殊符号、空间位置关系的内容,仅仅靠教师的讲述难以清晰表达,而以一定的点、线、图形、符号组成的板书,可以为学生学习这些内容提供有效的载体。从教学过程的程序角度说,随着教学过程的展开,教师的板书可以呈现出教学过程的顺序线索和教学环节之间的逻辑线索。好的板书不但可以清晰呈现知识的结构与层次,也可以完整地反映师生思考问题的路径。

（2）板书的结构

板书可以分为两部分：系统板书（主板书、正板书）和辅助板书（辅板书、副板书）。系统板书主要反映教师课堂讲述的内容和思路,包括内容框架、重要的概念、基本要点、主要结论、重点词汇等,是教师在课堂教学之前经过审慎思考而设计的主要教学内容;辅助板书则更多地关注学生在课堂教学过程中的生成资源,或者与课堂教学内容相关的学习内容,比如先前学习过的概念或公式。辅助板书可以是对系统板书的补充和丰富,也可以是对系统板书的说明。

除了教师在备课过程中板书设计的合理性之外,影响板书效果的另外一个因素是板书在黑板上的位置。根据研究,人们对处于黑板不同位置的内容的观察频度不同;对位于左上的内容的观察频度最高,其次是左下,右下最低。因此,系统板书宜放在黑板的靠近左侧的位置（如图 10 - 1）。

| 辅助板书 | 系统板书 | 辅助板书 | 提示栏 |

(a)

| 系统板书 | 辅助板书 | 提示栏 |

(b)

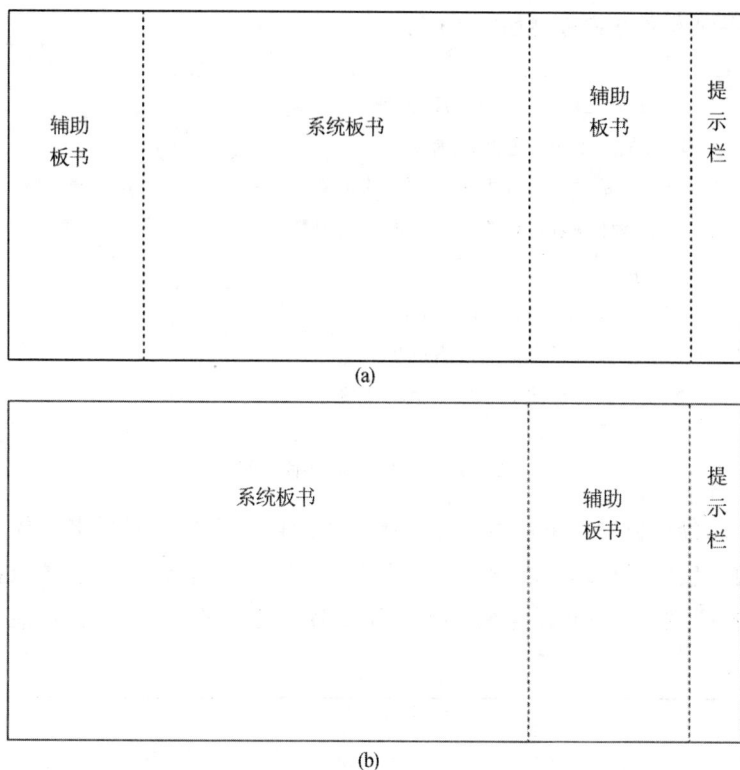

图 10-1 板书排放形式示例

如果系统板书的内容比较少，可以选用图 10-1(a)的基本模式，把系统板书放到黑板的中间偏左位置；如果系统板书比较多，则宜把黑板左侧的大部分作为系统板书的位置。目前部分学校的教室里，原本就不大的黑板又被多媒体屏幕或白板占去了"半壁江山"，无疑又增加了教师在板书中完整、清晰呈现教学内容、教学过程的难度。

按照板书内容在黑板上呈现的结构形式，系统板书大致可以分为六种：[1]

第一，要点式板书，即把教学内容的标题、要点和层次罗列在黑板上。要点式板书的优点是能够清晰地反映出教学内容的逻辑思路和层次，便于学生把握主要观点，这种板书方式因高度概括，故而一般适用于高年级。但要点式板书基本上属于对教材大小标题的翻版，表现形式比较单调，长期使用会失去对学生的吸引力。

---

[1] 施良方，崔允漷.教学理论：课堂教学的原理、策略与研究[M].上海：华东师范大学出版社，1999：184-187.

《金字塔》一课的要点式板书如图 10 - 2。

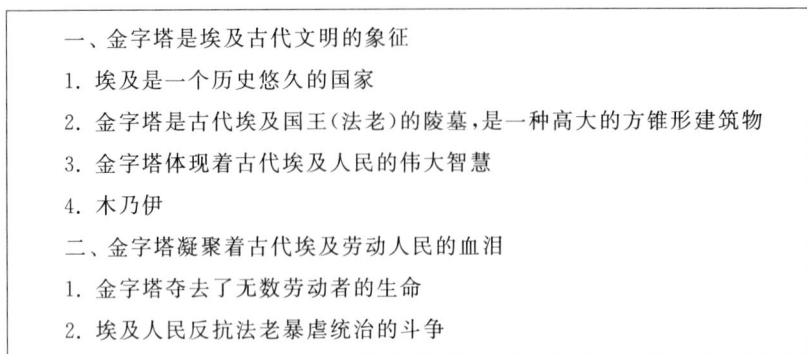

一、金字塔是埃及古代文明的象征

1. 埃及是一个历史悠久的国家

2. 金字塔是古代埃及国王（法老）的陵墓，是一种高大的方锥形建筑物

3. 金字塔体现着古代埃及人民的伟大智慧

4. 木乃伊

二、金字塔凝聚着古代埃及劳动人民的血泪

1. 金字塔夺去了无数劳动者的生命

2. 埃及人民反抗法老暴虐统治的斗争

图 10 - 2　要点式板书示例

第二,总分式板书。主要用于有从属关系的内容。总分式板书的优点是可以让学生很直接、明了地理解教学内容各个部分之间的包含关系,从整体上把握知识内容。新授课或者复习课上常常采用这种板书方式。《分数的意义》的总分式板书如图 10 - 3。

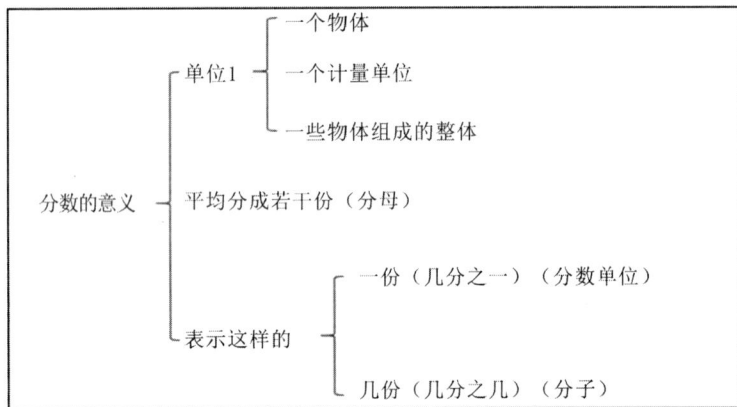

图 10 - 3　总分式板书示例

第三,对比式板书。主要用于在某些维度上有不同表现的教学内容。使用对比式板书可以使不同的表现形成鲜明的对照,使各自特征更加突出,便于理解、记忆。《会摇尾巴的狼》一课的对比式板书如图 10 - 4①。

① 　张武升.教学艺术论[M].上海：上海教育出版社,1993：237.

258

```
                            五次交锋

      狼                                    羊

"好朋友……"(伪)                    "你是谁……"(警惕)

"为了救小鸡……"(善)               "你不像狗……"(观察)

"我还会摇尾巴……"(装)             "狼的本性会改变吗"(动脑)

"马上报答你"(骗)                   "你干尽了坏事……"(揭露)

"我就吃掉你"(凶)                   "你不会活多久了"(斗争)
```

图 10 - 4　对比式板书示例

第四，表格式板书。将教学内容中同一类概念、事物或事件的不同侧面分项整理、归纳，并以表格的形式呈现出来。若教学内容中的概念、事物或事件及其可分析的侧面均在两类以上时，使用表格式板书易于呈现出不同概念或事件的异同及各自的特点，清晰明了，具体直观。表格式板书多用于高年级的教学中，《从汉到元政治制度的演变》的表格式板书如图 10 - 5。

从汉到元政治制度的演变			
朝代	特点	中央	地方
汉	承秦变化	中朝、外朝、尚书台	郡国、州郡县
魏晋南北朝		三省体制	
隋	承前启后	三省六部制	州县二级
唐	发展完善	三省六部制	道州县三级
宋	进一步加强	二府、三司使、参事	文臣路州县
元	有新发展	一省二院	行省制

图 10 - 5　表格式板书示例

第五，线条式板书。它是根据教学内容的发展过程、情节变化或逻辑线路，选择关键性的词语，以线条、箭头等连接关键信息构成一幅流程图，把隐含于教学内容之中的线索清晰直观地展现出来。我们也常常把这种呈现知识脉络的流程图称为思维导图。《南州六月荔枝丹》一课的线条式板书如图 10 - 6。

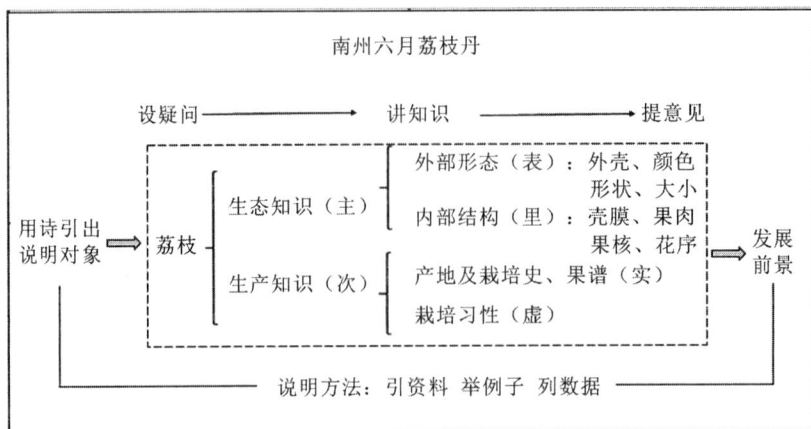

图 10 - 6　线条式板书示例

第五,图解式板书。它是以示意图的形式帮助学生认识某一事物的外部结构和空间位置关系,或者人为地为某一内容配上具有象征意义的图案,帮助学生理解、记忆教学内容。如《热爱科学》一课的图解式板书(图 10 - 7),[①]就很好地表达了科学文化知识与现代化建设之间的关系:

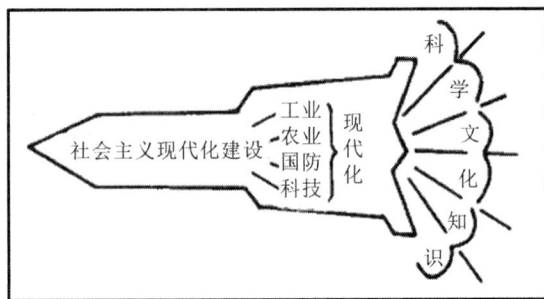

图 10 - 7　图解式板书示例

(3) 板书的运用策略

教师在设计和应用板书时,应该考虑以下几个方面的问题:

第一,板书要在课前预先设计。教师在备课的过程中要根据教学目标、教学内容和学生的认知特点,设计出板书的基本内容及其结构,明确一节课要处理的知识的重点、难点和拓展范围,确定系统板书的主要内容,考虑辅助板书的基本方面,并为学生课堂上呈现的新资源、新问题预留空间。系统板书的设计要做到提纲挈领,

---

① 张宝臣,等.课堂教学艺术[M].哈尔滨:哈尔滨工业大学出版社,1994:203.

简明扼要，内容精炼，一目了然。板书内容要能够准确地反映所讲内容，真正起到引领学生思维、便于学生掌握记忆知识的作用。

第二，教师在课堂教学中要随时观察学生的反应，根据学生的理解情况及时调整板书。板书的目的是为了给学生理解课堂教学内容提供视觉信息支持、帮助学生掌握教学内容，教师要根据学生的课堂反应，适时调整板书内容，或详或略或修正，以保证板书真正成为学生学习的助手。

第三，板书的版面要尽量做到总体布局，合理美观，字迹清晰，书写规范（字、字母等）。一般来说，板书字体以正楷为宜，字体大小应该让后排学生能够看清楚；黑板上的板书布局要能够呈现出明确的主线，忌不分轻重主次把所有知识点罗列在板书中；同时，板书不但是呈现课堂教学结构的载体，同时也是教师给学生提供书写范例的机会，教师板书时的规范书写可以对学生造成潜移默化的教育作用：教师笔顺、笔画、标点符号、大小写等书写的规范程度，以及教师书写的美观或艺术程度，都是学生学习的楷模。如果教师能够写得一手好写，写得一手好板书，学生就会在耳濡目染中学会写好字，甚至不需要专门的练字就能够把字写好；同样道理，如果老师要求学生写字时要整齐美观，而自己在黑板上的字却歪扭蹩脚，其教学要求的落实效果就可想而知。

最后，教师应避免板书分散学生注意力。黑板周围尽量不放置显眼的东西，书写时尽量站在黑板一侧，避免遮挡住板书内容，不要连续长时间板书等；较复杂的图、表可以用多媒体课件呈现，或者预先在黑板上划出浅浅的轮廓，如果需要呈现给学生太多的文字材料，也不要过度依赖黑板或多媒体，可利用复印资料。

（4）新手教师在板书行为中应该避免的误区

第一，不要把多媒体课件当作板书的完全替代品。在一些年轻教师的课堂上，PPT 越来越精美，板的质量却每况愈下。在课堂教学中，PPT、电子白板等新的技术手段，因图文并茂、声像并举、化抽象为具体、化静态为动感等优势而增加了课堂教学的趣味，降低学生理解抽象知识的难度。然而，作为课堂教学的一种辅助手段，多媒体教学课件无法代替教师的板书。首先，多媒体课件提供的快速、丰富的视觉信息，可以更快地吸引学生的注意力，但随着鼠标点击也会很快从学生的工作记忆中退出，学生无法对这些信息进行深度加工，因而会造成"过目即忘"的结果；其次，多媒体课件所呈现的信息色彩丰富、快速、容量大、停留时间短，容易使学生产生视觉疲劳；再次，多媒体课件以视觉信息吸引学生的注意力，间接造成学生对文字信息的关注减少，而文字信息的理解和把握能力才是课堂教学的重心，过度运用多媒体课件会降低课堂教学的效率；最后，呈现在学生眼前的多媒体课件本身可能是整体的，但却无法整体地呈现给学生，因此每张课件所携带的信息都是碎片化的，难以让学生对教学内容或教学过程进行整体把握，不利于学生进行复习和课外自学。

第二，避免课堂教学的娱乐化倾向，这一倾向也与大量使用多媒体技术相关。为了提高学生的学习兴趣，部分教师不惜耗用大量的课堂教学时间播放与教学内容关系不大的视频资料，课件设计越来越"动漫"，精美的图片、音乐、动画产生了巨大的"眼球效应"，而学生真正用于学习的时间却不多。更有甚者，有些教师为了追求课堂气氛的"生动"和"活跃"，将娱乐行业的某些元素带入课堂，大搞娱乐游戏和表演，甚至提出 Teaching is an art of acting 的说法。表面上看，课堂气氛活跃，学生兴趣浓厚，但实质上，真正能够提高学生学科兴趣的往往不是这些表面的活跃，而是知识本身能够唤起的内在兴趣，是学生通过自身努力解决学科问题而形成的自我成就感。内在兴趣和自我成就感才是学生学习的持久动力。

第三，避免在课堂教学中"走课件"。在目前的课程开发中，部分出版社在提供课本、教学参考书的同时，还提供内容丰富的教学资料包，其中就包括每一个教学单位（一节课或几节课）的多媒体课件，这无疑给教师备课提供了便利。然而，部分教师却因此教材读得少了、课标研究得少了、设计课堂教学的时间少了，有时甚至采用简单的"拿来主义"，直接采用资料包所提供的课件，或者从网络上下载现成的课件用于课堂教学，造成教师的备课浮于流程，上课也变成了"走课件"。这种"便捷"的做法，往往使教学无法贴近学生的实际需求，导致学生学习的兴趣降低，加剧学生的两极分化，加大了教师课外补差的压力。

第四，结构化的板书不一定要结构化地呈现。长期的课堂观察发现，老师在板书的时候往往有个习惯，即按照自己课前的板书设计，把从课堂上捕捉到的资料放在设计好的位置上，这样做的优点是清晰、条理，但缺点也很大：教师呈现的是结果，而把过程大大简化了。

比如，一位老师在教学《蟋蟀的住宅》一课时，预设的课堂教学结构是这样的：第一层次，是课文的整体结构，即对课文大意的理解，包括三个方面：如何选址、住宅特点和建筑过程；第二层次，是对第一层次的详细说明，包括"如何选址"下的"慎重、自己挖掘"，"住宅特点"下的外部特点（排水优良、隐蔽、向阳、休闲）和内部特点（简朴、清洁、干燥、卫生）以及"建筑过程"（扒土、搬土、踏地、推土、铺土）。在课堂教学过程中，教师采用了按照预先设计对号入座的方法：老师让学生回答课文从哪些方面描写蟋蟀，学生先说的是选址，老师写上"如何选址"，然后学生的回答就跟老师的预期相差的远了，有说建筑时间，有说排水优良，有说温和阳光，有说房子内部样子，有说挖洞，等等，这时老师就开始找自己板书设计上有的东西了，忽略了学生的其他回答,仅仅选择了其中的一个"挖洞",把它引导成"建筑过程",而且直接写在黑板的下方,离上面板书的"如何选址"之间有很大的距离,学生一看就知道,他们需要在两者之间再填个短语,但如何填他们是不清楚的。

教师按照事先设计把捕捉到的学生信息放在黑板上不同的位置,实际上是给了学生一个固定的框架,学生知道他们需要做的就是填空,这样的教学设计和实施过程,往往很难让学生形成自己构建框架的能力。如果要想使这个教学过程更加整体,使学生在学习过程中能够更加主动、有机会思考,教师不妨在学生回答问题的初期,不要急于结构化自己的板书,可以把学生所说的内容大致板书在黑板上,待学生回答得差不多时,再与学生一起分析他们所回答的内容之间的关系。就"形成对文章基本结构的理解"这一教学目标来说,两种过程所得到的结果是一样的,但两者对学生学习能力的培养价值和学生在教学过程中思考能力发展的价值却大不相同:在第一种情况下,老师心中的结构是清晰的,但学生完全处于迷惘之中,他们在这个过程中就不可能有条理地思考,最后他们了解了文章的结构,但却不明白这个结构是如何形成的,也就很难在过程中受益,很难形成独立的概括、分类能力;而在第二种情况下,学生在回答问题的过程中,问题是散漫的,看似随意,但实际上是给了学生充分表达他们对课文理解的机会,然后,当信息丰富呈现之后,老师与学生一道分析如何把这些散乱的信息归类、分层,并且再次回到文本,使归类、分层之后所形成的结构与文章所表达的意思相吻合,这个过程实际上是与学生一起学习阅读的过程,他们得到的不仅是有关课文的内容,而且是文章描述的结构和阅读归纳的方法。

即使现代信息技术在教学过程中的运用越来越便捷,也越来越重要,在班级授课制的教学组织形式下,它始终无法完全替代教师的板书。适时、精练、美观的板书,可以给学生提供理解的助手,给学生提供课后复习和练习的支架,也可以促使教师更为具体、深层次地理解教学内容,提高教育教学能力。

3. 声像呈示行为

声像呈示行为是教师运用视觉和听觉媒体帮助学生获得感性认识、学习知识的行为。随着现代信息技术的发展,视觉、听觉媒体已经超越了单一地向学生提供某种具体、形象的感性材料的水平,走向了整体、融合甚至仿真,为教师的课堂教学提供了更多的便捷条件。

(1)声像呈示行为的类型

利用教学媒体进行声像呈示,可以使学生的各种感官得到延伸,把学生的感官难以或不可能感觉到的事物、现象、事件等直观、形象地再现,拓展学生认识客观世界的时空界限。声像呈示行为还可以改变知识的抽象、概括化层次，适应学生的认知发展水平，便于学生接受。

根据利用的媒体性质和感觉通道不同，声像呈示行为可以分为两大类：一类是单向声像呈示行为，即信息的传播方向是单一的，信息从教学媒体传向学生，学生只接受信息而不能向媒体发出反馈信息。单向声像呈示行为包括四种：第一，听觉/音响类呈示行为，即利用录音机、收音机、语言实验室及其听觉材料向学生呈示的行为；第二，视觉/影像类呈示行为，即利用普通直观教学（包括标本、图片、挂图等）和现代电化教具（包括幻灯机、投影仪及其视觉材料等）向学生呈示的行为；第三，视听/音像类呈示行为，即利用电影机、电视机、VCD 机、闭路电视及其视听材料向学生呈示的行为；第四，多媒体呈示行为，即运用上述两种或两种以上视听媒体组成的多媒体系统向学生呈示的行为，现代教学中的多媒体系统即综合运用多种媒体手段于课堂教学的专用设备。

另一类声像呈示行为是交互式声像呈示行为。在这种呈示行为中，信息的传播方式是双向交互的，即不仅教学媒体向学生发出信息，而且学生还可以向媒体发出反馈信息，媒体再依此对学习内容和步调做出相应调整。交互式声像呈示行为所运用的交互媒体有：程序教学机、交互式视盘系统、电子计算机及其教学材料等。目前，广泛应用的较为典型的交互式声像呈示系统是电子计算机。

（2）声像呈示行为策略

单向式声像呈示行为要依据教学目标、学习任务、学生特点和媒体功能与特点等因素，恰当选择呈示的媒体或媒体组合。媒体类型的选择一般是先按照两个因素进行选择，然后把它们结合起来再与另外一个因素匹配，以做出最后选择；可能的情况下，运用多种呈示媒体以便互相补充、扬长避短。图 10－8 列出了媒体选择的一般程序，可以作为媒体选择时的参考。①

在课堂教学中运用视觉呈示行为时，视觉材料的逼真程度以中度为宜；在画面布局上，视觉材料应尽量突出与表现主题有关的内容，避免无关背景的信息和细节；在视觉材料的摆放上，应根据材料的重要程度依次安排在左上、左下、右上和右下，如有必要可通过标箭头、画底线、加方框、变字体等提示手段，引导学生关注重要信息。

运用听觉呈示行为时，要尽可能地保证听觉材料背景干净（外语类学科教学中

---

① 中华人民共和国教育委员会电化教育司.教学媒体与教学设计［M］.北京：高等教育出版社,1990：227.

为了增加听觉材料自然程度的背景噪音除外），声音、语音清晰；如果想让学生注意某一部分听觉材料，可以有意识地改变它的音量或语调；对年龄较小的学生进行区分相关信息和无关信息、把握要点、细节或结论等听觉技能训练时，可减少听觉材料在传输过程中的损失，提高教学效果。

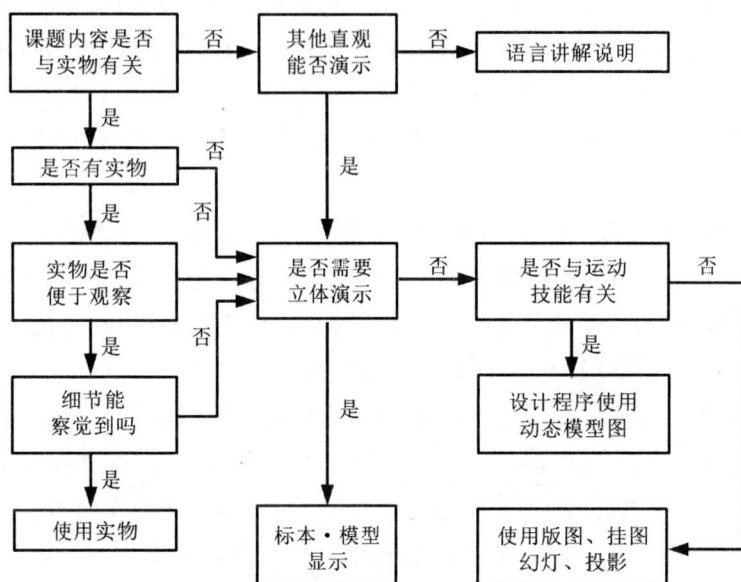

课题内容是否与实物有关 —否→ 其他直观能否演示 —否→ 语言讲解说明

是否有实物

实物是否便于观察

细节能察觉到吗

使用实物

是否需要立体演示 —是→ 是否与运动技能有关 —是→ 设计程序使用动态模型图

标本·模型显示

使用版图、挂图幻灯、投影

图 10 - 8　教学媒体选择程序

4. 动作呈示行为

动作呈示行为即教师通过示范特定动作或操作过程，给学生提供模仿机会，使学生通过练习获得相应技能或操作能力的行为。动作呈示是教育史上最古老的教学行为，在人类语言尚不发达之时，"身教"是唯一可行的文化传递方式。今天它仍是学校、家庭、工厂等机构传递动作技能的常用行为。动作呈示行为不仅在体育、音乐、美术等学科有着广泛的应用空间，在科学、语言等学科也得到大量应用，尤其是在低年级教学中，教师利用动作示范、学生模仿的学习形式在课堂教学中必不可少。

（1）动作呈示行为的功能与类型

动作呈示行为的功能主要是帮助学生学习特定的动作技能和操作步骤或顺序。单靠教师语言讲解学生无法学会动作技能，教师的示范和学生自己的大量练习是掌握动作技能的关键。在动作技能学习的第一阶段，学习者头脑中必须要有一个动作表象，以之作为实际操作时的参照标准，而这一表象的形成主要来源于学生对示范动作的观察。① 理科教学中的实验、测量、解剖等操作步骤和程序,数学和科学课中解决问题的步骤和程序,运算的步骤和程序等等,也需要有教师的动作呈示行为。

按照示范内容的不同,动作呈示行为可以分为读说呈示行为,如语文和外语课中朗读的语音、语调示范;演唱呈示行为,如音乐课中歌唱的发音、音高、节奏的示范;运动呈示行为,如体育、舞蹈课中动作和姿势的示范;操作呈示行为,如理科教学中的实验、测量等操作要领和程序、步骤的示范;运算呈示行为,如数学课中运算和解决问题步骤和程序的示范;书画呈示行为,如美术课中握笔、运笔等技能的示范。

根据国内学者的有关研究,影响动作呈示行为效果的因素主要包括四个方面:②

第一,学生对作业目标的明确程度。如果学生对示范动作的学习情境和学习任务能够很好地理解,并且形成了符合自己能力水平和任务难度水平的明确目标,动作呈示行为的效果就较好,否则效果则较差。

第二,动作技能或操作学习的学习策略。动作技能或操作学习的学习策略包括如何选择、组织基本动作,在头脑中形成连贯实际操作的"目标意象"(指学习者在头脑中形成的连贯的、自认为有效的动作形式);如何选择动作的力量、速度、节奏,如何对动作进行编码等。研究表明,初学者自发产生的策略常常是无效的,而学习策略指导,可以提高其动作或操作学习的水平和效益。

第三,学生对示范动作或操作的注意和理解程度。学生注意并理解教师的示范动作时,学习效果最好。随着注意和理解程度的降低,学生的学习效果也不同程度地下降。

第四,教师示范的速度和信息量。教师给初学者示范速度过快,一次呈示信息过多,不利于他们的学习;示范速度适当放慢,让学生有充分的观察、学习时间和机会,有利于学习效果的提高。

(2) 动作呈示行为运用策略

第一,对示范的动作技能或操作进行任务分析,明确学生必须具备哪些基础知识、技能,确定有待示范的动作单元序列。如果学生缺乏必备的基础知识和技能,则需要先通过教学解决基础知识和技能方面的问题。

第二,选择适宜的示范方式。依据动作特点、学生特点和设备条件,教师可灵

---

① 邵瑞珍.教育心理学(修订本)[M].上海:上海教育出版社,1997:163-164.
② 同①167-171.

活选择录音机、录像机、电视机等媒体来呈现动作,通过重放、慢放、定格等控制手段,让学生对动作有细致的观察机会,教师也可以有更多的时间指导学生,帮助学生理解动作。教师在教学动作技能的过程中,也可以通过自身示范给学生更为立体、具体的动作表象,或通过同伴间的动作呈示提供相互观察、发现问题的机会。

第三,按顺序逐一示范分解的动作或操作,辅以言语讲解,帮助学生形成对动作和程序的双重编码。在示范和讲解时要做到:指导学生理解学习情境和学习任务,认识到自己已有的知识和能力水平,以利于形成明确的目标和自己可能达到的动作水平的预期;给学生提供有关动作组织、编码等方面的具体、有效的学习策略指导;示范速度不宜过快,每次示范的内容不宜过多。

第四,给学生提供把分解动作结合起来练习的机会。在练习过程中,师生可以通过相互问答增进理解,避免失误。教师也可以根据师生的互动判断学生的理解程度,并根据问题对学生进行及时的指导、矫正。

第五,通过示范和演练,使动作达到自动化程度。通过重复示范、讲解、回答学生问题和演练,帮助学生进一步理解动作、操作的实质,使动作达到熟练化、精确化,以便学生在紧急或必要情况下能够恰当地表现出相应的动作和操作,达成动作技能学习的最终目标。

(二) 对话行为

如果说示示行为是主要由教师控制的单向信息传递行为的话,那么对话行为则是师生教学活动过程中共同参与的行为。在课堂教学过程中,最为重要的两种对话行为是问答和小组讨论。

1. 问答行为

问答行为是课堂教学过程中的一种互动性行为,在问答行为中既有教师的参与,也有学生的参与。从课堂教学的整体过程看,问答行为是间断的,但由一个问答行为引起的师生对话也可以构成一个系列行为,称为"问答行为链"。在形成问答行为链的过程中,除了最初的发问行为之外,行为链的后半部分很大程度上受学生当时回答情况的制约,并受教师对学生答案的解读能力及回应能力的影响。

(1) 问答行为的功能与分类

问答行为的主要功能包括:

第一,诱发学生参与教学。已有研究证实,在课堂教学过程中,学生对教师引导的问答活动的参与程度最高。这可能是由于问答包括听和说的活动,而对于多数学生来说,相对于读和写,听和说更有激发作用。而且在以讲述为主要方法的课堂上,学生也期待有机会主动地表达他们的观点,而不仅仅是被动地接受别人的观点。

第二，给学生理解教学内容提供线索。问答行为可以给学生提供理解教学内容的线索，使学生注意教材中的某些特定信息，可以有效提高学生对于知识的掌握程度。

第三，给学生提供练习和反馈的机会。学生要回答教师的问题，就必须对所学内容或者已有知识进行回忆、梳理、整合，在围绕问题进行的思考中，学生有机会对学习内容重复接触或者重复反应。教师要对学生的回答做出相应的反应，或肯定或否定，或修改或补充，师生通过练习和反馈两个过程，可以有效巩固已有的知识和技能，帮助学生理解所学知识之间的关系。

第四，有助于学生学习结果的迁移。课堂中的师生问答形式与测验有相似之处，学生在课堂问答行为中的回答可以直接迁移到类似的问题解决情境中。

根据师生在问答活动中的参与程度、支配权力不同，可以把问答行为分为两种：质问式问答和对话式问答。在质问式问答中，教师几乎完全控制着问答过程和方向，教师可以提问而学生则不能，教师通过频繁地提问，检查学生对教材内容的掌握程度或引导学生沿着教师预先设定的轨道行进；对话式问答行为中，教师提出问题请学生表达自己的观点，并在学生观点的基础上再提出新的问题，学生也可以提出质疑，就某一问题共同探讨，学生对问答的进行和方向有一定程度的支配机会。质问式问答以师问生答为主要方式，难以形成围绕某一个问题的问题行为链；而对话式问答则有可能形成基于某一个问题的问答行为链。

（2）问答行为的过程分析

从过程的角度看，一个完整的问答过程大致包括发问、候答、叫答、理答四个环节。

第一，发问。对教师发问的研究主要集中于问题的难度和认知水平、问题的清晰程度、发问的次数等。按照问题的难度，可以把课堂中常见的问题分为五类：回忆性提问，即利用事实性问题，让学生追忆所学习过的基本内容，其目的在于检查学生对所学知识的掌握程度；理解性问题，即教师为检查学生对所学知识理解的程度所提出的问题；分析性问题，指教师要求学生找出原因、结果、条件等而提出的问题；综合性提问，即教师为培养学生综合性思维能力所做的提问，要回答这样的问题，学生需要利用所掌握的知识进行分析，得出自己的结论或看法；评价性问题，即教师为培养学生判断能力所提出的问题，目的在于引导学生判断评价事件和人物，分析品评作品的主题思想和艺术特色等，是一种较高层次的问题。一般来说，回忆性问题和理解性问题属于认知水平和认知难度要求较低的问题，分析性问题对学生具有一定的挑战性,综合性问题和评价性问题难度较大。

对小学一至五年级的学生而言,低难度的问题比较有效,有一定挑战的问题更有利于激发学生的学习动机,使学生更主动地卷入学习过程;对于高年级学生而言,高认知水平的问题更有效,也更有利于培养学生的发散性思维能力和批判性思维能力。然而,在我国目前的中小学课堂上,仍然存在着低层次、简单记忆性问题过多的现象:有研究者从 2000 年开始连续 16 年对全国 24 个省市中小学课堂教学中的问题类型按照小学、初中、高中三个学段,分为理科和文科两大课程门类进行统计,结果显示:小学文科和初中文科课堂问题类型都是以记忆型问题为主的,整体问题类型处于最低层级,即处于低层次集中型问题水平,学生的认知目标为认知—记忆水平。而小学理科、初中理科和高中理科及高中文科则多以推理性问题为主,问题层级处于高层次集中型问题水平,学生的认知目标为聚合思维水平。小学、初中和高中三个学段的理科与文科课程,整体缺乏以批判性问题和创造性问题为核心的分析型问题,发散思维和批判性思维的培养是当前教与学的薄弱环节和课堂教学中的短板。[①]

问题的清晰程度会影响学生能否回答问题及其回答所能达到的水平。语法结构复杂或者包含抽象、笼统、模糊概念的问题,一般被认为是不清晰的问题,学生理解起来往往比较困难。教师一次提出一连串的问题也往往会使学生把握不了核心问题,从而使问题变得不清晰。

发问次数影响学生在课堂中的参与程度。一项初中数学教学的相关研究发现,高效教师在 50 分钟的课里平均提问 24 次,而低效的教师平均问 8.6 个问题。围绕教学目标给学生提出适量的问题,增加学生思考与表达观点的机会,有助于他们把注意力集中于教学的中心环节。过长时间的讲解有可能使学生游离于教学内容之外。然而,一节课上也并非是提问越多越好,满堂问并无助于学生对教学内容的理解和掌握。

第二,候答。教师发问后、学生回答前的候答时间,称为候答时间 I。研究发现,在实验条件下教师的候答时间 I 增加到 3 秒以上时,教学效果明显提高,其主要原因可能是给学生提供了更多的思考机会,同时创造了更有利于学生思考问题的较为宽松的课堂氛围。

学生回答问题后至教师对问题做出反应之前的时间,称为候答时间 II。一般情况下,教师往往对学生的回答在 1—2 秒内迅速做出反应;但如果教师能够把候

---

① 　王陆.大数据中的教学相长[N].光明日报,2016-10-13(15).

答时间 II 增加到 3 秒以上，师生之间的问答就有可能由质问式转变成对话式，这种变化有利于学生集中注意，提高成绩。

第三，叫答。叫答的方式有三种：规则式叫答、随机式叫答和学生不请自答。按一定形式如座次、学号顺序、姓氏笔画等依次请学生回答的、学生可预见的规则叫答方式，要比教师的随机叫答方式教学效果好。因为规则叫答方式可减轻学生焦虑水平，有利于集中注意；而且教师的随机叫答多倾向于让好学生回答，这对能力较差的学生不利。有两项研究结果表明，请自愿回答者回答与学生成绩呈负相关，因此教师应当适当控制对自愿回答者的叫答，保证其他人回答问题的机会。

学生自愿回答的一种特殊形式——"大声喊"（即不请自答，未经教师同意，直接说出答案），对不同背景学生有不同的影响。在大班额授课的班级里，这种不请自答的回答问题方式，既不利于课堂教学管理，也不利于学生对知识的掌握，因此教师要适当抑制"大声喊"，让学生学会尊重别人的回答机会，尊重课堂规则。

第四，理答。教师对学生回答的处理过程称为理答，理答一般包括以下几种方式。

积极反应。教师积极反应的形式有多种，如口头表扬，表示接受学生观点，运用代币制（比如小卡片、五角星）等。理答阶段教师表扬的效果取决于学生怎样理解受表扬的原因，如果学生认为只有能力差的学生才会受表扬，那么表扬就会失去有效性；如果表扬太频繁，也会失去其价值，对高年级学生尤其如此。接受学生的观点就是充分利用学生的回答继续进行下一步教学，一般表现为认可学生的观点，并对它进行进一步的修改、比较或概括。接受学生的观点不仅有利于学生学业成绩的提高，而且学生可以发展出对教师的积极态度。代币制多用于控制学生的问题行为，也可以有效增加学生正确回答问题的比例，提高学生成绩。

消极反应。教师对学生消极反应主要表现为不赞成、批评、训斥等。有关教师批评与学生成绩之间相关的 16 项研究中，有 13 项显示负相关，3 项显示正相关。尽管教师频繁批评与学生低成绩两个因素之间到底谁为因谁为果尚不清楚，但两者之间常相伴随是确定无疑的。

转问和探问。转问和探问是教师在学生回答不正确或不确切的情况下所采取的两种主要反应行为。转问是教师就同一个问题向另外一位学生发问，探问则是对同一个学生继续发问。一般情况下，教师会对原问题重新措辞后提出一个与原问题相关的问题，或者将原问题分解为几个小问题逐一发问，或者提供回答问题的线索，或者问一个与原问题相关的新问题。转问和探问可以帮助学生说出一个可以接受的回答或进一步改进回答,有利于学生专注于学习活动。

再组织。再组织指教师在理答的最后阶段,对学生的回答重新进行组织、概括,给学生一个明确、清晰、完整的答案。再组织学生的答案,有利于学生对于相关问题形成一个完整、条理化的认识。

（3）问答行为策略

从问答过程的四个环节出发,教师在课堂问答活动中应关注如下问题:

第一,问题要清晰。问题的措辞要精炼、具体明了。一次只提一个问题,是保证问题清晰的基本条件。同时,要保证高认知水平问题的适当比例,这个比例要根据学生的具体认知水平和知识准备状态进行调整,高认识水平的问题也并非越多越好,超过学生认知能力只会适得其反。

第二,提出问题之后,根据问题的认知水平和具体情境,给学生 3—5 秒的思考、组织答案的时间。在提出问题之后,许多教师会急着让学生迅速回答,中间没有"候答时间",导致学生没有时间思考,无法有效回答,一部分学生还会因过度焦虑而失去信心,不主动参与教学活动。除了在提问之后暂停外,在反馈学生的答案或叫第二个学生回答之间的暂停也很重要。许多低效教师在提问之后和叫学生回答之间的暂停不超过 1 秒,而多数有效教师在提问之后和对学生回答反馈之间的暂停,根据不同问题类型有 3—10 秒。对候答时间的研究表明,那些 3—10 秒的暂停会产生令人满意的和重要的结果,具体表现为:①学生回答的内容更富逻辑更深刻。②学生回答的认知水平更高（如他们展现出更多的分析、综合和评价）。③学生自愿用更多的信息来支持他们的答案。④学生对他们所作回答的信心更高。

延长候答时间看似简单,实际操作却很困难,尤其是新手教师。当他们无法肯定是否有人来回答问题时,5 秒的暂停就像是永恒。然而,这个暂停是有价值的:候答时间延长,将会使更多的学生参与到问题的思考中从而增加了学生探求答案的机会,学生也会问其他一些相关问题来请教师解惑,这样生生之间及师生之间的积极互动增加了,能准确回答问题的学生人数也可以增加。

教师可以通过以下行为来保证学生能够有效使用候答时间:第一,做出明确的规定以防止学生"不请自答"。允许学生脱口而出答案有碍于教师对提问后暂停时间长度的控制,会减少候答时间,同时也让一部分学生逃避思考问题。第二,在提出一个问题之后,在心理默数 5 个数,同时扫视全班,再叫学生回答。第三,在提出问题之后,不重复和增加问题,否则就会打断学生的思考,干扰他们的反应能力。第四,在学生还没有回答完之前,即使他们完全错误也不打断他们。他们回答完之后,暂停,用几秒钟时间想一下他们的答案,允许其他学生对该回答做出判断,并考虑如何最好的反馈和进行下一步。第五,候答时间的长度要与问题的难度相匹配,低层次、聚合式的问题所要求的时间比高层次、发散式、加工性问题要短一些。

第三,尽可能保证每个学生有尽量多且均等的回答问题机会,教师可以按固定形式叫答,也可以把班级分成小组,小组学生共同商议答案,教师随机请各小组的某一位学生回答。

第四,根据学生回答问题的状态给出不同的反馈。如果学生迅速而坚定地正确回答,教师首先要表示肯定,必要时给予内容具体的表扬,或对正确答案作进一步解释;当学生回答正确但表现犹豫不决时,教师也要先对回答予以肯定,而后解释回答正确的理由或答案得来的具体步骤,以帮助回答者本人及班里的其他同学加深对正确答案的理解;如果学生的回答不完整或部分正确,教师首先要肯定正确的部分,而后探问学生,向学生提供回答线索或对问题重新界定;如果学生仍然回答不出完整的答案,则要转向其他学生或者由教师提供正确答案。对于回答不正确的学生,教师在采取措施前先要弄清楚造成错误的原因,如果是因粗心或口误而造成的错误,教师可直接纠正,如果是因理解问题而造成的错误,教师可依次采用探问、转问和重新教学等策略,以帮助学生形成对问题的正确认识;若学生超过候答时限依然不能回答问题,教师可采用探问的方式简化问题,或帮助学生弥补所缺知识,以便形成对问题的正确理解。

第五,恰当利用追问。追问时语言要具体,比如,"你是怎么想的?""能把你的想法告诉大家吗?"而尽可能少问"为什么",因为"为什么"近似于质问,会让学生有一种局促的感觉,把自己置于老师的对立面,学生可能会因为怕回答错误而避免说出自己拿不准的想法;"说说你的想法"却没有对错判断的意味,教师以倾听的姿态面对学生,可以使之放下戒备,大胆发言,有助于学生确立对自己想法的自信心,培养他们独立思考和表达的勇气。即使是面对错误,也要给学生创造宽松的交流环境。埋怨和批评都是没有意义的,不仅打击学生的自信心,还使他不再敢开口。有用的往往是教师的耐心、对学生错误原因的敏锐感觉和处理错误问题的教学智慧。

学生发言后的有效追问,能引发学生的深层思考,激活学生的思维和表达。比如,一节以"计数"为主要内容的数学课上,在认识了计数单位"万"后,一个学生作了对本节课教学内容的总结:"十位满十,向百位进一;百位满十,向千位进一;千位满十向万位进一"。老师评价:"不错,一气呵成! 大家听明白了吗?"学生响亮齐答:"明白了!"对此,老师追问:"都明白什么了?"学生有些茫然,可能是平时老师很少问"明白什么了"。短暂的思索后,才有学生发言,然后多位学生从多个角度谈了自己对"万以内计数单位"的认识。在这个过程中,一句"都明白什么了",看似无心,实则有意,既提供了检验学生是否真"明白了"的机会,也在一定程度上给学生提供了思考和表达的挑战。

创造宽松的回答问题环境是提高课堂教学中问答质量的关键,如果课堂教学成为高度竞争的现场,学生回答问题时就有可能怀有恐惧心理,害怕回答错误被教师批评、同学嘲笑,以逃避心态对待课堂提问,这样无疑会降低课堂教学的效益。

2. 讨论行为

课堂教学中的讨论是班级成员之间互动的另外一种方式,一般以小组为单位进行,故而又称为小组合作或小组活动。在小组讨论中,小组成员交流观点以形成对某一问题较为一致的理解、评价或者判断,或者小组成员通过共同的努力解决一个相对有挑战的任务。

(1) 讨论行为的功能及表现形式

讨论行为的功能主要表现在以下方面:第一,培养批判性思维能力。讨论要求学生提出自己的观点,并且学会用事实、概念、原理等进行推理,支持自己的观点。与此同时,还要抓住对方论点、论据和论证过程的错误或失误,与对方交流,或者在对方观点的启发下修正自己的观点,最后大家达成共识或丰富、提升彼此的认识。第二,帮助解决问题。讨论可以帮助学生运用已经学习过的知识去探索,最终找到解决问题的方法。第三,培养人际交流技巧。讨论既有师生间的交流,又有学生之间的相互交流,有利于人际交流技巧的提高。第四,改变态度。通过课堂交流,学生可以发现自己原来没有的对某一问题的认识角度,从而丰富对事物的认识,改变观点和认识事物的态度。

教师在学生讨论时的行为表现主要有两种:发起行为和支持行为。发起行为主要实现任务定向的功能,教师要协调、推进小组活动,保障讨论这一目标行为的完成。支持行为主要实现维持讨论小组的功能,教师要加强小组成员之间的联系,如帮助维持友好的氛围,调和化解矛盾,缓解心理紧张,提供必要帮助等。

在组织讨论行为时,教师要关注以下几个方面的问题:第一,小组的规模和构成。小组的成员一般以5—8人为宜,过大的小组规模容易造成成员参与讨论与合作机会减少,主动参与的成员数量减少。在以合作完成任务的小组活动中,由性格相近的成员构成的小组效率一般较高,而在完成需要多种理解形成综合认识的问题时,价值观念和观点不同的人组成的小组可以形成更丰富、更有创造性的成果。第二,小组的内聚力。内聚力强的小组,成员之间随时准备交流观点,更认真地互相倾听,更频繁地主动讲话,其效果一般也较好。第三,小组的交流模式。交流模式主要受两个因素影响，一是成员之间交流是否需要通过第三者，如教师；二是座位模式。须经过第三者交流的小组在完成小组交流的任务方面较有效，但成员参与交流的满意度较低；在座位安排上，圆圈式的座位安排中直接面对教师的学生比教师两侧的学生更多地参与交流；行列式座位安排中，前排学生比后排学生参与更多，中间学生比两侧学生参与更多。小组讨论时成员之间的座位模式，也会影响小组讨论功能的正常发挥，如果座位模式便于成员间的眼神交流，则可以增加成员间相互交流的机会。第四，小组领导方式。小组领导者是小组成员中影响小组实现目标进程的重要人物，可以由小组自选产生，也可以由教师指定或者小组成员轮流担任。专制的小组领导方式比民主的领导方式更容易在小组成员间产生敌意、攻击和推诿过失的行为。

（2）讨论行为的运用策略

第一，在讨论前，教师要有确定并准确表述的有待解决的讨论主题。所有学科中的问题都可能成为讨论的问题，不管是确定的事实、现成的结论还是有争议的观点。事实、现成结论作为讨论主题的价值在于，学生在讨论过程中自己要对事实做清晰、准确的表述，倾听并评价别人对同一内容的不同表达，最终获得准确的表述方式。相比而言，答案没有唯一性，每种答案背后又可能有不同推理逻辑、事实依据支持的争议性问题更具有讨论价值。这些问题可以激发学生搜寻新信息，调整思维方式，反驳对方逻辑、观点。经过讨论有多种可能性的问题，可以增进学生对争议问题的理解。

第二，选择合适的机会安排讨论。在中小学里，讨论活动一般穿插在教学过程中进行，专门组织的以讨论为主要形式的课堂教学并不多。在课堂教学过程中，过多地安排讨论活动并不是一个值得倡导的教学方式。在下列情况下安排讨论、合作活动，一般会收到较好的效果：

个人操作无法完成时。如在教学《统计的初步认识》时，当学生学会了初步的收集、整理数据的方法后，教师放录像让学生统计1分钟内从十字路口经过的各种车辆的数量。这时候学生就可以组成合作小组，明确分工，数不同类型的车辆，然后通过合作完成统计任务。

学生独立探索有困难时。在课堂上常常有让学生独立处理的学习任务，如果大部分学生可以基本完成，但过程中有失误，教师可以安排小组活动或同桌合作，让学生互相评判对方的做法并进行互相修正；当教师发现大部分学生无法较好地独立完成任务时，就有必要组织小组活动，让学生通过讨论合作完成。

学生意见不统一时。当学生对某一问题的意见出现分歧时，教师不宜做裁判，而应该给学生机会让他们把自己的观点、依据、思维过程呈现出来,让小组成员通过讨论辨别问题所在,形成更为丰富、完整的观点。

在教学内容的重点、难点处。在教学中,教师应在知识的关键处、思维的转折处、规律的探求处,设计小组讨论活动,充分发挥学生的主体作用,培养学生探索知识、发现问题的能力。例如:《圆锥的体积公式》既是教学的重点,又是学生学习的难点,在教学时,老师就可以给学生提供一个合作讨论的机会:今天我们来一起研究圆锥的体积公式,同学们猜一猜,圆锥的体积和什么体积有关系?(圆柱)怎样才能发现圆柱体积和圆锥体积之间的关系?

第三,讨论过程中的恰当组织和观察。在讨论过程中教师要专心倾听,并做出谨慎的反应。所谓谨慎的反应,主要指教师要尽量多倾听、少讲话,把更多的讲话时间让给学生;当教师不得不对小组讨论做出评价时,应该做到客观公正,尽量不带偏见和个人感情色彩。教师虽然基本保持沉默,但却要密切关注所有小组的学生讨论,还可以适时、适量地介入讨论,以确保讨论与主题的相关性,并在讨论陷入僵局的时候提供引导性的建议。教师的观察也为下一步的指导与教学提供基础。

讨论结束时,教师要对讨论结果作总结,归纳学生对讨论问题的认识或解决问题的办法,提醒学生面临的新问题,为后面的讨论或其他教学活动做准备。

(三) 指导行为

学生在课堂上独立学习时,教师的任务并没有改变,甚至可能对教师的能力提出更高的要求,但教师完成任务的方式已经发生了改变,它既不像呈示行为时教师有绝对的自主性,也不像教学对话时需要师生互动来解决问题,它是一种独立的教学行为方式,即指导行为或辅导行为。随着学生年级不断提高,学习能力逐步发展,自主学习也逐渐成为课堂教学中的常见行为。课堂教学中的指导主要包括三种:练习指导、阅读指导和活动指导。

1. 练习指导

练习指导是教师通过帮助学生成功地完成课堂练习,达成知识与技能的学习目标,保证教学顺利进行的行为。这里所说的课堂练习指学生的独立练习,一般出现在教师讲解、示范和教师指导下的学生练习之后,这样独立练习的目的在于帮助学生提高对知识技能掌握的熟练和自动化程度。教师在这一环节的主要任务是使学生把注意力集中于练习活动且有效地进行练习。根据学生练习内容的不同,练习指导可分为三种:口头练习指导(比如朗读练习)、书面练习指导、动作或操作练习指导。

在让学生进行独立练习前,教师要帮助学生做好对知识、技能理解和运用的准备。准备活动一般包括：对学生进行充分的讲解、示范和指导练习；独立练习的内容与之前进行的指导练习的内容相一致；教师与学生共同完成独立练习中的前一两个问题等。另外，要均衡安排独立练习的题量和题型，既要保证学生对同一题型的充分练习，又要使他们尽可能多地接触不同题型，两者发生矛盾时，以保证前者为前提。

在学生独立练习中，教师要在学生中间巡视，一方面监控学生练习，另一方面及时向练习中有问题的同学提供帮助，如果问题具有代表性，需要进行全班讲解，也一定要简短，控制在30秒以内。

建立独立练习时有关程序安排的常规也是提高独立练习效率的途径。比如进行独立练习过程中应该怎样做（安静书写、翻阅笔记本和教材，必要时向教师寻求帮助、不与同学闲谈等），怎样得到教师帮助（举手或在教师指导完另一名学生后而不是在指导过程中走近教师等），完成练习后做什么（举手示意，阅读教材，做补充练习或预习下一单元内容）等。另外，独立练习的作业量要适宜，独立练习的效果与独立练习的时间长度之间并不存在正相关的关系。对大部分的学习任务而言，大约10分钟的独立练习比较适当，学生更容易从课堂中相对简短的独立练习以及家庭作业中获益。

2. 阅读指导

阅读指导是教师在学生独立阅读教学材料时，帮助学生理解阅读内容和学会阅读方法、策略的指导行为。在学校中，阅读是学生获得知识的重要途径，而学会阅读是学校教育的重要目标。学生学会阅读的目标是在阅读的过程中实现的。

阅读指导有两个功能：第一，帮助学生理解特定阅读材料，这一功能在缺乏阅读技能的低年级教学中更为重要，帮助学生分析阅读材料的过程，正是教师向低年级学生提供阅读技巧和策略示范的过程。第二，帮助学生掌握阅读的一般方法和策略，这是阅读指导最有价值的功能。随着学生年级升高，阅读指导也主要转向阅读策略的指导，目的指向学生完全独立的阅读能力。

阅读指导主要有渗透式和附加式两种。渗透式阅读指导中教师借助学生阅读具体材料的过程给予相应阅读策略指导；附加式阅读指导中，教师则以专门的阅读指导课的方式对学生进行阅读的方法与策略指导。相比较而言，渗透式阅读指导更有助于学生阅读能力的提高，是一种在中小学课堂教学中被广泛采用的阅读指导方法。

3. 活动指导

活动指导行为指教师对学生独立从事的操作或实践活动的组织、引导和促进行为。学生独立从事的操作和实践行为可能发生在课堂内,也可能发生在课堂外。学生自主的实践活动对促进学生学科知识的融合、能力的迁移和个性养成具有重要价值,在自主实践活动过程中学生发挥积极性和主动性的状态,决定着实践活动对学生发展的意义和效果。教师适时而有度的指导,是保证活动顺利进行的基础,两者相辅相成。

学生的自主实践活动相对于一般意义上的学科课程教学而言,更强调实践过程中发挥学生的独立作用。在学生独立实践活动过程中,教师的作用由帮助学生获得具体知识、技能,转向协助和引导学生顺利完成实践活动。具体来说,活动指导主要有两个方面的功能:第一,指导学生自主开展学习活动,这一功能主要通过设计并组织实施活动方案来实现,教师在方案设计中要对活动目标要求、学习内容、组织方式和时间分配等做出安排,给学生活动方法和活动方向上的指导,在过程中促进学生积极参与并尽可能达成目标;第二,提供活动所需的必要的基本条件。活动条件包括物质条件、人力条件和信息条件等,这些"基本"条件是学生独立活动不可或缺的、学生无法通过正常渠道获得的、不完备的条件,教师提供的这些基本条件必须通过学生自己的加工后才能发挥作用。

依据学生自主活动过程中的学习类型,可以把活动指导分为体验学习指导、探索学习指导和解决问题学习指导三种形式;依据活动的组织形式,则有个别活动指导、小组活动指导和班级活动指导等形式;依据教师在指导过程中的作用,有显性的直接指导和隐性的间接指导之分。

二、课堂辅助教学行为

辅助教学行为指教师在课堂上为完成那些以学生学习状况或教学情境问题为定向的任务所表现出来的行为。辅助教学行为为主要教学行为服务,与主要教学行为存在差异:主要教学行为直接关注教学目标或教学内容,因而往往是直接的、外显的、经过专门设计的;辅助教学行为通常是间接的,有时甚至是内隐的,具有情境性。在一般的课堂教学过程中,辅助性教学行为常常表现为培养与激发学生的学习动机、有效的课堂交流以及教师在课堂行为背后所隐含的对学生的期望。

(一) 激发与培养学习动机

激发和培养学生的学习动机,是教师有效提升课堂教学效率的重要手段。学生在课堂教学中如果缺乏较高的学习动机水平,课堂教学活动内容很难真正转化成学生的知识、技能和能力。提升学生内在学习需求、激发和培养学生的学习动机,对教师来说具有挑战且非常重要。

动机可以定义为在自我调节的作用下,个体使自身的内在需求与行为的外在诱因相协调,从而形成激发、维持行为的动力因素。因此,学习动机包含三个因素:内在需求、外部诱因和居于中介地位的自我调节,其中自我调节的作用非常重要,它使个体内在需求与行为的外在诱因相协调,从而使内在需求获得动力和方向。

1. 激发内在需求

动机源于个体的内在需求,除了少数纯粹的自然需要之外,个体所具有的有社会意义的内在需求是通过学习而产生的。个体在社会化过程中,通过直接经验和间接经验逐步将社会对个人的外在要求转化成自己的内在需求。具有社会意义的内在需求与学校教育、家庭教化和社会要求相关,具有社会历史性和差异性,不同时代、不同社会文化背景下的个体,其需要各不相同,不同个体的需要也存在着明显的差异。人的需要满足和激发同时存在:依据马斯洛(A. H. Maslow)的需要层次理论,人类的需要可以从低到高分为七个层次,其中的生理需要、安全需要、归属和爱的需要、尊重需要属于基本需要或缺失性需要,而认知需要、审美需要和自我实现需要属于心理需要或称生长需要。马斯洛认为,基本需要在得到满足之后,便不再感到需要,而生长需要的特点是越满足其需要程度越强,并能够激发出个体强烈的成长欲望。满足个体的基本需要,有助于激发更高层次的需要。因此,要激发学生的学习热情、学习兴趣和学习需要,首先要满足其基本的生理、安全、归属和爱、尊重等需要,只有当学生的需要进入较高层次时,才能真正安于学习、进步迅速。

在学校教育中,学生需要层次的递升遵循着由低到高的顺序,满足低层次需要是激发高层次需要的前提,但学生高层次需要的出现不能靠被动等待,而要主动地促进和激发。对于那些尚无学习动机的学生来说,教学的最好方法应当是,不管他们当时的学习动机状态如何,都要尽可能有效地教,让学生在教学活动中的收获成为激发他们学习动机的资源。在教学中,激发学生学习动机的最好方式是把重点放在学习的认知方面,而不是动机方面,依靠富有成效的教学工作使学生从内心体验到学习本身的乐趣,从而提升学习动机。

2. 设置外部诱因

课堂教学中的外部诱因主要表现在教学目标的设置和强化(主要是奖赏)两个方面。

设置适合于学生的教学目标并让学生明白行为的目标及其要求,有利于学生在课堂教学中自觉学习,完成规定的任务。设置教学目标要关注以下几个方面的问题：第一，要让学生理解并明确教学目标的具体内容。教学目标一般是外部规定，与具体学生的内在需求之间存在差异，而只有当目标与行为者的需求相匹配时，才可能使行为者调整自身行为，激发完成目标的动机。因此，在课堂教学中让学生明白目标非常重要，如果能够让学生参与目标设置的过程，并能够根据自己的现实状况调整或分解对自己而言过高的目标，这样学生才能够最大限度地调动自己的学习积极性。第二，从长程的角度看，教学目标的设置应该远近结合。学生应该有自己长远的目标追求，也应该根据长远目标设立近期目标，使近期目标在实现的过程中提升学生的自我效能感，并不断逼近长远目标，避免因目标过于高远无法实现而降低学生达成目标的信心。第三，教学目标的设置应稍高于学生的已有发展水平。教学目标与学生实际水平之间保持一定的差距，让学生产生适度的内部紧张状态，更能调动学生学习的积极性。

课堂教学中的强化，主要指外部的奖赏作用。奖赏可以分为两大类：物质的和精神的，物质的如奖品、资金等，精神的如表扬、鼓励、赞赏等。一般研究认为，强化有助于个体动机的激发，外部强化作为学生学习动机的一种重要激励手段，在课堂上得到了广泛的应用。新近的研究则发现，外部强化对学生学习动机的影响是复杂的，并非完全的正相关关系。当学生把外部强化视为控制时，他们的内在动机会降低，只有当学生把外部强化视为积极的反馈时，他们的内在动机才会得到加强。另外，若外部强化成为学生的主要的学习动机，则他们有可能因陷于对外部控制的依赖而降低学习的自觉性。因此，在现代心理学中，一般认为强化手段宜谨慎使用，对学生学习动机的激发应以内在动机为主，外部强化只能作为一种辅助手段。

3. 培养自我调节能力

自我调节起着协调动机各因素之间相互关系的作用，动机中的内在需求和外部诱因通过自我调节的中介作用发挥功能。培养学生的自我调节能力，是提高学生学习动机、增强学生学习动力的关键因素。自我调节能力的培养包括形成合理的预期、培养自我效能信念、形成正确的归因模式等。

形成合理的预期。预期是人对其行为目标实现可能性大小及其价值的估计，它是动机的一种中介认知因素，是个体在行动之前对行为结果的估计。人们通过事先的思考预计到行为的可能结果，然后再根据这种预期来调整自己的动机水平、行为目标等。动机的预期理论认为，学生做某事的动机，取决于他对自己成功机会的估计，以及他对成功价值的评估，其动机水平取决于自己所估计的成功概率与成功所具有的价值，用公式表示为：成功（M）＝估计的成功概率（Ps）×成功的诱因价值（Is）。依据这个公式，成功概率和成功价值中的任何一个因素的值为零，其动机就为零,只有当成功的概率和成功的价值都处于适中状态时,才会有最强的动机水平。这一理论对教师而言至少有以下几个启发:第一,教师给学生的任务既不能太难也不能太容易;第二,恰当设定成功的标准,如果学生无论怎么做都不能获得满分的话,他就不可能会有最大限度的学习动机;第三,给学生完成任务提供支持性资源,如果学生的经验证明无论他怎么努力也不可能达到及格水平,他的学习动机也基本上没有了。

培养自我效能信念。自我效能信念是一种反映个体对自己有能力成功地完成某项活动的信任程度的心理特征,也称自信心或自我效能感,它是个体自我调节能力的一个重要因素。通过自我效能信念,个体在进行某一活动之前,对自己能否胜任该活动进行判断。自我效能信念强的学生,往往给自己确立较高的学习目标,而自我效能信念弱的学生则相反。

影响学生自我效能信念的因素大致有以下方面:第一,学习成功与失败的经验。学生的直接经验对他的自我效能信念的建立影响很大,成功的学习经验会提高学生的自我效能信念,失败的学习经验则会降低学生的自我效能信念。第二,替代性经验。除了直接的学习之外,学生还通过观察他人的行为来形成自我效能信念,比如当学生看到与自己水平相当的其他同学学习成功时,就会增强自我效能信念;同样,当他看到其他同学,尤其是与自己水平相当或比自己水平高的同学失败时,则有可能降低自我效能信念。第三,言语说服。即个体可以通过他人的教育、建议、劝告、鼓励等来提高自我效能信念,不过,通过这种方式获得的自我效能信念,没有通过直接经验和替代经验获得的自我效能信念稳定和有效。

形成正确的归因模式。对结果的成败归因,会极大地影响个体后续行为的动力和个体的自我效能信念,不同的归因方式会产生不同的效果:个体把某项活动中的失败归因于自己缺乏能力,就会产生消极的情结,降低甚至丧失对活动的成功预期,进而降低相应的后续行为的动机水平;同时,该学生的自我效能信念将会降低。在课堂教学中,教师要有意识地对学生进行归因训练,通过教师的中介干预,使不利于学生提高后继行为动机水平的动机归因模式,转化为有利于提高学生动机和自我效能信念的归因模式,提高学生的自我效能信念,帮助学生经常保持积极的情感状态和较高的成功预期。

相关研究总结出两类典型的成败归因模式,见表 10 - 1[①]。

表 10 - 1　成败行为的归因模式

积极的归因模式	积极情绪(如自尊、自豪等):成功→能力→增强成功预期→动机水平提高→自我效能提高 动机性情绪(如内疚等):失败→缺乏努力→保持较高的预期→动机水平提高→维持较高自我效能
消极的归因模式	消极情绪(如无能、压抑等):失败→缺乏能力→降低成功预期→动机水平降低→自我效能降低 一般情绪(如冷漠等):成功→运气→很少增强成功预期→动机水平不高→自我效能低

消极的归因模式不利于个体后继行为和自我效能信念的提升。在教学中教师应该有目标、有计划、有针对性地进行训练,运用说明、讨论、示范、强化等措施,使学生通过归因产生积极的情绪、较高的学业期待和自我效能信念。在课堂教学中,教师对学生的归因训练,要避免空洞的说教,把重点放在帮助学生解决认知问题上,以之作为改变学生的归因方式的载体。比如,学生由于考试成绩不好而灰心时,教师的辅导、鼓励主要在于帮助学生做出恰当的分析,使学生作出努力不够或其他诸如难度大等外在归因,以便使学生改变自己的归因方式,激发学习热情,提升自我效能信念。

激发与培养学生的学习动机,不是某一节课上可以完成的任务,而应该是渗透在教师课堂教学的每一个环节中的教学辅助行为,对于教师来说,重要的是提高认识,并在教学中保持对激发与培养学生学习动机的敏感,这样才能选择恰当的时机对学生进行教育和影响,使学生的学习动机保持在相对高的状态。

(二) 有效的课堂交流

教学是一种交流,没有课堂交流,课堂教学就不可能发生,良好的课堂交流是教学成功的基本条件。课堂交流是课堂情境中教师与学生之间的教学信息传递与反馈的行为过程。教师、学生、课堂教学信息构成了课堂交流的基本要素,其中教师是教学信息的主要发送者和控制者,学生是教学信息的主要接受者;教师不断把教学信息发送给学生,也不断地接受由学生发送的各种教学信息,及时作出判断和调整教学行为。从这个意义上讲,教师和学生互为教学信息的发送者和接受者。

课堂教学信息由教学内容、教学状态信息和课堂环境信息三部分构成。教学

[①]　施良方,崔允漷.教学理论:课堂教学的原理、策略与研究[M].上海:华东师范大学出版社,1999:245.

内容信息即与教材和课程相关的信息，包括知识的意义、知识的逻辑结构和知识的符号信息；教学状态信息是与教学内容相关联的教学双方的状态信息，包括师生双方向对方做出的反应结果，以及通过个体行为方式方法和观念而体现出的个体活动能力水平和个性特征；课堂环境信息包括课堂教学的一般设置，如教室及其中的布置、教具等自然条件和偶然的自然变化，还包括一定范围内以人际关系为基础形成的班级风气、个人背景等社会性因素。这三种信息只要不符合教学目的或者不利于教学过程推进，都会变成教学过程中的干扰和噪音。一般来说，信息和噪音是两个相互对立的存在，但在教学系统中，噪音和信息却充满着转化的可能：同一信号或消息，由于接收者的主观因素不同和时空的改变，既可能是教学信息，又可能是教学噪音。教学噪音的形成主要来自教学双方的复杂状态。在教师方面，包括诸如由消极情绪导致的教学行为，教学环节安排混乱，不符合教学内容和学生学习特征的教学方法，对教学环境的不恰当选择等因素；在学生方面则包括诸如消极的情绪、错误的动机、薄弱的知识基础、混乱的思维过程、低效的学习方法、不良的学习习惯以及与学习内容不一致的兴趣等因素。

作为课堂交流中主要的信息发送者和控制者，教师要有效地防止教学噪音的产生，首先要保证教师教学状态的优化，在信息的编码与反馈上提升质量，并通过恰当的言语和非言语交流，消除学生心理上的"意义障碍"、个性上的消极特征和知识上的缺陷。

1. 教学信息的编码与反馈

教师对教学信息的编码主要包括对知识信息进行加工，形成生动易懂的活动信息，并根据学生在课堂教学中的反馈状态有效地调控教学信息，保证课堂交流的顺利进行和切实有效。知识信息的加工即根据教学任务和学生实际把教材编码、转换为教学工作计划和教学设计，这实际上是教师对由特定符号、文字和逻辑构成的知识做出的个体化理解和重新编码，这一过程要求教师明确教学目的要求，准确理解教材内容，熟练掌握学生身心发展特点、发展水平和发展状态。经过理解和重新编码的教材信息形成了静态的教学设计，要使之产生效用，还需要把静态的信息转化成动态的活动，通俗地讲就是把教学设计转化成教学过程，并根据课堂教学情境和学生反馈状态进行动态调整。

反馈指信息发送者把经过编码的信息传递给接收者后所产生的结果再接收过来，以对再发送的信息产生影响的过程。教学信息交流过程一旦发生，其中的任何一次信息交流都可以看作是对上一次信息流通结果的反馈。课堂交流中如果无视信息交流中的反馈，就会产生失控和紊乱状态，课堂效率就无法得到保证。教学信息反馈主要有三个方面的功能：

第一，动力功能。教师根据学生的反应，依据一定的教学目的向学生提供合适的反馈信息（肯定、否定、启发、指点等），可以使学生提高或降低自尊感和自信心，唤起新的获得或放弃努力的内在需要。反馈是保持自我调节功能运转的不可缺少的一环，对于动机的整个形成过程都有影响。学生通过教学反馈得到信息，及时地调整动机各个因素之间的关系和行动方案。同样，学生根据教师的教学，也依据一定的学习目的向教师提供一定的反馈信息（理解或疑惑、肯定或否定、接受或拒绝等），教师也可以从学生的反馈中增强或减弱自信程度和积极性，做出相应的适合于学生学习或维护教师尊严的反应。教学信息反馈的这种增强或降低课堂交流积极性的属性被称为教学信息反馈的动力功能。在课堂教学中，保持教学反馈的通畅，让学生及时了解学习的进展和结果，获得相应的评价，有利于学生更好地调节自己的学习动机和学习行为水平。

第二，检测功能。教师根据学生发出的反馈信息（作业、试卷、行为、表情、语言等），分析并判断学生的学习成绩，检测课堂教学的有效程度，对教学成效做出预测。另一方面，教师根据学生的反应，也向学生提供与前一次输出不同的反馈信息（反问、回答、叙述、指点、解惑、批评、表扬等），学生据此分析自己的学习效率，判断自己的行为与教学目标或教师喜恶间的差异，同时判断教师教学工作的效果。教学信息反馈的这种促进教师和学生判断课堂教学成效的属性被称为教学信息反馈的检测功能。

第三，调控功能。学生根据教师的教学信息反馈，判断自己的行为并对自己的行为做出调整和控制；同样，教师根据学生的学习反馈，判断自己的教学状态，并对整个教学过程进行调整和控制，如决定是否需要重新解释、改变教学方式等。教师还可以根据教学信息的反馈调整整个教学行为的策略，比如改变教学计划、调整教学目标、完善教学组织形式、优化教学方法等。学生在根据教学信息反馈调整学习活动的同时，不断调整自己的学习行为策略，比如改变学习习惯、改进学习方法、改变知识结构等。教学信息反馈的调控功能就是指教学信息反馈所具有的制约教学行为进一步发展的方向、水平与策略的属性。

为了积极有效地发挥教学信息反馈的功能，教师在教学实践中应该做到以下几点：第一，以正面启发和肯定为主对学生进行教学信息反馈，以利于纠正破坏学习系统和偏离教学目标的行为；第二，正确评价教学成效，以利于学生更好地掌握自己的学习状态；第三，培养学生自我组织的能力，以促进教学过程的协调发展。学生的自我组织能力主要指学生的自我分析、自我调整、自我定向和自我控制能力；第四，反馈及时并有针对性。教师对学生的评价要明确，不能模棱两可。教师对学生的引导要有效地指向具体问题，使学生在接受了肯定或否定评价的同时，了解问题存在于哪里，以利于学生下一步的改进；教师的评价和帮助还要不失时机，使学生获得有利于发展的最佳机会。

2. 课堂言语与非言语交流

课堂教学过程中，教学信息的发送与接收主要通过言语、声音、身体或情境等言语或非言语方式进行。教师在课堂教学中良好的谈话、观察和倾听技能，是保证课堂信息传递通畅顺利、高效完成教学任务的基础。

（1）言语交流

言语交流指个体运用语言工具传递信息的过程，包括口头言语交流和书面言语交流两种形式，在课堂教学中，口头言语交流具有举足轻重的作用。一般而言，良好的言语交流包括三个基本特征：第一，可接受性，即交流双方均了解对方已有的知识水平和心理状态，考虑对方能否听懂或看懂；第二，合作性，即交流双方互为受众，互为发言者，彼此既要有诚意平等相处，又要有耐心和虚心，尽量使自己的言语表达准确、明了、易懂；第三，情境性，即言语交流者应针对当时的情境，充分利用表情、动作、声调或上下文关系等来表达自己的意思。

课堂教学中的言语交流遵从良好言语交流的一般准则，同时又具有独特性。与日常言语交流相比，课堂言语交流是有明确任务指向的交流，即师生通过言语及非言语信息展开并维持教学活动、完成教学任务；课堂言语交流传递的主要信息大多是经过筛选的已有的认识成果。因此，在课堂言语交流中，教师在表述上要更关注言语信息的可理解程度，教师的言语表达应该尽量具体、准确；同时，教师还要通过学生的反馈判断言语交流的实际效果，并据此调整言语沟通方式。

在课堂教学中，教师可以使用的言语交流策略包括：第一，述义，即在听过对方说话后，为了确切了解对方的意图，教师再按照自己的理解用自己的话说出对方的意思。述义可以用于教师对学生的表达真实意思不太清晰的情况，也可以用以检测学生是否真正理解教师所表达的意思。如果教师能够对学生的话述义并征求他的意见，可以明显提高学生参与对话的愿望和积极性；学生的述义行为也是教师判断言语交流效果的有效手段。下面分别给出了良好交流和不良交流的示例，请对比。

［良好交流示例］

甲：A 实在不应该当教师。

乙：你是说他管教太严厉……甚至太苛刻？

甲：不是的！我是说他喜欢挥霍。教师的工资恐怕不够他开销。

乙：原来如此。你认为他应该找工资高的工作？

甲：正是。他实在不适合当教师。

[不良交流示例]

> 甲：A实在不应该当教师。
>
> 乙：你的意思是说他不适合当教师？
>
> 甲：就是嘛！他实在不适合当教师。

第二，行为描述，即客观描述可观察到的可能改变的对方行为；对不可能改变的行为则不予描述，也不揣测和评价对方的动机、态度、人格特质等，以便使交流能够顺利进行，且给对方改善行为提供方向。比如："小明，今天讨论的时候你讲得比别人多得多，而且好几次别人还没有讲完你就插嘴"的表述方式，会明显优于"小明，你不懂得谈话的礼貌"或者"小明，你真喜欢出风头！"等表达方式。

第三，情感描述，即清楚而具体地描述自己的感情，以便让对方了解你在当时的内心感受，避免造成对方的不理解或误解、猜疑。比如：相比"你根本就是在撒谎"，"你又忘记带作业了，我感到非常失望"的表达可能更容易让学生接受和改变行为。

第四，印象核实，即根据对方的表情或语言来推测其感情，并向对方核实是否推测对了，以保证不因猜测错误而影响交流。比较下面两种说法："我觉得你在生我的气，对吗？""你为什么生我的气？"，第一种说法可能更有助于交流，第二种说法中武断的猜测（你在生我的气）和质问的语言，引起的有可能是冲突和对抗。

以上所说的言语交流策略是一般言语交流时的有效策略，如果教师能够掌握和经常运用这些技巧，课堂教学中的师生交流就会更有成效，也更有利于建立起良好的师生关系。

（2）非言语交流

非言语交流通常指我们通过各种姿态所传递的信息，比如我们站、看、动的方式，运用声音、重音的方式，运用空间甚至语言的方式等。这些非言语信息可以强化、修正我们的言语信息。非言语交流信息一般包括面部语、体态语、服饰语、空间和运动语等。面部语是表达内部情感的第二语言，它可以强化、修正口头语言，甚至可以与口头语言相冲突；头、臂、手和其他身体部位组成的体态也是广泛的非语言交流通道；服饰是个人性格气质特征与审美能力的直接表现形式，也是一种典型的非言语交流方式，教师的服饰除了反映教师个人的审美情趣之外，还受到社会正统文化的规范，受到学生心理发展水平的制约，整洁、美观、大方，应该是教师服饰语具有的基本特征。教师对空间的运用和学习环境的安排，以及教师在课堂教学中的行走方式等，也是课堂教学中的非言语信息，它可以营造出不同的教学氛围，影响师生的沟通方式和师生关系，同时影响课堂教学过程中的信息流通。

在课堂教学中，教师要根据学生的特点和认识水平、经验水平，有目的、有意识地对教学内容信息和课堂沟通信息进行恰当的编码，并在教学过程中仔细地观察和倾听，把学生的言语和非言语信息作为判断和调整自己课堂交流方式与策略的依据；同时，也把自己作为学生课堂交流的一面镜子，通过自己的反应，诸如描述、澄清性追问等，帮助学生弄清楚自己的感受，尤其是在言语及非言语活动中所暗含的意义。教师要恰当地对学生言语及非言语活动所暗含的信息解码成完整的信息，并在重新编码后恰当地表达出来，促进师生之间的相互理解，促进课堂交流的有效进行。

（三）积极的教师期望

自 20 世纪 50 年代后期开始，有关教师期望对学生发展的影响的研究逐渐受到重视，其中心理学家罗森塔尔（R. Rosenthal）和雅格布森（L. F. Jacobson）的研究尤为引人注目。他们对小学各年级儿童进行"预测未来发展的测验"，然后向教师提供一份名单，说名单上的孩子"有发展的可能性"。实际上，这份名单是随机抽取的。8 个月后，教师就像预期的那样，发展了这些孩子的智力。实验结果表明，教师的期望对学生行为产生了影响。这种教师期望对学生所产生的影响被称为"皮格马利翁效应"，亦称"罗森塔尔效应"。这一实验结果告诉我们，当教师对学生所要达到的心理、智力、知识、能力、行为状况或变化有着某种预先设定时，教师的这种内在主观倾向往往反映在其外在行为上，从而给学生造成某种特定的心理环境，影响学生的自我概念和学业成绩。

1. 教师期望的特点

教师期望具有四个方面的特点：暗示性、层次性、情感性和激励性。

暗示性。教师综合、加工来自各方面的学生信息，形成对学生的期望，并通过自己的日常行为传递给学生。教师在传递自己期望的时候，往往意识不到自己对高期望学生与低期望学生有着不同的态度和行为方式。换句话说，教师期望的传递方式是隐蔽的、无意识的，他通过态度、表情、接触方式等，将其对学生的期望以微妙的方式传递给学生。

层次性。层次性主要表现在年龄、基础水平、时间三个方面。教师对学生的期望具有年龄层次差异，即对不同年龄的学生可能持有不同的期望。教师期望在学生基础水平方面所呈现的层次，指即使对于同一年龄的学生，由于学生性格、能力、行为表现等方面的差异，教师也会对学生进行分类或分群，并根据自己的判断，对同一年龄组的学生表现出不同的期望。在时间上的层次，主要指教师不仅对不同年龄组、同一年龄组的学生有着不同的期望层次，即使对同一个学生的不同时期也存在不同的期望,这种期望层次与学生能力发展的序列相关。

情感性。教师期望转化成学生的内在需求,是一个情感活动过程。一方面,当学生感受到教师真诚的期望时,会倾向于接近教师,缩短师生之间的情感距离;另一方面,教师期望要为学生所接受,也需要贯注教师的真诚与关爱,这样学生一旦体会到教师的期望,就会主动接受、理解并努力实现。反之,师生之间的情感距离则有可能拉大。

激励性。教师期望效应的激励性,更多地来自于师生间的相互理解。理解是期望的基础,期望是理解的具体表现。教师如能对学生进行全面、正确的分析,充分理解和尊重学生的特点,形成切合实际的期望,就能更好地创造条件,促进学生最大程度的发展。师生之间的相互理解,有助于激发学生内化教师期望的积极性,激励其良好的行为表现。

2. 教师期望效应的实现过程

在罗森塔尔的实验中,教师对部分学生的积极期望是由实验者告知的;在实际的学校情境中,教师期望是在师生的交往过程中形成和实现的。由于教学中教师的心理因素、教学观点和教学态度的个别差异,学生的个性特征、智力水平、学习动机、学习成绩以及对教师期望的敏感性的差异等因素,致使教师期望的实现过程相对复杂。具体来说,教师期望效应的实现过程包括教师形成期望、教师传递期望、学生内化教师期望,以及教师维持和调整期望四个环节。

(1) 教师形成期望

教师的期望作为教师对学生施行教育教学的一种特殊方式或策略,在一定程度上规定、制约着学生的发展方向。没有期望,期望效应就无从谈起。因此,教师期望效应是从教师形成期望开始的。

教师形成期望往往是通过对来自各个方面的信息加以过滤、评价、整合而形成的,因此对不同的学生有不同期望。形成期望的过程受教师自身的生理、心理、经验以及对学生了解程度等主观因素的影响,也受到来自学生的各种信息的影响。教师的主观特征相对稳定,教师对不同学生形成的有差异的期望,主要来自学生个体的影响因素。学生的年龄、社会地位、性别、能力、行为等方面的差异,是影响教师期望的主要因素。

年龄差异。教师往往对年龄不同的学生存有不同的期望,他们一般认为,在其他条件相似的情况下,年龄大的孩子更有能力作难度更大的工作,并在潜意识中对他们有更高的期望。

社会地位差异。学生社会背景也是影响教师期望的一个不可忽视的重要因素。有研究发现,教师往往容易认为,那些家庭条件好的孩子有更高的能力,他们在认识评估中会得到较高的分数,在教师的日常行为中也会给予这些学生更多的关注。教师一般对来自家庭环境困难的孩子的期望较低。不过,这一研究结果存在较大的文化差异。

性别差异。女孩子在中小学时,在许多方面表现出比男孩子更高的发展水平,并取得更好的成绩。研究发现,在小学,女孩在写作语言领域表现出较高的能力,而男孩则在这些领域表现出更多的困难。然而,尽管女生在某些方面明显地优于男生,当要求教师对个别学生的能力进行评价时,他们却会认为男生的能力比女生强,而且他们更多地相信或期望男生有更好的表现。

能力差异。教师的期望与学生的能力有密切关系。一般来说,能力强的学生更容易取得好成绩,更容易达到较高的发展水平,因而更容易获得教师更高或更多的期望;能力差的学生获得的教师期望则较少或较低。

行为差异。学生具体的行为习惯和表现,在教师期望的形成中占据重要位置,因为人们往往将行为与能力联系起来,一个行为习惯差的学生往往不会被教师看作是能力强、有发展潜力的人。

教师期望受到多方面因素影响,教师对学生的期望,有时候并不能真正反映学生的能力和发展水平。教师要形成对学生的合理而适当的期望,需要排除干扰因素的影响,也需要有意识地减少自己的认识偏见,尽可能了解学生,从他们的实际出发,给予他们客观的评价,形成对学生的积极的期望。

（2）教师传递期望

教师所形成的对学生的期望,在课堂教学中主要通过课堂活动安排、活动中的接触方式、评价方式等传递给学生,影响学生的自我期望。

课堂活动安排。给不同的小组以不同的教学活动。这一传递方式主要应用在以小组为教学组织形式的课堂上。教师先将学生分组,然后按照学生的能力水平布置不同的任务,教师分组的依据相当部分来源于教师对学生的期望。在以班级为教学组织形式的课堂上,教师则以设计有梯度、可选择的任务方式,传递对不同学生的期望,这种方式避免了对学生明确的能力区分,更有利于学生挑战自己的能力限度,向更高一级水平发展。

活动接触方式。教师对期望高与期望低的学生学习活动的接触方式的差异,主要体现在接触的内容上。一般来说,教师与学业水平较差学生的接触多是个体和单独的,在群体活动中,较好的学生与教师有更多的接触。除此之外,教师与学业水平较差学生的接触,除了谈论一些学业问题外,更多的是一些与学业无关的问题。

评价方式。赞扬或批评直接表达了教师对学生行为的评价态度,而对某一学生的某一行为选择赞扬或是批评,直接受到教师期望的影响。教师批评能力高的学生多于能力低的学生,而表扬能力低的学生多于能力高的学生。教师难以接受那些他认为可以取得较好成绩的学生所表现出的较差的学习结果,而对于那些他本来期望就较低的学生,才给予更多的表扬。

不同的教师期望引起不同的教师行为反应,通过行为反应教师把他对学生的期望传递给学生,并在学生身上产生效应。

(3)学生内化教师期望并调节自己的行为

教师期望只有被学生了解并接受之后,才能打破学生原有的心理平衡状态,唤起心理上的新需求,进而产生并推动学生实现教师期望的行动。对于一个学习成绩好的学生来说,了解教师的期望之后,大多会使自己的行为跟教师的期望相吻合,努力改变学习行为以达成更高的学习目标;对于一个教师期望较低的学生来说,他如果认可了教师的期望,就很可能降低对自己的期望值,放松对自己的学业要求。当然,学生也并非完全被动接受教师的期望,不同的学生会对教师的期望持不同的态度,部分学生会采取某种方式不接受或者抵制教师的期望,从而阻碍教师期望的实现。

(4)教师维持或调整期望

教师在传递出自己的期望之后,还要学会根据学生对教师期望的反应结果或内化程度等方面的反馈信息,及时调整或维持自己的期望,持续发挥期望的效应。教师要对学生的行为进行及时评价,使学生良好行为得到强化,不良行为得到纠正,对学生进行良好的倾向性反馈,并在此基础上形成新的期望,使教师期望效应始终处于良性循环之中。教师期望效应实现的各个环节紧密联系在一起,形成一个循环往复的环状结构。

3. 积极的教师期望策略

教师期望效应在教育教学中有重要意义,为了有效发挥教师期望的积极效应,在实践中可以采取如下策略:

第一,在客观基础上形成积极期望。教师的期望目标应该以学生的已有发展水平为客观基础,不能超出其发展的可能性,否则教师期望就因过高、学生无法达成而成为学生发展的障碍。同时,教师还要相信学生都是具有发展潜力的个体,因此教师的期望应该适当高于学生现有发展水平,教师期望的目标应该与学生已有发展水平之间存在必要的张力,促进学生积极主动地向更高水平的目标发展。由于教师期望所具有的暗示性,这种建立在客观基础上的积极期望,将为学生创造一种良好的暗示环境,并使之较好地转化为学生的自我暗示。

第二，始终以教学为主要职责，倾注教师的良好情感与真诚关爱。教学活动为教师期望的实现提供了主要的空间和时间，如果脱离了具体的教学活动，再美好的期望对学生而言也会变得空洞和抽象，其效应发挥就会受到限制。把空洞的说教作为教师期望实现的主要途径是不可取的。因此，教师一定要把教学活动作为自己的主要职责，有效地帮助学生学会学习，完成教学目标。此外，由于教师期望实现过程具有情感性特征，它本身就是一种师生之间的情感交流过程，教师除了以教学为主要职责外，还要在教学过程中倾注积极的情感和真诚的爱心，用情感和爱心去感染和打动学生，让他们伴随着丰富而积极的情感体验，参与教学过程，积极主动地内化和实现教师的良好期望。

第三，合理实施教学目标，与学生共享教学乐趣。教师期望的目标最终是为了促进学生最大限度的发展，期望目标的实现需要具体体现在教学目标的完成之中。因此，教师要合理地分解教学目标和期望目标，采取措施帮助学生顺利实现目标，尤其是那些成绩比较差的学生，使每个学生都会因目标的完成而享受到成功的乐趣。教师也要学会欣赏每一位学生的成功，形成师生之间相互信赖与激励的良好期望氛围，促进学生身心发展水平的不断提高。教师期望的目标也要随着学生身心发展水平的提高而不断地调整和变化。

第二节 课堂教学的一般过程

教师再详尽的准备，也不可能穷尽学生的各种想法、问题和困难，学生的真实学习状态，只有在课堂中才能完整而具体地呈现出来，教学中的"开放"就成为必须，教学中的意外属于正常，而这些真实的课堂教学中呈现出的学生的真实学习状态和想法，是教师进行教学的重要资源，是课堂教学的真正起点和促动力。

一、课堂教学基本结构

本节所介绍的"课堂教学基本结构"，主要是叶澜教授领衔的"新基础教育"整体转型性实践变革在长期课堂教学改革研究和实践中形成的对于课堂教学结构形成的认识。

在长期、大量的"听—说—评课"和专题研究基础上，"新基础教育"形成了对课堂教学过程展开逻辑的认识：首先，课堂教学是教与学的互动生成的过程；其次，课堂教学过程是一个弹性、开放的过程；第三，课堂教学过程由有向开放、交互反馈、集聚生成、开放延伸四个部分构成,四个部分的具体化构成了"新基础教育"课堂教学的基本环节,大致可以概括为图 10-9:[①]

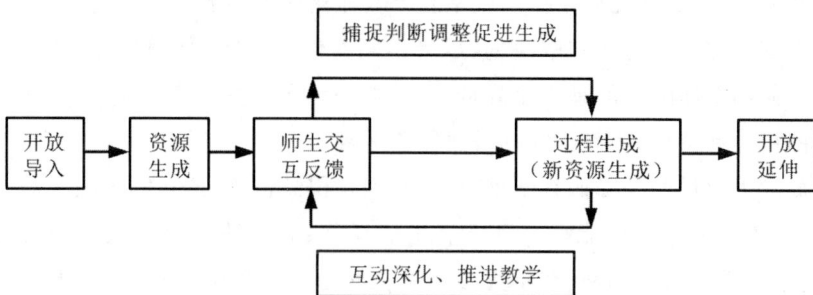

图 10-9 "新基础教育"课堂教学过程

(一) 有向开放

有向开放即通过指向教学目标的开放性问题,激活学生资源,为交互反馈提供条件和基础。教学目标确定之后,教学过程设计的第一个问题,是设计指向教学目标的开放性问题,目的在于激活学生与教学内容相关联的已有知识、经验、能力,为使全体学生参与到课堂教学过程中创设平台。开放相对于封闭而言,一般指在教学过程中,教师用相对复杂的、有一定难度的、有多种可能结果的问题或任务,让不同层次的学生都能够通过思考、调动已有知识或能力解决问题或形成答案,给学生创造积极参与课堂教学的机会,降低教学重心,"把课堂还给学生",形成基于学生已有知识或经验、能力的教学资源。

开放导入一般以面向全体学生的真实的、富有挑战性的开放性的大问题为起点。开放性问题与封闭性问题相对应,封闭性问题一般指有标准答案的问题,相应地,开放性问题一般没有固定的标准答案。开放的大问题一般具有以下几个特征:第一,是相对复杂的问题,对学生有一定难度,需要他们检索已有知识、调用已有经验或已经形成的能力,思考空间和答案差异都比较大的问题。通过提出问题的方式直接导入教学,也是为了激发学生的内在兴趣和参与课堂的动力。第二,真实的问题,即与学生的生活经验和个体能力相关联的问题,有助于学生在具体的情境中思考,这一点对于处于具体思维占主导地位的小学生来说尤其重要。第三,"有挑战"的问题,是基于学生已有水平指向学生发展可能的问题,有挑战的问题能够有效激发学生解决问题的欲望,解决这样的问题需要学生在已有的认知结构中检索

---

① 吴亚萍,王芳.备课的变革[M].北京:教育科学出版社,2007:167.

与问题相关的经验或信息,并通过积极的思维过程形成解决问题的方案或答案。教师能否提出这样的问题,关键在于教师是否了解学生的现实发展状态和发展潜能。在开放环节强调"面向全体",就是要求教师在导入环节所提出的问题,必须是全体学生都能够参与思考和解决的,尽管不同的学生对问题的解决水平和质量存在差异。面向全体的目的是为了降低教学的重心,使学生从教学过程一开始即都有参与的机会和条件,为教学互动搭建资源平台;

开放导入的目的是降低教学重心,让学生有积极思考、独立解决问题的时间和空间,使每个学生都有可能在自己已有生活经验、能力基础上形成解决问题的方案,提高学生学习的主动性;在学生参与解决问题的过程中,不同的学生形成的解决问题的不同方案、不同思路、不同经验,给下一步教学过程的互动生成提供基础性资源,这些基础性资源中既包括正确的答案、精彩的见解和独特的解决问题思路,也包括错误和认知障碍。正确的方案、独到的见解是下一步教学的资源,错误与障碍也是下一步教学的资源,而且是更为重要的、在教学过程中不能回避的教学资源,因为错误和障碍反映的是学生在学习过程中需要帮助的地方,呈现的是学生的"最近发展区";教师准确诊断、及时帮助,促使学生由不理解走向理解、由错误走向正确,正是教学过程的价值所在。当学生出现有价值的错误时,教师的责任不在于给出正确的答案,而在于尽可能充分利用学生的错误资源,使不同水平的学生之间形成思维碰撞,教师以适当的点拨帮助学生找到错误的原因,明白自己的问题所在,从而改正错误、形成正确的理解。这个过程同时是一个让学生学会表达自我、倾听同伴、学会接纳与交往的过程,也是一个培养学生自我认知和内向反思意识的过程。

在开放导入过程中,教师要学会倾听,学会从学生呈现的问题中判断其思维方式和对问题认识的困难和障碍,学会捕捉与回收学生资源而不仅仅是教师想要的标准答案,成为教学过程中的资源回收者和重组者。教师在学生解决问题的过程中要做到:第一,及时巡视,把握学生解决问题的整体状态,有目的地采集样本,搜集不同类型学生的相关信息;第二,判断学生信息的不同形态,选择有代表性的、富有教学推进价值的信息作为下一步的互动资源;第三,并列呈现不同学生或小组的差异性资源,给下一步的小组讨论或合作学习提供基础,也可以给学生提供比较、鉴别、归类、辨析错误、形成正确或最佳方案的机会。

有向开放给学生提供的是积极、主动参与课堂教学的机会,留给教师的是比封闭式系统讲解更大的不确定性和面对"意料之外"问题的巨大挑战,当然,挑战的背后可能是教学智慧的生成和积累。

（二）交互反馈

交互反馈是伴随着有向开放而生的一个步骤，它可以在"有向开放"基本完成后进行，更多的时候是穿插在"有向开放"的过程中。开放性的问题可以激活学生的思考和经验，也就有可能呈现出超出教师预设的情况，使教学过程中的不确定因素增加。面对学生呈现的复杂、丰富的基础性资源，教师要进行判断和选择，并给出恰当的回应：或者把个别学生有价值的认识变成供全班同学思考和体验的资源，或者对具有差异的个性化见解梳理成系统的、结构化的知识，或者在学生思维的混沌之处指引方向，等等。反馈可以是启发性反馈、补充性反馈，也可以是矫正性的反馈；反馈是交互的，不一定是师生之间一对一的活动，也可以发生在学生与学生之间、小组之内、小组之间、一人与全班之间等；反馈不一定是对已有观点的反馈，也可以是对反馈的反馈。

穿插于"有向开放"之中的交互反馈，可以起到初步筛选资源、提升已有资源质量的作用，还能够促使新资源的产生，为集聚生成做准备；发生在"有向开放"之后的交互反馈，主要是师生针对开放过程中生成的丰富、散乱、无序资源进行梳理，通过分类、甄别、概括、结构化来提升学生认识质量，培养学生处理信息的意识和能力，使知识结构化、认识理性化、能力复合化。

要使教学过程中的交互反馈具有积极的推进教学过程的价值，需要教师做到以下几点：

第一，在开放的问题之后，给学生提供思考的时间和空间，也即给学生提供尝试解决问题的机会。尝试可能会花费比教师直接讲授更多的时间，学生也可能在尝试的过程中犯错，但在尝试过程中学生所获得的体验和经历，是他们理解知识与学会方法的重要途径；而尝试过程中呈现出的错误，也正是学生学习过程中的难点和待提升点。心理学研究发现，儿童早期通过试误学习，获得了大量的生活经验和知识，从错误中学习也是一个非常有效的学习途径。学生在尝试解决问题过程中呈现的不同的思维方式和解决问题状态，使师生之间的交互反馈具备了基础条件。若开放的问题无法获得开放的解决方案，交互反馈也失去了基础和前提。

在给学生提供尝试解决问题的时间与空间问题上，教师应该避免两个方面的误区：第一个误区是认为学生通过尝试解决的问题是幼稚的、不完善的，因此会降低课堂教学的效益。其实学生正是在尝试解决问题的过程中逐渐获得能力的提升和认识的丰富；第二个误区是有教师认为教学中一定要先给学生正确答案，认为学生一旦在学习新知识时学生犯了错误，他们往往难以忘记，所以在课堂上教师尽量避免让学生犯错，具体的做法往往是老师在学生有可能犯错之前把正确的答案告诉给学生,这样学生的任务就只有记住了。这种认识有部分的正确性,即如果学生在学习新东西的时候形成了错误的认识,往往矫正起来比较难;但在课堂上学生尝试中所犯的错误并不等于已经形成的认识,教师在课堂教学中的价值就在于让学生明白错在何处,让他们在澄清原因的基础上真正形成具体的、正确的认识。学生在尝试过程中的错误之处,反映的是他们在学习中的真正需求,是教师可以"下药"的症状所在。学生从不理解到理解,从错误到正确的过程,体现的是教学存在的意义和作用;在教学中学生出现错误是正常的,不出错误才是不正常的。

第二,教师需要在教学过程中把关注重心从教案转换到学生的即时状态,这既是对教师能力提出的挑战,也是保证交互反馈积极、有效的条件。在教学过程中,教师最为忠实的,往往是自己课前设计的教案,"走教案"对教师来说也相对简单、"保险",因此,尽管教师们也都承认课堂教学中的"意外"事件,但对于大部分教师来说,这样的"意外"常常被看作是对正常教学程序的偏离,是需要"被适当矫正"使之重新回来"轨道"上来的负面影响。显然,"走教案"不可避免地会忽视学生在课堂上即时生成的资源、困难、障碍和学习需求,因为不管教师在教学设计过程中对学生学习的预设有多么充分,他都无法穷尽兴趣不同、能力不同、经历不同的学生对同一教学内容理解中可能呈现出的复杂情况。互动,需要教师敏锐地把握学生的课堂状态并及时地作出判断和行动决策,对于教师来说,与学生互动能力的提升需要在教学实践过程中不断磨炼。

在开放性的任务之后,教师要走进学生解决问题的现场,观察、倾听学生的解决问题方案,判断他们的经验与问题所在,捕捉具有推进价值的问题,采集具有代表性、有推进价值的问题样本,梳理提炼、反馈回应。一般而言,在教学过程中有推进价值的问题包括:单个学生形成的对教学核心任务有启发价值的见解或方案;部分学生形成的具有个性差异的问题解决方案;大部分学生出现的典型错误、个别学生出现的具有典型反衬意义的错误等。没有这些资源,互动的效果就无法保证。比如一位英语教师在教学 Hobbies 一课的第一课时的新授单词环节,在学生学习过 story-stories 和 hobby-hobbies 两个新词之后,马上问学生：What can you find?(你发现了什么?)教师想要学生总结的是名词单数和复数之间的关系,但由于学生可以借用和思考的资源太少,"发现"就无从谈起,因为要归纳出规律,就需要有足够的呈现现象的例子(正例、反例);没有足够的正、反例,即使可以得出结论,这样的结论也是缺少依据的,这样的教学方法还容易让学生形成轻易下结论的不良习惯。

第三,营造安全、支持的课堂氛围,让学生敢于表达真实想法,敢于在课堂上犯错。在课堂教学中,我们往往会发现有些学生在课堂不大愿意发言,教师不提问尽量不说话;但同样的班级,在另外一位教师的课上,学生却非常活跃,思维积极,表达流畅。造成这种差异的原因,一方面与学科特征、学生兴趣和教师的个人风格、亲和力有关,更为重要的是,教师能否为学生创造的一个安全、支持的课堂氛围,这里所说的安全主要指心理上的安全,即学生在课堂上所表达的观点有人倾听,尤其是老师会认真地听,而且他不用担心他所说的会被老师批评。安全的心理氛围可以给学生自信表达、真实交流、民主对话提供基础。如果学生在课堂上很容易成为被评判的对象,对他们所说的每一句话都做正确与否的甄别,学生常常会选择不说话或尽量少说话。其实对于学生来说,说真实的话比说正确的话对个体更具有发展价值,对课堂教学中的互动也更有推进价值。

教师在课堂上使用的评价或引导语常常会让学生减少发表看法的欲望,比如横向评价学生的言语方式:"××同学说得很好,谁能比他说得更好?""你说得很清晰,谁能比他说得更清晰?""你读得很好,有没有同学能够读得比他更好?"等,这些评价从表面上看似乎可以调动学生的积极性,但教师往往缺乏对学生情感体验的感受:第一位同学尽管受到了表扬,但听了这句话后,他的心情会怎样? 自信心本来就不强的同学还敢再尝试吗? 其他同学下一次在想要发言之前,他会怎样考虑老师对他可能的评价? 其实,老师的评价方式给学生营造的是一个"不安全"的环境,培养出的往往是富于"自知之明"的沉默的大多数。如果换一种说法,学生会更愿意尝试:"××同学说得很好,谁还有其他的想法?""你说得很清晰,能不能说得再具体一点?""你读得很好,谁还想试一试?"这样的说法,可以使学生不再被置于"邻家孩子"的阴影之下,使他们暂时摆脱"谁比谁强"的相对评价的限制,而关注"我的想法"和"我的理解",关注不同同学之间的差异和互补。这样的语言环境才是安全的,富于支持性的。

在课堂教学过程中的师生互动,不是表演,表面上看似无精彩,但在师生互动中解决问题,在解决问题的过程中自然推进课堂教学,课在互动中不断往前推,在往前推的过程中,主题又不丢掉、枝杈不随意修剪,主题不乱,同时枝杈不断生长。师生在课堂上思维积极,共同推进教学过程的进展,在过程中不断有生成,人人注意力被它抓住,投入其中、参与其中,这样的课必然自然、流畅、有生成感。当然,这样的课对教师来讲挑战也更大,他需要面对随时可能出现的"意外"。但只要能够以开放的心态面对这样的动态、丰富的教学情境的挑战,不断提升自己应对挑战的能力,课堂中呈现的"意外"慢慢会由"惊吓"变成"惊喜"。当然,这样的课也不是能够临时"做"出来的,它只能通过日常课堂教学的开放、倾听、资源捕捉和提升等才能水到渠成。相反,如果教师在课堂教学中控制欲、成功欲太强,老师背教案,学生背答案,则自然无法达成朴实、真实、流畅的课堂状态。

(三) 集聚生成

集聚生成就是教师在判断学生生成的资源价值并收集、梳理、提炼之后,形成新的指向教学内容深化和学生能力提升的问题。交互反馈的目的在于在更高的层次或者更深的意义上生成新的问题,"集聚生成"是师生在"有向开放"和"交互反馈"形成多种相对分散或者局部性的认识的基础上,把这些认识经过分类处理,形成清晰化和结构化的认识,形成相对完整、丰富和更高水平的概括和问题,一方面使学生对问题的认识更为系统、整体、清晰,另一方面形成推进教学过程的新问题。

一般情况下,学生在解决开放性问题或任务的过程中生成的资源以及师生在互动过程中形成的认识等,经过教师的捕捉、选择、汇聚之后,丰富而又相对零散、混乱的材料给教学过程提出了梳理和分类、结构化的需求,"集聚生成"便有了必要。举例来说,在宁鸿彬老师教学《皇帝的新装》一课的过程中,教师要求学生在朗读课文之后,用一个字概括这篇童话的故事情节,学生根据自己对童话文本的理解纷纷给出了自己概括出来的故事情节,并阐述了原因。经过师生的过程互动保留了八个字:蠢、骗、伪、假、傻、装、新、心,如何从这八个字中选择与文本最匹配的那个合适的概括,又如何引导学生明了恰当地概括一个故事的方法呢? 这两个问题对于六年级的学生来说有一定难度,他们能够概括但不一定能够判断怎样的概括才是合适的,能够凭经验概括故事情节但无法确认概括故事情节时一般要考虑哪些因素。在这种情况下,经过筛选汇集而成的资源给生成提供了条件,教师适时的点拨就可能为更高质量的生成提供"点睛"之笔。

在课堂教学中更常用的集聚生成方式,是把学生呈现的零散、无序的资源经过整理之后,形成新的任务向学生开放,让他们有机会思考零散的材料之间的关系、无序材料之间的结构。比如小学英语教学中的名词单、复数概念及其词形变化规律,教师在课堂教学过程中首先让学生在不同的情境中用英语表达,过程中捕捉、回收学生使用的所有名词,既有单数也有复数,复数形式既有规则形式又有不规则形式。然后给学生提供一个新的任务:给这些名词分类,这样,学生就有机会依据不同的标准对名词进行分类,形成对名词单、复数形式的整体认识。

集聚生成建立在资源汇聚的基础上,在丰富的基础资源条件下的生成构成对学生思维和已有认识方式的挑战,让学生有机会形成对知识的结构化、整体性认识,提升学生获得知识的质量,也提升学生的综合思维能力。

（四）开放延伸

在一节课结束的时候，一般由教师或者学生对学习的内容进行梳理，概括、提炼出要点帮助学生学生记忆和把握。这样的总结可以帮助学生扎实掌握所学知识，若能够适时对课堂学习过程进行拓展延伸，就可以使学生有意识地形成对学习状态的深度感悟、提升反思和评价能力，并在质疑能力和自主学习能力方面得到提升。

在一节课的开放延伸环节，教师可以引导学生对自己的课堂学习状态进行反思，比如哪些内容已经熟练掌握、哪些问题尚不清晰、哪些问题还有疑问、对哪些活动有感悟等；教师还要引导学生开展他评和自评，通过评价唤醒学生学习的自我意识、激发情感体验，培养学生学习的主动性、积极性和好的思维品质；教师还要引导学生对学习的内容进行提升，不只是把学习内容进行梳理，更要对所学内容的方法结构进行梳理、提炼，把当下的学习内容与以往的学习内容进行比较、关联；教师还可以引导学生对学习的内容进行纵向和横向的延伸：从纵向上引导学生猜想所学内容是否可以推广到一般，从横向上引导学生猜想或联想所学内容在其他的状况或情境中是否同样存在。通过多视角的拓展，还可以形成后续性的新问题，或为下一个教学过程提供新的方向性问题。

在开放延伸环节，重要的是学生是否敢于和善于思考、联想、猜测，而不是结果如何、所猜测的可能性是否存在。重要的是学生可以带着对问题的思考下课，把课堂的学习延伸到课后，在获得知识之外形成学生的问题意识，培养主动的猜想意识和能力，形成主动学习的心态和习惯。

有向开放、交互反馈、集聚生成、开放延伸四个环节构成了"新基础教育"视野中的课堂教学的一般结构，其核心在于激发学生在课堂教学过程中的主动参与的积极性和可能性，发挥教师在教学过程中"点化"的价值，使课堂教学真正成为师生积极思考、互动生成的过程，成为学生获取知识、提升思维、增加积极情感体验的过程，也成为教师提升教学智慧的过程。

二、课堂教学过程中应该关注的几对关系

教师除了可以从教学行为的角度来分析和反思自己的教学过程、关注教学的一般过程之外，还应该关注以下几个方面的问题：

（一）重点与难点的关系

教学重点不等于教学难点，教学难点有时候甚至是看似可以忽视的地方，但如果难点不突破，教学重点也难以真正突破。比如在小学英语中教学 What time is it？句型时，学生存在的困难主要有两个方面：第一，对数字的英语表达方式；第二，认识带指针的钟表上的时间，能够熟练认出时间的小学生不多，如果学生不会读表盘上的时间，或者会读时间却不能够用英语表达数字，重点句型就很难让学生熟练、流利地掌握。

教学难点有时候是教师在教学设计中就预想到的，有些是没有预想到的，有时候甚至是教师认为不可能的地方。教师需要从学生的课堂表现中判断，并决定是否需要花费时间来解决这个难点。比如，在 What time is it？的课堂上，当老师让学生认表盘上的时间 6：30 时，只有三、四位学生举手，说明习惯了电子表的学生对传统钟表上时间的辨识能力需要练习，尽管教师没有预想到这样的问题，但在课堂上一旦发现这个问题，花费一点时间来让学生认识和练习是一个明智的选择。

（二）课外与课内的关系

课外与课内的关系包括两个方面：第一，课外学习对课堂教学起点的影响；第二，课内学习对课外学习的支持。

学生的课外学习和课前预习影响着课堂教学的起点。首先，布置作业一定要检查，这个检查可以采用不同的方式，比如课前上交供教师进行前期问题分析，寻找课堂教学的真实起点；或者在课堂上呈现，或者在教学开始之前让同桌互相交流、检查；切忌布置过了就算完成了，学生做与不做都一样，有问题与没有问题都不影响教师的教学工作。其次，学生家庭作业中所呈现的问题，可以作为教学的起始问题，也可以作为教学集聚生成的资源。比如，教学小学语文三年级《花钟》一课之前，老师给学生布置了这样的预习任务：第一，读三遍课文；第二，给课文中的段落标号。老师在上课时安排了这样的教学程序：第一，出示课文题目，问学生：看了这个题目，你最想了解什么问题？学生回答了这个问题之后，教学进入第二个环节：学习生字，教师在 PPT 上呈示本节课的生词，带领学生跟读、练习、检查。这里存在两个问题：第一，学生已经预习过课文，学生大部分已经掌握其中的生字，在这种情况下以同样的要求学习生字，不如通过检查预习情况来了解学生对生字的掌握情况，判断哪些生字需要重点教。比如让同桌互读，互相检查有无读错，纠正，把读错的生字告诉老师；第二，在学生已经熟读（从课堂的情况看，学生已经差不多会背诵了）的情况下，问学生"看了题目后你想知道什么"，脱离了学生的实际情况，有"为问而问"的嫌疑，无法真正调动学生的参与积极性。如果教师在检查学生预习情况之后，给学生提出这样的问题：读了课文之后，你知道了什么？还想知道什么？更接近学生的实际状态。

课内与课外的关系还涉及课堂教学能够给学生的课外学习提供支持的问题。

随着现代信息技术在课堂上的大量应用,图文并茂的 PPT 以及音、视频材料成了大部分教师课堂教学的主要信息载体,很好地吸引了学生的注意力,提高了学生的课堂兴趣,但也在一定程度上导致课堂教学中学生用眼不用手的问题,上完课教师关掉 PPT 之后,黑板上没有板书,学生的笔记上没有记录,部分学生在课外复习和完成作业时就失去了助手,造成了课外复习与练习的困难。另外,课堂教学一般要与学生的课外作业有比较强的关联,课外作业可以是对学生课堂学习内容的巩固,也可以是课堂学习内容的拓展性应用,或者是课堂学习内容的延伸性提升,但课外作业在难度上一般不要与课堂教学内容之间存在太大的差距,除非教师布置课外作业的目的是为学习新内容做准备。比如,在课堂教学中学生已经练习过如何口头表达一件事,课外作业中让学生把相关的内容写下来比较合适;课堂教学中学生已经对如何修改作文有了具体的经历和方法梳理,课外作业中进行作文修改就有了基础;而如果学生在课堂上经历的学习过程是如何描述人物,但教师在课外作业中却要求他们写一个请柬,这样的任务会因缺乏必要的教学支持而无法高质量完成。

当然,课外与课内的关系形式可能是多样的,对于教师来说,重要的不是要遵从哪一条处理课外、课内关系的规则,而是要形成考虑两者关系的习惯。

(三) 过程与结果的关系

教学以帮助学生获得知识为主要目的,结果固然重要,但获得知识的过程,对于学生来说具有更大的价值。在课堂教学中重结果轻过程,常常表现为各种形式的替代。在课堂教学中,最为常见的替代是教师替代,即教师替代学生思考和判断,以正确结论的形式"告知"学生什么是对的,什么是错的,哪里是重要的,哪里是需要重点记忆的。灌输即是一种极端形式的教师替代。

在学生参与度比较高的课堂上,也会发生教师替代学生思考的现象,比如"凑答案",一个复杂的问题本来需要学生全方面思考,但教师更倾向于让不同学生说出问题的不同部分,把所有的"部分"加在一起构成完整的解决问题方案。从结果的意义上教学目标是达成了,但从学生个体的角度看,每个人只是看到了问题的一个方面,他们没有机会尝试从不同的侧面思考。教师在学生参与过程中的第二种替代,是代替学生把混乱的思路理清楚,在教学过程中表现为学生说出的想法或者答案是丰富但无序的,教师在板书的时候按照教学设计把学生无序的答案有序地板书出来,形成条理化的知识结构序列。这两种替代还常常会同时出现:每个学生提出的解决方案都是单一的,老师把他们的方案"凑"完整了;学生的答案是无序的,老师在"凑完整"的过程中很自然地按照自己预先设计的顺序把答案排列出清晰的顺序,但这个由混乱无序到清晰有序的过程是由老师完成的,学生没有参与这个转化的过程,而这个过程对学生思维的培养又非常重要。这样做的时间效率比较高,也更容易使学生获得教师想要他们得到的结果,但学生没有了经历由杂乱到条理的思维加工过程,也就失去了锻炼、形成有序、结构化思考问题能力的机会。

课堂教学中另一种常见的替代现象是优生替代,一种情况是教师过分关注自己想要的正确答案,对非正确的答案"不关心",对学生解决问题过程中的状态,尤其是他们的错误"视而不见",常常选择个别学生的正确答案作为示范,造成以个别学生的思维代替全体学生的替代现象。另一种情况是在小组合作中常见的组长替代组员思考的现象,这种现象的出现常常是由于对小组合作的制度和常规建设关注不够。

无论哪一种替代现象,其背后都有教师"重结果轻过程"的教学观念的影子,都会影响教师在教学过程中发现学生的真实水平和学习过程中的实际困难,不利于教师找到恰当的教学起点,难以根据学生的困难和问题进行针对性的教学,导致教学过程看似顺利,所有的问题都得到了顺利地解决,但学生真正的问题未必得到解决,容易造成学习"夹生饭"。

(四) "知"与"行"的关系

"知"与"行"的关系主要指学生在学习过程中"知道如何做"与"能够如何做"的关系,这一点在小学课堂教学中尤其应该关注。在课堂教学中,教师不但要让学生真正"知道是什么、怎么做",还要帮助学生把知道的转化成会做的,尤其是与学生的行为、习惯有关的问题。比如教师在评价当中常常会说:"你回答得很好,要是声音再大一点就更好了。"一般情况下,教学即至此结束,学生声音小的问题可能仍然存在。而如果教师给学生具体的问题矫正方法,比如让他再尝试一遍,或者在其他同学示范后再尝试一遍,或者让有同样问题的学生也来做做看,这样做看似用去了很多课堂时间,但实际上这是一种节约,省去了以后在课上类似的简单重复。知行关系处理不当的问题在小学英语课堂上也非常常见,教师往往满足于学生"理解了"而不是"会表达了"。

与知行关系相关的一个问题,是教师做与学生做的关系问题,尤其是在小学低年段。举一个简单的例子,一位英语老师在给一年级小学生教学单词 cold, hot, raining, windy, sunny 时,用肢体表演,学生们看得很开心,这是一种很好的呈现单词意义的方法,如果能够让学生表演这些词的意义,并同时把单词放在简单的句子中表达,学生可能兴趣会更高,获得的关于单词意义和用法的理解也会更丰富。

在小学教学中,一定不要简单地把"知"等同于"行"。"知"有时候是"行"的基础,但在某些情况下,"行"却可能是"知"的前提。究竟应该如何处理"知"与"行"的关系,还需要教师根据教学内容与学生学习之间的关系来灵活决定。比如一位老师在教一年级孩子学唱歌曲 *Morning Songs* 时,先用 PPT 呈现歌词(英语后面标注汉语):One, two, tell me. Three, four, you say. Five, six, that's OK. Seven, eight, Let's do it today,接着让学生跟着录音一起唱两遍,然后开始讲每句话的汉语意思。其实这一节课的目的在于教学生唱这首歌,而对于一年级的小学生来说,才刚刚接触英语,歌曲中的词汇尚且读不熟,这个时候花很长时间去讲汉语意思,会由于超出学生的理解能力而失去意义。在这种情况下,教师如果能够让小学生像学儿歌一样通过游戏反复学唱,可能会收到更好的效果。

要提高学生由"知"到"行"的转化能力,需要教师改变固定的由"知"到"行"的思维逻辑,让学生在"行"中悟"知","知"后再"行"。一位教师在教学小学语文四年级课文《爬山虎的脚》时,希望通过这篇课文的教学,让小学生学会用作者"通过几方面来写出事物的特点"的方法来观察和描述事物。在课堂教学过程中,教师先是和学生一起分析了文章的内容和结构,并重点概括了从爬山虎脚的位置、形状和颜色这三方面描写的特点。概括完之后,教师出示一幅牵牛花的图片,让学生们也学着从不同方面来写一写。按道理说,老师已经讲得够清楚了,不管学生的写作水平如何,至少"通过几方面来写出事物的特点"这个要求应该是在写作中可以落实的。然而,尽管老师在学生写作之前有提醒,在写作过程中还把一位写得比较好的学生作业呈现给大家看、点评之后让学生继续改,仍然有不止一位同学只用一个方面来描写牵牛花。这让老师非常沮丧。之所以会出现这样的问题,关键在于对方法、策略的学习拘泥于"先讲清楚再让学生模仿操作"这一习惯模式的依赖。如果换一种方法,增加学生在方法学习过程中的直接体验,也许学习方法的过程会慢一些,但学生在使用学习到的方法进行写作的时候,可能就会避免出现上文所提到的问题。比如,在学习课文的过程中,教师和孩子们一起来发现、分析作者是如何描写爬山虎的脚的,发现和分析的过程以学生为主,主要让学生们来说,如果学生有困难,可以用小组讨论的方法,教师引导学生梳理形成的观点,形成对作者写作手法的认识,然后再让学生们来模仿描写,效果就可能比教师讲解、学生模仿要好一些。

如果用专业术语来讲的话,上面两种教学方式分别采用了演绎法和归纳法。所谓演绎法,就是先讲规律再运用规律,归纳法是从具体的事例中总结出规律,然后再运用。应用演绎法主要依靠的是教师对相关规律、规则的详细、清晰讲解;采用归纳法,则强调首先让学生的头脑经历一个由混乱到清晰的过程,这样,他们对规律的认识是具体的、带有自己体验和经验,是自己"建构"出来的规律或方法,用起来会因有直观体验而更自觉和具体；相反，别人告诉他们的规律或方法，听起来非常清晰、有道理，但用起来往往会需要有意识的努力，出错就在所难免。小学生学习相对抽象的规律用归纳的方法更好，尤其是在低段学生学习新内容的时候。当然，不管运用哪一种方法学习规律，都不可能完全避免学生在运用过程中犯错，而且学生在学习过程中犯错是一种正常现象。

在课堂教学中除了关注以上几个方面的关系之外，教师还要尽可能避免一些常见的误区：第一，尽量避免让学生在教学过程中"填空"，尤其是低年级的教师，由于担心学生难以完整地表达他们的思考，往往会把话说一半，留一半，在留空前声调上扬，提示学生他们需要把后半句话（有时候是一个字或词）说出来，这样既影响学生思维的连贯性，也影响学生表达的完整性。第二，不要把"评价"等同于"夸奖和肯定"，对学生一味地夸奖和肯定，使教学评价流于形式、粗浅、无意义，过多的夸奖也会让学生习以为常，无动于衷，起不到鼓励的作用。肯定表现好的地方、中肯而具体地指出学生的问题，才是通过评价促进学生的全面发展的应有之义。第三，不要为了"合作学习"而"分组讨论"。合作学习会增加学生参与教学活动的机会，强化学习动机、提高学习成就、发展人际交往能力等，但不要为了突显合作学习在课堂教学中的作用，片面追求课堂小组合作讨论这一形式，只要有疑问，无论问题难易，甚至一些毫无讨论价值的问题都要在小组里通过讨论这一方式来完成，这样会导致课堂教学过程中的形式主义。教师在教学中应把握合作学习的时机，当真正遇到有挑战性、有讨论价值的问题，而学生个体又无法解决时，开展小组合作学习才是适宜的。

三、评价一堂好课的标准

一堂好课没有绝对的标准，但有一些基本的要求，具体来说包括以下五个方面：[①]

第一，有意义，即扎实，指的是在一节课中学生的学习是有意义的，判断的直观标准就是学生"进来以前和出去的时候是不是有了变化"。最基础的变化是学生学到了新的知识；第二个层次是锻炼了学生的能力；再高一个层次是学生在教学过程中有积极的情感体验，使他产生更进一步学习的强烈的要求；最高层次应该是学生在教学过程中变得越来越会主动地投入到学习中去。如果学生走出课堂的时候与

---

① 叶澜.扎实 充实 丰实 平实 真实——"什么样的课算一堂好课"[J].基础教育,2004(7):
13-16.

走进课堂时相比没有变化,或者重复学生已经知道的东西,这样的课就没意义。

第二,有效率,即充实。评价一节课的效率有两个维度:一是对全班学生中的多少学生是有效的,包括好的、中间的、困难的学生;二是效率的高低,有的高一些,有的低一些,但如果没有效率或者只是对少数学生有效率,那么这节课都不能算是比较好的课。整个教学过程中,如果大家都有事情干,通过教学学生都发生了一些变化,那么整个课堂就是充实的,能量是大的。

第三,有生成性,即丰实。一节课不应该完全是根据教师的预设推进的,而是在课堂中有教师和学生的真实的、情感的、智慧的、思维的、能力的投入,在互动过程中既有资源的生成,又有过程状态生成,这样的课可以称为丰实的课。

第四,常态性,即平实。一节课不应该是过度准备的,更不应该是预先排练好的内容与过程的再现。教师和学生在课前的准备是必要的,学生与教师课前准备是教学过程展开的基础。课堂教学的独特价值,就在于它是一个开放的公共空间,这个空间需要有思维的碰撞、基于碰撞的讨论,并在这个过程中师生相互地生成新的认识和体验。每一节课都是学生成长的日常营养,应该平平常常,扎扎实实,不是很多人帮你准备后才能上的课。

第五,是有待完善的课。有缺憾的真课,好过十全十美的假课,因为它更有益于学生的成长。扎实、充实、丰实、平实、真实的课,说起来容易,但要落实到教师的每一节课上,还是需要踏实的努力和智慧的创造的,但只要把学生的发展置于教学价值观的核心,眼中有学生,这样的标准完全可以在教师的课堂常态中达成。

思考与练习

1. 课堂教学的主要行为有哪些? 在实施中分别应该注意什么问题?
2. 如何通过课堂教学激发学生的学习动机?
3. 简述课堂教学的一般结构及其对学生的发展价值。
4. 教师期待发生作用的一般程序是什么?
5. 评价一节好课的标准有哪些?

第十一章　课堂教学管理

🔍 内容提要

　　课堂教学管理是保证课堂教学顺利进行,提高教学效益,促进学生发展,实现教学目标的过程。本章内容涉及课堂管理的内容、功能、模式,具体阐述课堂时间管理和问题行为管理中的策略与方法。

　　管理是由一个或更多的人来协调他人活动,以便收到个人单独活动所不能收到的效果而进行的各种活动。教学管理有宏观和微观两个层面,宏观的教学管理指教育行政机构对各级各类学校及其他教育机构的教学工作进行的组织、指导和监督;微观的教学管理主要指学校内部教学工作的管理,是学校管理者运用现代管理理念,通过计划、组织、实施、检查、总结等环节,对学校教育系统内的人力、物力、财力、时间、信息等要素进行合理的组织和协调、推动教学工作正常、高效运转,以保证实现学校教学目标的活动。宏观意义上的教学管理是教育行政学的研究范畴,微观意义上的教学管理是教学论的研究范畴。

　　本章所讲的"课堂教学管理"是微观意义上"教学管理"的一个组成部分,指教师在课堂教学过程中为了保证教学秩序和效益,协调课堂中的人与事、时间与空间等各种因素及其关系的过程,即在课堂教学中教师与学生遵循一定的规则,有效地处理课堂上影响教学的诸因素及其之间的关系,使课堂教学顺利进行,提高教学效益,促进学生发展,实现教学目标的过程。

　　课堂教学管理是教学实施的一个有机组成部分。课堂教学管理渗透在课堂教学过程之中,与教学过程是同一个过程的两个不可分割的方面,不存在离开课堂教学的孤立的课堂管理行为。之所以要把它独立出来作为一个部分专门论及,一方面课堂管理是影响学习的第一关键因素——比学生的认知过程、家庭环境、学习动机等都更加重要;另一方面,对于新手教师来说,课堂教学管理是决定他们入职之后教学工作能否顺利进行的重要条件。尽管教师的教学管理能力提升需要大量的教学实践以及基于实践的反思做基础,但基于经验的理论指导,无疑可以加快新手教师管理机智生成的速度和水平。

第一节　课堂教学管理概述

一、课堂教学管理的内容

课堂教学管理主要指发生在课堂教学过程中的管理行为,包括协调课堂教学过程中的人与事、时间与空间等诸因素,直接目标在于规范课堂行为,维持课堂秩序,促进课堂学习,深层的目标在于培养学生的良好行为和自我管理能力。从课堂管理要素的角度,可以把课堂教学管理的内容归结为三个方面:课堂时间管理、课堂空间管理和课堂行为管理。

(一) 课堂时间管理

课堂中的时间因素与学生在课堂中的学习行为及其成效有着密切的关系,因而是课堂教学管理中不可忽视的因素,课堂教学效率实质上就是在单位时间内花费最少的精力,获得最有效的成果。课堂时间管理主要指对课堂教学时间进行合理分配以充分利用时间,有效地安排教学活动,提高教学效率。由于小学生保持注意的时间有限,教师在课堂教学过程中的时间管理体现在如何恰当调节课堂教学的时间节奏,使小学生把注意力集中于课堂教学过程中。

(二) 课堂空间管理

课堂空间管理又称课堂环境管理,主要指课堂物质环境,如课堂内桌凳的摆放方式与位置,课堂内的光线、通风、整洁程度、墙面布置、教学设备放置等。课堂环境状况影响学生在课堂教学中的参与状态,面对面的座位有利于促进学生积极交流,提高交流质量;秧田式的座位设计则有利于学生倾听教师的讲解,减少课堂中的问题行为;可以自由走动的课堂环境中,更容易组织学生动手操作行为。在我国的课堂上,不管是中学还是小学,课堂环境一旦布置好,则会在比较长的时段内保持稳定不变的状态,因此,课堂教学管理中一般较少涉及环境方面的管理。

(三) 课堂行为管理

课堂行为管理主要指对课堂教学中的人与事的管理,主要涉及课堂秩序和课堂活动的管理,是课堂教学管理的主要内容。维持课堂秩序是课堂管理的基本任务,没有良好的课堂秩序就无法进行正常的教学活动,更谈不上完成教学目标、提高教学效率。有没有良好的课堂秩序，是判断课堂教学管理水平的一个重要指标。

课堂活动管理主要指对教学活动的安排与筹划，包括活动的设计、内容的选择、方式的运用、活动手段与资源的整合、活动成效的评价以及活动兴趣的激发等内容。维持课堂教学秩序在于保证课堂教学活动的顺利、高效进行。

二、课堂教学管理的功能

课堂管理贯穿于教学过程的始终，对学生的智力和非智力因素的发展都具有重要价值。简单地说，课堂教学管理的功能主要表现在两个方面：维持功能与促进功能。[①]

（一）维持功能

课堂教学管理的维持功能指在课堂教学中持久地维持良好的内部环境，通过师生间和学生间的有效互动，保证学生主动积极地投入学习活动，师生共同努力完成教学任务。在课堂教学过程中，常常会面临许多新的情境，发生各种与学习不相关的干扰。如果不能很快适应这些新情境，及时排除干扰，课堂纪律就会涣散。因此，课堂教学管理需要预见并排除影响课堂教学顺利进行的各种因素，维持良好的课堂教学秩序，保证课堂教学活动顺利进行。课堂管理的维持功能主要包括：

第一，维持良好的课堂氛围，形成班集体的积极的学习心向；

第二，巧妙化解课堂偶发事件，使之尽可能成为教学的资源，而非冲突的始点；

第三，缓和与解决课堂冲突，形成并维护和谐的师生关系；

第四，营造安全、建设性的课堂心理环境，减少课堂教学过程中的紧张和焦虑，保证学生能够全身心地投入学习活动。

（二）促进功能

课堂管理的促进功能包括两个方面：第一，激励学生释放潜能投入课堂教学工作，促进课堂教学活动的顺利进行并圆满完成教学任务；第二，促进学生自我管理能力的发展，帮助学生在学习活动中逐渐实现由他律到自律的发展。

教师在教学过程中要形成对课堂教学起促进作用的组织和良好的学习环境，以满足课堂内个人和集体的合理需要，激励学生潜能的释放，有效地达到教学目标。课堂管理的这种促进功能，主要通过以下途径来实现：

第一，有效地设计和组织课堂教学活动，根据学生的发展和学习规律以及经验

---

① 邵瑞珍.学与教的心理学[M].上海：华东师范大学出版社，1990：300-301.

与能力水平安排教学活动,把学生的注意力集中到课堂教学活动中;

第二,制定符合学校规章、符合学生实际需求的课堂行为规范,采用适宜的评价、激励手段调动学生的学习积极性;

第三,帮助学生获得解决课堂群体问题的技能,促进学生在与同伴的合作与沟通中实现发展;

第四,培养积极向上的课堂文化,使学生在课堂教学过程中获得积极的情感体验,形成学生间令人满意的人际关系,激发学生学习的内在动机。

课堂管理的最终目的是形成学生的自我管理能力,以促进学生在学习过程中自我管理能力提升的方式促进学生的发展自觉。课堂管理通过纪律、约束和指导保证正常的教学秩序,以顺利完成教学任务,偏向于以教师对学生管束、控制的他律方式来完成教学之事。课堂教学管理还应该通过学生参与管理过程,形成遵守规范的习惯,认识规范之所以如此的道理,培养学生的自我调节、自我管理能力。课堂管理的终极目标应该是培养和形成学生的自我管理能力。

不管是维持功能还是促进功能,课堂管理的主要目的都不是为了呆板、静态、高压的课堂形态,形成和维持课堂秩序是课堂教学管理的基础性任务,培养学生积极参与学习活动的意识和能力,在保证顺利完成教学活动的过程中,培养和提升学生的学习能力与管理能力,才是课堂管理的最终目标。

有效的课堂教学管理表现在以下几个方面:第一,教学活动能够井然有序地进行,学生的不良行为降到最低;第二,课堂具有良好的学习氛围,学生能够与教师积极互动,专注于课堂教学活动;第三,师生能够顺利、愉悦地进行沟通,学生能够明确课堂行为的限度,不依赖教师而独立判断恰当的行为方式,或者说在课堂上,学生可以明确知道在什么情况下可以有什么样的行为,也清楚任何行为都是有后果的,行为者要为后果负责。

三、课堂教学管理模式

课堂教学管理的模式灵活多样。教师的教育教学观念、个人风格、个体素养会影响他的课堂教学管理模式,不同的学校文化和学校环境、不同的班级状态也会影响课堂教学管理的具体方式。研究者概括的常见的课堂教学管理模式主要包括以下几种:[①]

---

① 施良方,崔允漷.教学理论:课堂教学的原理、策略与研究[M].上海:华东师范大学出版社,1999:310-315.

（一）权威模式

权威型管理模式把课堂教学看作是完全由教师负责的活动，因而教师有控制学生行为的责任，而教师控制学生行为主要通过建立和强化课堂规则以及其他相关规定来实现。因此，课堂教学管理的权威模式把管理过程视为教师对学生课堂行为的控制过程，强调教师运用控制策略建立和维持课堂秩序的重要作用，而且比较多地采用主控的方式来控制学生，课堂规则倾向于周密而严谨，约束多而弹性少。它主要包括以下几点：

建立和强化课堂规则。教师从一开始就明确而具体地提出他对于学生的课堂行为的期望，并由此建立起具体的课堂规则，作为学生的行为标准，以规范学生的行为，指导和限定学生在课堂中的行动。

提出指令和要求。教师通过清楚明了、简明易懂的指令和要求，告诉学生应该做什么和具体怎么做。学生被要求服从教师的指令，但教师无须使用强制手段强迫学生。

利用轻度惩罚。教师对学生违反规则的行为实施轻度惩罚，以此告诫学生其行为的错误，并使其在认识的基础上加以纠正。但一般不宜采用严重的惩罚，因为这种管理模式也认为，严重的惩罚对于控制课堂行为不会产生积极效果。

采取走近控制。教师发现学生行为不良或即将要出现问题行为时，通过走近学生的方式警告学生，并显示出教师的权威与责任，从而控制学生的不良行为。

实施隔离措施。对于出现严重问题行为的学生，实施隔离。这是对学生问题行为的"最后的惩罚"，是该模式所允许采用的最严重的惩罚。

（二）放任模式

放任型管理强调学生个人自由和个人选择，旨在发展学生的自我管理能力，主张让学生自己做出决定，对其行为自己负责。教师允许学生做他们想做的事情。教师的作用在于促进学生的自由，培养其自然发展。因此，要求教师尽可能少地干预学生的行为，把管理的责任下放给学生。在这种管理模式中，课堂规则不多，保证学生拥有较多的行为空间和较高的行为自由度。

放任型管理模式曾被作为促进学生行为的自由发展、开发其潜能的教学管理模式，但这种模式很难运用到课堂中，在小学课堂教学的应用的空间更小。因为课堂教学属于群体性活动，小学生又处于各种能力形成和发展的时期，需要教师帮助学生形成明确的行为目标、帮助学生做出明确的决定、提供适宜的方法指导，以帮助学生获得沟通、合作、判断行为合理性的能力，缺失了必要的规范与成人要求、指导，往往会导致学生盲目行事，难以形成合作能力和责任感，容易滋生问题行为，降低学习的热情和积极性,影响教学活动的过程和结果。

(三) 教导模式

教导模式认为,认真设计和实施的教学可以预防和解决大多数课堂行为问题,因此,教师的作用在于认真设计教学,使教学变得有趣,即要使教学适宜于学生的能力与需要,为每一个学生提供获得成功的恰当机会,始终激发学生的兴趣与动机。教学模式的内容包括:

提供有趣而适宜的课程和教学。好的教学活动是预防和改正问题行为的关键因素。

在设计教学活动时应充分考虑学生的能力和兴趣,让学生全身心投入到教学活动之中,问题行为也就自然地得到控制。

借用移动管理方法,让学生顺利地从一种活动转移到另一种活动,使其保持学习的兴趣。

建立课堂程序,并给予明确的指导。良好的课堂程序,能保持课堂的秩序与活力。

教师本人表现出对学生课堂活动的浓厚兴趣,并在学生遇到困难时提供必要的帮助。

认真设计课堂环境,并不断改变和重建课堂环境。该模式的支持者认为,适宜的课堂环境本身就是对学生行为的有效管理。

教导模式的核心是通过良好的教学设计和有效实施的教学活动实现两个目标:预防问题行为和解决问题行为。

(四) 行为矫正模式

行为矫正课堂教学管理模式基于行为主义心理学的基本原则,它认为无论是良好行为还是不良行为,都是通过学习而获得的。学生之所以有不良行为,要么是因为他已经习得了不良行为,要么是因为他尚未习得正常行为。这一模式坚持两个主要的假设,即学习受行为过程的制约,学习在很大程度上受环境的影响。因而,教师的主要任务在于掌握和运用行为主义原理,对学生的课堂行为正确实施强化和惩罚,鼓励、发展期望行为和削弱、消退非期望行为。这一模式主要包括以下要点:

正确使用积极强化和消极强化。也就是依据特定的情境实施相应的奖励与惩罚。通过对良好行为给予奖励,施行积极强化,鼓励良好行为;通过对不良行为给予惩罚,抑制不良行为。同时,如果教师对不良行为错误地给予奖励,也会强化不良行为。使不良行为得到增强与蔓延;如果教师对正当行为给予惩罚,就会抑制正当行为，导致问题行为。尽管不同的人对于奖励和惩罚持有不同的意见，但越来越多的人倾向认为，奖励良好行为是课堂行为有效管理的钥匙，其中包含两个方面的认识：一方面，奖励学生良好的课堂行为对于学生习得良好行为非常有效；另一方面，惩罚不良行为可能会减轻或消退那些行为，但也可能会产生负面影响。

利用榜样的力量。可以是让学生在特定的情境中无意地观察别的学生的良好行为，从而获得新行为；也可以是教师用自己的行动呈现他所期望学生获得的行为，从而让学生养成良好行为。

采用代币制。这是一种类化的条件强化，主要用以减少捣乱行为、增加学习行为、增强学业成就和改变其他附带行为。在实际操作上，常常用学生喜欢的东西或符号作代币，如学生在课堂活动中表现良好，就可获得一个星星之类的代币，一个星期或一个月结算一次，星星数量达到了事先约定的标准，即可换取学生喜爱的东西或准许参加喜欢的活动，由此增强或削弱某些行为。

开展行为咨询。也就是教师同学生之间的私下见面，进行个别交谈，使学生明白其行为的错误，并商量改正这一行为的计划与方法。

（五）人际关系模式

人际关系型课堂行为管理模式侧重于健康的课堂心理气氛，认为有了健康的课堂气氛，学生的学习便会自动产生，也就不会产生问题行为；健康的课堂心理气氛主要靠良好的师生关系和学生同伴关系来建立。因此，建立良好的、积极的师生关系和学生之间的关系，促成建设性的课堂气氛，便成为教师的中心任务，也是人际关系型课堂行为管理的主要内容。

人际关系管理模式主要包括以下几方面：

向学生表达真诚、接受和理解的态度。真诚指教师要设法让学生感受到他是一个实实在在的人，是一个可以相信的人；接受指无论学生的行为如何，教师都诚恳地相信学生，让学生感到他受到了教师的信任和尊重，从而强化其自我价值；理解指教师从学生的角度理解学生。这样。学生就会感受到教师对其观念和情感的理解。有了真诚、接受和理解，也就大大增加了促成积极的师生关系和心理气氛的可能性。

利用有效的交流。当学生出现了行为问题，教师不仅要说出自己的真实想法，而且还要认真听学生的表达，即使学生所说的不一定完全符合实情，教师都要倾听，然后再做出积极而合适的反应。教师在与学生交流时，要把学生同其行为区别开来，尤其不能将其问题行为同其品性、人格联系在一起。也就是说，教师要学会就事论事，对事不对人，虽然不接受学生的这种行为，但应该接纳这个学生。

建立民主的课堂。教师不是以领导者而是以指导者的身份出现在课堂上,教师与学生共同承担责任,都有机会发表自己的意见,而且这些意见会得到双方的尊重。教师与学生之间能相互沟通、相互理解、相互支持与配合。教师经常性地组织和指导课堂小组讨论,讨论大家共同关心的问题。

以上所说的课堂教学管理模式是经过概括、提炼的课堂教学管理范型,在实际的课堂教学管理中教师常常综合应用不同的管理模式处理不同的问题,形成具有个性的、独特的课堂教学管理方式。但不管采用什么教学管理模式,教师一定不要让自己站在学生的对立面"控制"学生,而要学会把学生变成课堂教学管理的合作者,把管理变成"我们"的事,而不是"我"管控"他们"的事情,这一点对于新手教师尤其重要,因为新手教师往往既缺乏从容地组织、协调教学活动的能力,课堂管理经验又不够,在这种情况下要想靠一个人的力量"管住"学生,往往会觉得"势单力薄"、难以胜任。除此之外,尽可能让学生在课堂教学中取得成功,哪怕是一件小事上的成功,都有利于降低课堂教学管理的难度,在这一点上,苏联教育家苏霍姆林斯基曾经这样告诫教师:请记住,成功的快乐是一种巨大的情绪力量,它可以促进儿童好好学习的欲望。请你注意无论如何不要使这种内在的力量消失,缺少这种力量,教育上的任何巧妙措施都无济于事。

第二节　课堂教学管理策略

一、课堂时间管理

课堂时间管理的主要依据是学生的认知规律,充分利用学生的有意和无意注意,合理分配课堂教学中的时间,合理安排课堂教学活动,提高教学活动效率。课堂教学中的时间因素,与学生在课堂中的学习行为及学业成就有着密切的关系,是课堂管理中不容忽视的重要内容。

(一)课堂时间研究

早在 20 世纪初,西方学者就提出了课堂中的教学时间问题,并把时间作为影响课堂教学成效的重要变量。此后,许多学者便把时间作为课堂教学中独立的变量来研究。

1. 卡罗尔学校学习模式与课堂时间

美国学者卡罗尔(J. B. Carroll)把时间作为学校学习中的中心变量,提出一个包含五个要素的模式,其中三个要素均与时间有关:所需时间、所许可时间、所用时间。卡罗尔认为学生的学习受五方面的影响,即:学生的一般能力,学生对教学的理解力,学生从事学习活动的坚持力,学生得到的学习机会,教学的质量。其中,学生的一般能力和对教学的理解力决定着学生熟练掌握学习任务所需要的时间;学生得到的学习机会、学生学习的坚持力及教学质量则决定着学生实际花在学习上的时间。所用时间指学生定向于学习任务并积极专注于学习的时间,而学生积极专注于学习的时间和掌握学习任务所需时间均取决于某些特定因素。所需时间取决于能力倾向、理解教学能力和教学质量三个因素,所用时间由所许可时间和毅力两个因素组成。学生所需时间少,则能力倾向较高;所需时间多,则能力倾向较低。所许可时间除受学校时间分配规定的限制外,还受教师分配给每一具体学习任务的时间所制约。能力倾向、毅力和所许可时间三个变量都可直接用时间来表示。

卡罗尔学校学习模式为理解教学时间与教学成效之间关系提供了新的认识框架,他明确地把教学时间作为影响教学成效的独立变量,并为教学时间开辟了专门研究领域,而且就教学时间与教学成效之间关系提出了第一个理论模式。

2. 掌握学习模式与课堂时间

布卢姆的掌握学习思想直接来源于卡罗尔的学校学习模式,如果说卡罗尔提出了学校学习层次与时间变量关系的概念模式,那么布卢姆则试图把这一概念模式转化为工作模式,即寻找一种教学策略,这种策略一方面可依照学习者不同需要提供相应足够的学习时间,另一方面又减少学习迟缓者所需的学习时间。根据卡罗尔的理论,只要向学生提供足够的学习时间,保证教学质量,学生对特定学习任务一定能达到掌握水平。然而,学校所许可的学习时间毕竟是有限的,于是布卢姆掌握学习策略意在缩减学生所需要的学习时间。布卢姆把学生学习结果和学习时间的差异归因于学生的认知状态、学生情感准备状态和教学质量等三个变量。认知准备状态是指学生掌握已学过的、完成新学习所必需的基础知识技能的程度;情感准备状态指学生参与学习过程的动机激发程度;教学质量指教学适合学生的程度。布卢姆掌握学习策略的核心即向学生提供所需的足够的学习时间,提供适应准备状态的教学,最终达到对学习任务的掌握水平,并逐渐减少学习时间。

学习时间既是学习结果的影响因素,其自身又是学习结果。未掌握学习任务前,学习时间是学习结果的影响因素,因此应提供学生学习所需的足够时间以保证其掌握。同时,学生掌握学习任务所需时间又是可变的,学生若掌握学习任务则相应具备积极的准备状态,这不仅使学生学得更好,而且学习所需时间会越来越少,学习迟缓者与学习迅捷者之间所需时间差距也会越来越小。

布卢姆的掌握学习模式提供了缩减掌握学习任务的学习时间,提高可得到的分配时间利用率的有效教学策略。他更强调了时间因素对学习过程中其他因素的依赖和与其他因素的密切联系,把时间与学生特征、学习内容等密切结合在一起。这样,学习时间就不再是一个独立的变量,而是随学生认知特征、情感特征、教学质量而变化。

3. 专注学习时间与课堂时间

20 世纪 60—70 年代的一些研究报告针对分配给每学年的教学时间内令人失望的学习表现,提出学校教育无效论。哈尼施费格和威利针对这些报告的论点提出了一种专注时间或积极学习时间的概念。他们认为,教学时间对学生学业成就产生影响经历了一系列中介环节,即学生的参与程度、学生积极学习时间的长短、所许可时间与学习动机、分配时间与所用时间、教学因素。学生的学业成就取决于学生的参与程度,学生的参与程度集中体现于积极学习时间的长短及学生的所许可时间与学习动机,所许可时间取决于可能的分配时间及所用时间,把所许可时间转换成积极学习时间的动机取决于教学因素。

哈尼施费格和威利尝试性地提出了教学对学生学业成就影响以时间为中介的作用机制,提出了积极的学习时间的概念,即积极学习时间是专注时间与分配时间的比值。他们批评了过去模式中以分配时间来计算积极学习时间的做法,强调实际用于教学活动的时间,为以后课堂教学时间的研究提供了可参照的概念框架。

4. 学术学习时间

伯利纳等人认为,促进学生对某一特定内容学习的教师行为,只有当学生专注于恰当的课程内容时才是重要的。于是,他们提出了"学术学习时间"概念。学术学习时间指学生专注于适合自己水平的教学活动并达到较高掌握程度所用的时间。伯利纳把这一学术学习时间作为教学活动与学生学业成就之间的中介变量,提出了新的时间研究模式。这一模式强调,教师行为首先影响学生的行为,再由学生的行为影响学生学业成就。因此,学生的学术学习时间是影响学生学业成就的重要变量。

伯利纳(Berliner)等人提出的学术学习时间概念,继承了哈尼施费格和威利将时间与教学内容相结合的思想,把学术学习时间作为直接影响教学成效或学生学业成就的时间变量,而且又融入了"成功率"概念,将学生在教学活动中的实际掌握程度作为重要的因素,对课堂教学时间的研究产生了积极影响。目前,教学时间研究方向也是围绕着两个方向展开,一是"教师行为与学生专注行为"的相关研究与实验,二是"学生专注行为与学业成就"间的相关研究与实验。

（二）课堂时间与学生学业成就

1. 学校及课堂中的时间

学校及课堂中的时间可以按照不同的标准分为不同的类型,比如按时间的包容程度可以把学校及课堂中的时间分为五种:名义时间、分配时间、教学时间、专注时间和学术学习时间。

学校活动的总时间量通常由政府确定,如一所学校每学期多少天,每天多少小时。这一时间量就是我们所说的名义时间。这一时间既包括学术性活动的时间,也包括非学术性活动的时间。在名义时间中,有的时间用于学科的教学活动,有的是用于用餐、课间休息、集会等活动,用于这些活动中每种活动的时间,通常就是我们所说的分配时间。例如,每天分配 1 小时用于阅读,1 小时用于室外体育活动等。一般来说,中学比小学更倾向于把时间多分配到学术性活动上,而小学生常常需要把更多时间用于发展其社会及个人技能上。

教师将课堂活动的时间转换成建设性的学习活动时间,这就是我们所说的教学时间。即使教师尽其所能,也不可能使所有学生都一直专心于学习活动。例如,有些学生即使坐在座位上,却可能在做白日梦,有些学生心不在焉,思想开小差,有的学生提前完成学习任务等。这样,在教学时间里就有了我们所说的专注时间,也就是学生专注于指定活动的实际时间。在专注时间中,学生积极地参与学习过程,包括读、写、听及问题解决。如果学生实际上并不专心于学习过程,那他当然就不是在学习。专注时间取决于课堂实践、学生动机、教学质量等多种因素。课堂管理的重要任务之一,就是通过保持学生专注于学习活动,提高课堂时间的质量。

但是,专注时间并非总是积极的。实际上,学生有时专注于某一活动,只是停留在表面上,而没有真正地投入和理解学业学习。例如,学生虽然在阅读课文,但却很少把注意集中在阅读的内容上。这就有一个学术学习时间的问题,即学生花费在学业任务上并取得成功的时间,它不包括学生听不懂或理解错误的那些时间。据美国一些心理学家研究。如果学生每天在校时间为 5 小时,学生学术学习时间最多的班级平均为 111 分钟,而最少的班级平均才 16 分钟,几乎相差 7 倍。虽然不可能要求学生将在校的每一分钟都用于学习并获得成功,但学生不宜将过多时间花费在活动转换、学习准备、做白日梦、课堂上嬉闹等方面。因此,教师要激发学生的学习动机,使专注时间变得更为积极,也就是要将学生的学术学习时间最大化。

在课堂中,很大一部分教学时间被浪费了。如有些教师常常把每堂课的前

5—10分钟用于检查学生的出勤和讲述规则;有些教师不考虑学生的学习特点,随意使用电影、计算机等教学设施来填满教学时间;有些教师缺乏教学设计,花费过多时间在课程程序及其过渡上;有些教师在课堂纪律上耗费过多时间,打乱和影响教学活动时间;有些教师计划不周,教学内容安排不当,提前结束教学活动等等。当然,要判断学生是否专注于学习活动并非易事,教师必须具有较强的观察和判断能力。

2. 课堂时间与学业成就

课堂时间与学生的学业成就之间存在着很强的相关性,但这一相关又非简单的线性关系,两者之间的关系颇为复杂。

(1)分配时间与学业成就并非一定是正相关关系

通俗地说,学生在校的时间长并不一定成绩好。学校总学时数通常被认为与学业成就成正相关,但英美等国的一些研究发现,学校总学时的长短对学生的学业成就没有多大影响,一方面因为名义上分配的教学时数往往由于教师或学生缺勤等原因而无法实现;另一方面,学生在校时间并非全部用于课程学习,而只是部分时间分配到特定课程或单元学习。研究同时发现,学生实际接受的教学时间量与学生学业成就之间呈正相关,也就是说,学生缺课对学生的学业成就是有影响的。名义上分配的教学时间在多大程度上影响学生的学业成就,不仅取决于这一时间量,而且取决于特定的情境。

(2)学术学习时间与学业成就呈正相关

学术学习时间强调三方面的内容:一是学生要专注于学习;二是学生在其所专注的活动方面要取得成功;三是该活动应与达到诸如年终学业测验等某一外部标准相联系。它指向程度不同的三个层次,即分配时间、专心率和成功率。分配时间仅仅是学生可以得到的学习时间。专心率表示分配的时间中学生用于注意学习任务那部分的百分率。学生具有高成功率的那部分专心学习时间就是最理想的学习条件。成功率可定义为可利用的教学时间中学生用于学习任务上获得高、中、低水平成功的那部分百分率。研究表明,学术学习时间与学生的学业成就有相当稳定的正相关关系,学术学习时间的多少直接影响着学生的学业成绩。

除此之外,研究也发现,学生的专注学习时间与学业也存在正相关关系。

(三)课堂时间管理策略

提高课堂教学效率就是要在单位时间内花费最少的精力,获得最有效的成果。要提高课堂教学的效率,就必须坚持时间意识,注重课堂时间管理的策略。

1. 最大限度地减少时间损耗

在学校的时间安排上,名义时间和分配时间都是固定的、有限的,世界各国大都对分配时间有不同形式的最低量的限定,不可能无限地开发利用。要提高课堂时间的效益,就必须建立合理的教学制度和增强教师的时间观念,将教师、学生可能造成分配时间损失的人为因素减少至最低限度,保障规定的有限时间落到实处,提高时间的利用率。

为了充分利用有限的教学时间,教师要做到以下几个方面的工作:第一,做好课前的充分准备,包括精心设计教案,备好所用教具设施;第二,按时上课,不迟到、不早退、不占用教学时间批评学生;第三,适时安排学生自学讨论,并注意效果,做到实而不死、活而不乱,以防学生处于失控状态;第四,紧扣重点关键问题提问,启发学生思考;第五,讲究语言艺术,语言精练,不拖泥带水,重在引导点化。

2. 把握最佳时域,优化教学过程

教师对每一课程时间的预先分配一般体现在学期教学计划、单元教学计划和课时教学计划之中。教师可依据课程标准、课程内容、课的类型、学生能力基础及已有的知识准备,合理分配时间,把握课堂教学的最佳时域。心理学研究发现,一节课学生思维的最佳时间是上课后的第 5 分钟到 20 分钟,这一时间段可以说是课堂教学的最佳时段。教师如果不能很好地把握这一时域,就很难提高课堂教学的效益。事实上,一些课堂教学就是因为未能合理分配时间和把握最佳时域而导致教学效益不高。其主要原因有两个方面:一是教师未能很好地分析理解教材和确定主次、把握宗旨,结果偏离教学目标,20 分钟过去了却还没有进入或搞清重点内容;二是教学思想和方法陈旧,学生情感得不到激发,浪费时间精力。要提高课堂的时间效率,就必须保证在最佳时域内完成主要任务,解决关键问题,使教学过程一直向着预定目标进行,学生也一直处于积极的专注状态。

3. 保持适度信息,提高教学的有效性

课堂教学一定要给学生足够的信息量,并要形成序列刺激,激活学生的接受能力,保持活跃情绪和积极进取心理。现代心理学认为,学生在课堂的学习是一个获得并加工信息、不断调节完善认知结构的过程。课堂信息量过少,环节松散,会导致时间的浪费;信息量过多,密度过大,超越学生的接受能力,教学效益低下,也是浪费时间。因此,教师要做深入细致的分析,保持单位时间内适度的信息量。

4. 提高学生专注率,增加学生的学术学习时间

专注率是伯利纳在分配时间和专注时间基础上提出的概念,即分配时间内学生专注于某项教学活动时间所占的百分比。提高学生的专注比率意在增加专注时间,使其尽量接近分配时间。提高学生的专注率,一是要抓住可教时机及时施教,二是选择恰当时机处理学生行为,防止出现破坏课堂规则和形成冲突的情境。

尤其是要提高过渡时间效率,保障教学各项活动的顺利衔接。此外,要提高课堂时间效率,还要在提高学生专注率基础上,提高学生学术学习时间的效率。学生学术学习时间除了强调学生专注于学习活动外,还要求高水平地掌握学习内容。这就要求首先要保持轻快的教学节奏,也就是要选择适宜的课堂密度、课堂速度、课堂难度、重点度、强度及激情度。其次要保证学生学习的高成功率,学生只有在学习活动中体现出较高的成功率,才能证明其学术学习时间是有效的。

二、课堂问题行为及其管理

课堂教学是一个动态的过程,在这个过程中,教师、学生、环境相互作用,既构成达成教学目标的条件,也会出现诸如学生注意力不集中、学生之间产生冲突、纪律涣散、师生对抗等各种各样的问题,干扰正常的教学活动,如何恰当地处理这些问题,也是课堂教学管理关注的内容。

(一)课堂问题行为

课堂问题行为是指在课堂中发生的、违反课堂规则、妨碍及干扰课堂活动正常进行或影响教学效率的行为。课堂问题行为是消极、负面的,具有普遍性,在类型上存在差异,在程度上也存在差异。

1. 课堂问题行为的特性

第一,普遍性。课堂问题行为具有普遍性,不仅差生、后进生有问题行为,优秀生也会有问题行为,只是在数量多少、发生频率和程度轻重等方面不同而已。西方有学者对 116 名学生进行的追踪研究,发现三分之一以上的学生曾经发生过分敏感、发脾气、妒忌、特别恐惧、冷漠等问题行为。有人通过系统观察也发现,在典型的课堂里,25% 至 30% 的学生有问题行为。美国近年来对中小学学生课堂行为的研究亦表明,有问题行为的儿童约占调查总人数的 53%。我国的研究发现,有问题行为的高中学生约占半数,而初中学生则占 70%。[①] 可见,问题行为在课堂中是经常发生的,涉及的学生比较广泛,具有普遍性。

第二,课堂问题行为以轻度为主。课堂问题行为具有普遍性,但这些问题行为的程度轻重是不同的。研究表明,课堂问题行为以轻度为主。心理学家瑞格等人曾做过研究,从 1020 个课堂片断分析出学生问题行为的表现。其中最普遍的问题行为及其比例为:大声说话(38%)、思想开小差(24%)、讲废话(23%)、不恰当地使用教材或设备(20%)、吃零食(12%)、随便走动(11%)、小动作(9%)、故意大笑

---

① 杨心德.中学课堂教学管理心理[M].杭州:杭州大学出版社,1993:108.

（6％）、打架（5％）、弄坏课本或设备（1.5％）、不听从教师（1.5％）、侮辱同学（1.5％）、侮辱教师（1％）。库宁（J. Kounit）的研究也表明，有55％的课堂问题行为属于上课时谈话、喧哗等，有26％属于上课迟到和不做功课、上课任意走动等，另有17％属于看无关的书籍等不专心上课，真正程度严重的问题行为只占极少数。① 我国对中小学课堂违纪行为的调查资料也显示，轻度的占84％，比较严重的占14％，非常严重的仅占2％。② 可见，无论中外，课堂问题行为都主要表现为轻度问题行为，而且持续时间短，易变性强。

2. 课堂问题行为类型

课堂问题行为可以按不同的标准分为不同的类型。中国有学者把课堂问题行为分为六种，包括：①隐蔽性违纪行为，如上课不认真听讲，开小差，漫不经心等。②轻度矛盾冲突，如同座或前后相邻学生发生纠纷，互不相让，相互干扰等。③不遵守作息制度，如迟到、早退、随意离开课堂等。④不服从教师，如因对教师不满导致不与教师合作，甚至故意节外生枝引起哄堂大笑等。⑤扰乱行为，如坐立不安、吵吵嚷嚷、乱抛物品等。⑥恶作剧，如叫老师的绰号，做怪样等。③

还有研究根据学生问题行为表现的主要倾向，把课堂问题行为分为两大类：外向型问题行为和内向型问题行为。外向型问题行为是直接干扰课堂正常教学活动的攻击型行为，这些行为是容易被觉察的，主要包括行为粗暴、相互争吵、挑衅推撞等对抗性行为；交头接耳、高声喧哗等扰乱秩序的行为；出怪声、做怪相惹人注意的行为；语言粗俗、顶撞其他同学及教师的盲目的逆反行为；迟到、早退、随意离开课堂、随意走动等抗拒行为等等。内向型问题行为是不容易被觉察、对课堂教学活动正常进行不构成直接威胁的退缩型行为，主要表现为：在课堂上心不在焉、胡思乱想、发呆、做白日梦等注意涣散行为；害怕提问、抑郁孤僻等厌恶行为；神经过敏、烦躁不安、频繁活动、乱涂乱画等不负责任行为等等。外向型问题行为直接威胁课堂纪律，干扰课堂秩序；而内向性问题行为虽不直接威胁课堂秩序，不直接影响他人学习，但对教学效果和学生学习质量的影响很大，对学生个人的人格发展也有较大的危害。

3. 课堂问题行为产生的主要原因

课堂问题行为可能是家庭问题行为或社会问题的延伸，可能是受同伴团体的

---

① 李维.课堂教学技能[M].贵阳：贵州人民出版社，1988：229.

② 胡淑珍，等.教学技能[M].长沙：湖南师范大学出版社，1996：170.

③ 同②168-170.

不良影响,也可能是不良的课堂教学环境或教师的教学失策导致的。学生的问题行为与其学习、生活环境、社会风气等相关。总体来说,学生课堂问题行为的产生的原因可以从教师、学生与教育环境三个方面来分析:

(1) 教师方面的原因

学生的课堂问题行为与教师直接相关,有些问题行为还有可能是教师直接造成的。教师可能导致学生课堂行为问题的原因表现在三个方面:

第一,因教育理念原因而导致的教师教育行为偏差。错误的教育观念会直接影响教师的教育教学方式,从而引发学生的问题行为。比如教师把学生成绩看作教学的唯一目标,在课堂教学中只关注知识灌输而缺乏对学生学习需求及发展问题、困惑的诊断和指导,只看分数不见人,以题海战术或者无休止的上课、补课、考试作为提高学生成绩的主要方法,导致部分学生产生厌倦情绪甚至逆反行为,容易产生问题行为。在分数至上的观念指导下,教师还有可能把课堂教学的主要精力集中于那些成绩比较好的学生,对成绩较差的学生缺乏关心、指导,也缺乏耐心和热情,甚至采取厌恶、歧视的态度,伤害学生的自尊心、自信心,诱发他们的问题行为。

第二,课堂教学管理失当导致问题行为,这一方面的原因在新手教师的课堂教学中表现尤为突出。教师课堂教学中管理失当行为,主要表现为两种形式,一是教师对学生的管理一味采用外部强制的方法,以处罚和禁止为手段,处处设防,动辄对学生大加训斥。这样的管理方式容易导致学生与教师的对立,学生与教师做“猫与老鼠”的游戏,教师稍一松懈或者关注不到,学生即可能出现破坏课堂教学的行为,造成课堂问题“越管越多”的恶性循环,既不利于良好师生关系的形成,也浪费了大量的课堂教学时间。二是教师采取放任的态度,未能形成良好的课堂氛围和教学环境,致使学生容易出现违反课堂规则的行为。这种情况多是因为教师缺乏管理经验或者课堂调控能力较弱所致。

库宁曾做过实验,要求教师对实验组儿童实施三种行为,即“明确”(教师让儿童自己组织活动,每个人分工明确,对良好行为及时奖励,对不良行为动员全体儿童讨论.并给予改正的机会)、“坚决”(教师规定儿童做什么,儿童必须做什么,一旦出现越轨行为,教师表现出断然的姿态)、“粗暴”(教师对儿童非常厉害,表现出愤怒的面孔和语言)结果发现,最差的是“粗暴”的教师,他们实际上助长了学生的问题行为。因此,对学生的惩罚越厉害,后果也越严重。滥用惩罚,不仅无助于维持课堂秩序,而且还会大大降低教师的威信,甚至引起学生对教师的反感、怨恨或对立,诱发学生攻击性问题行为。

第三，教师教学设计和课堂行为方式不当，导致学生的课堂问题行为。教师不认真备课或根本不备课；教学方法呆板，千篇一律，枯燥乏味，不善于激发学生的积极性；对学生缺乏了解，教学内容过难或过易，讲课速度过快或过慢；表达能力较差，语言和要求含糊不清；教师缺乏活力，精神不振，懒散等教学上的偏差，很容易导致教师在学生心目中的威信降低，引起课堂问题行为。研究发现，教师的威信是一个重要的因素，教师在学生心目中的威信越高，学生越不易产生问题行为；威信越低，就越容易导致学生的问题行为，也越难控制或纠正学生的问题行为。据调查，有六种教师行为容易降低教师在学生心目中的威信，这六种行为分别是业务水平低、教学方法差；对教学不负责任，懒散；对学生的要求不一致，提出要求后也不检查；向学生随意许诺，但总不兑现；软弱无能，缺乏魄力；缺乏自我批评精神，明知错了也要强词夺理。

教师教学的偏差，是导致教师失去其在学生心目中威信的关键因素，也是学生课堂及课外行为问题产生的重要原因。

（2）学生方面的原因

课堂中大量的问题行为与学生的自身因素直接相关，这些因素包括学生的性别差异、身体及心理问题、个人学习状态等。

学生的性别特征对问题行为会产生一定的影响，在低年级表现尤为明显。与女孩相比，男孩精力旺盛，活动量大，好奇心强，自我控制能力较低，在课堂教学中集中注意力的时间也更短，因此更容易产生问题行为，特别是外向性问题行为。女孩相对比较乖，容易接受教师的要求，较少违反规定、自行其是的行为，与男孩相比更少表现出外向性的问题行为。美国心理学家对男女孩的性别差异与纪律问题的比较研究显示，男孩在纪律问题上要比女孩"勇敢"得多，违反纪律的现象或次数也更多。还有人用实验证实了上述的结论。但这并不说明女孩在问题行为方面绝对少于男孩。心理学家克里布斯（G. Krebs）的实验发现，女孩在诚实方面不如男孩，女孩在考试时作弊的现象大大超过男孩。[①] 该结果说明，男孩与女孩在问题行为方面表现出不同的特征，女孩在课堂教学中的表现优于男孩，因为她们的问题行为一般较少影响课堂教学秩序；但男孩在内向性问题行为方面较女孩少。

学生生理上的障碍也是学生产生课堂问题行为的原因之一。如学生视、听、说等方面的障碍，会削弱学生学习能力和动力，妨碍学习活动的正常进行，学生在课堂上常常出现不敏感、不专心、退缩、低沉，甚至烦躁不安、自行其是等问题行为。

---

① 李维.课堂教学技能[M].贵阳：贵州人民出版社,1988：236-238.

学生发育期的紧张、疲劳、营养不良、睡眠不足等也会引起学生在课堂上精神不振、担心害怕、神志恍惚，进而产生问题行为。此外，因神经发展迟缓或神经功能障碍也会造成学生的"多动症"，这种现象容易导致学生注意涣散、活动过度、冲动任性，在课堂上难以控制自己的行为，出现活动过多、情绪不稳、大声怪叫、注意力不集中等多种问题行为。

　　心理缺失也是构成学生问题行为的重要原因，它主要反映在焦虑、挫折和个性等方面。焦虑是一种恐惧和不安的情绪体验。学生课堂上的焦虑通常是由于过多的压力和不和谐的人际关系而导致得不到他人的尊重以及自尊心受到威胁而引起。由于焦虑，学生往往会出现灰心丧气、顾虑重重、徘徊不定等退缩性问题行为；也会出现厌烦、烦躁不安、无理发怒等逆反性问题行为。挫折是目标或期望受阻而又无法克服时产生的一种紧张状态和情绪反应。挫折会引起学生的情绪波动，如焦虑不安或者不满、冷漠、敌视等心理，使他们失去兴趣，将注意力转向非正常活动上，导致说谎、欺骗、公开顶撞、故意发泄等攻击性行为以及压抑、退缩、逃避等行为反应。而且，挫折后的情绪反应，在一定条件下会直接转化为课堂问题行为。学生个性方面的问题也会导致学生在课堂上的问题行为，如性格过于内向的学生，往往容易产生抑制性退缩行为，而性格过于外向的学生，往往容易产生攻击性逆反行为。

　　学生容易在课堂教学中产生问题行为的另外一个原因与学生的学业水平相关。在班级授课制的教学组织形式中，教师设定课堂教学目标时往往以中等水平学生的可接受程度为标准，这就有可能导致教学目标低于学业成绩优秀的学生、高于学业水平较差的学生。一般来说，优等生由于有相对较高的学习积极性和较好的学习习惯，再加上在课堂教学中具有较多的发言机会，因此产生问题行为的频率并不太高；学业成绩较差的学生往往跟不上课堂教学节奏，无法有效参与到课堂教学活动中，因此会导致较多的内向、外向课堂行为问题。

　　(3) 教育环境方面的原因

　　除了教师与学生两个方面的因素之外，导致课堂行为问题的原因还有环境。环境影响主要包括家庭、大众媒体、课堂内部环境等。

　　首先是家庭因素。家庭基本状况在一定程度上影响儿童在课堂中的状态。心理学的研究发现，父母不和、经常打闹的家庭的孩子，在课堂上也经常会表现出孤僻退缩、烦躁不安，甚至挑衅滋事等行为；单亲家庭对孩子的行为会产生消极影响，这些孩子在行为上常表现为自制力差、极易冲动，迁怒于人，容易产生对抗性逆反行为。家长的教育方式会影响孩子的课堂行为，比如家长娇惯溺爱、纵容放任，对子女百依百顺，孩子容易自我中心，甚至玩世不恭、放荡不羁；家长粗暴严厉，动辄打骂的孩子容易养成弄虚作假、消极对抗，或冷漠孤僻、情绪异常等。这些都是引起课堂问题行为的潜在原因。

其次是社会大环境的影响，在当今信息化程度大大提升的时代里，网络媒体的影响尤为突出。社会各种信息通过多种媒体涌入学生生活，学校不再是学生获取知识和信息的唯一渠道，大众媒体传播的信息并非都是积极的、正向的，也有很多诸如暴力、色情、凶杀、追求感官刺激等庸俗的、商业性的、低级趣味的内容。学生受这些内容的影响，耳濡目染、潜移默化，甚至盲目模仿和具体尝试其中的动作与行为，这些行为也会延伸到课堂中。消极的媒体内容还会导致学生产生性格障碍。所有这些都会直接或间接导致学生的课堂问题行为。

再次，课堂内部环境，诸如课堂内的温度、色彩、课堂气氛、课堂座位的编排方式等，都会对学生的课堂行为产生十分明显的影响。课堂中温度适宜、色彩明亮、气氛融洽，学生就可能产生一种愉悦的感受和积极的情绪，从而减少问题行为。如果课堂环境恶劣，气氛紧张，学生就可能会感受到消沉、懒散的消极情绪，增加问题行为产生的可能性。而且，课堂中的色彩、温度、气氛等如果趋于定势，学生的问题行为就会形成习惯，成为无意识行为。课堂座位的编排方式也与学生的问题行为有关。一般来说，坐在前排的学生课堂问题行为要少于坐在后排的学生。

（二）课堂问题行为管理

课堂问题行为是教师经常遇到而又非常敏感的问题，处理不当既会损害师生关系，又容易破坏课堂气氛，影响教学效率。在课堂问题行为管理方面，要遵循预防先行的基本原则，一旦出现问题行为，教师要根据问题行为的程度和性质及时给予处理，更为重要和有效的课堂问题管理策略，在于增加学生参与课堂管理行为的机会和平台，让学生有机会在参与实践中形成和提升自我管理的能力。

1. 明晰行为标准，预防问题行为

学生的问题行为，有些是出于无知，有些是出于故意，有些则是出于不慎。事实上，一些课堂问题行为是在课堂之外就已经萌芽，而不仅仅是因为课堂教学活动过程中的偶然因素所致。学生一旦产生了问题行为，事后的化解要困难得多。因此，最有效的课堂管理策略，就是预防在先，让学生对"可以做什么""不可以做什么"的标准有明确的了解和理解，以防止许多不必要的问题行为，或使问题行为没有产生的机会和条件。预防课堂问题行为的策略包括以下几个方面：确立课堂规则、构筑建设性的课堂环境、增加学生课堂参与、营造和谐的师生关系等。

（1）确立课堂规则

明确的课堂规则，可以让学生知道在课堂中的行为限度，让每一位学生都知道什么行为是好的、什么行为是不好的、哪些行为是大家认同的、哪些行为是大家不能认同的，有利于学生自觉地避免课堂问题行为。教师通常是在学期或学年初期，通过与学生共同讨论的方式，对课堂行为提出明确而具体的要求与规范，并以此作为共同遵守的准则。这种行为规范和要求的主要表现形式就是课堂规则。没有适宜的课堂规则，就不会有良好的课堂秩序。

课堂规则有不同的层次，有适用于所有学校课堂的全国统一的课堂规则，有适用于某一区域学校课堂的区域性规则，更多的是具体学校或具体某一学科教师与学生共同制定的课堂规则，仅适用于特定的学校、班级或者特定学科的课堂教学。对于教师的课堂管理来说，制定适宜的课堂规则，是预防课堂问题行为的有效手段，尤其是班级、学科教学的课堂规则。这里所说的课堂规则，主要针对的就是适用于具体班级或者具体学科的课堂规则。课堂规则通常涉及出入课堂规则、点名规则、课堂常规、上下课规则、课间规则等。

课堂规则表达的是教师和学生对于课堂行为"应该是什么"所达成的共识，具有规范、约束和指导课堂行为的效力。如果课堂成员的行为符合课堂规则，就会受到大家的认可、肯定与赞扬；如果偏离或破坏了课堂规则，就会受到大家的指责、否定与批评，并依据课堂规则而加以纠正。及时而适宜地将一般性的要求固定下来，形成学生的课堂行为规范，并严格监督执行，可以避免课堂混乱，维持课堂良好的秩序。另一方面，明确的课堂规则可以帮助学生经过不断的学习逐步做到自我控制和自我调节，养成自律的品质，培养良好行为习惯。适宜的规则还可以使学生之间目标一致、相互合作、和谐相处，容易建立情感，形成愉快和谐的群体生活，从而形成和谐、活跃的课堂气氛，引发学生的成就动机与进取心，建立良好行为的积极的正向强化，培养学生良好的课堂行为。

制定课堂规则要依据四个方面的因素：第一，有关的法律法规以及学生守则、学生行为规范条例、学校规章制度等，是课堂教育教学活动的根本指导原则；第二，学校和班级长期以来形成的那些对课堂教学活动起着保障与促进作用的优良传统；第三，学生与家长的期望，尤其是正向的、积极的期望；第四，课堂教学中普遍存在的需要改进的问题。

有效的课堂规则一般包括四个特征，即明确、合理、必要、可行。课堂规则要具体，比如"先举手再发言"。合理、必要与可行的衡量标准指向所确立的行为要求是否有利于学生的身心发展，以及行为被执行的可能性程度，比如"上课时要坐端正，两手要放在背后"，这样的要求既不合理也无必要，且学生不可能在整节课时间内都做到。这样的规则往往会因可行性差而成为一纸空文，同时会降低课堂规则在学生心目中的严肃性。有效的规则是必要而合理的，应描述清楚、指向明确，还应正面措辞，多规定"应该做什么"，少规定"不准或严禁做什么"。对于做不到的规则，暂时可以不定，或将其分解成数个次级规则。

从数量上看，课堂规则应该少而精，尽量避免不相关或不必要的规则，以 5—10 条简明的、最基本的、能够执行的规则为宜。如果条目太多学生难以把握，教师也难以及时反馈，造成规则执行上的失误。

在课堂规则的制定程序方面，需要做到两点：第一，制定的过程要有学生参与；第二，课堂规则要及时进行必要调整。《小学生守则》是制定课堂规则的主要依据，但不能代替具体班级的课堂规则；课堂规则也不能仅仅根据教师的好恶设立，而应经过学生的讨论与认同。学生参与讨论、共同制定课堂规则的过程，实质上就是对学生进行课堂行为标准教育的过程，学生在这个过程中还可以锻炼与人沟通、合作、学会妥协与整合的能力。同时，学生亲自参与制定的课堂规则，更容易转化成学生的行为，学生会自觉遵守并乐于承担责任，执行起来也会更加顺利。

课堂规则在执行一段时间后，还要根据班级的具体情况进行及时修改、补充或者调整，以保证课堂规则针对课堂中呈现的问题、指向学生新的发展可能。调整课堂规则最好经过班级全体学生的共同讨论，使学生在明白为什么要改变规则，并在此基础上共同对原有的课堂规则进行修订。

在执行课堂规则方面，教师需要关注以下几个方面的问题：

第一，保证所有学生都明白规则的内容，知道课堂上什么是可以做的，什么是不可以做的，如果违反会有什么样的惩罚等。即使学生参与了课堂规则的制定过程，也并不意味着大家都完全明白规则是什么、什么样的日常课堂行为才是符合规则的行为等，对低年级的学生尤其如此。因此，在规则制定之后，教师一定要确保所有的学生都能够在规则和自己的行为之间建立起关联。

第二，执行规则坚决、果断，知行相顾。规则一旦确立，就要坚定地贯彻执行，学生遵守课堂规则，就会得到相应的肯定与奖励，违背规则或选择不当的行为方式，要立即指出其不良行为，并让学生承担相应的后果。学生违反规则要承担后果是执行规则应坚持的原则，但更为重要的是让学生能够明白原因，在规定执行之初，教师要学会借助学生的违规事件展开全班性的讨论，让大家明白错在哪里，明白如何做才是合适的；对于学生在规则执行一段之后所犯的错误，教师则把教育的重点放在个别或者一部分学生身上,确保学生能够"知其所以然",促进学生执行课堂规则的自觉意识。

第三,执行规则要公平一贯,始终如一。规则一旦开始执行,就要保证无论什么时间,执行规则的准则都应是一样的,不要时宽时严,使学生感到迷惑,无所适从;对待每一位学生都要使用同样的标准,不可采用双重或多重标准。学生虽年龄小,但也有特定的价值标准和世界观,教师对于不同学生所表现出来的相同行为,或同一学生在不同时空所表现出来的相同行为,无论是理想行为还是不理想行为,在处理时均应考虑方式的公平性和一贯性,以避免学生误以为教师偏心或喜怒无常,甚至破坏师生关系。

第四,教师在执行课堂规则时还必须考虑学生的个别差异。执行课堂规则时,标准是同一的,但由于学生有个别差异,他们的家庭背景和以往的生活经验致使他们在对事对人方面有不同的反应。而且学生是多样化的,同样的不良行为,反映在不同学生身上,其产生的原因及背景、他们的情绪反应和态度都可能不同。因此,教师应充分考虑学生的个别差异,设身处地为学生着想,以"假如我是学生"去思考和执行,以积极、正向的态度对待学生的行为。同时要根据学生的不同反应做出不同的辅导,有的需要更多的关怀,有的需要给予较长的时间去适应,有的需要多一些辅导,总之要基于学生的个别差异做出弹性处理,这与执行规则的公平一贯性并不矛盾。实际上,公平一贯性和灵活差异性往往要一并考虑,既不要让学生觉得教师偏心,也不要让学生觉得委屈。这就要求教师依据具体特定的情境做出恰当的抉择。

（2）营造建设性的课堂环境

建设性的课堂环境,包括两个方面:一方面指课堂的物质环境,另外一方面指通过课堂活动所形成的学生的心理环境,即在课堂教学的过程中借助各种方法手段,促使学生通过学习活动获得成功,培养自尊心和自信心,经历积极的情感体验。要营造建设性的课堂环境,教师可以在以下方面做出努力:

第一,使教室的环境设置成为适宜于学习的环境。比如,要保持课堂的整洁、秩序与优雅,增强课堂环境的秩序感、责任感;按照学生特点、学习习惯、同伴关系、具体的教学活动形式灵活、合理地安排和调整学生的座次;教室内墙面设计多用学生活动的过程性资料,尽量让学生能够在教室内找到"自己的"作品,少用结果评价性、评比性资料等,培养对学生成绩的集体自豪感,而不是与同伴相比而产生的自卑感。

第二,促成学生的成功经验。成功经验通常会激发学生的愉悦情绪,降低挫折水平,从而避免或减轻问题行为。教师要确保学生在课堂活动中适当的成功率,将课堂活动规划在既不太容易也不太难的适度范围。因为太容易会导致厌倦,太难会导致挫折,它们都有导致问题行为产生的可能性。一般而言,教师可以把课堂活动按学生掌握程度划分为四个层次:第一个层次的活动是让学生100％掌握,这种活动只是偶尔出现在作业中;第二个层次是让学生掌握90％以上,这可体现在大多数的活动中;第三个层次是让学生掌握70％—90％,主要出现在以教师为中心的活动中;第四个层次是让学生掌握不到70％,这种活动应尽可能少一些,而且要求教师提供额外的教导,或者把活动划分成更小的、容易让学生掌握的单元。教师对学生学习材料和学习活动的适度选择,有助于学生的成功体验,有利于学生形成成功感受,进而减少问题行为产生的可能性。

第三,以积极、正向的反馈形成学生积极的心理期待。积极、正向首先表现在教师的反馈语言要尽可能具体、指向明确,让学生明白自己的优势或努力方向。比如,与"你的回答内容丰富、层次清楚,语言简练"或者"你的回答大方、自信"的评价方式相比,教师常用的"你的回答非常好"就不利于让学生对自己产生明确的自我认知,而"你的语言很简练,如果能够在回答问题的条理性上再做出努力会更好"则有助于学生形成未来学习的方向。在语言的积极、正向方面,教师还需要注意的一个问题,是尽可能不要采取横向评价的方式,让学生在与同伴的比较中体验不必要的挫败和无能感,比如一位学生在回答完问题之后,教师这样反馈:"你讲得很好,但太多太长,谁能更简洁、更精辟一点?"在另外一位同学回答后,教师这样说:"他讲得很好,大家把掌声给他!"站在学生的角度,教师的评价至少存在这样三个方面的问题:第一,打击了第一位同学的积极性,挫伤他的自尊心。当他要求另外一位学生"更简洁、更精辟"地回答时,其实是对第一位学生的否定。第二,对其他同学在课堂上自由表达制造了障碍,这位同学就是榜样。第三,削弱了课堂中所呈现出的问题的教育价值。第一位同学回答出了问题,但是没有进行很好的概括,如果这位学生成绩中等的话,说明这是一个在一部分学生中普遍存在的问题,教师可以以这个学生的回答为案例,让学生进行分析、整合,然后概括成一个"更简洁、更精辟"的答案,相信对于这样一个层次的学生或者对于同样具有这个问题的学生来说,既是一个学会简练地表达的过程,也是一个如何处理类似问题的方法指导过程。

教师在课堂教学过程中积极、正向的反馈还包括教师要善于在学生的语言和行为中发现亮点,放大亮点。如果学生在课堂上表现良好,教师要及时予以关注、赞赏和鼓励,学生以后就会争取表现得更好,这是很有效的策略;学生经过努力即使没有完成任务,或者任务完成得并不令人满意,但至少他的努力值得肯定;学生的答案可能是不完全正确或者是错误的,但他尝试的勇气却是值得点赞的;学生的作品跟同伴比也许算不上好,但跟他自己以前的作品比却可能是有进步的。教师在善于鼓励学生,并用"如果……就会更好"的表达方法指出学生的问题,其实也是指出学生未来的发展方向。这样的反馈方式,更容易让学生接受老师的指导、帮助甚至批评,使教师的反馈收到较好的效果,并可以有效减少学生的课堂问题行为。

（3）增加学生课堂参与

很多课堂问题行为实际上起因于学生无法参与到教学过中。如果课堂教学以教师讲解为主,可能会造成一部分学生因听不懂、无聊而出现课堂问题行为;还有一种情况是学生已经学过、掌握的内容,教师还要重复讲述,也容易诱发学生的问题行为;还有的时候因为讲解时间超出了学生的注意集中域限而导致问题行为。对于学生来说,如果他们能够在课堂教学过程中"忙起来",他们的课堂问题行为可能会减少。具体来说,教师在进行教学设计时,首先要了解学生对相关教学内容所具备的基础,并根据这些前期了解确定教学目标,设计教学活动方案,使学生有机会在课堂教学过程中动脑、动手、动口;在课堂教学中给学生安排有一定挑战性的任务,即需要花费一点努力才能完成的任务,充分调动学生的好奇心和求胜欲望;活动形式尽可能多样,合理安排课堂活动的内容和节奏,保证学生的注意力能够尽可能集中于教学活动中;充分利用板书,把课堂教学过程的线索以相对稳定的形式呈现给学生,保证学生对课堂教学的过程逻辑有明确的认识,同时,板书上的内容也可以成为他们(尤其是需要帮助的一部分学生)完成任务需要的资料,等等。学生一旦在课堂教学中忙于参与思考和行动,其问题行为自然会减少。

（4）营造和谐的师生关系

课堂问题行为还与师生关系密切程度相关,建立和谐的师生关系也是有效减少课堂问题行为的策略。建立和谐的师生关系需要打破师生管与被管的关系,正确对待教师的权威,切忌把"凶"等同于权威。教师的权威既与社会赋予的地位和专业性相关,更与教师本人的学识、品行、才能以及与学生相处的方式有关。教师要学会平等地对待学生,充分尊重学生的人格,对学生充满爱心,尤其要关心"差生"或"后进生",实现师生之间的情感互动。

2. 运用行为控制策略,及时终止问题行为

有计划、有策略地预防学生问题行为可以有效减少但不可能完全消除学生的课堂问题行为。因此,课堂问题行为管理就必然会面对已经发生的问题行为。对这些行为,必须给予有效的控制,使之得到及时的处理。否则,这些行为将会扩展

或蔓延，甚至引发其他问题行为，造成意想不到的后果。行为控制策略包括强化良好行为和终止已有问题行为两个方面。

（1）鼓励和强化良好行为，以良好行为控制问题行为

鼓励或赞扬可以强化学生的良好行为，并给其他学生树立正确的行为示范，有利于抑制或终止其他问题行为。教师通常采用的强化形式包括社会强化、活动强化、行为协议和替代强化等。社会强化包括面部表情、身体接触、语言文字等，如向学生微笑、亲切地轻拍学生的头或背、称赞学生能干或告诉学生你很欣赏他的活动等；活动强化就是当学生表现出具体的期望行为时，允许学生参与其最喜爱的活动，或提供其他较好的机会与条件，如允许参加俱乐部或兴趣小组活动、提供设备的优先选择权和使用权、提供课堂活动或体育运动中的领导角色等；行为协议指教师与学生订立口头或书面的、旨在鼓励和强化期望行为的协议，例如，"如果课堂作业做得好，就可以免做家庭作业"等。通过这种方式，不仅在所有学生面前强化了期望行为，而且可以鼓动学生在课堂中的积极表现。运用行为协议，应注意语言或文字表达的简单、清楚、积极，并且也可以争取学生家长的参与与合作。同时，一旦达成协议，师生双方就一定要执行。替代强化即给学生提供某种具体的、正确的行为范例供学生模仿，以强化正确行为的方式促使学生朝着这样的行为努力。

（2）选择有效方法，及时制止问题行为

学生的问题行为，大多以轻度为主，因而大部分问题行为只需教师运用一定的影响方法便可得到制止。通常采用的影响方法包括信号暗示、使用幽默、创设情境、有意忽视、转移注意、移除媒介、正面批评、暂离课堂等方法。

信号暗示即以特定的方式对发生问题行为的学生提供信号，如突然停顿、走近学生、用眼神暗示等，用以提醒、警告学生，进而终止刚刚发生的问题行为。当课堂气氛沉闷，学生注意力下降，产生问题行为时，教师可用轻松幽默的语言来调节气氛和提示学生，以防止问题行为的出现和制止或纠正已有的问题行为。有些学生在课堂中容易走神，这时可适当创设一些活动情境，让学生参与一些活动，或让他做一些相关的别的事情，如小竞赛、小表演、小制作等，以避免问题行为乘虚而入。某些学生的问题行为隐含着想赢得他人注意的愿望，如果教师直接干预，可能正好迎合了他的目的，因此，教师有意忽视，学生会自觉没趣而改变其行为。对于那些自尊心比较强的学生产生的问题行为，如当面直接制止，可能会出现相反的效果或产生后遗症，这时可运用比喻，声东击西加以暗示，使之转移注意，也可以停止其问题行为。有时学生在课堂中做不相干的事，如读漫画书、玩电子游戏等，教师可采取将这些东西拿走，清除媒介物，从而制止这种行为。如果很多方法对制止学生的

问题行为都不奏效,那就要正面严肃批评,指出其缺点,制止其行为。当然,正面批评要建立在尊重学生人格的基础上。有时学生之间发生对抗性冲突,达到怒气冲天的状态,直接影响到课堂教学的顺利进行,教师可以劝他们暂时离开课堂,让别的教师照顾一下。等下课之后,学生的情绪缓和,再作决断。对于较严重而又难以制止的问题行为,可适当利用一些惩罚措施,如运用得当,亦可起到制止问题行为的作用。但惩罚运用不当,不但不能制止问题行为,反而造成逆反或对抗性行为。因此,必须慎用惩罚,不到迫不得已最好不用。

对于学生的问题行为,教师既不可不闻不问,也不可急躁武断,而应根据具体行为分析其产生的原因及后果,选择适宜的方式方法,并在实践中创造性地加以运用。

3. 运用行为矫正策略,有效转变问题行为

对于那些在课堂中出现时间较长且较难矫正的问题行为,需要利用行为矫正策略帮助学生有效转变问题行为。强化是常用的行为矫正策略。

利用强化的基础是对问题的正确认识。首先是教师要通过观察、了解,判明问题行为的性质、轻重及后果,分析问题行为产生的原因或背景,形成对问题行为的正确认识以便对症下药;其次是教师要帮助学生认识到自己的问题行为所在,因为要想从根本上改变问题行为还需要由学生本人来进行,让学生认识到问题所在、认识到矫正的价值与意义,他们才会在矫正过程中有积极的表现和密切的配合。

行为矫正的过程包括问题行为的消退和新行为的塑造过程。消退就是清除。纠正严重的、习惯性的问题行为,可以通过群体压力或者适度的惩罚等手段,使学生尽可能少出现或不出现问题行为。消退是矫正的开始,要巩固消退的结果则需要通过培养新的、合乎要求行为来达成。培养新行为一般通过塑造的方法,即让学生知道什么样的行为是好的,并通过课堂教学中不断的积极强化,使学生能够逐渐形成新行为,直至新行为成为学生中的习惯行为。理想的行为矫正不但要消退学生的问题行为,而且要塑造和发展学生新的、良好的行为模式;而且,塑造新行为时也是促进消退的一种有效手段;新行为的形成不仅是矫正学生问题行为的理想目标,而且也是巩固矫正的效果、使学生达到可持续发展的需要。

概括地说,课堂教学问题行为的完整的矫正过程包括认识、消退和塑造三个不可缺少的方面,只有在认识并消退课堂问题行为的同时,使学生学会和形成良好的行为模式,行为矫正才宣告完成。具体而言,问题行为矫正可以按照以下程序进行:

第一,觉察。觉察课堂中的问题行为和潜在的问题行为。如果教师根本未能

觉察问题行为，就没有矫正的必要与可能。因此，教师要善于观察与分析，敏锐地发现问题行为。

第二，诊断。发现问题行为，就要立即运用有效的方法，如访问、谈话、测验等深入了解问题行为产生的原因。准确了解这些原因是合理矫正的基础。通过了解，判明问题行为的性质及严重程度。

第三，确立目标。在诊断的基础上制定矫正目标，并确立为达到这一目标所要采取的有效的矫正措施和方法。

第四，改正。停止、排除强化问题行为的刺激，使问题行为因无法得到强化而逐渐停止；同时，选用合适的强化物和强化方式，对于新的、正确行为方式进行积极强化，直至新的行为成为学生的新习惯。

第五，检评。对问题行为改正的成效应及时加以评定，如发现效果欠佳，应进行检查，看觉察有无缺失、诊断是否正确、目标是否合理、改正过程是否得当，并根据检评情况及时调整矫正策略。

课堂问题行为是一个普遍存在的问题，不管是学业成绩好还是学业成绩差的学生，都会在课堂教学中出现问题行为，教师对此要保持清醒的认识，既不能掉以轻心导致问题蔓延，导致课堂教学效果难以达成；也不必畏之如虎，有错必惩，让学生动辄得咎，战战兢兢。教师要在课堂教学过程中修炼自己对问题的觉察、分析、判断能力，依据问题行为的性质、程度、影响灵活选用管理策略，防止并用。

教师在处理问题行为时，还应该注意以下问题：

教师应避免下列误解：以为学生愈安静，学习效果愈好；以为教师的权威建立在学生对教师命令的服从上；以为学生行为即代表学生的品性。

教师应了解儿童。儿童就是儿童，不是小成人，不可用成人的行为标准来要求他们。

教师应认清真正的问题行为之所在。

教师应确认，处理的对象是学生所表现的行为，而不是学生本身。教师只是不喜欢这个行为，而不是不喜欢这个人。

教师应教育学生知道如何表达自己的情绪，尤其要避免压抑，以促进身心健康。

教师处理问题行为时，务必先了解症结所在，才能作有效的处理。

教师在处理问题行为时，不宜伤学生自尊，以避免新的问题行为。

注意方法的运用，如发现原先使用的方法经一段时间后仍无效果，则应转换方法，以免错失良机。

思考与练习

1. 什么是课堂教学管理？课堂教学管理的主要内容包括哪些？

2. 有人说，教师对小学生就是要凶，否则管不住他们。你如何看待这种说法？

3. 诱发小学生课堂问题行为的主要原因有哪些？

4. 确立课堂规则应该注意什么问题？

结语　新手教师专业发展

从师范院校毕业进入任教学校,由师范生到新手教师,个体实现了由大学生到教师的身份转换,同时发生转换的还有他们的社会生活环境、生活方式、责任担当、角色期待、行为规范以及发展期望。这是个体发展的一个快速变化时期,是教师职业生涯的过渡时期,是教师进入教学专业、适应教师角色、掌握教学常规的关键时期,也是一个充满困难和考验的发展时期,这一时期的发展状况对教师职业生涯具有决定性的影响。

新手教师的成长期一般为入职之后的1—3年,这个时间年限暗示了新手教师的成长期有长有短,一定程度上取决于新手教师的态度和行为方式。对于新手教师来说,在入职之初形成正确的角色参照、明确新的行为规范和角色期待,有助于加快新手教师的专业成长速度。

美国学者维恩曼(Veenman. S.)在对关于新手教师的文献进行了广泛考察后,确认新手教师常遇到的主要问题包括维持课堂上的纪律、调动和维持学生的学习动机、依据学生的个性实施个性化教学、对学生做出正确公正的评价、与家长的互动、处理学生的个人问题、日常的组织工作、大量繁重的教学任务和相对较少的准备时间之间的矛盾、处理与同事间的人际关系、为更好地上课获得充足的资料等方面。[①] 按照维恩曼的研究结果,发生在课堂教学过程中的、与管理和纪律相关的问题是初任教师面临的最紧迫的问题。中国学者的研究显示,新教师入职初期所遇到的突出困难表现在处理与人的关系方面,排在前三位的依次是:处理与家长及校外有关方面的关系问题、处理教学过程中学生方面的问题和处理教育学生过程中的师生关系问题。[②]

要恰当地处理这些问题以顺利通过新手期,需要学校提供财力、物力、智力支

---

① VEENMAN S. Perceived Problems of Beginning Teachers [J]. Review of Educational Research,1984,54(2):154-155.

② 王小棉.新教师入职初期所遇困难的研究——兼析传统师范教育的缺陷[J].上海教育科研,1999(4):34-36.

持,更需要新手教师本人能够积极主动地学习、实践、调适。新手教师的个人选择和努力程度,一定程度上决定了新手期的长度,以及新手教师专业水平的发展质量。

美国学者麦克唐纳等的研究显示,新手教师所面临的主要问题和困难大多与教学和管理有关。[①] 对于新手教师来说,面临的问题是必须要解决的,但一下子解决所有问题几乎是不可能的,因此,恰当地确定并有效解决核心问题,成为新手教师面临的重要选择。作为一个专业工作者,在专业方面谋求发展和提升,应该是新手教师要解决的核心问题。新手教师的专业能力主要指其课堂教学与管理能力,只有站稳课堂,才能在学校里找到自己的立足之地和发展空间,其他方面的问题也才有了顺利解决的基础。学校的条件、要求和可能提供的支持各不相同,但对于新手教师自己来说,使自己成为持续的学习者、研究者和主动的自我发展者,会有效缩短职业适应期,使自己快速、高质量进入熟练教师的行列。

结束了四年甚至更长时期的大学教育进入工作单位,意味着一种学习方式结束,另一种学习方式开启。大学教育以系统的、结构清晰的、与实践保持一定距离的、理性化的知识为学习的主要内容;进入实践,学习的内容结构不再清晰,学习的方式方法不再固定,学习的对象更加多元,学习与实践的关系密不可分。教师成长的本质就是一个终身学习的过程,教师不断通过做学生而获得做教师的资格。

新手教师在实践中需要学习如何与同伴相处,如何与学生(尤其是小学生)沟通,如何有效地设计和实施教学过程,如何与家长以及学校相关机构合作等。学校为教师的学习提供了充裕的资源,诸如入职培训、同伴结对、网络平台、集体研讨等多种形式的学习机会。新手教师要充分利用资源,突破传统意义上接受信息的狭义学习概念,从教育实践中、工作情境中、生活和社会中利用各种途径和方式学习,当然还要保持向书本学习的良好习惯。每一种学习方式都是学做教师、成就教师的方式。

新手教师更应该成为研究者,把自己的日常实践当作研究对象,把自己的学生当作研究对象,观察—反思—改进—提高,这是所有教师成长与发展的必由之路。问题是教育生活的常态,新手教师不要惧怕问题,要学会直面问题,把每一个问题都看作学习与发展的契机,以研究的心态面对自己的教育生活。

以研究的心态对待自己的专业生活,表现在不轻易简单地否定自己或者他人。当你的实践与曾经认同的理论出现不协调的时候,当他人的经验与自己的实践有

---

① 饶从满,等.教师专业发展[M].长春:东北师范大学出版社,2005:101-104.

差异的时候，当专家的理论与个体实践相冲突的时候，当学生的理解与你的认识相左的时候，不要简单地否定他人或者否定自己，更不要视若无睹，把这些"不一致"看作真实的、值得探究的问题。

要学会理性地分析和寻找原因的习惯。不轻易否定，但也不要盲从，要学会与人沟通、讨论、寻求理论支持。向有经验的老师学习，保持独立思考和独立决定的立场；利用集体教研的优势，积极参与学科教师的讨论交流，提出自己的问题，暴露自己的问题；新手教师还要学会针对问题寻求理论的解释，而不仅仅满足于寻找到解决问题的答案，只有明白了原因并找到了解决问题的方案，解决问题的方法才具有迁移价值，也才能帮助教师形成研究自己教学问题的思考路径。

教师面对日常教学生活的研究可以使教师在专业发展中超越经验可能带来的束缚。新手教师的已有经验和入职后从同伴和师傅那里获得的经验，可以给他们快速适应学校生活提供帮助，但过度依赖经验会阻碍新手教师的专业发展速度和质量。[①]不管是对自己学生时代的老师的经验还是对入职之后师傅经验的模仿和套用，都容易造成新手教师无法以更广的视野看待教育教学问题，导致新手教师盲目地、没有反思地全盘接受他人的经验。新教师为了应对入职之初的现实困难，急于寻找有效的经验来解决问题，而一旦经过使用并验证有效后，这些成功经验便会在新手教师的思想和教学中确立起"无法撼动"的地位，这将极大地限制新教师养成开放的态度，限制新手教师以新的视角看待日常的教育教学问题，从而限制新教师专业发展的进程。新手教师需要成功经验的帮助以减少入职之初的现实冲击，但又不能被已有经验束缚，对日常教育教学实践的持续研究，是新手教师专业发展的基本路径。

持续的学习和研究可能需要学校的外力推进和强化，但新手教师本人在专业发展方面的主动性和自觉性才是促进他们发展的内在和真正动力。每所学校能够给新手教师提供的发展资源相似，但同一所学校的新手教师发展之路却会因个体选择的主动性与自觉性不同而差异巨大。要做一个主动、自觉的专业发展者，新手教师要做到主动融入、心态开放、恰当选择、坚定从容。

进入新学校，要尽力主动融入学校生活和学校文化。了解学校的生态、历史、文化、追求，了解学校工作的日常运行方式，了解学校与所在社区的关系，了解自己的同伴与群体，谋求和谐的人际关系，为自己的专业生活和专业发展减少不必要的阻力。

以开放的心态对待专业发展问题，向问题开放，向经验开放，向与自己不同的

---

① 姚红玉.新教师专业发展的趋势与策略[J].教师教育研究,2005(6)：20-24.

观点开放,向批评与建议开放。心态开放的人能够在别人的建议和认识中发现他者与自己的不同,并能够从这种不同中发现启发;心态不开放的人则常常会把异己的看法同化于自己的认识,或者只关注别人观点中与自己相同的部分,不善于关注别人认识中的新东西,而恰恰是这些异己的东西才是个体获得发展的资源。心态开放的人会在意别人的观点,欣赏别人的观点,不断给自己的专业发展赢得机会,也为自己的良好人际关系奠定基础。

学会选择在新手教师在入职之后也具有关键意义。新手教师入职之后,往往会发现有一大堆事务在等着自己,而这些事务又不一定与自己的专业生活有多大关联。新手教师一般会尽心尽力地做好这些事务,然后发现有更多的类似事件涌向自己,导致疲于奔命,甚至挤压掉了自己本来就不太宽裕的用于备课和学习的时间,不得不潦草应付课堂教学,教学效果难以保证,招致学生不爱、家长不满,自己郁闷痛苦。若遇到这种情况,一定要冷静下来,权衡主次,做好选择然后再行动。课堂教学是自己的主阵地,上好课、更好地促进学生的发展,才是教师的本体工作;在众多的任务中进行选择并不意味着不做其他工作,而意味着要区分工作的主次,确定努力的先后顺序:在保证教学工作的前提下,尽可能完成其他的学校任务。

对专业发展的态度要坚定从容,坚定与信念相关,从容与心态相关。教师专业化水平的提升有两个标准:[1] 第一,能够对自己的教学实践进行反思;第二,不追赶时髦,会对时髦的行为或观点做出评价,但不会盲目地跟着时髦走。这两个标准反映出的就是教师个体对自己职业专业属性的信念,对自己专业能力的信念。要达到这种状态、形成这种坚定的专业信念,需要新手教师对自己的专业发展有从容的心态,不急功近利,不投机取巧,坚信日常的力量,坚信学习与研究的力量。改变是逐渐的、缓慢的,但同时也是叠加式的,每天进步一点点,既是对学生的要求,也应该是教师对待自己的发展的应有的心态,起于微末的点滴进步,会逐渐促成个体专业能力由量到质的飞跃发展。

"扎实才能丰盛,埋头才能出头",新手教师专业能力的快速成长需要走的是一条扎实的、主动自觉的自我更新之路。开放的态度、学习与研究的习惯、明智而踏实的选择、批判与反思意识和能力,有助于新手教师快速通过专业新手期,在教育、教学中找到发挥才能、实现自我人生价值、体会不断更新的专业生活乐趣。

---

[1] 叶澜.扎实 充实 丰实 平实 真实——"什么样的课算一堂好课"[J].基础教育,2004(7):13-16.

参考文献

专著译著

[1] 田慧生,李如密.教学论[M].石家庄:河北教育出版社,1996.

[2] 施良方,崔允漷.教学理论:课堂教学的原理、策略与研究[M].上海:华东师范大学出版社,1999.

[3] 王本陆.课程与教学论[M].北京:高等教育出版社,2009.

[4] 毛礼锐,等.中国教育通史:第1卷[M].济南:山东教育出版社,1985.

[5] 王策三.教学论稿[M].北京:人民教育出版社,1985.

[6] 施良方.课程理论——课程的基础、原理与问题[M].北京:教育科学出版社,1996.

[7] 张传燧.课程与教学论[M].北京:人民教育出版社,2008.

[8] 李子建,黄显华,等.课程:范式、取向和设计[M].香港:香港中文大学出版社,1994.

[9] 吴杰.教学论[M].长春:吉林教育出版社,1986.

[10] 吕达.中国近代课程史论[M].北京:人民教育出版社,1994.

[11] 王天一,夏之莲,朱美玉.外国教育史(上)[M].北京:北京师范大学出版社,1984.

[12] 辞海:教育学·心理学分册[M].上海:上海辞书出版社,1987.

[13] 李森,陈晓端.课程与教学论[M].北京:北京师范大学出版社,2015.

[14] 汪霞,课程理论与课程改革[M].合肥:安徽教育出版社,2007.

[15] 王纬.校本课程开发的理念与实践[M].兰州:甘肃人民出版社,2008.

[16] 刘旭东.校本课程的理念与实施[M].北京:首都师范大学出版社,2003.

[17] 吴刚平.校本课程开发[M].成都:四川教育出版社,2002.

[18] 崔允漷.校本课程开发:理论与实践[M].北京:教育科学出版社,2000.

[19] 杨刚.小学数学课程改革的研究与实践[M].北京:人民教育出版社,2007.

［20］钟启泉,崔允漷,张华.为了中华民族的复兴,为了每位学生的发展——基础教育课程改革纲要(试行)解读［M］.上海:华东师范大学出版社,2001.

［21］中国大百科全书总编委会.中国大百科全书·教育卷［M］.北京:中国大百科全书出版社,1985.

［22］廖哲勋.课程学［M］.武汉:华中师范大学出版社,1991.

［23］李秉德.教学论［M］.北京:人民教育出版社,1991.

［24］曾天山.教材论［M］.南昌:江西教育出版社,1997.

［25］张廷凯.新课程设计的变革［M］.北京:人民教育出版社,2003.

［26］叶圣陶.国文课,我们要学习什么?［M］.//叶至善,等.叶圣陶集:第十三卷语文教育学一.南京:江苏教育出版社,2004.

［27］吴亚萍,王芳.备课的变革［M］.北京:教育科学出版社,2007.

［28］郭初阳,等.救救孩子:小学语文教材批判［M］.武汉:长江文艺出版社,2010.

［29］中华人民共和国教育部.全日制义务教育数学课程标准(实验稿)［M］.北京:北京师范大学出版社,2001.

［30］陈翊林.最近三十年中国教育史［M］.上海:上海太平洋书店,1930.

［31］方与严.陶行知教育论文选辑［M］.上海:生活·读书·新知出版社,1949.

［32］顾明远.教育大辞典［M］.上海:上海教育出版社,1990.

［33］李定仁,徐继存.教学论研究二十年［M］.北京:人民教育出版社,2001.

［34］王策三.教学认识论(修订本)［M］.北京:北京师范大学出版社,2002.

［35］叶澜."新基础教育"论:关于当代中国学校变革的探究与认识［M］.北京:教育科学出版社,2006.

［36］瞿葆奎.教育学文集 教学(上册)［M］.北京:人民教育出版社,1988.

［37］黄甫全,王本陆.现代教学论学程［M］.北京:教育科学出版社,1998.

［38］叶澜.教育概论［M］.北京:人民教育出版社,1999.

［39］鲁洁.教育学［M］.南京:河海大学出版社,1990.

［40］乌美娜.教学设计［M］.北京:高等教育出版社,1994.

［41］盛群力,等.教学设计［M］.北京:高等教育出版社,2005.

［42］全国十二所重点师范大学.教育学基础［M］.北京:教育科学出版社,2002.

［43］吴亚萍.小学数学教学新视野［M］.上海:上海教育出版社,2006.

［44］张武升.教学艺术论［M］.上海:上海教育出版社,1993.

［45］张宝臣,等.课堂教学艺术［M］.哈尔滨:哈尔滨工业大学出版社.1994.

[46] 中华人民共和国国家教育委员会电化教育司.教学媒体与教学设计[M].北京：高等教育出版社,1990.

[47] 邵瑞珍.教育心理学(修订本)[M].上海：上海教育出版社,1997.

[48] 邵瑞珍.学与教的心理学[M].上海：华东师范大学出版社,1990.

[49] 杨心德.中学课堂教学管理心理[M].杭州：杭州大学出版社,1993.

[50] 李维.课堂教学技能[M].贵阳：贵州人民出版社,1988.

[51] 胡淑珍,等.教学技能[M].长沙：湖南师范大学出版社,1996.

[52] 饶从满,等.教师专业发展[M].长春：东北师范大学出版社,2005.

[53] 杨小微,张天宝.教学论[M].北京：人民教育出版社,2007.

[54] 余文森,林高明.经典教学法50例[M].福州：福建教育出版社,2010.

[55] 张楚廷.教学论纲[M].北京：高等教育出版社,1999.

[56] 吴杰.教学论——教学理论的历史发展[M].长春：吉林教育出版社,1986.

[57] 赫尔巴特.普通教育学·教育学讲授纲要[M].李其龙,译.北京：人民教育出版社,1989.

[58] 杜威.学校与社会·明日之学校[M].赵祥麟,等,译.北京：人民教育出版社,1994.

[59] 泰勒.课程与教学的基本原理[M].施良方,译.北京：人民教育出版社,1994.

[60] 马立平.小学数学的掌握和教学[M].李士锜,吴颖康,等,译.上海：华东师范大学出版社,2011.

[61] 杜威.民主主义与教育[M].王承绪,译.北京：人民教育出版社,1990.

[62] 凯洛夫.教育学[M].陈侠,等,译.北京：人民教育出版社,1957.

[63] 麦克尼尔.课程导论[M].施良方,等,译.沈阳：辽宁教育出版社,1990.

[64] 史密斯,雷根.教学设计[M].庞维国,等,译.3版.上海：华东师范大学出版社,2008.

[65] 巴班斯基.教学教育过程最优化[M].吴文侃,译.北京：教育科学出版社,1986.

[66] 佐藤正夫.教学论原理[M].钟启泉,译.北京：人民教育出版社,1996.

[67] 夸美纽斯.大教学论[M].傅任敢,译.北京：教育科学出版社,1999.

[68] 斯塔夫里阿诺斯.全球通史：从史前史到21世纪[M].吴象婴,等,译.北京：北京大学出版社,2005.

期　刊

[1] 叶澜."新基础教育"内生力的深度解读[J].人民教育,2016(Z1)：32-42.

[2] 叶澜.让课堂焕发出生命活力——论中小学教学改革的深化[J].教育研究,1997(9):3-8.

[3] 叶澜."新基础教育"研究引发的若干思考[J].人民教育,2006(7):4-7.

[4] 叶澜.时代精神与新教育理想的构建——关于我国基础教育改革的跨世纪思考[J].教育研究,1994(10):3-8.

[5] 叶澜.论影响人发展的诸因素及其与发展主体的动态关系[J].中国社会科学,1986(3):83-98.

[6] 叶澜.新世纪教师专业素养初探[J].教育研究与实验,1998(1):41-47.

[7] 叶澜.重建课堂教学价值观[J].教育研究,2005(5):3-8.

[8] 叶澜.扎实 充实 丰实 平实 真实——"什么样的课算一堂好课"[J].基础教育2004(7):13-16.

[9] 叶澜.未来教师的新形象[N].中国教育报,1999-6-19.

[10] 徐丽华,袁德润.小教本科"课程与教学"课程群建设构想[J].湖南第一师范学报,2011(4):11-15.

[11] 蒋蓉.小学语文教学法教学中存在的问题及改进措施[J].湖南第一师范学报,2002(4):45-47.

[12] 陈桂生."课程"辨[J].课程·教材·教法,1994(11):1-5.

[13] 张廷凯.我国课程理论研究的历史回顾:1922-1997(下)[J].课程·教材·教法,1998(2):10-16.

[14] 张廷凯.试论课程、教材与教学方法改革的关系[J].课程·教材·教法,1995(2):12-16.

[15] 夏传才.从六经到十三经的发展[J].天津师大学报,1988(5):52-58.

[16] 王海明,孙英.几个价值难题之我见[J].哲学研究,1992(10):37.

[17] 张蕊.浅析《泰勒原理》产生的背景[J].安徽文学,2010(3):198-200.

[18] 吴艳.基于"八年研究"的大学与中学关系述评——谈美国的一项教育改革实验[J].外国中小学教育,2009(12):36-39.

[19] 校本课程开发研究课题组.校本课程的研究与实验[J].课程·教材·教法,1999(2):18-23.

[20] 何善亮.美国科学教育师资培训的研究及启示[J].比较教育研究,2006(2):82-86.

[21] 张红霞,郁波.小学科学教师科学素养调查研究[J].教育研究,2004(11):68-73.

[22] 李学."教教材"还是"用教材教"——兼论教材使用功能的完善[J].教育发展研究,2008(10)：82-85.

[23] 王小棉.新教师入职初期所遇困难的研究——兼析传统师范教育的缺陷[J].上海教育科研,1999(4)：34-36.

[24] 崔峦.人教版《义务教育课程标准实验教科书·语文》一至三年级教材介绍[J].课程·教材·教法,2003(9)：33-38.

[25] 叶圣陶.大力研究语文教学,尽快改进语文教学[J].中华活页文选：教师版,2008(6)：4-8.

[26] 苏智欣.中美基础教育比较与反思[J].世界教育信息,2015(14)：59-64.

[27] 柴楠,刘要悟.基于社会关系理论视角的师生关系研究[J].中国教育学刊,2012(5)：77-79.

[28] 鲍嵘.教学设计理性及其限制[J].教育评论,1998(3)：32-34.

[29] 吴正宪,等.让教师在比较中获得深刻的专业体验——以一节小学数学课为例[J].人民教育,2008(22)：47-51.

[30] 邢秀荼,陈新巧.论"三维一体"课程标准的落实与教学目标的具体表述[J].石家庄学院学报,2005(1)：120-124.

[31] 袁德润.三维目标的"维"与"为"：实践的视角[J].课程·教材·教法,2016(11)：39-44.

[32] 张艳.三维目标在教学实践中尴尬处境的归因及对策[J].教学与管理,2015(10)：5-8.

[33] 张悦群.三维目标尴尬处境的归因探析[J].江苏教育研究,2009(1)：30-34.

[34] 钟启泉."三维目标"论[J].教育研究,2011(9)：62-67.

[35] 姚红玉.新教师专业发展的趋势与策略[J].教师教育研究,2005(6)：20-24.

[36] 柳海民.试论教学模式[J].中国教育学刊,1988(5)：34-37.

[37] 韩曼春.论教学方法与教学媒体的选择与运用[J].内蒙古科技与经济,2002(12)：365-366.

[38] 江平.试析小学语文学科教育学的三个层次[J].课程·教材·教法,2002(12)：54-57.

[39] 吴亚萍.在教学转化中促进学生素质养成——以"如何备好一类课"为例[J].人民教育,2012(10)：45-49.

[40] 张积家.教师口音的社会心理影响[J].心理科学通讯,1990(6)：50-53.

[41] 王陆.从案例入手,透视——大数据中的教学相长[N].光明日报,2016-10-13.

[42] 芮金芳.挖掘教材空间,巧妙补白——对"画角"课例的实践与思考[J].教学与管理,2011(2):60-62.

[43] 林宪生.教学设计的概念、对象和理论基础[J].电化教育研究,2000(4):3-6.

[44] STEVENSON H W,STIGLER J W. The learning gap[M]. New York：Summit Books,1992.

[45] ANDERSON L W. Classroom instruction. In M. C. Reynolds（Ed.）,Knowledge Base for the Beginning Teacher[M]. New York：Pergaman Press,1989.

[46] SMITH M,MISRA A. A comprehensive Management system for students in Regular Classrooms[J]. The Elementary School Journal,1992 (3)：353.

[47] ARIEH LEWY. The International Encyclopedia of Curriculum [M]. Oxford：Pergaman Press,1991.

学位论文

[1] 王芳.课堂教学互动生成的理论与实践研究[D].上海：华东师范大学,2006.